수능 영어를 향한 가벼운 발걸음

# 맨처음
# 수능 영어

## 독해 모의고사
## 10회

**이연홍**
경북대 졸
맨처음 수능 영어 주제별 독해 1, 2 (다락원)
내공중학영어듣기 (다락원)
EBS고난도변형문제 (모자이크)
현) 대치퍼스트학원 (창원)
현) Rhee's English Class (창원)
현) 이타카 영어학원 (김해율하)

**서재교**
대전 스카이피아학원 대표

〈저서〉
내공 중학영어 듣기시리즈 (다락원)
맨처음 수능 영어 주제별 독해 1, 2 (다락원)
EBS 수능 변형문제시리즈 (모자이크)
결정적코치 대입실전편 9 10 (한국 교육컨설턴트 협의회)

〈검토위원〉
맨처음 수능영문법 (다락원)
리더스뱅크 3~9, 완자 중고등 VOCA PICK 1~3 (비상교육)

**김한나**
현) (주) 이은재 어학원 강사
현) (주) 비상 교육 온라인 그래머 강사
이화여대졸, EBS 변형문제 (모자이크)
E정표 수능특강 영어/영어독해 (쎄듀)
맨처음 수능 영어 유형 독해, 완성 (다락원)
내공 중학 구문 (다락원)

**이건희**
현) 주기스(http://jugis.co.kr) 대표
맨처음 수능 영어(영문법, 유형 독해, 주제별 독해, 완성)
내공(중학영문법, 중학구문, 중학듣기, 중학단어) (다락원)
체크체크(천재교육) Grammar in(비상) 외 집필
instagram@gunee27

# 맨처음 수능 영어

독해 모의고사 10회

**지은이** 이연홍, 서재교, 김한나, 이건희
**펴낸이** 정규도
**펴낸곳** (주)다락원

**초판 1쇄 발행** 2019년 6월 19일
**초판 6쇄 발행** 2024년 3월 6일

**편집** 김민아
**디자인** 김나경, 포레스트
**영문 감수** Michael A. Putlack

**다락원** 경기도 파주시 문발로 211
**내용문의** (02)736-2031 내선 504
**구입문의** (02)736-2031 내선 250~252
**Fax** (02)732-2037
**출판등록** 1977년 9월 16일 제 406-2008-000007호

ISBN 978-89-277-0849-0 54740
     978-89-277-0848-3 54740(set)

**http://www.darakwon.co.kr**
다락원 홈페이지를 방문하시면 상세한 출판정보와 함께
동영상강좌, MP3자료 등 다양한 어학 정보를 얻으실 수 있습니다.

수능 영어를 향한 가벼운 발걸음

# 맨처음 수능영어

독해 모의고사
10회

DARAKWON

# 맨처음 수능 영어 독해 모의고사 10회만의 장점!

🐾 최신 전국연합학력평가 기출 문제를 쉽게 공부할 수 있어요!

🐾 독해 모의고사와 워크북 책을 따로 분리하여 편리하게 복습할 수 있어요!

🐾 전 지문마다 제공되는 풍부한 어휘와 워크북 문제를 통해 3배의 학습 효과를 누리세요!

■ **독해 모의고사** 난이도에 맞게 변형된 기출 지문을 읽고 기본·실력편에서 학습한 수능 대표 유형을 실전처럼 훈련해봅니다.

■ **Workbook** 읽기 지문마다 1:1로 워크북 문제를 제공하여 핵심 단어에서 문장 학습까지 지문을 다시 한 번 복습하고 응용할 수 있습니다.

## 한눈에 보이는 정답

정답만 따로 마련하여 빠른 채점이 가능합니다.

## 정답 & 해설

정답률 및 기출문제 변형 정보를 문제마다 표시했습니다. 정확한 해석과 풍부한 어휘, 해설을 통해 쉽게 정답을 찾을 수 있습니다.

★ 워크북 정답 및 어휘리스트 www.darakwon.co.kr 에서 무료 다운로드

★ 문제출제프로그램 voca.darakwon.co.kr 제공

## 목차

수능 영어 알아가기 ·········· p.6

정답 & 해설 별책 제공

# 수능 영어 (절대평가)란 무엇인가요?

수능 영어 절대평가는 기존의 상대평가와 달리 다른 학생의 성적과 비교하여
등급을 결정하지 않고, 본인의 성취 수준에 따라 등급을 결정합니다.

## 1 수능 영어 문항과 시험 시간

수능 영어는 듣기와 읽기를 포함한 총 45문항으로
구성되어 있으며, 내용의 중요도나 난이도를 고려하여
문항별로 2점 또는 3점이 배정됩니다. 듣기 영역은 총
17문항으로서 듣기 12문항과 간접 말하기 5문항으로
구성되어 있습니다. 읽기 영역은 총 28문항으로서 읽기
21문항과 간접 쓰기 7문항으로 구성되어 있습니다. 시험
시간은 70분으로 듣기는 약 25분, 읽기는 약 45분이
배당되어 있습니다.

| 평가영역 | 문항수 | 시험시간 |
|---|---|---|
| 듣기 | 17문항 | 25분 |
| 읽기 | 28문항 | 45분 |
| 합계 | 45문항 | 70분 |

## 2 수능 영어 절대평가의 점수와 등급

수능 영어 절대평가는 원점수에 따른 등급만 제공합니다.
수능 영어 절대평가의 등급은 원점수 100점 만점을
기준으로 10점 간격의 9개 등급으로 구분됩니다. 예를
들어, 수험생이 90~100점 사이의 점수를 받으면 1등급,
80~89점 사이의 점수를 받으면 2등급을 받습니다.

| 성취등급 | 원점수 |
|---|---|
| 1등급 | 100~90점 |
| 2등급 | 89~80점 |
| 3등급 | 79~70점 |
| 4등급 | 69~60점 |
| 5등급 | 59~50점 |
| 6등급 | 49~40점 |
| 7등급 | 39~30점 |
| 8등급 | 29~20점 |
| 9등급 | 19~0점 |

## 3 수능 영어 평가 사항

수능 영어는 고등학교 영어 교육과정 성취기준의 달성
정도와 대학에서 수학하는 데 필요한 영어 능력을
평가하기 위한 시험입니다. 어법과 어휘, 글의 중심내용과
세부내용에 대한 문항, 논리적 관계 파악과 맥락 파악과
같은 글의 내용에 대한 이해력과 사고력 그리고 영어
표현을 상황에 맞게 사용하는 능력을 평가합니다.

# 독해 모의고사

제1회 ~ 제10회

**18** 다음 글의 목적으로 가장 적절한 것은?

To Whom It May Concern:

My wife and I are residents of the Lakeview Senior Apartment Complex. We have been asked by some of the residents to see if we can help to improve their ability to get around town on their own. The closest bus stop is half a mile below the apartment complex, down a hill. Very few of the residents here feel comfortable walking all the way to the bus stop. We are asking if the route for bus 15 could be changed a little to come up the hill to the complex. I can promise you some very grateful riders each day in each direction. I look forward to hearing from you soon.

Sincerely,
Ron Miller

*complex 건물 단지

① 버스 노선의 변경을 요청하려고
② 버스 노선 운영의 중단을 공지하려고
③ 아파트 주변 산책로 조성을 건의하려고
④ 버스 기사의 친절한 서비스에 감사하려고
⑤ 아파트 관리비 과다청구에 대해 항의하려고

**19** 다음 글에 드러난 'I'의 심경 변화로 가장 적절한 것은?

Today was a long day. While waiting for the bus to leave from summer camp, I wanted to listen to music. But I couldn't find my smartphone. It was a beloved birthday present from my dad. I searched all of my bags and pockets. I couldn't find it anywhere! I rushed to the camp office and asked the manager if it had been handed in. He said no. I came back to the bus with a broken heart. When I was on the bus about to leave, someone stopped it. It was the camp manager! He got on the bus and approached me. In his hand was my smartphone. He said a cleaning woman had found it under the sofa in the cabin. I hugged him like I was celebrating my birthday.

① disappointed → delighted
② satisfied → embarrassed
③ confused → sympathetic
④ discouraged → upset
⑤ comforted → excited

**20** 다음 글에서 필자가 주장하는 바로 가장 적절한 것은?

It is said that you never forget your first love. But you should because memories of it can destroy your relationships for life. Sociologists found that the happiness of young love can become an unreal standard by which all future romances are judged. According to a report, the best way to make sure long-term happiness in a relationship is not to stick to your first love. People with a more practical view of relationships tend to have more successful long-term ones because they don't try to recreate the strong passion they once shared with a past lover.

① 연인과 많은 시간을 보내도록 노력하라.
② 친구를 사귈 때는 자신의 감정에 충실하라.
③ 자신의 실패를 상대방의 탓으로 돌리지 마라.
④ 더욱 현실적인 관점에서 성공에 대해 생각하라.
⑤ 원만한 이성 관계를 위해서 첫사랑에 집착하지 마라.

## 21 다음 글의 요지로 가장 적절한 것은?

The beginning stages of a relationship are usually relatively conflict-free. But then, while the couple is together, there is conflict. To many, conflict within a relationship means that the relationship itself is in trouble; perfect harmony is considered the standard we should seek. Conflict is not only unavoidable but also actually important for the long-term success of the relationship. Think of conflicts as a type of vaccine. When we get immunized against a disease, we are in fact injecting a weakened strain of the disease into the body. The body is then stimulated to develop the antibodies that enable it to deal with major attacks later. Likewise, minor conflicts help our relationship to develop defense abilities; they immunize the relationship and help partners to deal with major conflicts when they arise.

*immunize 면역성을 주다  **strain 병원균  ***antibody 항체

① 심리적인 안정이 질병에 대한 면역력을 강화시킨다.
② 분쟁 조정을 위해 제 3자의 객관적 조언이 필요하다.
③ 장기적인 관점에서 갈등은 관계 유지에 도움이 된다.
④ 성공적인 관계를 규정하는 기준은 사람마다 다르다.
⑤ 학습 시 단기적 목표와 장기적 목표를 각각 수립해야 한다.

## 22 다음 글의 주제로 가장 적절한 것은?

It's true that before puberty, kids don't gain the same muscle from lifting weights that a teen or adult would. However, Dr. Avery Faigenbaum points out that children as young as six have benefited from strength training and says that kids show a 30-to-40 percent strength gain when they start lifting for the first time. Muscles aren't the only goal, of course; various studies have also shown that kids who weight-train have healthier bone density, body composition, and resistance to injury. The risk of injury is, of course, one reason parents worry about kids, but as long as the little bodybuilders are well supervised to prevent overtraining and possible injuries, the American Academy of Pediatrics and the President's Council on Fitness say the rewards outweigh the risks.

*puberty 사춘기

① workout tips for muscle building
② ways to prevent injuries while exercising
③ the merits of lifting weights at a young age
④ reasons why kids have to exercise outside
⑤ the advantages of warming up before lifting weights

## 23 다음 글의 제목으로 가장 적절한 것은?

Several studies have found that pet owners have lower blood pressure, a reduced risk of heart disease, and lower levels of stress. Pets can also be a plus in the workplace. A study found that during workdays, stress levels decreased for workers who brought in their dogs. The differences in stress between days the dogs were present and absent were significant. Employees as a whole had higher job satisfaction than industry norms. Having a dog in the office had a positive effect on the general atmosphere, decreased stress, and made everyone around happier. The presence of pets may serve as a cheap wellness solution easily available to many organizations.

① Why Your Pets Need Special Care
② Pets as Stressors in Organizations
③ The Safer Choice: Let Dogs Stay at Home
④ Having Pets: Well-being in the Workplace
⑤ Train Your Dogs to Get Along with People!

**24** 다음 도표의 내용과 일치하지 않는 문장은?

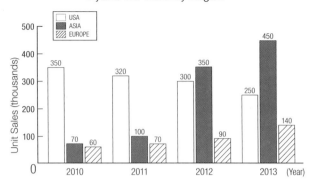

Hybrid Car Sales by Region

The bar graph above shows the total number of hybrid car sales by year for three regions: the USA, Asia, and Europe. ① In 2010, hybrid car sales in these three regions were the strongest in the USA and the weakest in Europe. ② However, the following year, hybrid car sales decreased slightly in the USA and increased slightly in the other regions. ③ Despite this, the sales ranks of hybrid cars in these three regions remained the same for both years. ④ In 2012, hybrid cars suddenly increased in popularity in Asia, surpassing the USA in sales for the first time. ⑤ The following year, hybrid car sales continued to increase in Asia but decreased in both the USA and Europe.

**25** American coots에 관한 다음 글의 내용과 일치하지 않는 것은?

American coots are dark duck-like birds. They are recognized by their chicken-like white bill, red eyes, and small red spot at the top of their bill. They are good swimmers and spend much of their lives floating on open water. American coots build floating nests in wetlands or shallow lakes. The female lays 9 to 12 eggs that are light with brown spots. Both parents sit on the eggs and feed the young. They eat a variety of food, such as insects and plants. They migrate from August to December with males moving south before the females and their babies. They are not very good at taking off in flight. When they try to launch themselves, they have to run along the surface of the water for a while.

① 빨간 눈을 가지고 있다.
② 습지에 떠있는 둥지를 짓는다.
③ 암컷과 수컷이 모두 알을 품는다.
④ 곤충과 식물을 먹는다.
⑤ 수컷이 먼저 북쪽으로 이동한다.

**26** Handmade Toys Contest에 관한 다음 안내문의 내용과 일치하지 <u>않는</u> 것은?

# HANDMADE TOYS CONTEST

Share Your Toy-Making Ideas Ecotoy is holding its first toymaking competition. The contest aims to bring back the joy of toymaking, encourage imaginative and creative play, and promote recycling and reusing.

**Who:** Open to all ages, individuals or groups
**What to submit:** Your own handmade toy & an instruction manual on how to make it
**Where to send:** Ecotoy Head Office, 110 Riocardo St., San Jose, CA
**Due date:** Friday, October 16

Winners will be announced on November 9. We will send all winners a $50 coupon that you can use at www.stationery.com. For more information, email us at master@ecotoy.net.

① Ecotoy가 주최하는 장난감 만들기 대회이다.
② 연령에 관계없이 참가할 수 있다.
③ 장난감과 제작 방법 설명서를 제출해야 한다.
④ 제출 마감 기한은 10월 16일까지이다.
⑤ 수상자는 현금으로 50달러를 받을 수 있다.

**27** Museum of Art — Heywood에 관한 다음 안내문의 내용과 일치하는 것은?

# Museum of Art — Heywood

The Museum of Art — Heywood is a community museum with five halls. The museum hosts many new exhibits and special events during the summer.

**GALLERY HOURS**
- Tuesday - Saturday: 10:00 a.m. - 4:00 p.m.
- Sunday: 1:00 p.m. - 4:00 p.m.

**STORE**
- Open 7 days a week
- 10% discount on purchases only for membership card holders

**ADMISSION**
- Gallery Admission: $5
- SPromo: $12 (Purchase one ticket for an unlimited number of visits within a three-day period.)
- Children 12 years old & under: no charge

① 특별 행사가 일 년 내내 열린다.
② 토요일은 오후 1시부터 입장할 수 있다.
③ 상점은 주말에도 이용할 수 있다.
④ SPromo 입장권은 4일 동안 유효하다.
⑤ 12세 이하 입장료는 성인의 절반이다.

**28** 다음 글의 밑줄 친 부분 중, 어법상 틀린 것은? [3점]

Foraging is a means of searching for wild food resources. This is a method ① that has been used for a long time and is possibly the oldest method of food searching. In the past, people usually foraged for food in forests, riversides, caves, and nearly any place where food could ② be found. Most of the foods foraged before ③ were root crops, weeds, and other similar types of food. Now, foraging has become a rising trend. People in today's fast-moving society ④ engaging in this either out of necessity or for entertainment. Although the purpose may be different, people are now slowly but surely getting familiar with foraging. More and more people find it very fulfilling and ⑤ beneficial.

*forage 식량을 찾아다니다

|  | (A) | (B) | (C) |
|---|---|---|---|
| ① | defend | …… supporting | …… more |
| ② | doubt | …… supporting | …… fewer |
| ③ | doubt | …… criticizing | …… more |
| ④ | doubt | …… criticizing | …… fewer |
| ⑤ | defend | …… criticizing | …… fewer |

**29** (A), (B), (C)의 각 네모 안에서 문맥에 맞는 낱말로 가장 적절한 것은? [3점]

When we don't want to believe a certain claim, we ask ourselves, "Must I believe it?" Then, we search for opposite evidence, and if we find a single reason to (A) defend / doubt the claim, we can dismiss it. Psychologists have many findings on "motivated reasoning," which shows the many tricks people use to reach their desired conclusions. When subjects are told that an intelligence test gave them a low score, they choose to read articles (B) supporting / criticizing the validity of IQ tests. When people read a scientific study reporting heavy caffeine consumption is linked with a risk of breast cancer, heavy coffee drinkers find (C) more / fewer errors in the study than light coffee drinkers.

*validity 타당도

**30** 밑줄 친 부분이 가리키는 대상이 나머지 넷과 다른 것은?

When Gandhi was fifteen, he stole a piece of gold from his brother's bracelet. Gandhi was so troubled by his guilt that one day, ① he decided to tell his father what he had done. He wrote a letter asking his father to punish ② him. Then, Gandhi handed the letter to his father, who was lying ill in bed. His father quietly sat up and read the letter and wetted it with ③ his tears. A little later, his father tore up the letter. Through his father's action, Gandhi knew ④ he was forgiven. From that day on, ⑤ he always kept his father's tears in his heart and went on to be a great leader.

[31~33] 다음 빈칸에 들어갈 말로 가장 적절한 것을 고르시오.

**31** Judgements about flavor are often influenced by predictions based on the _____ of the food. For example, strawberry-flavored foods are expected to be red. However, if they were colored green, because of the association of green foods such as the lime, it would be difficult to identify the flavor as strawberry. Color intensity also influences flavor perception. A stronger color may cause the perception of a stronger flavor even if the stronger color is simply due to the addition of more food coloring. Texture can also be misleading. A thicker product may be perceived as tasting richer or stronger simply because it is thicker and not because the thickening agent influences the flavor of the food.

*texture 질감   **thickening agent 농후 재료

① origin          ② recipe
③ nutrition       ④ appearance
⑤ arrangement

**32** Denis Waitley, an excellent speaker, explains that the winning field goal kicker looks at the ball and says to himself, "If I kick this goal, it will put us in the Super Bowl and will be worth thirty thousand dollars to every man." The loser says, "If I miss this goal, it will cost all my teammates thirty thousand dollars." That's the difference. According to Dr. Waitley, the winners focus on what they want to get; the losers focus on what they don't want — and they get it. Without a doubt, the most destructive force in our lives is _____. As the old saying goes, "Whether you think you can or you think you can't, you are right." [3점]

① excessive greed
② the search for the familiar
③ selfishness in all relationships
④ the desire to be only the very best
⑤ the negative use of our imaginations

**33** According to Richard Thaler's theory, people value an object more if _____. In a study, people were asked to evaluate the value of coffee cups which had been gifted to them. Another group in the study was also asked to evaluate the value of coffee cups, but these coffee cups were not owned by anyone. The subjects who owned their coffee cups always valued them higher than the other subjects. In some cases, they said that they would prefer to keep their coffee cups even if they were offered money for them. However, it seems to apply only to objects. When people in a similar study were offered tokens which could be exchanged for coffee cups, the cognitive bias was not found. It suggested that people formed an attachment to specific object, not to abstract concepts. [3점]

*cognitive bias 인지적 편견   **attachment 애착

① it is a special edition
② the object is expensive
③ its brand name is popular
④ others consider the object valuable
⑤ their ownership is clearly established

**34** 다음 글의 빈칸 (A), (B)에 들어갈 말로 가장 적절한 것은?

Humans depend heavily on communicating through the meaning found in words and the way they are arranged. We can tell someone we love that person in a sad, happy, or soft voice, but the meaning of the words "I love you" remains the same. This is why "mixed cues" can be so confusing. _____(A)_____, if a friend tells you that he or she likes you, you can interpret that in different ways, depending on the nonlanguage cues. If you hear "I like you" in a soft tone and see your friend smiling, you will most likely believe that emotion. _____(B)_____, if you hear "I like you" in an angry tone while your friend exhibits no facial expression, you would question his or her intention.

*feline 고양이과 동물

|  | (A) |  | (B) |
|---|---|---|---|
| ① | For example | …… | As a result |
| ② | For example | …… | However |
| ③ | Otherwise | …… | However |
| ④ | In contrast | …… | As a result |
| ⑤ | In contrast | …… | Furthermore |

**35** 다음 글에서 전체 흐름과 관계 <u>없는</u> 문장은?

Hiding behind a barrier is a normal response we learn at an early age to protect ourselves. ( ① ) As children, we hid behind solid objects such as furniture or our mother's skirt every time we found ourselves in a threatening situation. ( ② ) As we grew older, this hiding behavior became more sophisticated. ( ③ ) Adults were found to use a wide variety of strategies to protect their children. ( ④ ) As adults, we fold one or both arms across the chest in an unconscious way to block out what we perceive as a threat. ( ⑤ ) Women's use of arm barriers is less noticeable than men's because women can hold things like handbags.

* sophisticated 정교한

[36~37] 주어진 글 다음에 이어질 글의 순서로 가장 적절한 것을 고르시오.

**36**

Since early Roman times, some grain has been linked with wedding ceremonies. Wheat, a symbol of fertility, was carried in the bride's hand or worn around her neck.

(A) During the rule of Queen Elizabeth I, wheat was no longer tossed at brides but was instead baked into small cakes that were then crumbled and tossed over the bride's head.

(B) As the bride left the church, grains of wheat were tossed at her, and young girls rushed to pick up the grains that had actually touched the bride.

(C) This change in ceremony left wedding guests feeling needy since they had nothing to toss at the bride. Since at that time rice was cheap, clean, and white, it seemed a good substitute for the more expensive wheat cakes. [3점]

*fertility 다산

① (A) – (C) – (B)　　② (B) – (A) – (C)
③ (B) – (C) – (A)　　④ (C) – (B) – (A)
⑤ (C) – (A) – (B)

## 37

As is true of some fish, fathead minnows that have been attacked release chemicals from specialized cells in the skin.

(A) However, observations of this sort doubt this conventional view: How can an injured fish benefit from helping others to escape from a predator?

(B) Traditionally, these chemicals have been considered alarm signals to warn other members of the presence of a predator. In some cases, fish exposed to these chemicals do appear to hide.

(C) Perhaps injured fish do not release these special chemicals to benefit others. They might be attracting additional predators that may interfere with the initial attacker, which often results in the release of the captured prey. [3점]

*release 분비하다; 방출

① (A) - (C) - (B)　　② (B) - (A) - (C)
③ (B) - (C) - (A)　　④ (C) - (B) - (A)
⑤ (C) - (A) - (B)

[38~39] 글의 흐름으로 보아, 주어진 문장이 들어가기에 가장 적절한 곳을 고르시오.

## 38

But people sometimes use reason in a different sense to mean something like "purpose."

People say, "Everything happens for a reason." In one sense this is true. ( ① ) Everything does happen for a reason, which means that events have causes, and the cause always comes before the event. ( ② ) Tsunamis happen because of undersea earthquakes, and earthquakes happen because of shifts in the Earth's plates. ( ③ ) That is the true sense of "everything happens for a reason," and here "reason" means "past cause." ( ④ ) They will say something like, "The reason for the tsunami was to punish us for our faults." ( ⑤ ) It is surprising how often people depend on this kind of nonsense. [3점]

*Earth's plate 지각판

## 39

Their officer, relieved that his men had survived the snowstorm, asked how they had made their way out.

Many years ago, a Hungarian military patrol was caught in a fierce snowstorm in the Swiss Alps. ( ① ) The soldiers were lost and frightened, but one of them found a map in his pocket. ( ② ) After reading it, the soldiers built a shelter, planned their route, and then waited out the storm. ( ③ ) When the weather cleared three days later, they made their way back to the base camp. ( ④ ) A young soldier showed the map to the officer, and he looked at it carefully. ( ⑤ ) He was shocked to see that it was a map of the Pyrenees Mountains that border Spain and France, not the Swiss Alps.

**40** 다음 글의 내용을 한 문장으로 요약하고자 한다. 빈칸 (A)와 (B)에 들어갈 말로 가장 적절한 것은?

In a study, 211 women signed up for a sixteen-week weight-loss program. All of the participants were randomly separated into three groups: long-term public commitment, short-term public commitment, and no public commitment. Those in the long-term group wrote their names and weight-loss goals on index cards that were displayed in the fitness center for the full sixteen weeks. Those in the short-term group did the same, but the cards were displayed for only the first three weeks. Those in the no-public-commitment group did not fill out cards. At the end of the study, the effect of long-term public commitment was clear. The long-term group had exceeded their goals by about 102% while the short-term group achieved an average of 96% success and the no-commitment group reached only 88%.

↓

According to a study, those who make commitments _____(A)_____ for the full course of a program are more likely to _____(B)_____ their goals than those who do not.

| (A) | | (B) |
|-----|---|-----|
| ① public | …… | exceed |
| ② public | …… | share |
| ③ realistic | …… | reset |
| ④ realistic | …… | share |
| ⑤ realistic | …… | exceed |

[41~42] 다음 글을 읽고, 물음에 답하시오.

Many of us reflect on ourselves to make our lives better. But we'd better ask ourselves a simple question: Is it always helpful?

To understand the matter, several psychologists conducted a study. The topic was whether analyzing the pluses and minuses of a relationship can be an answer to seeing how we feel about a special person in our lives. People in one group were asked to list the reasons that the relationship with their date was going the way it was and then rated how satisfied they were with the relationship. People in another group were simply asked to rate their satisfaction without any analysis; they just gave their intuitive reactions.

It might seem that the people who analyzed the situation would figure out how they really felt, and thus their satisfaction ratings would predict the outcome of their relationships well. In fact, the results were _____. It was the people in the intuitive group that predicted whether they were still dating their partner several months later. As for the people in the analytical group, their satisfaction ratings did not predict the outcomes of their relationships at all. The results show that too much analysis can confuse people about how they really feel and that there are severe limits to what we can discover through overthinking.

\*intuitive 직관적인

**41** 윗글의 제목으로 가장 적절한 것은?

① Don't Think Too Much!
② The Newer, the Better?
③ Creative Invention Ideas
④ The Negatives of Success
⑤ Ways to Handle Anxiety

**42** 윗글의 빈칸에 들어갈 말로 가장 적절한 것은? [3점]

① neutral　　② reversed　　③ expected
④ out-of-date　　⑤ short-sighted

[43~45] 다음 글을 읽고, 물음에 답하시오.

(A)

Jonathan stretched his muscles. Each year, (a) he and his friends participated in the diving contest at the community pool. Divers from all over the city came to take part in the contest.

(B)

They waited for the winner to be announced. All the divers were shocked when the small boy's name was announced. The judge raised his hands and said, "(b) His dive may not have been the cleanest, but it was the riskiest by far. I gave points for his courage and for trying." Jonathan walked away shaking his head, determined to do it differently next year.

(C)

All the divers got ready to start their performance. Jonathan performed (c) his dive and did well enough to move on to the final round, where the divers could select the dive of their choice. Thoughts of the final dive came into Jonathan's mind. All the divers gathered around to discuss who was left to compete.

(D)

Jonathan noticed a small boy that had on an old swimsuit. (d) He laughed with his peers about how this boy had managed to get into the final round. The boy was first, and he made his way up to the highest board. He made his dive and then sat down. It was a clumsy dive without much style. Jonathan was next. (e) He performed his dive perfectly.

*clumsy 어설픈

**43** 주어진 글 (A)에 이어질 내용을 순서에 맞게 배열한 것으로 가장 적절한 것은?

① (B) – (D) – (C)  ② (C) – (B) – (D)
③ (C) – (D) – (B)  ④ (D) – (B) – (C)
⑤ (D) – (C) – (B)

**44** 밑줄 친 (a)~(e) 중에서 가리키는 대상이 나머지 넷과 다른 것은?

① (a)  ② (b)  ③ (c)  ④ (d)  ⑤ (e)

**45** 윗글의 내용과 일치하지 않는 것은?

① 도시 전역에서 모여든 다이빙 선수들이 대회에 참가했다.
② 작은 소년이 호명되었을 때 다이빙 선수들은 모두 놀랐다.
③ 결선에서 다이빙 선수들은 지정된 다이빙을 수행했다.
④ 작은 소년은 낡은 수영복을 입고 있었다.
⑤ 가장 높은 다이빙대에서 작은 소년이 뛰어내렸다.

**18** 다음 글의 목적으로 가장 적절한 것은?

---

Dear Mr. Denning,

It brings me great satisfaction to serve as a board member of the Redstone Music and Arts Center, and I'm honored that the board has seen fit to recommend me for vice president. However, because of my unpredictable work schedule, I must decline the recommendation. I simply don't feel I can give the time and energy that the Music and Arts Center deserves from its vice president. For the time being, I look forward to continuing a regular board member. Please send my regrets to the rest of the board.

Sincerely,
Jason Becker

*see fit 적절하다고 생각하다

---

① 부회장으로 추천받은 것을 거절하려고
② 공연 취소에 대한 불만을 제기하려고
③ 음악 예술 센터 개관을 축하하려고
④ 불규칙한 업무 일정 개선을 요구하려고
⑤ 이사회 위원 선출 방식 변경을 촉구하려고

**19** 다음 글에서 Amy의 심경으로 가장 적절한 것은?

When Amy heard her name called, she stood up from her seat and made her way to the stage. Dr. Wilkinson was pinning a gold medal on each of the top five medical graduates. He shook Amy's hand and congratulated her on her accomplishment. Amy felt thrilled for being mentioned as one of the top five medical graduates. Amy walked back to her seat, satisfied with her academic performance and her success. She had just received a special honor. This special recognition would help her to continue fulfilling her dream of becoming a doctor.

① proud and happy
② calm and relieved
③ irritated and nervous
④ fearful and desperate
⑤ disappointed and furious

**20** 다음 글에서 필자가 주장하는 바로 가장 적절한 것은?

Since you can't use gestures, make faces, or present an object to readers in writing, you must depend on words to do both the telling and the showing. Show more than you tell. Use words to make the reader see. For example, don't leave the reader guessing about Laura's beautiful hair. Show how the gentle wind touches the edge of her silky brown hair. Don't just say you felt happy. Show yourself jumping down the steps four at a time, coat unzipped, shouting in the wind, "Yeah, I did it!"

① 글을 쓰기 전에 주변을 정돈해야 한다.
② 시각적으로 실감 나게 글을 써야 한다.
③ 일상생활에서 글의 소재를 찾아야 한다.
④ 글의 내용과 어울리는 그림을 제시해야 한다.
⑤ 마음속에 있는 것을 진술하게 글에 담아야 한다.

**21** 다음 글의 요지로 가장 적절한 것은?

See if you can think of something thoughtful to do for someone and enjoy it. It can be mowing your neighbor's lawn or coming home early from work to give your wife a break from the kids. When you complete your favor, see if you can feel the warmth of knowing you have done something for someone without expecting anything. If you practice, you will discover that the feelings themselves are reward enough. What prevents this peaceful feeling is our expectation of receiving something in return. The solution is to notice these thoughts and gently to dismiss them.

① 남을 돕는 일에도 계획이 필요하다.
② 보상과 벌을 적절하게 활용해야 한다.
③ 하기 싫은 일부터 먼저 처리해야 한다.
④ 대가를 기대하지 말고 선행을 베풀어야 한다.
⑤ 타인에 대한 과도한 배려가 피해를 줄 수도 있다.

**22** 다음 글의 주제로 가장 적절한 것은?

When you face a source of stress, you may fight back by reacting immediately. While this served your ancestors well when they were attacked by a wild animal, it is less helpful today unless you are attacked physically. Technology makes it much easier to worsen a situation with a quick response. I have been guilty of responding too quickly to people in a harsh tone that only made things worse. The more something causes your heart to race, the more important it is to step back before speaking. This will give you time to think things through and to find a way to deal with the other person in a healthier manner.

① the origins of violent human behavior
② the benefits of social media technology
③ the importance of taking time in responding
④ the relationship between health and heartbeat
⑤ the difficulty of controlling emotional reactions

**23** 다음 글의 제목으로 가장 적절한 것은?

In the late 1960s, a TV producer, Joan Cooney, started an epidemic. She targeted children between three and five. Her agent of infection was TV and the "virus" she wanted to spread was literacy. The show would be an hour long and run 5 days a week in the hope that it would become contagious enough to improve education. Her goal was to spread positive learning values to all children and even their parents. She also expected it to give advantages to children with fewer chances when they began elementary school. What she wanted to do was to create a learning epidemic to fight the widespread epidemics of poverty and illiteracy. She called her idea *Sesame Street*.

*epidemic 전염병 **agent 병원체 ***contagious 전염성의

① *Sesame Street*: Educational Virus
② Are Children Sick of *Sesame Street*?
③ What Makes *Sesame Street* Harmful?
④ Too Much TV Time Equals Less Education
⑤ Don't Turn on TV Too Early in the Morning!

## 24 다음 도표의 내용과 일치하지 <u>않는</u> 것은?

The Top Rubber-producing Countries

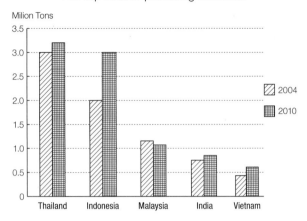

The above chart shows the total amounts of rubber produced by the top five countries in 2004 and 2010. ① Of the five countries, Thailand was the largest producer of rubber in both years. ② Indonesia achieved the most remarkable increase during this period, which was about one million tons. ③ Malaysia showed a small decrease in 2010 from 2004. ④ As Malaysia did in 2010, India's production also declined. ⑤ Vietnam produced the least amount of rubber among the five countries both in 2004 and 2010.

## 25 Cesaria Evora에 관한 다음 글의 내용과 일치하지 <u>않는</u> 것은?

Cesaria Evora was born in 1941, grew up in a poor family, and was raised in an orphanage after her father died. As a teenager, she began performing at sailors' restaurants and on ships in the harbor in Mindelo. She gave up music in the 1970s because she was unable to make a living. But in 1985, she came back to the stage and won a Grammy Award in 2003. She was known as the "Barefoot Diva" because she always performed without shoes. Cesaria Evora, who brought the music of the tiny Cape Verde islands to a worldwide audience, died in her native country at the age of 70.

① 아버지가 돌아가신 후 고아원에서 자랐다.
② 십 대 때 선원들의 식당과 배에서 공연을 했다.
③ 생계를 위해서 1985년에 음악을 그만두었다.
④ 공연 때 신발을 신지 않아 '맨발의 디바'로 알려졌다.
⑤ 70세의 나이로 고국에서 생을 마감했다.

**26** Oakland Museum of California에 관한 다음 안내문의 내용과 일치하지 <u>않는</u> 것은?

 **Oakland Museum of California**

**Time:**
- Wednesday - Thursday, 11 a.m. – 5 p.m.
- Friday, 11 a.m. – 9 p.m.
- Saturday – Sunday, 11 a.m. – 5 p.m.
- Closed Monday and Tuesday

**Parking:**
- The parking fee is just $1 / hour with an admission ticket.
- The parking fee without an admission ticket is $2.50 / hour.

**Admission Rates:**
- $15 general
- $10 students with current ID and seniors(65+)
- Free for children ages 8 and under
- Adult groups of ten or more are $12 per person.

**Other:**
- Admission during *Friday Nights*, 5 p.m. to 9 p.m. every Friday, is half-off for adults, free for ages 18 and under.
- Admission is free the first Sunday of every month.

① 월요일과 화요일은 휴관일이다.
② 입장권이 있으면 주차 요금은 시간당 1달러이다.
③ 10인 이상의 성인 단체일 경우 1인당 입장료가 12달러이다.
④ 금요일 오후 5시 이후 18세 이하의 입장료는 반값이다.
⑤ 매달 첫째 일요일은 입장료가 무료이다.

**27** Sunshine Bus Tour에 관한 다음 안내문의 내용과 일치하는 것은?

**Sunshine Bus Tour**

Sunshine Bus Tour is the easiest way to enjoy Carmel's most popular areas! You can get on and off at any of the 20 stops to explore tourist attractions in Carmel.

**Operating Hours**
- 10 a.m. – 4 p.m.
- Tue. through Sun.; Closed on Mondays

**Prices**
- $20 adult
- $10 child (under 14)

*Admission to attractions is not included.

**Notice**
- Ticket is valid for 24 hours from the first time of use.
- Advance booking is required.

① 승하차할 수 있는 정류장은 20개가 넘는다.
② 일요일을 제외하고 운영된다.
③ 요금에 관광 명소 입장료가 포함되어 있다.
④ 승차권은 첫 사용 후 24시간 동안 유효하다.
⑤ 사전에 예약할 필요가 없다.

**28** 다음 글의 밑줄 친 부분 중, 어법상 틀린 것은? [3점]

Grateful people are likely to make healthy decisions. Life and sports present many situations ① where critical and difficult decisions have to be made. Selfish people do not make healthy decisions as well as ② are grateful people. This includes the decision to be self-motivated. Frustrated parents ask, "How do I motivate my child to do sports or to continue in sports? Sometimes my child gets ③ discouraged and does not want to put any effort into his or her sports? What can I do or say to help?" It is difficult and almost impossible ④ to motivate kids or adults who are centered on their own narrow, selfish desires. However, kids and adults who live as grateful people are able to motivate ⑤ themselves. They also welcome suggestions from others.

*self-motivated 스스로 동기를 부여하는

**29** (A), (B), (C)의 각 네모 안에서 문맥에 맞는 낱말로 가장 적절한 것은? [3점]

Labels are becoming the "go to" place when people have questions about how food is produced. But Cornell University research finds that consumers need more information, especially for the potentially (A) harmful / harmless ingredients that aren't included in the product. The study found consumers are willing to pay a premium when a product label says "free of" something but only if the package provides "negative" information on anything that the product is "free of." For example, a food labeled "free of" a food dye will compel some consumers to buy that product. But even more people will buy that product if that same label (B) includes / excludes information about the risks of ingesting such dyes. "When they get more information about ingredients, consumers are more (C) confident / insecure about their decisions," Harry M. Kaiser, a Cornell professor, said.

| | (A) | (B) | (C) |
|---|---|---|---|
| ① | harmful | includes | confident |
| ② | harmful | excludes | confident |
| ③ | harmful | includes | insecure |
| ④ | harmless | includes | insecure |
| ⑤ | harmless | excludes | insecure |

**30** 밑줄 친 부분이 가리키는 대상이 나머지 넷과 다른 것은?

When Susan was a young girl, her teacher, Ms. Ashley used to encourage ① her students to drink glass after glass of milk. Somehow, she had developed the idea that milk improved one's intellect. For ② her, there was nothing more precious than intelligence. On occasion, Susan would ask ③ her directly, "What's intelligence?" Each time, ④ she would respond differently: "Intelligence is a baby's first words," "Intelligence is yellow," or "Intelligence is the joke Tom made in math class this morning." The responses would drive ⑤ her crazy, and now, some thirty years later, she finds it interesting to consider why Ms. Ashley did so.

[31~33] 다음 빈칸에 들어갈 말로 가장 적절한 것을 고르시오.

**31** Consider your typical day. You wake up and pour yourself juice from oranges grown in Florida and coffee from beans grown in Brazil. Over breakfast, you watch a news program broadcast from New York on your TV made in Japan. You get dressed in clothes made of cotton grown in Georgia and sewn in factories in Thailand. Every day, you rely on many people, most of whom you do not know, to provide you with the goods and services that you enjoy. Such _____ is possible because people trade with one another. Those people providing you goods and services are not acting out of generosity. Instead, people provide you and other consumers with the goods and services because they get something in return.

① interdependence    ② competition
③ unfairness    ④ regulation
⑤ charity

**32** When you're eager to get your slice of the pie, why would you give a hand to other people so that they can get their piece? If Ernest Hamwi had taken that attitude when he was selling zalabia, a very thin Persian waffle, at the 1904 World's Fair, he might have ended his days as a street vendor. Hamwi noticed that a nearby ice cream vendor had run out of bowls to serve to his customers. Most people would have sniffed, "Not my problem," perhaps even hoping the ice cream vendor's misfortune would mean more customers for them. Instead, Hamwi rolled up a waffle and put a scoop of ice cream on top, creating one of the world's first ice cream cones. He _____ and, in the process, made a fortune. [3점]

*sniff 콧방귀를 뀌며 말하다

① opened a new shop
② helped his neighbor
③ joined the big event
④ kept his recipe secret
⑤ learned from his failure

**33** In philosophy, the best way to understand the concept of an argument is to contrast it with an opinion. An opinion is simply a belief or attitude about someone or something. We express our opinions all the time: We love or hate certain films or different types of food. Mostly, people's opinions are almost always based upon their feelings. They don't feel they have to support their opinions with any kind of evidence. An argument is something a bit different from this. It is made to convince others that one's claims are true. Thus, it is an attempt to _____. Arguments are the building blocks of philosophy, and a good philosopher is one who is able to create the best arguments based on a solid foundation. [3점]

① present reasons in support of one's claims
② develop one's own taste in each area
③ compare one's opinions with others'
④ look into the deeper meaning of a topic
⑤ build up knowledge from one's experiences

**34** 다음 글의 빈칸 (A), (B)에 들어갈 말로 가장 적절한 것은?

Observing a child's play, particularly fantasy play, can be seen to provide rich insights into a child's inner world. Interpretation of what you have observed must, _____(A)_____, be made carefully since the functions of play are complex and not fully understood. It would be unwise to jump to conclusions about what a child is communicating through it. Scenes a child acts out may give us clues about their past experiences or their wishes for the future; these scenes may show what has actually happened, what they wish would happen, or a confusion of events and feelings that they are trying to understand. _____(B)_____, we can say that observation is a valuable tool to understand a child, but one that should always be handled with caution.

*insight 통찰

| (A) | | (B) |
|---|---|---|
| ① however | …… | Moreover |
| ② however | …… | Therefore |
| ③ in other words | …… | For example |
| ④ in other words | …… | Therefore |
| ⑤ otherwise | …… | For example |

**35** 다음 글에서 전체 흐름과 관계 없는 문장은?

The water that is embedded in our food and manufactured products is called "virtual water." For example, about 265 gallons of water is needed to produce two pounds of wheat. ① So the virtual water of these two pounds of wheat is 265 gallons. ② Virtual water is also present in dairy products, soups, beverages, and liquid medicines. ③ However, it is necessary to drink as much water as possible to stay healthy. ④ Every day, humans consume lots of virtual water, and the content of it varies according to products. ⑤ For instance, to produce two pounds of meat requires about 5 to 10 times as much water as to produce two pounds of vegetables.

*embedded 내포된, 포함된

[36~37] 주어진 글 다음에 이어질 글의 순서로 가장 적절한 것을 고르시오.

**36**

Athletes often report that when they are doing well in their sport, the size of the target looks incredibly large.

(A) They had the players look at a poster with a variety of circles on it and asked them to indicate the circle they felt best showed the size of a softball.

(B) They also collected their "stats" from the game they had just completed to compute batting averages. They found the players with better batting averages perceived the ball size as larger than those with poorer ones.

(C) This is in contrast to the experience of the target looking incredibly small when the players are not doing well. To test this phenomenon, Jessica Witt and Dennis Proffitt recruited softball players immediately after their games.

*stats 통계

① (A) – (C) – (B)  ② (B) – (A) – (C)
③ (B) – (C) – (A)  ④ (C) – (A) – (B)
⑤ (C) – (B) – (A)

## 37

Blinking is an automatic action that protects the eye. When the eyes are open, one-tenth of the total surface area is exposed to the atmosphere.

(A) That is the physiological reason behind blinking, but we blink for psychological reasons as well. For instance, nervousness, loud noises, and stress affect the number of times we blink.

(B) They blink. Blinking makes the eyes wet and keeps the front part clear for good vision. When we blink, a film of tears covers the eyes and washes all the tiny dust particles that may be present.

(C) This means the eye, the most sensitive part of the body, has to endure the dust present in the air. So what do the eyes do as a safeguard? [3점]

*particle 입자

① (A) – (C) – (B)　　② (B) – (A) – (C)
③ (B) – (C) – (A)　　④ (C) – (A) – (B)
⑤ (C) – (B) – (A)

[38~39] 글의 흐름으로 보아, 주어진 문장이 들어가기에 가장 적절한 곳을 고르시오.

## 38

But as the Earth's surface is curved, there is a path which looks curved, and thus longer on a flat map, but which is actually shorter.

Imagine that you want to travel from New York to Madrid, two cities at almost the same latitude. ( ① ) If the Earth were flat, the shortest route would be to head straight east. ( ② ) If you did that, you would arrive in Madrid after traveling 3,707 miles. ( ③ ) You can get there in 3,605 miles if you follow the great-circle route, which is first to head northeast, then gradually to turn east, and then to move southeast. ( ④ ) The difference in distance between the two routes is due to the Earth's curved surface. ( ⑤ ) Airlines know this and arrange for their pilots to follow great-circle routes. [3점]

*latitude 위도

## 39

That may seem like a lot until you consider that the average native in Amazonas in Venezuela has about 1,600 species.

Clearly there is no shortage of bacteria in our gut, which can make this next statement a little hard to believe. ( ① ) Our gut bacteria belong on the endangered species list. ( ② ) The average American adult has about 1,200 different species of bacteria in his or her gut. ( ③ ) Similarly, other groups of humans with lifestyles and diets more similar to our ancestors have more varied bacteria than Americans. ( ④ ) Why is this happening? ( ⑤ ) Our overly processed diets, overuse of antibiotics, and completely clean homes are threatening the health and stability of the bacteria.

*antibiotic 항생제

## 40 다음 글의 내용을 한 문장으로 요약하고자 한다. 빈칸 (A)와 (B)에 들어갈 말로 가장 적절한 것은?

In one study, subjects listened to four music records and then were asked to rate how much they liked each one. As a reward for participating in the study, they were told that they could have the record of their choice when they made additional ratings on a second occasion. When the subjects returned for the second session, they were told that one of the four records would not be available. The excluded record was the one that had been ranked third best by that individual in the first session. The subjects listened to the four records again and made their second ratings. The researcher found that the ratings of the excluded records increased significantly. In other words, the record that a subject could not have became more desirable.

↓

According to a study, when subjects know that a certain record is _____(A)_____, their desire for the record becomes _____(B)_____.

|  | (A) | | (B) |
|---|---|---|---|
| ① | useful | …… | stimulated |
| ② | unavailable | …… | stronger |
| ③ | popular | …… | lessened |
| ④ | novel | …… | fulfilled |
| ⑤ | excluded | …… | weaker |

[41~42] 다음 글을 읽고, 물음에 답하시오.

On January 13, 1989, Stefania Follini, an Italian interior designer, went down into a cave near Carlsbad, New Mexico, where she was to live for more than four months as part of an experiment. The experiment was aimed at examining how the stresses of long-term isolation could affect space travel. Pioneer Frontier Explorations, an Italian research foundation, had selected Follini, one of 20 volunteers, because she was judged to have inner strength and stamina. For 131 days, she lived there alone in a 6 meter by 12 meter Plexiglas module sealed 9 meters under the surface, without sunlight or any other way to measure time.

After about four months, she returned aboveground on schedule. But by her calculations it was only mid-March. During Follini's underground stay, her sense of time seemed to be longer. Her "day" extended to 25 hours and then to 48 hours. She tended to sleep for 22 to 24 hours and then burst into activity for up to 30 hours. In short, her _____ had gotten out of order.

## 41 윗글의 제목으로 가장 적절한 것은?

① How to Select a Volunteer
② Why Is Oversleeping Harmful?
③ Comfortable Underground Living
④ What Changes Can Isolation Cause?
⑤ The Advantages of Unexpected Exploration

## 42 윗글의 빈칸에 들어갈 말로 가장 적절한 것은? [3점]

① internal clock
② design tool
③ personal computer
④ electronic calculator
⑤ experimental equipment

[43~45] 다음 글을 읽고, 물음에 답하시오.

(A)

A college student was struggling to pay his school fees. He was an orphan, and not knowing where to turn for money, he came up with a bright idea. He decided to host a music concert on campus to raise money. He asked the great pianist Ignacy Paderewski to come and play. (a) His manager demanded $2,000 for the piano recital. A deal was closed, and the student began working to make the concert a success.

(B)

Paderewski later went on to become the Prime Minister of Poland. He was a great leader but, unfortunately, when World War I began, Poland was destroyed. There were more than 1.5 million people starving in (b) his country, and there was no money to feed them. Paderewski did not know where to turn for help. Finally, he asked the U.S. Food and Relief Administration for help.

(C)

The head there was a man called Herbert Hoover, who later went on to become the U.S. President. (c) He agreed to supply food to the starving Polish people. Paderewski was relieved. Later, when (d) he thanked Hoover for his noble gesture, Hoover quickly said, "You shouldn't be thanking me, Mr. Prime Minister. You may not remember this, but many years ago, you helped a student make it through college. I was him."

(D)

The big day arrived. But, unfortunately, he had not sold enough tickets. The total amount collected was only $1,600. Disappointed, he went to Paderewski and explained his difficulty. Paderewski returned the $1,600 and told the

student, "Here's the $1,600. Keep the money." The student was surprised and thanked (e) him heartily.

**43** 주어진 글 (A)에 이어질 내용을 순서에 맞게 배열한 것으로 가장 적절한 것은?

① (B) – (D) – (C)　　② (C) – (B) – (D)
③ (C) – (D) – (B)　　④ (D) – (B) – (C)
⑤ (D) – (C) – (B)

**44** 밑줄 친 (a)~(e) 중에서 가리키는 대상이 나머지 넷과 다른 것은?

① (a)　　② (b)　　③ (c)　　④ (d)　　⑤ (e)

**45** 윗글의 Ignacy Paderewski에 관한 내용과 일치하지 않는 것은?

① 학생으로부터 연주 요청을 받았다.
② 나중에 폴란드의 수상이 되었다.
③ 미국에 도움을 요청했다.
④ Hoover로부터 학비를 지원받았다.
⑤ 학생에게 1,600달러를 되돌려 주었다.

**18** 다음 글의 목적으로 가장 적절한 것은?

Our round-the-world trip is approaching quickly, and we're getting a bit anxious about the grand adventure. As we discussed a few weeks back, we would really appreciate you and Harold keeping an eye on our house while we travel. The post office will hold our mail, and we've canceled the newspaper, but please look for any package or fliers that might still be delivered while we are away. You have a key to the house. I have attached a copy of our complete itinerary, including an emergency phone number. Thanks again. We promise an invitation to our house when we return.

*itinerary 여행 일정

① 신문 구독 신청을 취소하려고
② 여행 중 빈집 관리를 당부하려고
③ 주소와 연락처 변경을 통지하려고
④ 여행 일정에 대해 문의하려고
⑤ 집들이에 초대하려고

**19** 다음 글에 나타난 "We"의 심경 변화로 가장 적절한 것은?

Far below, squeezed into a narrow valley, was Fontana Lake. At the lake's western end stands a big hydroelectric dam. We hastened down the trail as we expected that there would be a visitors' center there. This meant the possibility of a cafeteria and other satisfying contacts with the developed world. At least, we thought, there would be vending machines and restrooms, where we could wash and get fresh water. There was indeed a visitors' center, but it was shut. The vending machine was empty and unplugged, and even the restrooms were locked. We found a tap and turned it, but the water had been shut off.

*squeeze (비집고 들어가듯) 물길이 나다

① frightened → relieved
② bored → excited
③ hopeful → disappointed
④ annoyed → satisfied
⑤ embarrassed → thankful

**20** 다음 글에서 필자가 주장하는 바로 가장 적절한 것은?

Who am I? This may sound like a question on a freshman philosophy exam, but Socrates was serious when he told his students, "Know yourself." You would be foolish to buy a cow if you lived in an apartment. You would be equally foolish to invest in real estate if you needed constant access to your money. The first place an investor should look is in the mirror. Do you see wrinkles? Maybe you are heading toward retirement and therefore need investments that provide you with a steady income. Do you see a young parent who needs a lot of money for her daughter's education? Then you could accept a high-risk investment for a high return.

*return 수익

① 다양한 철학 서적을 읽어라.
② 외모로 사람을 판단하지 마라.
③ 은퇴 이후의 삶을 미리 준비해라.
④ 자녀의 경제교육에 많은 관심을 가져라.
⑤ 자신의 상황에 맞는 투자 방법을 선택해라.

**21** 다음 글의 요지로 가장 적절한 것은?

Studies have shown that the body weight and attitudes of a patient's spouse can have a major impact on the amount of weight lost and on success in weight maintenance. Black & Threlfall found that overweight patients with normal-weight partners lost significantly more weight than those with overweight partners. They also noted that success was greater in those patients whose partners had also lost weight even though they were not included in the program. Similarly, Pratt found that dropout rates were reduced when the patient's spouse was included in a weight-control program.

① 적정 체중을 유지하는 것이 중요하다.
② 식단 개선을 통해 체중 조절이 가능하다.
③ 다양한 환자 관리 프로그램을 개발해야 한다.
④ 환자의 체중 감량에 있어서 배우자의 영향이 크다.
⑤ 단기간의 체중 감량은 환자에게 해로운 결과를 초래한다.

**22** 다음 글의 주제로 가장 적절한 것은?

I'll bet that if you're in the habit of buying the morning paper, you skip the one on top of the pile. Instead, you lift up the top newspaper and pull out the one underneath it. Did you know that 72 percent of people do the same? Why? Because we imagine that the second one from the top hasn't been handled by countless fingertips and is therefore cleaner than the one above it. Ironically, though, after scanning the headlines, many of that same 72 percent of consumers replace that paper right where they found it, under the top one. So they all end up thumbing through the same newspaper that has been touched over and over.

① illnesses caused by dirty fingertips
② effective ways to make headlines
③ the importance of reading various newspapers
④ the positive effects of newspapers on the public
⑤ the false belief of cleanliness in a pile of newspapers

**23** 다음 글의 제목으로 가장 적절한 것은?

Often, a heartwarming news story tells of a shipwrecked sailor who was about to drown in a stormy sea. Suddenly, a dolphin popped up at his side and pushed the sailor safely to shore. It is attractive to conclude that dolphins must really like human beings enough to save us from drowning. But wait. Are they actually intending to be helpful? To answer that question, we should know about opposite cases of shipwrecked sailors who were pushed further out to sea by dolphins and never came back again. We don't know about those cases because the sailors didn't live to tell us about their evil-dolphin experiences.

① Dolphins: Protectors of the Sea
② Sailing with the Help of Dolphins
③ Are Dolphins Really Our Friends?
④ Incredible Survival on a Stormy Sea
⑤ Shipwrecks: Destroyers of the Marine Environment

**24** 다음 도표의 내용과 일치하지 <u>않는</u> 것은?

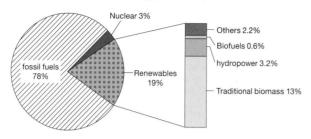

Global Energy Consumption

The above chart shows the percentage of global energy which was consumed in 2019. ① Of all energy sources, the percentage of fossil fuels is the largest, which is about four times as high as that of renewables. ② The Renewables, which include traditional biomass, hydropower, biofuels, etc. make up 19 percent of global energy consumption. ③ Of this 19 percent, traditional biomass is a bigger global energy source than hydropower. ④ The rate of biofuels is 0.6 percent, which is as big as that of nuclear energy. ⑤ The rate of hydropower reaches 3.2 percent, which is higher than that of biofuels.

**25** golden poison frogs에 관한 다음 글의 내용과 일치하지 <u>않는</u> 것은?

Golden poison frogs are among the largest of the poison dart frogs and can reach a length of over two inches as adults. They are active during the day and hunt insects by using their long tongue to pull prey to their mouth. They are considered the most poisonous animals on the Earth. They do not use their poison to hunt; it is only for defensive purposes. As they have almost no natural predators, golden poison frogs do not try to hide from larger animals and seem to know that they are not threatened by predators. They are social animals and live in groups of four to seven individuals.

① 몸체는 2인치보다 더 자랄 수 있다.
② 긴 혀를 사용하여 곤충을 사냥한다.
③ 방어 목적으로만 독을 사용한다.
④ 몸집이 더 큰 동물들이 나타나면 숨는다.
⑤ 네 마리에서 일곱 마리가 무리지어 산다.

**26** The Summer Design Camp에 관한 다음 안내문의 내용과 일치하지 <u>않는</u> 것은?

## The Summer Design Camp

The Summer Design Camp is a series of experience-centered design programs for high school students.

### Activities
Instructors plan field trips and invite professionals to share their experience. The program ends with an exhibition of student works.

### Dates & Cost

- Dates: June 27 - 30, 2019
- Cost: $200

### Requirements & Registration
- To participate, students must have previous experience in design projects.
- Students must sign up for our program in advance through our website at www.designlab.org.

For more info, email us at Ruby@jsnty.com.

① 고등학생을 위한 체험 중심 프로그램이다.
② 학생 작품 전시로 마무리된다.
③ 총 4일간 진행된다.
④ 참가 자격에 제한을 두지 않는다.
⑤ 웹사이트를 통해 미리 등록해야 한다.

**27** Bicycle Safety Class에 관한 다음 안내문의 내용과 일치하는 것은?

## Bicycle Safety Class

- Place: Nightingale High School
- Date: March 20, 2019
- Time: 3:00 p.m. - 5:00 p.m.

We encourage you to bring your own bicycle, but we also have bicycles for rent.

- Fee: $10 per person (Educational materials and snacks are included.)
- The first 15 people get a free helmet.
- Topics Covered: Rules of the Road, Cyclists' Rights, ABC Quick Check, Route Selection

For more information, please contact us.
Email: miguel@bsc.org
Phone: 626-375-6799

① 이틀에 걸쳐서 진행된다.
② 오전에 열린다.
③ 대여용 자전거가 있다.
④ 참가비에 간식 비용이 포함되지 않는다.
⑤ 모든 참가자에게 헬멧을 무료로 준다.

**28** (A), (B), (C)의 각 네모 안에서 어법에 맞는 표현으로 가장 적절한 것은? [3점]

The biggest complaint of kids who don't read is that they can't find anything to read that (A) interest / interests them. This is where we parents need to do a better job of helping our kids to identify the genres that excite (B) it / them. The children's librarian at your local public library, your school librarian, or the manager of the kids' section at a good bookstore can help you to choose new material that isn't familiar to you. Also, think back on the books you liked (C) when / what you were a child. My husband and I both enjoyed books by Beverly Cleary, and it turns out our kids love them, too.

| | (A) | | (B) | | (C) |
|---|---|---|---|---|---|
| ① | interest | ...... | them | ...... | what |
| ② | interest | ...... | it | ...... | when |
| ③ | interests | ...... | them | ...... | when |
| ④ | interests | ...... | it | ...... | when |
| ⑤ | interests | ...... | them | ...... | what |

**29** 다음 글의 밑줄 친 부분 중, 문맥상 낱말의 쓰임이 적절하지 않은 것은? [3점]

For years, it was believed that emergency workers should go through a counseling process after traumatic events to debrief about their experiences. The idea was that this would ① prevent mental health problems in the future. After the September 11 attacks in the U.S., counselors went to help rescue workers deal with the trauma and make them feel ② better afterward. But did it do any good? A study shows that the debriefing process had ③ little benefit and might have even hurt them by interrupting the normal healing process. People often distract themselves from thinking about ④ pleasant events right after they occur. This may be better than recalling the painful events. When people are ⑤ depressed, recalling their problems makes things worse.

*debrief 보고하다

**30** 밑줄 친 부분이 가리키는 대상이 나머지 넷과 <u>다른</u> 것은?

Six-month-old Angela is sitting in her high chair during lunch and sees her bottle on the table. ① <u>She</u> is pretty tired — it's been a tough day! — and she wants her bottle. She looks at it as her mother, Sophie, feeds ② <u>her</u> and gets more and more frustrated. Finally, she turns away from her mother's spoonfuls, arches her back, turns around in her high chair, and vocalizes as if ③ <u>she</u> is about to cry. Sophie is clueless about what Angela wants. When Sophie happens to look at the table for another reason, ④ <u>she</u> notices the bottle on it. "That's what you want," she says, and gives Angela ⑤ <u>her</u> bottle.

*arch (몸을) 아치 모양으로 구부리다

[31~33] 다음 빈칸에 들어갈 말로 가장 적절한 것을 고르시오.

**31** The founding population of our direct ancestors is not thought to have been larger than 2,000 individuals. How, then, did we go from such a fragile minority population to a tide of humanity 7 billion strong and growing? There is only one way, according to Richard Potts. You give up on _____. You don't try to beat back the changes. You begin not to care about consistency within a given habitat because such consistency isn't an option. You adapt to variation itself. It was a brilliant strategy. Instead of learning how to survive in just one or two ecological environments, we took on the entire globe.

*beat back 물리치다

① stability      ② morality      ③ fairness
④ reputation      ⑤ challenges

**32** Ethical decision-making requires us to look beyond the immediate moment and beyond personal needs to imagine the possible consequences of our choices and behavior on ourselves and others. In its most basic sense, moral imagination is about _____ in our interactions with others. In some sense, moral imagination is a dramatic virtual rehearsal that allows us to examine different courses of action to determine the morally best thing to do. The capacity for empathy is important to moral imagination. As we can't experience what others feel, we can have no idea of how they are affected. Only by imagining what we would feel in the situation can we understand how they feel. [3점]

① picturing various outcomes
② recognizing our identity
③ revisiting past memories
④ generating emotions
⑤ building solid trust

**33** Some study guides support filling out detailed calendars so you will know what you should do during the entire semester. They would have you allocate the time to study each subject, to eat meals, to engage in athletic events, to socialize with friends, and so on. I feel that this approach is a serious mistake. Not only will students be unwilling to follow such schedules, it is undesirable for humans to attempt such strict arrangements. Following such a schedule would lead you to feel that your whole life is predetermined, and you would quickly become bored with your studies. Use calendars for their intended purpose to record significant dates. Write down the dates of important events, such as exams and deadlines for term papers, so you will know how much time you have to prepare for them. Don't _____. [3점]

① violate social contracts
② let calendars regulate your life
③ arrange your schedule to fit others'
④ make frequent changes in decision making
⑤ underestimate the value of time management

## 34 다음 글의 빈칸 (A), (B)에 들어갈 말로 가장 적절한 것은?

In an effort to control infections, hospitals are turning to disposable medical equipment and products. Using these medical products controls infections and diseases properly. _____(A)_____, it ensures safety to staff and patients. Today, infections at hospitals create serious problems for the healthcare industry. A study shows that in the U.S. the average number of hospital-related infections each year is as high as 1.7 million, which results in about 100,000 deaths! This is simply a shocking number. _____(B)_____, it is very important for medical centers to fight this growing health-security issue. Using disposable medical items is the best solution now.

*disposable 일회용의

|   | (A) |   | (B) |
|---|-----|---|-----|
| ① | Besides | ...... | Thus |
| ② | Besides | ...... | Otherwise |
| ③ | Besides | ...... | However |
| ④ | Instead | ...... | Moreover |
| ⑤ | Instead | ...... | Therefore |

## 35 다음 글에서 전체 흐름과 관계 <u>없는</u> 문장은?

People are warned not to look at the sun at the time of a solar eclipse because the brightness and the ultraviolet light of direct sunlight are damaging to the eyes. ① This advice is often misunderstood by those who think that sunlight is more damaging at this special time. ② But looking at the sun when it is high in the sky is harmful whether or not an eclipse occurs. ③ In fact, looking at the bare sun is more harmful than when part of the moon blocks it. ④ Direct exposure to ultraviolet light can cause some negative effects on the skin. ⑤ The reason for special warning at the time of an eclipse is simply that more people are interested in looking at the sun during this time.

*solar eclipse 일식

## [36~37] 주어진 글 다음에 이어질 글의 순서로 가장 적절한 것을 고르시오.

## 36

Detective work is a two-part process. First, a detective must find the clues. But the clues alone don't solve the case.

(A) The same kind of process takes place in reading. You need to look for clues and then draw conclusions based on those clues.

(B) What is the writer trying to say? Good conclusions come from good observations. To be a better reader, be more like Sherlock Holmes: be more observant.

(C) The detective must also draw conclusions based on those clues. These conclusions are also called inferences. Inferences are conclusions based on reasons, facts, or evidence.

*observant 관찰력이 있는

① (A) – (C) – (B)  ② (B) – (A) – (C)
③ (B) – (C) – (A)  ④ (C) – (A) – (B)
⑤ (C) – (B) – (A)

## 37

The habit of reading books many times encourages people to connect them emotionally. If they only read a book once, they tend to only focus on the events and stories in it.

(A) The same effect can be seen with familiar holiday resorts. Revisiting a place can also help people better understand both the place and themselves. Considering the benefits, don't hesitate to give reconsuming a try.

(B) By enjoying the emotional effects of the book more deeply, people contact their own feelings more. Despite their familiarity with the stories, rereading brings renewed understanding.

(C) But with a second reading, the repeated experience brings back the initial emotions and allows people to appreciate those emotions leisurely. [3점]

① (A) – (C) – (B)　　② (B) – (A) – (C)
③ (B) – (C) – (A)　　④ (C) – (A) – (B)
⑤ (C) – (B) – (A)

[38~39] 글의 흐름으로 보아, 주어진 문장이 들어가기에 가장 적절한 곳을 고르시오.

## 38

It's also possible that they will learn the wrong lesson, and regard thank-you notes as piecework, a burden to be performed for pay.

A friend of mine used to pay his children $1 each time they wrote a thank-you note. ( ① ) This method may or may not work in the long run. ( ② ) It might turn out that, by writing enough thank-you notes, the children will eventually learn the real point of them even when they are no longer paid to do so. ( ③ ) In this case, the habit won't take, and they will stop writing such notes once they are no longer paid. ( ④ ) Worse, the bribes may corrupt their moral education and make it harder for them to learn the virtue of gratitude. ( ⑤ ) Even if it increases production in the short run, the bribe for thank-you notes will have failed by teaching the wrong way of valuing the good in question. [3점]

## 39

Unluckily, there were two competitors from different villages.

When the Olympics returned to Greece in 2004, every medal winner was given an olive wreath along with their medal. ( ① ) The wreaths for the marathon winners, however, were going to be special. ( ② ) They were going to come from the oldest tree in Greece. ( ③ ) Both claimed their tree dated back to the time of the ancient Olympics. ( ④ ) But neither of them was willing to cut it down and count the growth rings to prove it! ( ⑤ ) Eventually, the wreath for the winner of the women's marathon was made from one tree and that for the men's gold medalist from the other.

*olive wreath 월계관

**40** 다음 글의 내용을 한 문장으로 요약하고자 한다. 빈칸 (A)와 (B)에 들어갈 말로 가장 적절한 것은? [3점]

A researcher gave students a choice of five different art posters and then later surveyed to see if they still liked their choices. People who were told to consciously examine their choices were least happy with their posters weeks later. People who looked at the poster briefly and then chose later were happiest. Another researcher then replicated the results in a real situation with a study set in a furniture store. Furniture selection is one of the most psychologically demanding choices. The people who had made their selections of a study set after a less conscious examination were happier than those who made their purchase after a lot of careful examination.

*replicate (똑같이) 되풀이 하다

↓

According to the experiments, people who thought more ___(A)___ about what to choose felt less ___(B)___ with their choices.

|  | (A) | | (B) |
|---|---|---|---|
| ① | carefully | ⋯⋯ | satisfied |
| ② | positively | ⋯⋯ | disappointed |
| ③ | critically | ⋯⋯ | annoyed |
| ④ | negatively | ⋯⋯ | disappointed |
| ⑤ | briefly | ⋯⋯ | satisfied |

[41~42] 다음 글을 읽고, 물음에 답하시오.

Imagine a group of cave people highlighted in firelight and watching a woman scratch images onto a cave wall. When she finishes, the woman joins her friends around the fire and begins to tell an amazing story, her face glowing with the orange light as she gestures at her artwork. Her audience smiles and nods, their eyes wide and curious. They are inspired by the woman's words and pictures. And the woman, encouraged by their responses, feels proud of her work.

What was taking place in that cave? The woman was sharing her way of seeing life and the world with her peers for their consideration and enjoyment. Since the beginning of time, creative people have sought out an audience, and we're not different today. We need to share our creations with someone and have our work _____ in order to feel as if it's worthwhile. It's as simple as that.

An age-old question is applicable here: *If a tree falls in the forest and no one hears it, is there still a sound?* The responses of others bring value to your mode of self-expression, such as photography, writing, painting, or baking.

*glow 상기되다

**41** 윗글의 제목으로 가장 적절한 것은?

① An Audience Makes Your Creation Meaningful
② Inspire Those Who Are Uninterested in Art
③ Tips for Legal Protection of Your Creations
④ How Did Cave People Create Artwork?
⑤ Various Ways of Expressing Yourself

**42** 윗글의 빈칸에 들어갈 말로 가장 적절한 것은? [3점]

① divided          ② finished
③ acknowledged          ④ formalized
⑤ unburdened

[43~45] 다음 글을 읽고, 물음에 답하시오.

(A)

Lynne Twist, a fundraiser, was asked to go to a large corporation to meet the CEO, Ricardo Aguirre. (a) <u>She</u> was working for the Hunger Project, whose goal was to end hunger around the world. She was nervous about meeting him because his company had a poor reputation. He was going to make a large donation to the project as a way of correcting its poor record.

(B)

The pastor had invited (b) <u>her</u> to speak about the Hunger Project. Although it was raining and the roof was leaking, 75 people were waiting for her. She began her talk, wondering how she could ask these needy people to give. Then, a woman stood, saying she was going to give the 75 dollars (c) <u>she</u> had earned that week. One after another, people followed the woman's lead and put in their contributions.

*pastor 목사

(C)

That evening, Lynne decided to write a letter to the CEO. (d) <u>She</u> appreciated his contribution and then said she would return the check because it did not come from his heart. Four years later, Lynne received a letter from that CEO. He said that he had been deeply affected by her letter years earlier, and he wanted to send her another contribution, but this one was from his heart. There was a check for $250,000 in the envelope!

(D)

Lynne arrived at his large office and sat at a long conference table with him on the other end. She gave her talk, and he presented her with an envelope. Inside was a check for $50,000, which was the largest single donation she had ever raised.

(e) <u>She</u> thanked him, yet deep down, she felt anxious. Lynne then went on to meet with a church group in their basement meeting room in Harlem.

**43** 주어진 글 (A)에 이어질 내용을 순서에 맞게 배열한 것으로 가장 적절한 것은?

① (B) – (D) – (C)    ② (C) – (B) – (D)
③ (C) – (D) – (B)    ④ (D) – (B) – (C)
⑤ (D) – (C) – (B)

**44** 밑줄 친 (a)~(e) 중에서 가리키는 대상이 나머지 넷과 다른 것은?

① (a)    ② (b)    ③ (c)    ④ (d)    ⑤ (e)

**45** 윗글의 내용과 일치하지 <u>않는</u> 것은?

① Ricardo가 경영하는 회사는 평판이 좋았다.
② 비가 내리고 있었지만 75명의 사람들이 Lynne을 기다렸다.
③ Lynne은 Ricardo에게 편지를 쓰기로 결심했다.
④ Ricardo는 진심을 담아 25만 달러를 기부했다.
⑤ Lynne은 그의 사무실에서 Ricardo에게 그녀의 이야기를 했다.

**18** 다음 글의 목적으로 가장 적절한 것은?

Writers over thirteen from all countries are encouraged to enter the East India Press Short Story Writing Contest. You should submit your story by March 1, 2019. There is no entry fee, and fiction in any genre is accepted. The contest is sponsored by the East India Press, which specializes in the publishing of books in multiple formats. *New York Times* bestselling author David Farland with over fifty published novels, will be the judge. For more information, please visit www.nightingalenovel.com.

① 신문 구독을 권유하기 위해
② 백일장 심사를 부탁하기 위해
③ 출판사 직원 모집을 홍보하기 위해
④ 작품집 발간 후원을 설득하기 위해
⑤ 단편소설 공모전을 안내하기 위해

**19** 다음 글에 드러난 Ester의 심경으로 가장 적절한 것은?

Ester awoke one morning to the sound of a pouring April shower. She looked out her window and saw the rain slowly beginning to fade. A brilliant curved arc of colors crossed the sky. Ester leaped from her bed with delight, dashed into the living room, and shouted, "Mom, come here. Look at this beautiful rainbow! It is gorgeous!" "Ester, calm down," her mother said, as she followed her daughter to the window where she could see the rainbow. And there it was! A brilliance of beautiful colors that lit up the sky! It was the first rainbow that Ester had ever seen.

*arc 둥근[활] 모양

① jealous　　② excited　　③ worried
④ ashamed　　⑤ depressed

**20** 다음 글에서 필자가 주장하는 바로 가장 적절한 것은?

Most people don't assess their roles frequently enough and so stay in positions for a long time, settling for suboptimal situations. There isn't a magic number for the amount of time you should stay in one role before evaluating whether it's right or not. But it makes sense to think about how often you do. Some people readjust their lives daily or weekly, constantly optimizing. Others wait years before noticing that they've ended up far from where they had hoped to be. The more frequently you assess your situation, looking for ways to fix problems, the more likely you are to find yourself in a position where things are going well.

① 실패에 대비하여 차선책을 마련해라.
② 구체적인 계획을 세워 시행착오를 줄여라.
③ 문제 해결을 위해 일의 우선순위를 정해라.
④ 업무능력 향상을 위해 충분한 휴식을 취해라.
⑤ 자신의 상황을 자주 평가하고 삶을 재조정해라.

## 21 다음 글의 요지로 가장 적절한 것은?

Think about times in your life when you have been singled out by somebody who made you feel special. Maybe this person praised you, gave you an unexpected gift, or took the time to write you a letter. How did you feel toward this person? You may use any of a whole range of positive words to thank him or her. Probably others want to feel the same way you feel. People want to feel special; it's a normal human desire, and I have never met a person who doesn't appreciate this kind of attention.

① 긍정적인 말은 성공을 위한 기본 요소이다.
② 행동에 대해 구체적으로 칭찬하는 것이 중요하다.
③ 특별한 대우를 받고자 하는 것은 인간의 욕구이다.
④ 남에 대한 지나친 관심은 인간관계를 해칠 수 있다.
⑤ 상대방의 입장에서 보면 객관적으로 상황을 이해할 수 있다.

## 22 다음 글의 주제로 가장 적절한 것은?

One day after the space shuttle *Challenger* exploded, Ulric Neisser asked 106 students to write down exactly where they were when they heard the news. Two and a half years later, he asked them the same question. In that second interview, 25 percent of the students gave completely different accounts of where they were. Half had significant errors in their answers and fewer than 10 percent remembered with accuracy. It shows that people make mistakes on the witness stand when they are asked months later to describe a crime they witnessed. Between 1989 and 2007, 201 prisoners in the United States were proven innocent on the basis of DNA evidence. Seventy-five percent of those prisoners had been declared guilty on the basis of mistaken eyewitness accounts.

① the causes of major space mission failures
② the inaccuracy of information recalled over time
③ the importance of protecting witnesses from threats
④ factors that improve people's long-term memories
⑤ ways to collect DNA evidence in crime investigations

## 23 다음 글의 제목으로 가장 적절한 것은?

There is a tree in Indonesia called the upas. This tree is poisonous and grows so full and thick that it kills all plants beneath it. I'm sorry to say that I know some people like that. They are self-centered and try to keep attention on themselves. Like the upas tree, they give no chance for anyone around them to grow. On the other hand, I remember trying to balance while walking on a railroad track. I couldn't walk far without losing my balance. But when my friend got on the other side, we could hold each other's hands and serve as balances for each other. You and I have a choice to make. We can choose to be like the upas tree, or we can stretch out our hands to help others.

① Live a Slow Life in a Changing World
② Destroy Others or Go Together with Them?
③ What Is the Best Environment for the Upas Tree?
④ Communication Is Needed in Our Society
⑤ Try to Be the Upas Tree to Others

**24** 다음 도표의 내용과 일치하지 <u>않는</u> 것은?

Adult Unemployment Rates in Nordic countries

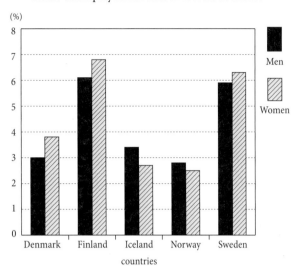

The above graph shows the male and female adult unemployment rates in the five Nordic countries in 2010. ① There was no country among them which had an unemployment rate higher than seven percent. ② The female adult unemployment rate exceeded the male adult rate in the three countries of Denmark, Finland, and Sweden. ③ Norway had the lowest male and female adult unemployment rates. ④ The male adult unemployment rate in Sweden was over two times higher than that in Iceland. ⑤ Both the male and female adult unemployment rates were highest in Finland, which was followed by Sweden.

**25** Obsorb에 대한 다음 글의 내용과 일치하지 <u>않는</u> 것은?

Obsorb is a material that is comprised of active glass. It is intended to clean contamination in our waterways. It swells up like a sponge when dipped into water and absorbs pollutants from contaminated water. Though it seems similar to sponges, it does not absorb water. This means it can absorb more pollutants. Once Obsorb is full of pollutants, it floats to the surface of the water, and pollutants can be skimmed off. Afterward, it can be reused hundreds of times. In addition to having very helpful properties, Obsorb is cheap to use.

① 물에 들어가면 부풀어 오른다.
② 스펀지처럼 물을 흡수한다.
③ 오염물질로 가득차면 수면으로 떠오른다.
④ 수백 번 재사용될 수 있다.
⑤ 사용하는 데 비용이 적게 든다.

**26** Eastside University Summer School에 관한 다음 안내문의 내용과 일치하지 <u>않는</u> 것은?

# Eastside University Summer School

■ **A seven-week program:**

You'll experience a summer of challenge, discovery, and growth.

■ **Who should apply?**

This program is open to high school students who will graduate in 2019.

■ **What can you expect?**

You'll do research in the largest university library in the world.

■ **Cost:**

You'll pay from $920 to $1,140 depending on how many classes you register for.

■ **For more information:**

Tel: 495-1234, Fax: 998-1234

E-mail: abc@dcemail.eastside.edu

① 여름에 운영하는 7주 과정 프로그램이다.
② 2019년 고교 졸업 예정자들이 지원할 수 있다.
③ 세계 최대 대학 도서관에서 연구를 할 수 있다.
④ 등록한 시기에 따라 수강료가 달라질 수 있다.
⑤ 전화, 팩스, 이메일을 통해 문의할 수 있다.

**27** The Goodtime DIY Halloween Costume Contest에 관한 다음 안내문의 내용과 일치하는 것은?

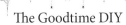

The Goodtime DIY

## HALLOWEEN
Costume Contest

*Show off your creativity by creating a DIY Halloween costume.*

**Who Can Enter:**

- Contestants must live in the state of Wisconsin.

**Rules & Guidelines:**

- Only one entry per contestant
- We will accept only one photo of you wearing the costume you made.
  (Videos are NOT allowed.)
- Photos must be handed in by October 25.

**Prizes:**

- The top 10 entries will be picked through public online voting, and our fashion designers will decide on the final winners.
- First place: Tablet PC & Halloween costume set
- Second & Third places: $100 Goodtime gift certificate

*DIY 스스로 만드는(do-it-yourself)

① 참가 자격에 제한이 없다.
② 1인당 여러 개의 작품을 제출할 수 있다.
③ 자신이 제작한 의상을 입고 찍은 사진을 제출해야 한다.
④ 패션 디자이너들이 출품작 중 상위 10개를 선정한다.
⑤ 1등 상품으로 100달러 상당의 상품권이 주어진다.

**28** 다음 글의 밑줄 친 부분 중, 어법상 틀린 것은? [3점]

What could be wrong with the compliment "I'm so proud of you"? A lot. Just as it is misguided ① to offer your child false praise, it is also a mistake to reward all of his accomplishments. Although rewards sound ② positive, they can often cause negative consequences. The reason is that they can decrease the love of learning. If you always reward a child for her accomplishments, she starts to focus more on getting the reward than on ③ what she did to earn it. The focus of her excitement moves from enjoying learning itself to ④ pleasing you. If you applaud every time your child identifies a letter, she may become a praise lover who eventually ⑤ become less interested in learning the alphabet.

|  | (A) | (B) | (C) |
|---|---|---|---|
| ① | able | contradicts | assistance |
| ② | unable | contradicts | assistance |
| ③ | unable | contradicts | interference |
| ④ | unable | supports | interference |
| ⑤ | able | supports | interference |

**29** (A), (B), (C)의 각 네모 안에서 문맥에 맞는 낱말로 가장 적절한 것은? [3점]

Feeling and emotion are important for everyday decision making. Antonio Damasio, a neuroscientist, studied people who were perfectly normal in every way except for brain injuries that damaged their emotional systems. As a result, they were (A) able / unable to make decisions or function effectively. While they could explain how they should have been functioning, they couldn't determine where to live, what to eat, and what products to buy and use. This finding (B) contradicts / supports the common belief that decision making is the heart of reasonable, logical thought. But modern research shows that the affective system provides very important (C) assistance / interference to your decision making by helping you make rapid selections between good and bad.

**30** 밑줄 친 부분이 가리키는 대상이 나머지 넷과 다른 것은?

The CEO of a large company stepped out of a big black limousine. As usual, he walked up the stairs to the main entrance. ① He was just about to step through the large glass doors when he heard a voice say, "I'm very sorry, sir, but I cannot let you in without ID." The security guard looked his boss straight in the eyes, showing no emotion on his face. The CEO was speechless. ② He felt his pockets to no avail. He had probably left ③ his ID at home. He took another look at the motionless security guard and scratched his chin, thinking. Then, ④ he turned around and went back to his limousine. The security guard was left standing, not knowing that by this time tomorrow, ⑤ he was going to be promoted to head of security.

[31~33] 다음 빈칸에 들어갈 말로 가장 적절한 것을 고르시오.

**31** The major change in mapping in the past decade is that mapping has become _____. It's not the map itself that has changed. You would recognize a 1940 map and the latest, modern map as having almost the same look. But the old map was a fixed piece of paper and was the same for everybody who looked at it. The new map is different for everyone who uses it. You can drag it where you want to go, you can zoom in as you wish, you can switch modes — traffic, satellite — you can fly across your town, and you can even ask questions about restaurants and directions. So a map has gone from a fixed, stylized portrait of the Earth to a dynamic, interactive conversation. [3점]

① accurate     ② difficult     ③ personal
④ outdated     ⑤ educational

**32** Consider how running, yoga, and weight lifting _____. Running improves aerobic capacity, which, in turn, will improve your endurance while lifting weights or during a yoga class. The increased flexibility from yoga will lengthen your running stride, allowing you to run smoother and faster. Your improved flexibility will also increase your range of motion while lifting weights, which, in turn, will make your muscles stronger. Lifting weights increases muscle strength, which will make you a stronger runner and improve your endurance and balance when maintaining yoga postures. All of these activities strengthen one another, and the total benefit is much greater than the sum of its parts.

*aerobic capacity 유산소 능력

① complement one another
② refresh your mind and body
③ get you interested in exercising
④ help you effectively lose weight
⑤ increase counter effects among them

**33** Opera singers and dry air don't get along. In fact, the best singers require humid settings to help them achieve the right pitch. Linguist Caleb Everett wondered if the amount of moisture in the air influences musical pitch, has that translated into the development of fewer tonal languages in locations lacking moisture? In a survey of more than 3,700 languages, he found that those with complex tones occur less frequently in dry areas than in humid ones. Overall, only 1 in 30 complex tonal languages flourished in dry areas; 1 in 3 non-tonal languages appeared in those same regions. Those conclusions go against a linguistic view that the structure of language _____. [3점]

*tonal language 성조 언어

① can be acquired through repetition
② is independent of its environment
③ can change gradually over time
④ affects how we see the world
⑤ is influenced by musical pitch

**34** 다음 글의 빈칸 (A), (B)에 들어갈 말로 가장 적절한 것은?

Shopping is no longer just a necessity to get the things we must have to survive. ____(A)____ , shopping has become a leisure activity. We shop just for the fun of it. We also live in an age of consumerism, and we are encouraged to define ourselves and obtain others' approval by buying possessions. Fortunately, most people still manage to live within their means. However, the growing consumer debt indicates that more and more people may be letting their spending habits get out of hand. ____(B)____ , 8 to 10 percent of the American adult population may be compulsive shoppers. Compulsive shopping is a serious disorder that can ruin lives if it's not recognized and treated.

*compulsive 무절제한

|  | (A) |  | (B) |
|---|---|---|---|
| ① | On the contrary | ...... | In addition |
| ② | On the contrary | ...... | Otherwise |
| ③ | For example | ...... | However |
| ④ | Nevertheless | ...... | Therefore |
| ⑤ | Nevertheless | ...... | Similarly |

**35** 다음 글에서 전체 흐름과 관계 없는 문장은?

Asians and many Native American cultures view silence as an important and appropriate part of social interaction. ① Speakers from these cultures often use some moments of silence before responding to another speaker. ② Silence causes division and separation, creating serious problems in relationships. ③ Such initial silence conveys the listener's respect for the speaker; it indicates that the listener has heard the speaker's words and is giving them due thought. ④ Silence is viewed as a time to learn, think about, and review what the speaker has said. ⑤ In cultures that prize silence, responding too quickly is interpreted as having devoted inadequate attention and consideration to speakers' words and thoughts.

*due 적절한

[36~37] 주어진 글 다음에 이어질 글의 순서로 가장 적절한 것을 고르시오.

**36**

> To rise, a fish must reduce its overall density, and most fish do this with a swim bladder.

(A) Most fish rise using this method, but not all do. Some species don't need a swim bladder because they spend all their lives moving along the ocean floor.

(B) A fish fills its bladder with oxygen collected from the surrounding water. As it is filled, the bladder expands. Then, the fish has a greater volume, but its weight is not greatly increased.

(C) This means that its density has been reduced, so the fish experiences a greater rising force. Finally, when the bladder is fully expanded, the fish is pushed to the surface. [3점]

*swim bladder (물고기의) 부레

① (A) − (C) − (B)　　② (B) − (A) − (C)
③ (B) − (C) − (A)　　④ (C) − (A) − (B)
⑤ (C) − (B) − (A)

## 37

> How can you tell the difference between a hardboiled egg and a raw egg without breaking them?

(A) When you take your finger away, the raw egg will continue to spin for a few more seconds, as the fluid inside is still moving. The hardboiled egg will stop instantly.

(B) This is because the raw egg is fluid inside while the hardboiled egg is solid. When you spin the raw egg, the fluid inside moves around and causes the shaking. But the hardboiled egg has no fluid inside, so it doesn't shake. Put your finger briefly on the eggs to stop them spinning.

(C) Spin both the eggs! You will find the hardboiled egg spins so easily while the raw one doesn't. You will also notice the raw egg will spin more slowly, and it will shake!

① (A) – (C) – (B)  　② (B) – (A) – (C)
③ (B) – (C) – (A)  　④ (C) – (A) – (B)
⑤ (C) – (B) – (A)

[38~39] 글의 흐름으로 보아, 주어진 문장이 들어가기에 가장 적절한 곳을 고르시오.

## 38

> In behavior capture, however, you first have to wait until your dog performs the behavior you want.

The technique I use to train my puppy is called behavior capture which is different from the common training method. ( ① ) Normally, you first give an order and reward your puppy only when he follows it. ( ② ) Simply watch your puppy's activities, waiting for a particular behavior to occur; when one happens, reward him. ( ③ ) For example, if you want to train him to sit down whenever you say, "Sit down," you just have to wait until he happens to do so. ( ④ ) Then, as soon as your puppy sits down, you give him the order, "Sit down," and give him a treat as a reward. ( ⑤ ) Once the puppy knows that there is a reward waiting, he treats the experience as a pleasant game.

## 39

> But at the beginning of the twentieth century, a new technology was introduced: the airplane.

In the late 1800s, the railroads were the biggest companies in the U.S.. Having achieved such a huge success, remembering WHY they started doing this business was not important to them anymore. ( ① ) Instead, they became obsessed with WHAT they did: they were in the railroad business. ( ② ) This narrow perspective influenced their decision-making: they invested all their money in tracks and engines. ( ③ ) And all those big railroad companies eventually went out of business. ( ④ ) What if they had defined themselves as being in the mass transportation business? ( ⑤ ) Perhaps they would have seen opportunities that they otherwise missed; they would own all the airlines today. [3점]

*obsessed 집착하는

**40** 다음 글의 내용을 한 문장으로 요약하고자 한다. 빈칸 (A)와 (B)에 들어갈 말로 가장 적절한 것은? [3점]

We must be careful when looking at proverbs as expressing aspects of a certain worldview of a people. That is, no fixed conclusions about a "national character" should be drawn. There are so many popular proverbs from classical and medieval times current in various cultures that it would be foolish to think of them as showing some imagined national character. Nevertheless, the frequent use of certain proverbs in a particular culture could be used together with other social and cultural indicators to form some common concepts. Thus, if the Germans frequently use the proverb, "Morgenstunde hat Gold im Munde" (The morning hour has gold in its mouth), then it does mirror to some degree the German attitude towards getting up early.

Although proverbs cannot directly _____(A)_____ national character, the frequent use of certain proverbs is likely to form _____(B)_____ concepts of a nation.

|  (A)  |  (B)  |
|-------|-------|
| ① reflect | …… ideal |
| ② reflect | …… general |
| ③ include | …… creative |
| ④ evaluate | …… specific |
| ⑤ evaluate | …… typical |

[41~42] 다음 글을 읽고, 물음에 답하시오.

The anger that criticism causes can upset employees, family members, and friends and still not correct the situation. George is the safety supervisor for an engineering company. One of his responsibilities is to see if workers wear their hard hats whenever they are on the job in the field. He reported that whenever he came across workers without hard hats, he would tell them in a firm voice that they must follow the rules. As a result, the workers would do as he said, but right after he left, the workers would remove their hats.

He decided to try a different approach. The next time he found some of the workers not wearing their hard hats, he asked if the hats were uncomfortable or did not fit properly. Then, he reminded the men in a pleasant tone of voice that the hat was designed to protect them from injury. The result was increased _____ of the regulation with no anger. They began to wear hats more often.

**41** 윗글의 제목으로 가장 적절한 것은?

① How to Change Employee Behavior
② Why Should Workers Follow the Rules?
③ Learn How to Talk to Your Supervisors
④ Never Complain about Your Company's Policy
⑤ The More Listening, the Better Understanding

**42** 윗글의 빈칸에 들어갈 말로 가장 적절한 것은? [3점]

① acceptance      ② denial
③ revisions      ④ announcement
⑤ doubts

[43~45] 다음 글을 읽고, 물음에 답하시오.

(A)

A research team decided to discover whether the foot-in-the-door technique might be able to promote recycling in Claremont. First, the researchers secretly observed the recycling activity of the residents, identified about 200 households that didn't recycle, and set out to see if (a) <u>they</u> could change the residents' behavior.

\*foot-in-the-door 개문효과

(B)

(b) <u>They</u> asked the scouts to knock on the door of an unsuspecting participant. When the door opened, they launched into their prepared speech about the importance of recycling. Then, the scouts handed the resident a pledge card. It said, "I pledge support for Claremont's Recycling Program. I will help win the war on waste!"

(C)

For six weeks, the researchers secretly observed the recycling behavior of the residents. (c) <u>They</u> found that those who had not been visited showed a 3-percent increase in recycling. In contrast, asking people to sign a pledge card resulted in a 20-percent increase. Just spending a few moments behaving as if (d) <u>they</u> intended to recycle had a dramatic impact on their motivation to go green.

(D)

The researchers started off with the help of Boy Scouts and spent three weeks training them for the study. They had the scouts rehearse reading aloud a message stressing the need for recycling. When (e) <u>they</u> were convinced that their highly trained scouts were ready, the researchers sent the scouts out to meet the residents.

**43** 주어진 글 (A)에 이어질 내용을 순서에 맞게 배열한 것으로 가장 적절한 것은?

① (B) – (D) – (C)  ② (C) – (B) – (D)

③ (C) – (D) – (B)  ④ (D) – (B) – (C)

⑤ (D) – (C) – (B)

**44** 밑줄 친 (a)~(e) 중에서 가리키는 대상이 나머지 넷과 <u>다른</u> 것은?

① (a)  ② (b)  ③ (c)  ④ (d)  ⑤ (e)

**45** 윗글의 내용과 일치하지 <u>않는</u> 것은?

① 연구자들은 우선 비밀리에 주민들의 재활용 활동을 관찰했다.

② 스카우트 단원들은 주민들에게 서약서를 건네주었다.

③ 주민들에게 서약서에 서명하도록 부탁함으로써 재활용률이 20퍼센트 증가했다.

④ 스카우트 단원들은 연구를 위해 3주간의 훈련을 받았다.

⑤ 연구자들은 주민들에게 재활용의 필요성을 강조하는 메시지를 크게 읽게 했다.

**18** 다음 글의 목적으로 가장 적절한 것은?

I have read your magazine for about 15 years. Your recent article about air pollution, including Fresno in California, was essentially correct. Unfortunately, some people may feel that Fresno is unlivable. But it is far from the truth. The city is home to 500,000 living, breathing citizens. We are not all suffering. I ride my bike nearly every day and have not suffered any bad effects despite being well beyond retirement age. We are close to Yosemite and Sequoia national parks, and the Pacific Ocean is easily accessible. So contrary to the impression left by some writers, we Fresnans are not all suffering in some hellhole.

① 최신호 잡지의 내용을 소개하려고
② 국립공원의 관리 소홀을 지적하려고
③ 도시 공기 오염의 심각성을 알리려고
④ 정기구독자를 위한 할인 혜택을 요구하려고
⑤ 잡지에 실린 기사 내용에 이의를 제기하려고

**19** 다음 글에 나타난 분위기로 가장 적절한 것은?

The man made a twenty-foot jump on horseback and landed on the other side of the cliff. Kenny thought, "No problem, I can catch him." Kenny took his horse back and began to move it again toward the cliff. He allowed his horse to spur and run freely. The horse quickly ran forward. But right before the cliff, the horse suddenly stopped, and Kenny flew over the horse's head and over the edge of the cliff. Luckily, he was still holding the reins. Hanging on the cliff, Kenny looked up at his horse. Kenny shouted "Back up! Back up!" The horse hesitated and then did what it was told. Kenny was lifted onto the cliff.

① funny and festive
② urgent and desperate
③ boring and monotonous
④ fantastic and mysterious
⑤ miserable and depressing

**20** 다음 글에서 필자가 주장하는 바로 가장 적절한 것은?

Even though people who set high expectations tend to get more in negotiation than those who set low goals, they are almost always less satisfied with their results. Why? Because when the negotiations are over, they compare their final outcome to their first expectations and focus on what they didn't get from the deal and feel like they failed. To solve this problem, they need to learn how to change their focus after the negotiations are complete. They must view their results in a more positive manner. With this simple change of focus, they will understand everything they were able to achieve in the negotiations and feel happy with their work.

① 협상 중에는 상대를 존중하라.
② 협상 전에 준비를 철저히 하라.
③ 가능한 한 높은 협상 목표를 설정하라.
④ 협상 시 가능한 모든 대안을 고려하라.
⑤ 협상 후에는 결과를 의미 있게 수용하라.

**21** 다음 글의 요지로 가장 적절한 것은?

When you say, "My car is broken," that is not a problem in itself if you have two cars. So a better statement would be, "I have no way to get to work today," or, "I'm going to be late getting to work today because my only car is broken." The reason to clearly state the root problem is that your goal is not to "fix my car." It is to get to work. Stating the problem in this way opens up other options: taking the bus, calling a friend, taking the day off, etc. A clear statement of the problem will help you come up with clear options of how to fix it.

① 문제 해결보다 예방이 더 중요하다.
② 문제가 발생하면 원인부터 파악해야 한다.
③ 문제 해결을 위해 다양한 시각에서 접근해야 한다.
④ 최선의 선택을 위해 여러 사람의 의견을 들어야 한다.
⑤ 문제를 명확히 진술하는 것이 문제 해결에 도움이 된다.

**22** 다음 글의 주제로 가장 적절한 것은?

Drinking water can help to keep good health, and schools are in a unique place to improve healthy dietary behaviors, including drinking sufficient water. More than 95% of children and adolescents attend school, and students typically spend at least 6 hours at school each day. Ensuring that students can drink safe, free water throughout the school environment gives them a healthy substitute for sugared beverages. Providing clean and free water helps to maintain hydration and reduce unhealthy calories intake. Proper hydration may improve cognitive functions which are important for learning.

*cognitive 인지적인

① the importance of a well-balanced diet
② the harm of sugared beverages for children
③ the difficulty of securing clean water sources
④ the necessity of providing drinkable water at school
⑤ warnings against excessive water use in public areas

**23** 다음 글의 제목으로 가장 적절한 것은?

Like any other skills, language skills can be acquired only through practice. In the case of the mother tongue, the child gets enough chance for this practice in his daily environment. And he has so many teachers: his parents, other members of the family, friends and relatives—almost everyone with whom he comes in contact in his day-to-day life. He also has the strongest motivation to learn the language. If he cannot express himself in his mother tongue, some of his basic needs may remain dissatisfied. And what is perhaps the most remarkable thing is that the child practices the language without recognizing that he is learning a very complex code.

① Who Can We Call the Best Teacher?
② Where Can We Learn Foreign Languages?
③ Why Is Motivation Important in Learning?
④ How Complex Are Language Structures?
⑤ What Helps a Child Acquire a Mother Tongue?

## 24 다음 도표의 내용과 일치하지 <u>않는</u> 것은?

Weekly Average Video Viewing Time by Device
(Among 18 to 34-year-old Users)

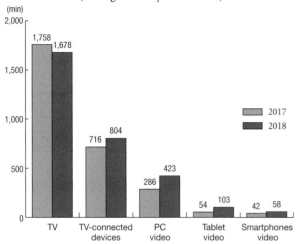

The above graph shows the weekly average video viewing time among 18 to 34-year-old users of five different devices in 2017 and 2018. ① The average video viewing time of TV was more than 1,600 minutes, which made it the most used device among the five in 2017 and 2018. ② TV-connected devices ranked second in both years, followed by PC video. ③ Smartphones were the least-used device with a weekly average video viewing time of less than an hour in both 2017 and 2018. ④ Except for TV, the other four devices showed increased viewing time from 2017 to 2018. ⑤ Compared to that of 2017, the viewing time of videos on tablets had more than doubled in 2018.

## 25 Matthew Henson에 관한 다음 글의 내용과 일치하지 <u>않는</u> 것은?

Matthew Henson was born into a poor African-American family in Maryland in 1866. After his father died, he went to Washington, D.C. at the age of eleven. Before long, he decided to be a sailor. In 1887, Matthew was hired to be a servant to Robert Peary. When Peary planned a trip to Greenland, Matthew volunteered to go along. Matthew was able to communicate with the Inuit, the native people of the north. They taught him how to survive in the Arctic by building snow houses and by training sled dogs. On their third attempt on April 6, 1909, Matthew and Peary finally became the first men to reach the North Pole. In 1947, a biography of Henson called *Dark Companion* was published.

① 11세에 Washington, D.C.로 갔다.
② Greenland에 갈 것을 자원했다.
③ Peary로부터 썰매 개 훈련 방법을 배웠다.
④ 세 번의 시도 끝에 북극에 도달했다.
⑤ 1947년에 그의 전기가 출판되었다.

## 26 Seedy Sunday에 관한 다음 안내문의 내용과 일치하지 않는 것은?

### Seedy Sunday

Seedy Sunday is a seed-exchange event that has taken place every year since 2012. It's an event for those who want to exchange their extra seeds for others.

**When & Where**
- Sunday, March 20, 2019 (10 a.m. – 4 p.m.)
- Boheme Avenue Community Hall

**Bring Your Seeds to Trade**
- Package your seeds in envelopes (about 10 seeds per envelope) with the seeds' names written on the outside.

**Not Just about Exchange**
- Talks with gardening experts on harvesting and storing seeds
- Cooking demonstrations

**Want to Come?**
- A limited enrollment of 80 participants
- Registration Fee: $10 per person

① 2012년부터 매년 개최되어 왔다.
② 오전 10시부터 오후 4시까지 진행된다.
③ 씨앗을 봉투에 담아서 가져와야 한다.
④ 원예 전문가와 대화할 수 있는 기회가 있다.
⑤ 참가 인원에 제한을 두지 않는다.

## 27 Cutie Angel's Stay and Play에 관한 다음 안내문의 내용과 일치하는 것은?

### Cutie Angel's Stay and Play

*Crayden Junior School* invites babies and toddlers to Cutie Angel's Stay and Play every Tuesday and Friday morning from 10:00 a.m. to 11:40 a.m.

Children from 0-4 years of age are welcome as long as they are accompanied by an adult! It's a chance to meet new friends and for everyone to have fun!

There are a lot of activities, including music, movement, and baby massages, to keep everyone happy. We also have specially invited teachers, who can pass on ideas and share experiences.

Admission is $10 per child, which includes snacks for adults and children. A discount is provided for three or more children together.

We are taking applications only on our homepage: http://www.craydenhigh.gdst.net

For more details, please call Crayden Junior School at 020-8660-7400.

*We're really looking forward to meeting you.*

① 매주 화요일과 수요일에 운영된다.
② 4세 아동은 성인과 동반해야 한다.
③ 간식비는 입장료와 별도이다.
④ 두 명의 아동이 신청하는 경우 입장료가 할인된다.
⑤ 전화로 참가신청을 할 수 있다.

**28** 다음 글의 밑줄 친 부분 중, 어법상 틀린 것은? [3점]

Suppose, on your wedding day, your best man read a heartwarming, moving letter that made you ① cry. You later realize he hadn't written it himself but bought it online. Then, would the letter mean less than it ② was at first because it had been written by a paid professional? Most people agree the bought wedding letter has less value than a real ③ one. If you ④ purchased a moving masterpiece on the Internet, you would probably cover it up! Wedding letters are goods ⑤ that can be bought. But buying and selling them reduces their value.

**29** (A), (B), (C)의 각 네모 안에서 문맥에 맞는 낱말로 가장 적절한 것은? [3점]

Some species use alarm calls to share information about potential predators. Their alarm calls convey very (A) specific / confusing information about the predator as they grow. When a young monkey sees a bird in the sky above it, it will give an alarm call. In this case, it is a sort of "cough-cough" noise. At this stage, the call is just a possible-danger-above signal as a response to a large flying object. But as the monkey grows, the range of stimuli that will make the call (B) broadens / narrows . Eventually, the use of this alarm call will happen when an eagle appears in the sky above. On hearing the call, the members of the group will scan the sky to locate the (C) prey / threat and then make a dash for the cover.

| | (A) | (B) | (C) |
|---|---|---|---|
| ① | specific | broadens | prey |
| ② | specific | narrows | threat |
| ③ | confusing | broadens | threat |
| ④ | specific | narrows | prey |
| ⑤ | confusing | narrows | prey |

**30** 밑줄 친 he가 가리키는 대상이 나머지 넷과 다른 것은?

Simon was a high school graduate who was not good at grammar. His brother, Robert, enjoyed finding the errors in Simon's emails. Simon knew that his brother was very "book smart," but didn't think ① he was "street smart." One day, Robert bought stereo speakers from a street seller. As soon as ② he arrived home, he called Simon to help set up the speakers. He was excited because he had bought the speakers at half price. But ③ he was disappointed and angry when he discovered that there were only old magazines in the box. Simon smiled and asked him if ④ he had gotten a receipt and heard the return policy. Then, ⑤ he asked, "Did the seller tell you where his 'store' is going to be tomorrow?"

[31~33] 다음 빈칸에 들어갈 말로 가장 적절한 것을 고르시오.

**31** When I was young, there was a fierce wolf in my town. Some people thought that the wolf was successful because he liked to kill and was good at it. To them, he was evil and had to be killed. They didn't realize he failed more than he succeeded. He went hungry nine times out of ten because his prey got away. But he kept trying until he caught something. When he finally succeeded the tenth time through his force of will, he got over his hunger. What they saw as a thirst for killing was really _____. That was the secret of his success: He never gave up even with difficulty. [3점]

① greed　　　② cruelty　　　③ frustration
④ cleverness　　　⑤ determination

**32** When environmentalists talk to us about the need to save the planet, they sometimes emphasize the importance of saving strangers in distant lands or the generations that will come after us. Alas, the very distance of these "other people" disturbs any attempt to help them: We just cannot get excited about saving the livelihoods of people we have never met. Humans are deeply sociable creatures, and will get the chance to help others, but our capacity to do this depends on a(n) _____ that is hard to continue over great distances of time and place. [3점]

① unique identity
② regional custom
③ financial incentive
④ generational conflict
⑤ imaginative engagement

**33** Races have first, second, and third prizes. This is the result of _____. In the early seventeenth century in Chester, England, the sheriff agreed to provide a silver trophy for the winner of a horse race. And a silversmith contracted with him to do the work. However, he didn't accept the silversmith's first trophy, and he was sent back for another try. The second one, too, was improper, and he had the silversmith try a third time. The third trophy was fine, but now the sheriff had three trophies. In order not to be wasteful, the sheriff decided to award trophies to the first, second, and third place winners. [3점]

\*sheriff (잉글랜드·웨일즈에서) 주 장관

① a racer's violation of the rules of a game
② a sheriff's intention to win a horse race
③ excessive competition in sporting events
④ efforts to reduce the cost of making trophies
⑤ a silversmith's inability to satisfy his customer

**34** 다음 글의 빈칸 (A), (B)에 들어갈 말로 가장 적절한 것은?

Finding the perfect shoe fit may be difficult for some people. Most adults think they know their exact foot size, so they don't measure their feet when buying new shoes.         (A)         , many people wear the same shoe size for years or even decades. While feet stop growing in length by age twenty, most feet gradually widen with age, and sometimes women's feet can be changed after the birth of a child.         (B)         , your feet can actually be different sizes at different times of the day, getting larger and returning to "normal" by the next morning. So the next time you buy shoes, remember that your foot size can change.

|  | (A) | | (B) |
|---|---|---|---|
| ① | Therefore | ...... | Besides |
| ② | Therefore | ...... | For instance |
| ③ | Otherwise | ...... | Nevertheless |
| ④ | In contrast | ...... | Similarly |
| ⑤ | In contrast | ...... | However |

**35** 다음 글에서 전체 흐름과 관계 없는 문장은? [3점]

The lifeguard runs straight to the water's edge to save a drowning swimmer. And then he swims diagonally along the coast, but he spends a long time swimming because it is slower than running on the beach. ① Alternatively, he could run to the water's edge at the point nearest the swimmer and dive in there. ② But this makes the total distance longer than it needs to be. ③ In order to save the drowning swimmer, the lifeguard needs to be mentally and physically prepared to cope with harsh sea conditions. ④ If his aim is to reach the swimmer as quickly as possible, the optimum is somewhere in between these two extremes. ⑤ Light, too, takes such a path of least time from point to point, which is why it bends when passing between different materials.

*diagonally 대각선으로

[36~37] 주어진 글 다음에 이어질 글의 순서로 가장 적절한 것을 고르시오.

**36**

One day, when I was at my aunt's house, a middle-aged man visited one evening. After a polite argument with my aunt, he paid attention to me.

(A) To reduce my excitement, my aunt told me that he, a New York lawyer, was not interested in boats. I asked for the reason he still talked about them all the time.

(B) At that time, I loved boats, and the visitor interestingly talked about them with me. After he left, I was into him. What a man!

(C) My aunt answered, "Because he is a gentleman. He saw you were interested in boats, and he wanted to please you."

① (A) – (C) – (B)　　② (B) – (A) – (C)
③ (B) – (C) – (A)　　④ (C) – (A) – (B)
⑤ (C) – (B) – (A)

## 37

Throughout recent history, some artists were specially trained to paint in certain ways. They learned the popular styles of the day, and their work was accepted by the art world.

(A) These people probably did not know other artists. The lives of academic painters are well covered in art books, but the lives of most folk painters are not described.

(B) Most folk paintings, on the other hand, were done by people who didn't have formal artistic training. They may not have cared about the "acceptable" painting styles of the time.

(C) This tradition is called academic painting. Academic painters studied with trained artists and were part of the local art community. They showed their works at galleries, too. [3점]

① (A) – (C) – (B)　　② (B) – (A) – (C)
③ (B) – (C) – (A)　　④ (C) – (A) – (B)
⑤ (C) – (B) – (A)

[38~39] 글의 흐름으로 보아, 주어진 문장이 들어가기에 가장 적절한 곳을 고르시오.

## 38

They are more likely to benefit from the assistance of a formal teaching environment.

Your personality and responsibility affect your learning abilities and style. ( ① ) Some people are very self-driven. ( ② ) They are more likely to be lifelong learners. ( ③ ) Many tend to be independent learners and do not require typical classes with teachers to guide them. ( ④ ) Other people are peer oriented and often follow the lead of another in unfamiliar situations. ( ⑤ ) They may not pursue learning throughout life without the influence of a friend or family.

## 39

In contrast, a person who responds to anger in the same way every time doesn't have the capacity to constructively adapt his responses to different situations.

The goal in anger-management is to increase the options to express anger in a healthy way. ( ① ) By learning a variety of anger-management strategies, you develop control in how you respond to angry feelings. ( ② ) A person who has learned a variety of ways to handle anger is more competent and confident. ( ③ ) And that person can get the strength needed to cope with situations that cause frustration and anger. ( ④ ) The development of these skills further enhances our sense of optimism. ( ⑤ ) Such people are more likely to feel frustrated and to have conflicts with others and themselves.

**40** 다음 글의 내용을 한 문장으로 요약하고자 한다. 빈칸 (A)와 (B)에 들어갈 말로 가장 적절한 것은? [3점]

One phoneme that occurs in only about twenty percent of the world's languages is the ejective consonant, such as [p] or [k]. Caleb Everett, an anthropologist, decided to map where this sound occurs. He took a sample of 567 languages around the world and compared the locations and altitudes of those that either contained or ignored ejective consonants. Everett found that languages including ejective consonants were generally spoken at a higher elevation than those that did not. He suggested that the sounds are more popular at high altitudes because lower air pressure may make it easier to produce the burst of air that is a key characteristic of ejective consonants.

*phoneme 음소　**ejective consonant 방출자음

↓

A study showed that _____(A)_____ factors may play a role in determining the _____(B)_____ of ejective consonants in each language.

　　　(A)　　　　　　　(B)
① psychological　……　definition
② geographic　……　pitch
③ geographic　……　presence
④ cultural　……　survival
⑤ cultural　……　existence

[41~42] 다음 글을 읽고, 물음에 답하시오.

Daylight Saving Time is a way of making better use of the daylight in the evenings by setting clocks forward one hour during the spring and summer and setting them back again in the fall and winter. Recently, researchers have shown that changing a person's body clock twice a year has significant _____, especially when they lose an hour of sleep in the spring. The day after Daylight Saving Time begins, thousands of drivers suffer from jet lag, and accident rates rise by 7% on that day. In addition, students in daylight saving regions spend seven months of the year out of step with their natural biorhythms. Consequently, the SAT scores of students in Indiana counties was sixteen points lower than those of their fellow students in standard time all year long. These results suggest that eliminating Daylight Saving Time might offer one relatively inexpensive solution.

*jet lag 시차로 인한 피로

**41** 윗글의 제목으로 가장 적절한 것은?

① Stay Awake While You're Driving
② Use More Daylight for a Better Life
③ Daylight Saving Time Dulls the Mind
④ Biorhythm Theory: Science or Fiction?
⑤ Does Daylight Saving Conserve Energy?

**42** 윗글의 빈칸에 들어갈 말로 가장 적절한 것은? [3점]

① costs　　　　　② gains
③ purposes　　　④ elements
⑤ requirements

[43~45] 다음 글을 읽고, 물음에 답하시오.

(A)

When Sweet Clara was twelve years old, she was sent to Home Plantation as a field worker. (a) She was too weak to work there. So her Aunt Rachel taught Clara how to sew to avoid the harsh conditions out in the fields.

(B)

When Clara had completed the path to freedom, Aunt Rachel thought about going with her. But then (b) she said, "Before you go, just leave me your quilt. I'm too old to go with you. And maybe I can help others follow the quilt to freedom." Clara answered, "I think it should stay here. It's okay because I have a map in my memory." And then her quilt served as a guide to other slaves, seeking freedom.

(C)

Clara began to draw a map of the escape route in the dirt of the fields. (c) She soon realized that she could create a map in fabric, and it would remain. Months could go by while (d) she waited for a scrap of cloth in the right color: blue for rivers, green for fields, white for roads. The more information Clara received, the larger her quilt became.

(D)

Clara became very good at it and was eventually moved into the big House to sew full time. The sewing room was just next to the kitchen. (e) She soon learned about routes of freedom that other slaves had taken into Canada. But there was one difficulty with escape: there was no map to help slaves on their way to freedom.

**43** 주어진 글 (A)에 이어질 내용을 순서에 맞게 배열한 것으로 가장 적절한 것은?

① (B) – (D) – (C)　　② (C) – (B) – (D)
③ (C) – (D) – (B)　　④ (D) – (B) – (C)
⑤ (D) – (C) – (B)

**44** 밑줄 친 (a)~(e) 중에서 가리키는 대상이 나머지 넷과 다른 것은?

① (a)　　② (b)　　③ (c)　　④ (d)　　⑤ (e)

**45** 윗글의 Clara에 관한 내용과 일치하지 않는 것은?

① Home Plantation으로 보내졌다.
② Aunt Rachel에게 바느질을 배웠다.
③ Aunt Rachel과 함께 도망을 갔다.
④ 천 조각을 모아서 퀼트 지도를 만들었다.
⑤ 부엌 옆에 있는 바느질 방에서 일했다.

## 18 다음 글의 목적으로 가장 적절한 것은?

On behalf of the ABC Corporation, I want to express my sincere appreciation and congratulations to Davis Construction Company for successfully completing the reconstruction of our building which was destroyed by fire last year. Your company has become a leader in the construction industry by performing what appeared to be an almost impossible task. Working under difficult conditions, your company completed the building as scheduled. This accomplishment is a result of the dedication of professional and skilled engineers and your project manager, David Wallace.

① 이사회 정기 모임 개최를 안내하려고
② 화재 예방 신고의 중요성을 홍보하려고
③ 경험 많은 기술자 채용의 필요성을 설명하려고
④ 공사 현장에서 발생한 긴급한 상황을 보고하려고
⑤ 본사 건물 재건축을 계획대로 완공한 것을 감사하려고

## 19 다음 글에 드러난 Anna의 심경 변화로 가장 적절한 것은?

Anna received a cute handkerchief as a gift for her tenth birthday. Suddenly, an inkpot fell onto her beloved handkerchief and caused a huge ugly spot. Anna was sad when she saw the dirty stain. When her uncle saw that she was gloomy, he took the stained handkerchief and retouched the inky spot. It changed into a beautiful design of a flower. Now, the handkerchief was more beautiful than before. As he handed it back to Anna, she said with joy, "Oh! Is that my handkerchief?" "Yes, it is," answered her uncle. "It is really yours. I have changed the stain into a beautiful rose."

① relieved → cheerful
② irritated → ashamed
③ furious → anxious
④ indifferent → curious
⑤ depressed → delighted

## 20 다음 글에서 필자가 주장하는 바로 가장 적절한 것은?

Strong negative feelings are natural for humans. Problems occur when we try too hard to control or avoid these feelings. A helpful way of controlling negative feelings is to take them as messages that keep you safe. For example, if you are afraid of a work presentation, avoiding your anxiety will increase your fear. Instead, you should try to accept your anxiety. This will help you lower the level of your anxiety and stress and increase your confidence. Finally, you will be able to make the presentation much easier.

① 자신의 생각을 정확하게 전달하라.
② 타인에 대한 공감능력을 향상시켜라.
③ 익숙한 상황을 비판적 관점으로 보라.
④ 정서적 안정을 위해서 자신감을 키워라.
⑤ 부정적인 감정을 있는 그대로 받아들여라.

**21** 다음 글의 요지로 가장 적절한 것은? [3점]

I learned from a man, "Free advice, free upgrade, and free entry. None is valued." Free advice is seldom wanted. A free upgrade is something you are going to get anyway. Free entry? The band playing tonight must not be good. People calculate the value of a service with the price of the service. For example, most people accept that lawyers can charge them $400 an hour. They naturally guess that if it costs a lot, then it must be valuable.

① 많은 수요가 더 높은 가격을 이끈다.
② 사람들은 무료인 것들을 존중하지 않는다.
③ 비영리 단체들은 더 많은 기부를 필요로 한다.
④ 비싼 콘서트라고 항상 당신을 만족 시키는 것은 아니다.
⑤ 무료 법률 조언은 더 많은 사람들에게 제공되어야 한다.

**22** 다음 글의 주제로 가장 적절한 것은?

Many predators first attack the head of their prey. Some prey species have used this tendency by making false heads at their last part. Butterflies called *Thecla togarna*, for example, have a false head with false antennae at the end of their hindwings. As soon as it lands, the butterfly moves false antennae up and down while not moving the true antennae. *Thecla togarna*'s second trick occurs when it lands. The butterfly quickly turns, and then its false head points in the direction of previous flight. A predator is facing a prey that flies in the direction opposite to that expected.

① various landing skills of small flying animals
② strategic behaviors of birds to find prey
③ negative aspects of disguising the heads of insects
④ survival strategies of prey species by using false heads
⑤ complementary relationships between birds and insects

**23** 다음 글의 제목으로 가장 적절한 것은?

Some people wait for others to allow them to do what they want to do and other people allow themselves. Some look inside themselves for motivation, and others wait to be pushed forward by outside forces. In my experience, taking opportunities is better than waiting for someone to hand them to you. There are always golden nuggets of opportunities waiting for someone to pick them up. Sometimes it means looking beyond your own desk, outside your building, across the street, or around the corner.

① Be Motivated by the People around You
② Why Do Golden Nuggets Distract Us?
③ Don't Hesitate to Take Hold of Opportunities
④ How Can We Easily Get Permission from Others?
⑤ Widen Your Eyes and Deepen Your Understanding of Others

**24** 다음 도표의 내용과 일치하지 <u>않는</u> 것은?

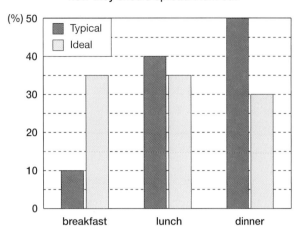

**How Americans spread out their calories vs. how they should spread them out**

The graph above shows the percentage of calories Americans typically get at each meal and the percentage of calories they should ideally get. ① Americans get 90 percent of their total calories at lunch and dinner. ② The graph also shows that Americans get the lowest percentage of calories at breakfast. ③ Americans get half of their calories at dinner, but they don't need that much ideally. ④ According to the graph, Americans should get the same percentage of calories at breakfast and lunch. ⑤ Americans should also get the highest percentage of calories at dinner.

**25** *H. Mephisto*에 관한 다음 글의 내용과 일치하지 <u>않는</u> 것은?

*H. Mephisto* is a roundworm living deep underground the Earth. Its name comes from Mephistopheles, which means "one who dislikes the light." It was recently discovered even 1.3 kilometers below the ground in a South African gold mine. It is only from 0.52 to 0.56 millimeters long. It may sound very small, but it is millions of times bigger than the bacteria it feeds on. It survives huge pressure from the ground above. In addition, it lives in groundwater with extremely low levels of oxygen. That's why it is called the devil's worm.

*roundworm 선형동물

① 빛을 싫어한다는 뜻이 이름에 담겨있다.
② 최근에 지하 1.3km 지점에서 발견되었다.
③ 자신보다 몸집이 큰 박테리아를 먹는다.
④ 고압의 환경에서도 살아남는다.
⑤ 산소가 희박한 지하수에 산다.

**26** Farm Experience Days에 관한 다음 안내문의 내용과 일치하지 <u>않는</u> 것은?

## Farm Experience Days

Come and enjoy our farm experience days.

Here are some activities you can enjoy:

- Collect eggs from our hens
- Feed the cows, sheep, and pigs
- Walk around the farm to learn about the animals

- The activities of the day may change according to the weather.
- The fee is $60 per person. This includes the cost of homemade lunch.
- You need to make a reservation.
- We're only open on weekdays.

For more information, please call us at 5252-7089.

① 소, 양, 돼지에게 먹이를 줄 수 있다.
② 날씨에 따라 당일 체험 활동이 달라질 수 있다.
③ 점심 비용이 참가비에 포함되어 있다.
④ 예약이 필요하다.
⑤ 주말에도 이용할 수 있다.

**27** Los Angeles Zoo & Botanical Gardens에 관한 다음 안내문의 내용과 일치하는 것은?

## Los Angeles Zoo & Botanical Gardens

**Hours**

Monday – Sunday: 9 a.m. – 5 p.m.
*Closed on December 25*
The zoo starts putting animals in for the night at 4 p.m. Ticket sales end one hour prior to closing time.

**Admission Prices**

Adults (ages 13 and up): $20
Seniors (ages 62 and up): $17
Children (ages 2 to 12): $15
Children (under 2): FREE

**Parking**

Parking is FREE. (On busy days, the L.A. Zoo offers a preferred parking program for a $5 fee.)

**Protect and Respect**

Please do not feed the animals. The zoo's animals need healthy food, and the wrong food can make them sick. If you feed the animals, you will be kicked out of the zoo.

① 연간 쉬는 날 없이 운영된다.
② 입장권 판매는 오후 5시에 마감된다.
③ 62세 이상 노인의 입장료는 무료이다.
④ 관람객은 다양한 주차 할인을 받을 수 있다.
⑤ 동물에게 음식물을 주면 퇴장조치를 받을 수 있다.

## 28 (A), (B), (C)의 각 네모 안에서 어법에 맞는 표현으로 가장 적절한 것은? [3점]

Alfred Chandler was a professor of business history at Harvard University. He was an economic historian (A) whose / which work centered on the study of business history. He said that this field is ignored too much in the study of recent history. His studies of big business (B) have / has been carried out with grants from a number of foundations. His work was internationally (C) recognizing / recognized, and his book *The Visible Hand* was awarded the Pulitzer Prize.

|  | (A) | (B) | (C) |
|---|---|---|---|
| ① | whose | have | recognized |
| ② | whose | has | recognized |
| ③ | whose | have | recognizing |
| ④ | which | has | recognizing |
| ⑤ | which | have | recognizing |

## 29 다음 글의 밑줄 친 부분 중, 문맥상 낱말의 쓰임이 적절하지 않은 것은? [3점]

My brother, the mountain climber, once took a friend and me up the 13,776-foot Grand Teton. It was terrifying! As we ① climbed, the mountain became steeper. At that point, we tied ourselves together with ropes to save our lives if one of us ② fell. That rope saved my life two times. By ③ blocking one another and trusting in the ropes, we finally reached the top safely. You will do a lot more in life if you ④ borrow power from others. The more ropes you have, the ⑤ better your chances are for success.

## 30 밑줄 친 he[him]가 가리키는 대상이 나머지 넷과 다른 것은?

A retired executive was sad when no one called ① him anymore. The younger man who replaced him at the office had politely declined his offer of a lunch date and said ② he was mastering the job "just fine." This 68-year-old man was the same person ③ he had been six months earlier, but no one sought him out after his retirement. One day, a friend encouraged him to serve as a crossing guard for an elementary school, pointing out that ④ he seemed to be getting more and more depressed and was sleeping in later and later. Skilled in the job, ⑤ he became more confident. Then, he found a reason to get out of bed in the morning.

[31~33] 다음 빈칸에 들어갈 말로 가장 적절한 것을 고르시오.

**31** It is not a new idea that cooking is an activity that _____ humans. In 1773, the Scottish writer James Boswell said, "No beast is a cook." Fifty years later, the French gastronome Jean Anthelme Brillat-Savarin claimed that cooking made us who we are by teaching men to use fire. More recently, Léi-Strauss, writing in *The Raw and the Cooked* in 1964, stated that the world's cultures thought cooking is a symbolic activity that "establishes the difference between animals and people."

*gastronome 미식가

① defines        ② protects        ③ harms
④ confuses       ⑤ entertains

**32** People are loyal to their email. If someone sends you something, you will read it, understand it, and respond immediately. That's the deal. And when you break the deal, you are not a team player, you are not competent, and something is wrong with you. Every day, and sometimes constantly throughout the day, you have to check your email. Why? You may have received an email that things will be wrong if left unopened. Email has become a(n) _____. It says, "Read me, feed me, and do what I say." It demands our attention, directs our work, and controls our lives.

① attentive worker
② electronic tyrant
③ friendly assistant
④ systematic organizer
⑤ incompetent respondent

**33** Amusement parks have started selling the right to jump the line. Traditionally, visitors may spend hours waiting in line for the most popular rides. But now, Universal Studios Hollywood and other theme parks offer a way to avoid the wait: for about twice the price of standard admission, they'll sell you a pass to the head of the line. Quick access to the ride may not be wrong. However, some people think that the practice destroys good civil habits: one journalist wrote, "Gone are the days when the theme-park line _____. Those days, everybody waited their turns in democratic fashion."

*wholesome 건전한

① was the great equalizer
② was short enough to wait in
③ allowed some people to jump
④ meant wealth was better than poverty
⑤ ensured profits for the entertainment industry

## 34 다음 글의 (A), (B)에 들어갈 말로 가장 적절한 것은?

If you can find a pattern in the material, you will be able to learn it more easily.      (A)      , if you arrange the number 382315389279 into four groups of three, it is easier to remember (382-315-389-279). The task is even easier if you can see some patterns or relationships among the four groups. The first three groups all start with 3, and the first and third groups both have an 8 next; the second digits in the last two groups are only one digit apart (8 and 7), and the last digit is the same (9). Finding such patterns helps make the number more meaningful.      (B)      , looking for patterns in phone numbers, addresses, and other numbers will help you remember them.

|  | (A) |  | (B) |
| --- | --- | --- | --- |
| ① | However | ...... | Otherwise |
| ② | Therefore | ...... | Nevertheless |
| ③ | In contrast | ...... | Moreover |
| ④ | For instance | ...... | Instead |
| ⑤ | For example | ...... | Similarly |

## 35 다음 글에서 전체의 흐름과 관계 <u>없는</u> 문장은? [3점]

The simplest way to define the role of the media agency is to take an analogy from fishing. The media agency should help companies advertise their products. The sentence, "Fish where the fish are" must be kept in the marketing field. ① The fish in the analogy are the target market. ② Fishermen have to go where the fish are, or they won't catch anything. ③ It isn't easy to understand why these media agencies should attract these fish. ④ Likewise, if companies advertise their product in media where nobody notices the advertisements, they won't get anything. ⑤ Finding the best place to find the fish is the first strategic role of the media agency.

*analogy 비유

## [36~37] 주어진 글 다음에 이어질 글의 순서로 가장 적절한 것을 고르시오.

## 36

Nature is set to the alternating rhythm of light and dark produced by the Earth's rotation.

(A) The loss of rhythmic light and dark exposure will worsen their conditions. Simply moving the patients to beds that are near windows and darkening their rooms at night can improve their mental states.

(B) Birds sing, and blossoms open and close with this twenty-four-hour cycle. Daylight also sets the pace for the activity of the mind. When we are deprived of regular intervals of dark and light, the mind can lose its direction.

(C) This is especially true with elderly people. For example, some older people whose brain functions are fine at home can become confused when they are in hospitals where artificial light is always on.

① (A) – (B) – (C)  ② (B) – (A) – (C)
③ (B) – (C) – (A)  ④ (C) – (A) – (B)
⑤ (C) – (B) – (A)

## 37

Many authors feel that scientific papers should use complex language to sound more scientific.

(A) In addition to these problems regarding writing style, there are other barriers that negatively affect your paper's chance of publication in a top journal. Most journals ask writers not to use nonstandard abbreviations.

(B) They forget that they are writing for a wide audience and that they should use simple language. Don't use too many words and don't use a complicated word when a simple word will do.

(C) But many authors ignore this request without realizing that a lot of abbreviations make reading difficult. There is nothing wrong with spelling out words completely. [3점]

*abbreviation 축약어

① (A) – (C) – (B)  ② (B) – (A) – (C)
③ (B) – (C) – (A)  ④ (C) – (A) – (B)
⑤ (C) – (B) – (A)

[38~39] 글의 흐름으로 보아, 주어진 문장이 들어가기에 가장 적절한 곳을 고르시오.

## 38

The researchers found that even when the students knew the solution to the first problem, many of them did not think to apply a similar solution to the second problem.

Students can not spontaneously relate their knowledge to new learning situations. ( ① ) It is important to help students recall knowledge to build on it productively. ( ② ) Indeed, research suggests that small educational interventions can have positive effects on students. ( ③ ) For instance, college students were presented with two problems that asked them to apply a certain mathematical concept. ( ④ ) However, when the teacher suggested to students that they think about the second problem in relation to the first, 80 percent of the students were able to solve it. ( ⑤ ) In other words, with minor tips, teachers can help students to activate relevant knowledge more effectively.

*spontaneously 자발적으로  **interventions 중재

## 39

However, attach a camera to them, and we can suddenly see so much more.

Photography has always played an important part in our understanding of how the universe works. ( ① ) Though telescopes help us see far beyond the limits of the naked eye, they are still limited. ( ② ) Details are revealed that would otherwise be invisible. ( ③ ) 19th-century astronomers working with the first astronomical cameras were surprised to discover that outer space was much more complicated than they had thought. ( ④ ) Their first photographs of the night sky showed unknown stars and galaxies. ( ⑤ ) When cameras were taken on board rockets and satellites, they saw the universe clearly for the first time.

**40** 다음 글의 내용을 한 문장으로 요약하고자 한다. 빈칸 (A)와 (B)에 들어갈 말로 가장 적절한 것은? [3점]

After a group of undergraduate students watched a film, they were asked to describe it as fully as possible to other students. The listeners were research assistants, and for half the participants, they assumed a positive listening style (smiling and nodding); for the other participants, they assumed a negative listening style (frowning and unsmiling). Participants describing the film to positive listeners included more of their own opinions about the film. In contrast, participants speaking to negative listeners focused only on objective facts. The theory is that the smiles and nods of a listener signal interest and agreement and they encourage the speaker to share more personal insights. Negative body language causes the speaker to pull back into the relative "safety" of facts.

↓

According to a research project, the _____(A)_____ of the information that speakers share depends on the type of _____(B)_____ response that listeners give.

|  | (A) | | (B) |
|---|---|---|---|
| ① | nature | …… | nonverbal |
| ② | usefulness | …… | nonverbal |
| ③ | amount | …… | verbal |
| ④ | source | …… | verbal |
| ⑤ | accuracy | …… | initial |

[41~42] 다음 글을 읽고, 물음에 답하시오.

Cultures have rarely been completely isolated from outside influence because throughout human history people have been moving from one place to another and spreading goods and ideas. Today, the Internet has given people around the world immediate access to the cultural artifacts and ideals of other societies no matter where they're located.

Clearly, societies are more interdependent than ever, and that matters for individuals. Sometimes the effects are positive. For instance, medical discoveries in the United States can save lives around the world. Globalization gives us a chance to learn about other societies. On the other hand, global influence can cause disastrous consequences. Many of today's most urgent social problems—environmental destruction, wars, economic crises, and so on—are a function of globalization.

In short, it is becoming increasingly difficult to consider ourselves members of a single society _____ by other societies. All of us are members of our own society and citizens of a world community at the same time.

**41** 윗글의 제목으로 가장 적절한 것은? [3점]

① Like It or Not, We Are All Neighbors
② How Individuals Maintain a Society
③ Technology Is Making the Globe Sick
④ More Advanced Culture, Richer Life
⑤ The Internet: A Road to Globalization

**42** 윗글의 빈칸에 들어갈 말로 가장 적절한 것은?

① evaluated    ② unaffected    ③ supported
④ challenged    ⑤ threatened

[43~45] 다음 글을 읽고, 물음에 답하시오.

(A)

When my wife, Rebecca, was a junior at Madison High School, a sign-up sheet for a talent contest was passed around in class. She, along with many other students, signed up. Linda, who sat next to (a) her, passed the sheet without signing it. "Sign up, Linda," insisted Rebecca. "Oh, no. I couldn't do that." "Come on. It will be fun." "No, really. I'm not the type." "Sure you are. I think you'd be great!" said Rebecca.

(B)

But, like Rebecca, the director insisted that Linda participate. Finally, she agreed. Although she hadn't won an award, she had overcome an even bigger obstacle: her low perception of herself. In her letter, Linda thanked Rebecca for taking off (b) her warped glasses and insisting she try on a new pair of glasses.

*warped 뒤틀린

(C)

Rebecca and others continued to encourage Linda until she signed up. Rebecca didn't think anything of the situation at the time. But, seven years later, she received a letter from Linda describing the inner struggle (c) she had gone through that day and thanking Rebecca for being the spark that helped her change her life.

(D)

Linda wrote how she had suffered from a poor self-image in high school and was surprised that Rebecca would consider (d) her a candidate for the contest. She had finally agreed to sign up just to stop them. Linda said (e) she had contacted the contest director and demanded her name be removed from the list because she was so uncomfortable about being in the contest.

**43** 주어진 글 (A)에 이어질 내용을 순서에 맞게 배열한 것으로 가장 적절한 것은?

① (B) − (D) − (C)    ② (C) − (B) − (D)
③ (C) − (D) − (B)    ④ (D) − (B) − (C)
⑤ (D) − (C) − (B)

**44** 밑줄 친 (a)~(e) 중에서 가리키는 대상이 나머지 넷과 다른 것은?

① (a)    ② (b)    ③ (c)    ④ (d)    ⑤ (e)

**45** 윗글의 Linda에 관한 내용과 일치하지 않는 것은?

① 처음에는 대회에 참가할 의사가 없었다.
② 대회 책임자는 그녀의 대회 참가를 주장했다.
③ 참가한 대회에서 어떤 상도 받지 못하였다.
④ 7년 후 Rebecca에게 한 통의 편지를 보냈다.
⑤ 참가자 명단에 친구의 이름을 넣어달라고 요청했다.

**18** 다음 글의 목적으로 가장 적절한 것은?

Dear Sir:

We are writing to you about your email dated October 20, 2019. As you requested, we have checked your order and found that the order form was signed on September 21, 2019. According to the contractual conditions of your advertisement order, the applicant can cancel the order within seven days from the signing of the order form. However, in your case, your cancelation request was sent to us after the authorized cancelation period. What this means is that it is not possible to cancel your order now. We hope you understand our position.

Yours faithfully,
Bill Mark
on behalf of X&Z ADVERTISING

① 주문 취소 불가를 알려주려고
② 주문 제품 발송을 통보하려고
③ 주문 정보 수정을 요청하려고
④ 주문 절차 변경을 공지하려고
⑤ 주문 세부 사항을 확인하려고

**19** 다음 글에 드러난 'She'의 심경으로 가장 적절한 것은?

She just couldn't take her eyes off it. She also couldn't wait to try it on. Quickly, she took off her own plain red coat. She was breathing fast now, she couldn't help it and opened her eyes wide. But the feel of that fur! The great black coat, felt like a second skin. It was the strangest feeling! She looked into the mirror. She looked wonderful, beautiful, and rich, all at the same time. And the sense of power that it gave her! In this coat she could walk into any place she wanted, and people would come running around her like rabbits. The whole thing was just too wonderful to describe!

① delighted and excited
② calm and relieved
③ envious and irritated
④ disappointed and angry
⑤ ashamed and embarrassed

**20** 다음 글에서 필자가 주장하는 바로 가장 적절한 것은?

Leaders should not show emotion and keep a stiff upper lip to deal with the facts. Despite all your efforts to hide your emotions, they will come out in some form, and people have an innate ability to pick up on them. Emotions are always exposed, so we need to reframe the role that emotions play in the workplace. We need to think of emotions as the fuel that drives the engine of productivity and innovation. The reality is that you will never separate emotions from your workplace. Individuals who are good at dealing with the tough stuff are those who have learned how to control their emotions. So instead of spending time trying to push aside or suppress emotions, it is much better to learn how to manage them well.

① 감정 표출은 정신 건강에 이롭다.
② 감정 조절을 통해 인내심을 길러야 한다.
③ 지도자는 구성원의 의견을 경청해야 한다.
④ 감정을 억제하기보다 잘 다룰 줄 알아야 한다.
⑤ 성공적 경영을 위해 이성적 판단을 해야 한다.

**21** 다음 글의 요지로 가장 적절한 것은?

The environmental benefits of recycling are clear. But focusing on the wrong object of the issue can lead our efforts in the wrong direction. The Recycle Bank is a program that weighs residents' recycling bins and awards people points for heavier bins. That means the neighbor who buys single-serving bottled water gets more points than the one who drinks water in reusable containers! Similar ridiculous situations are happening any place where people are measuring progress by an increase in recycling rather than by a decrease in waste. Programs like this give recycling a bad name and support the generation of disposable products.

① 재활용 보상 프로그램이 불필요한 소비와 쓰레기를 증가시킨다.
② 재활용품 분리수거 방법에 대한 주민 간 합의가 요구된다.
③ 재활용의 중요성에 대한 사회적 인식이 부족하다.
④ 합리적 소비를 위한 교육 프로그램이 필요하다.
⑤ 친환경적인 쓰레기 매립지의 설립이 시급하다.

**22** 다음 글의 주제로 가장 적절한 것은? [3점]

Stone Age ten-year-olds wouldn't have been living on tender foods like modern potato chips, hamburgers, and pasta. Their meals would have required much more chewing than is ever demanded of a modern child. The insufficient use of jaw muscles in the early years of modern life may result in their underdevelopment and in a weaker and smaller bone structure. Human teeth might not be produced if usage during development is inadequate. Crowded and misplaced teeth may be diseases of civilization. If more biting were encouraged for children, many dental problems would be prevented.

① home remedies for wisdom tooth pain
② the effects of chewing on brain development
③ the importance of dental care education at school
④ modern dental problems from not chewing enough
⑤ the technological development of dental treatments

**23** 다음 글의 제목으로 가장 적절한 것은?

If you've ever visited a fortuneteller, you were probably amazed at the things they knew about you—things no one else could have possibly known. So was it a supernatural power? Research into the fortunetelling business shows that fortunetellers use a technique known as "cold reading," which can produce an accuracy of around 80 percent when "reading" a person you've never met. It is simply a process based on the careful observation of body-language signals, an understanding of human nature, and a knowledge of probability statistics. It's a technique practiced by tarot-card readers, astrologers, and palm readers to gather information about a client.

*cold reading 사전 지식 없이 빠르게 알아차리는 것

① Don't Ignore Supernatural Things
② How Fortunetellers Know So Much
③ Why People Want Their Fortune Told
④ Nonverbal Signals Show Your Emotions
⑤ Your Future Depends on Your Willpower

**24** 다음 도표의 내용과 일치하지 <u>않는</u> 것은?

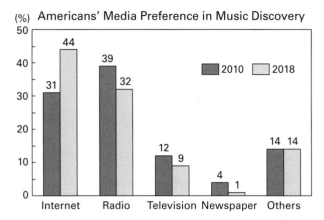

(%) Americans' Media Preference in Music Discovery

The graph above shows the preferences of Americans for what media they used to find out about new music in 2010 and 2018. ① While in 2010, the radio was the most preferred medium, accounting for 39 percent, the most preferred medium in 2018 was the Internet, taking up 44 percent. ② There was a preference decrease in 2018 compared to 2010 in each of the following categories: Radio, Television, and Newspaper. ③ The gap in the radio preference between 2010 and 2018 was smaller than the television preference gap in the same period. ④ The newspaper was the least preferred medium among the Internet, radio, television and newspaper in both 2010 and 2018. ⑤ The percentage of those who chose other than the Internet, radio, television, and newspaper was the same in both years.

**25** pocket gopher에 관한 다음 글의 내용과 일치하지 <u>않는</u> 것은?

Pocket gophers include several species that range across the western half of the United States. They prefer habitats where the earth is soft and easy to dig in, and they spend most of their time underground. Seven young are born in the spring. Once they are weaned, they dig a shelter of their own and begin life alone. Mature gophers are 6 - 13 inches long and weigh up to a pound. Their bodies are fur covered except for a short, thick tail. Gophers eat roots and other parts of plants they encounter while digging underground.

*wean 젖을 떼다

① 부드러운 흙이 있는 곳을 서식지로 선호한다.
② 새끼는 젖을 떼자마자 독립한다.
③ 성장하면 무게가 1파운드까지 나간다.
④ 털이 무성한 긴 꼬리가 있다.
⑤ 식물성 먹이를 먹는다.

**26** Ski & Snowboard Camps에 관한 다음 안내문의 내용과 일치하지 <u>않는</u> 것은?

## Ski & Snowboard Camps

- **Sessions** Week 1: January 3 – January 8

  Week 2: January 10 – January 15

- **Time** The training on snow starts at 9:00 a.m. and ends at 5:00 p.m. every day. To rent your skis / snowboard and helmet, you must arrive by 8:30 a.m.

- **Campers** Our camps are available for anyone ages 14 – 18.

- **Fee** The registration fee is $230 per week (not including equipment rental and lift pass).

- **Registration** Registration should be made online or by calling 717-123-0001.

① 1월 3일부터 1월 15일까지 운영된다.
② 교육은 8시간 동안 이루어진다.
③ 초등학생은 참가할 수 없다.
④ 등록비에는 장비 대여료가 포함되어 있다.
⑤ 온라인 또는 전화로 참가 등록을 해야 한다.

**27** 15th Annual Green Youth Forum에 관한 다음 안내문의 내용과 일치하는 것은?

## 15th Annual Green Youth Forum

The 15th Annual Green Youth Forum will provide the opportunity to discuss environmental issues with local leaders. The forum is open only to high school students in Bradford City.

- **Place:** City Hall Center
- **Date & Time:** Saturday, December 19, 2019 from 1:00 p.m. to 6:00 p.m.
- **Featured Speeches by:**
  - Mayor Jim Ross
  - Environmentalist Todd Keith

Pre-registration is required.

For more information,
visit *www.greenyouthforum.org*.

① 정치적 쟁점을 주제로 한다.
② 대학생을 대상으로 한다.
③ 일요일 오후에 진행된다.
④ 시장의 특별 연설이 있다.
⑤ 사전 등록이 필요하지 않다.

**28** 다음 글의 밑줄 친 부분 중, 어법상 틀린 것은? [3점]

Debating is as old as language itself and has taken many forms throughout human history. In ancient Rome, debate in the Senate ① was important to the conduct of civil society. In Greece, advocates for policy changes would ② routinely make their cases before Athenian citizen juries. In India, debate was used to ③ settle religious controversies, and Indian kings sponsored great debating contests, ④ offering prizes to the winners. China has its own ancient tradition of debate. Beginning in the 2nd century A.D., Taoist and Confucian scholars participated in a practice known as "pure talk," ⑤ which they debated philosophical issues before audiences.

*Taoist 도교의  **Confucian 유교의

**29** (A), (B), (C)의 각 네모 안에서 문맥에 맞는 낱말로 가장 적절한 것은? [3점]

Do you know one of the best ways to deal with family tension? Two words: "I'm sorry." Some people think it implies weakness or defeat. Nothing of the kind. In fact, it is exactly the (A) same / opposite . Another good way of relieving tension is a row! The sea is ever so much calmer after a storm. A row has another (B) advantage / disadvantage . When we get angry, unspoken truths usually come out. They may hurt a bit, especially at the time. But, in the end, you know each other a bit better. Lastly, most of the tensions between children are (C) natural / risky . Even when they often happen, wise parents don't worry too much because they are common to all of us.

*row 말다툼

| | (A) | (B) | (C) |
|---|---|---|---|
| ① | same | advantage | natural |
| ② | opposite | advantage | natural |
| ③ | opposite | advantage | risky |
| ④ | opposite | disadvantage | risky |
| ⑤ | same | disadvantage | risky |

**30** 밑줄 친 부분이 가리키는 대상이 나머지 넷과 다른 것은?

On a spring day in New York's Central Park, a balloon salesman was busy trying to sell ① his balloons. In order to gain attention, from time to time ② he would release a brightly colored balloon and let it rise into the sky. In the sunny afternoon, a little African-American boy approached ③ him. The boy was shy and had a poor self-image. ④ He was watching the man and said to him, "Mister, if you let a black balloon go, will it rise, too?" The balloon salesman knew what he was asking. "Sweetheart," ⑤ he explained. "It doesn't matter what color the balloon is. It's not what's on the outside that makes it rise; it's what's on the inside that makes it go up."

**31** 다음 글의 빈칸에 들어갈 말로 가장 적절한 것은?

A new study suggests that _____ influence our experience with food. A study showed that people perceived yogurt as denser and more expensive when eaten with lighter spoons. The reason is that those spoons matched their expectations. People also thought yogurt tasted sweeter when they ate it with a white spoon than with a black one. In a final experiment with different types of cheese, the researchers found that people considered cheese saltier when they had a taste it with a knife instead of a fork, spoon. This may have been because it reminded people of using a knife to try samples in a cheese shop, where cheeses tend to be more aged and therefore saltier.

① ages　　　　② places　　　　③ genders
④ utensils　　　⑤ ingredients

**32** 다음 글의 빈칸에 들어갈 말로 가장 적절한 것은?

Climate change may influence our most important place of all: _____. Why do we care about climate change? Since the human population broke the 7 billion mark recently, feeding the growing population is the greatest challenge to humanity. That's why the threat that climate change could mess with agriculture is so scary. An international group asked policymakers to ensure that agriculture is a vital part of global action against climate change. "Global agriculture must produce more food to feed a growing population," they write. "Yet scientific assessments point to climate change as a growing threat to agricultural yields and food security." [3점]

*yields 수확량

① our water supply　　② the gas tank
③ the ozone layer　　　④ the government
⑤ the dinner plate

**33** 다음 글의 빈칸에 들어갈 말로 가장 적절한 것은?

You've just found the perfect house in the perfect neighborhood. Of course you're excited, but "_____." If you don't bring in enough income compared with your expenses, you will stress yourself out over paying your bills every month. Before buying your house, you need to first figure out your housing expenses, such as your monthly mortgage payment and property taxes and so on. These combined housing expenses should not be more than 28 percent of your total income. Second, you need to figure out all of your other debts, such as car loans and credit card debt. Your total debt-to-income ratio should not exceed 36 percent. So if you have a heavy debt load in other areas, you have to adjust your mortgage down.

① Experience is the best teacher
② Two heads are better than one
③ Time and tide wait for no man
④ Do to others as you would be done by
⑤ Don't bite off more than you can chew

**34** 다음 글의 빈칸 (A), (B)에 들어갈 말로 가장 적절한 것은?

For the last few years, the media have warned us about the dangers of our traditional diet: high in salt and fat and low in fiber. The media also began to educate us about the dangers of processed foods full of chemical additives. _____(A)_____, consumers demanded healthier foods, and manufacturers started to change some of their products. Many foods were made available in low-fat, low-sodium versions. _____(B)_____, the food industry started to produce all-natural products. Not surprisingly, the restaurant industry responded to this switch to healthier foods, drawing customers with salad bars, broiled fish, and steamed vegetables.

| (A) | | (B) |
| --- | --- | --- |
| ① As a result | ...... | Moreover |
| ② In contrast | ...... | In addition |
| ③ That is | ...... | Otherwise |
| ④ Nevertheless | ...... | Similarly |
| ⑤ Consequently | ...... | Conversely |

**35** 다음 글에서 전체 흐름과 관계 없는 문장은?

"To name is to call into existence—to call out of nothingness," wrote French philosopher Georges Gusdorf. Words give you a tool to create how you perceive the world. ① You undoubtedly learned that Sir Isaac Newton discovered gravity in your science class. ② It would be more accurate to say that he *labeled* rather than discovered it. ③ Some scientific discoveries have led to terrible disasters in human history. ④ His use of the word *gravity* gave us a cognitive category; we now talk about the pull of the Earth's forces that keeps us from flying into space. ⑤ Words give us symbolic ways to communicate our creations and discoveries to others.

*cognitive 인식

[36~37] 주어진 글 다음에 이어질 글의 순서로 가장 적절한 것을 고르시오.

**36**

Applying a single plan to everything can be inefficient and comical. Perhaps you remember the story about the lazy son who gets scolded by his mother for losing the money he received from a farmer.

(A) For example, writing out your notes in full sentences is right if the goal is to study a textbook. But if you used the same plan for taking lecture notes, you'd write so slowly that you'd often miss the teacher's words. The secret is to find the right plan that fits your goal.

(B) Not to make her mother angry, the boy dutifully pours the milk into his pocket. Although his mother's plan was good, it could work only when used in the right circumstance. The same idea applies to your study plans.

(C) "Next time you get paid," his mother says, "be sure to carry it home in your pocket." But the next day, the boy goes to work for a dairy farmer, who pays him with a bottle of milk instead of money.

① (A) – (C) – (B)  ② (B) – (A) – (C)
③ (B) – (C) – (A)  ④ (C) – (A) – (B)
⑤ (C) – (B) – (A)

## 37

Dieter Rams, a German industrial designer, thinks that almost everything is noise. He believes very few things are essential. His job is to filter through that noise until he gets to the essence.

(A) As it always does, it took courage to eliminate the non-essential. By the sixties, this design started to become more and more popular. As time went by, most record players followed the design.

(B) For example, when he was a designer at a company, he was asked to make a record player. The basic design at the time was to cover the turntable with a solid wooden lid.

(C) Instead, he removed the useless things and designed a player with a clear plastic cover on the top and nothing more. It was the first time such a design had been used, and it was so revolutionary that people worried it might bankrupt the company. [3점]

① (A) – (C) – (B)
② (B) – (A) – (C)
③ (B) – (C) – (A)
④ (C) – (A) – (B)
⑤ (C) – (B) – (A)

[38~39] 글의 흐름으로 보아, 주어진 문장이 들어가기에 가장 적절한 곳을 고르시오.

## 38

However, the actual chance of being attacked by a shark is very small.

Fear of sharks has allowed many pool swimmers not to try the ocean water. ( ① ) The 1975 blockbuster movie *Jaws*, featuring shark attacks, provided vivid images that swimming in the ocean should be left to the big fish. ( ② ) You take a greater risk while driving a car to and from the beach. ( ③ ) According to the International Shark Attack File, the low number of shark attacks shows that these big fish do not feed on humans by nature. ( ④ ) Most shark attacks are simply due to mistaken identity. ( ⑤ ) In 2007, there were 71 reported shark attacks on humans worldwide and only one death, which is significantly lower than the 2007 death rate for bee stings and snakebites.

## 39

It seemed to include the most and exclude the least.

A group of music industry workers from the U.K. discussed how to increase interest in traditional and international music, and they decided to make one common name that identified both types. ( ① ) Suggestions included tropical music, but it seemed to exclude music from temperate lands. ( ② ) They rejected ethnic music because it sounded too academic and monotonous. ( ③ ) The term roots music was thought to exclude nontraditional music while the term international pop excluded more traditional music. ( ④ ) Finally, world music was selected. ( ⑤ ) They agreed to label all their international recordings with stickers that identified the recordings as 'World Music'.

**40** 다음 글의 내용을 한 문장으로 요약하고자 한다. 빈칸 (A)와 (B)에 들어갈 말로 가장 적절한 것은? [3점]

Psychologist Sibylle Escalona carried out a study about the play behaviors of 128 infants and their mothers. Her major finding was that the sensorimotor play span of babies playing alone was shorter than that of babies who had an adult to interact with. The mothers seemed to be skilled social directors. They tended to adapt the play activities to the immediate needs of children. For example, mothers would introduce variations or increase the intensity of play when the children seemed to be losing interest. As a result, the mothers were able to sustain their children's interest in the various play activities and thereby increase the length of their attention time.

*sensorimotor 감각 운동의

↓

In one study, it was found that the _____(A)_____ role played by mothers helped infants to be _____(B)_____ to their play activities for longer than those with limited access to adults.

|  | (A) | | (B) |
|---|---|---|---|
| ① | guiding | ...... | attentive |
| ② | guiding | ...... | indifferent |
| ③ | creating | ...... | restricted |
| ④ | sacrificing | ...... | sensitive |
| ⑤ | sacrificing | ...... | addicted |

**[41~42] 다음 글을 읽고, 물음에 답하시오.**

Parents and pediatricians agree that babies must crawl before they walk. But new research may change the way we look at this idea. According to anthropologist David Tracer, babies of the Au of Papua New Guinea do not go through a crawling stage. Instead, their parents hold them in their arms until they can walk. Tracer argued that, in fact, not crawling may be totally normal. In his observations of 113 Au mother-child pairs, Tracer found that babies up to 12 months old were held upright in a sling 86 percent of the time. However, The Au are not alone in keeping their children from crawling.

There is a study of Bangladeshi children showing that crawling increases the risk of having diarrhea. Tracer proposes that _____ infants decrease their exposure to ground germs. He therefore insists that the crawling stage is a recent invention—one that emerged after humans began living in houses with flooring, which would have been much more hygienic than dirt.

*pediatrician 소아과 의사

**41** 윗글의 제목으로 가장 적절한 것은?

① The Mystery of Walking
② Mommy, Don't Leave Me Alone!
③ Crawling: Is It Really Necessary?
④ Recent Inventions for Baby Care
⑤ The Difficulties of Raising a Baby

**42** 윗글의 빈칸에 들어갈 말로 가장 적절한 것은? [3점]

① carrying          ② patting
③ bathing          ④ breast-feeding
⑤ vaccinating

[43~45] 다음 글을 읽고, 물음에 답하시오.

(A)

Bill was ten years old and loved baseball, but he suffered from physical disabilities. His father, John, wanted to protect (a) him, so he played catch with him in their backyard and avoided any community games. One day, John asked Bill to play catch, but Bill hung his head and said no.

(B)

When Bill finally hit the ball after seven swings, it didn't go far, but the kids started yelling, "Run, Bill! Run!" Everyone was cheering, and Bill's face glowed when (b) he finally scored. He shouted, "I did it Daddy! I did it!" Tears slid down John's cheeks as he hugged his joyful son.

(C)

At the coach's suggestion, Bill was very excited, and (c) he hurried to put on his baseball gear. Most of the kids on the town team recognized Bill from school, but no one from the other team knew him. However, they could see that (d) he was different by the way he moved. To make it easier for Bill, the pitcher moved in closer, threw the ball gently, and kept throwing until he could hit one.

(D)

John wondered why Bill said no, and when (e) he asked, Bill started to cry, "I want to play on a team, Daddy. Why won't you let me play with the other kids?" Although John was worried that Bill might be teased by the other kids, he decided to take the risk, so he brought Bill to the town baseball field that evening. When they arrived at the field, a baseball game was about to start. John talked to the coach about Bill, and the coach invited Bill to play.

**43** 주어진 글 (A)에 이어질 내용을 순서에 맞게 배열한 것으로 가장 적절한 것은?

① (B) – (D) – (C)  ② (C) – (B) – (D)
③ (C) – (D) – (B)  ④ (D) – (B) – (C)
⑤ (D) – (C) – (B)

**44** 밑줄 친 (a)~(e) 중에서 가리키는 대상이 나머지 넷과 다른 것은?

① (a)  ② (b)  ③ (c)  ④ (d)  ⑤ (e)

**45** 윗글의 Bill에 관한 내용과 일치하지 않는 것은?

① 아버지의 캐치볼 제안을 거절했다.
② 일곱 번의 스윙 후에 마침내 공을 쳤다.
③ 상대편 선수들은 모두 Bill을 알고 있었다.
④ 아버지는 Bill이 아이들한테 놀림 당할까봐 걱정했다.
⑤ 아버지가 Bill을 동네 야구장으로 데려갔다.

## 18 다음 글의 목적으로 가장 적절한 것은?

Dear Peter,

After consideration, I have concluded that the views of the Townsville Citizens Association and myself have become totally different over the past year. I no longer feel that I can be a useful member considering the goals and mission of the organization. So I am writing to tell you that after much thought, I am regretfully resigning as one of the member of the Townsville Citizens Association. I also wish you to know that even though I may no longer be a member, I still sincerely hope for the continued success of this organization.

Sincerely,
Norman Smith

① 협회 규약 수정을 요구하려고
② 회원 탈퇴 의사를 전달하려고
③ 회의 일정 변경을 논의하려고
④ 회원 추천 절차를 문의하려고
⑤ 협회 운영 방식에 항의하려고

## 19 다음 글에 드러난 'I'의 심경 변화로 가장 적절한 것은?

Recently, I had a flat tire while cycling to work. So I borrowed a pump from a passing cyclist and discovered that the tube was useless. Then I heard someone shouting at me, "What happened?" I turned around and saw another cyclist. I explained my situation to him and he replied, "I'll buy the tube for you." I gave him the money and he got on his way. Within 20 minutes my savior was back — but the tube he'd bought didn't fit. He willingly turned around for another trip. After half an hour he came back with the full kit and soon I was able to go. Since that day, I've been watching other cyclists in trouble so that I can repay my debt.

① worried → angry
② ashamed → proud
③ frustrated → grateful
④ envious → satisfied
⑤ comfortable → terrified

## 20 다음 글에서 필자가 주장하는 바로 가장 적절한 것은?

Imagine that today was your last day on Earth. Now, make a list for yourself of all the things that you have accomplished, all the things you are proud of, and all the things that make you happy. Is your car on the list? Is your salary on the list? No. What's on the list are the fundamental elements of a satisfied life: your relationships with friends and family and the joyful events in your life. Many of us live day to day as if the opposite were true. Instead of knowing what is truly important, we desire success without questioning just what success really means. Remember what really matters in your life.

① 성공을 위해서 폭넓은 인맥 관리에 노력해야 한다.
② 구매 계획을 세워 효율적인 소비 생활을 해야 한다.
③ 더불어 사는 삶을 위해 나눔 활동에 참여해야 한다.
④ 삶에서 진정으로 소중한 것을 제대로 인식해야 한다.
⑤ 부분적인 성과보다는 전체적인 결과를 중요시해야 한다.

**21** 다음 글의 요지로 가장 적절한 것은?

Studies show that narrative feedback on students' performance is more effective than making grades at boosting their achievement. In primary school, as soon as the main method of evaluation is changed as grades, students and parents begin to lose out. When teachers offer information such as, "You did a great job of planning your ideas for this paper and expressing your main idea, but your body paragraphs don't point out the question raised by the argument," the students have information that tells about their strengths and weaknesses and gives useful tips on how to improve their performances. In this way, informational feedback improve students' performances.

① 학생의 수행에 대해 지적보다 격려가 효과적이다.
② 평가 결과에 대한 적극적인 활용 방안 모색이 시급하다.
③ 좋은 보고서 작성을 위해서는 전문가의 조언이 필요하다.
④ 등급보다 서술적 피드백을 제공하는 것이 학생에게 더 유용하다.
⑤ 교사와 학생 간의 높은 신뢰가 학생의 내적 동기를 더 강화한다.

**22** 다음 글의 주제로 가장 적절한 것은?

Artificial wetlands provide a low-cost way to filter and treat outflowing sewage. For instance, California needed an expensive sewer plant upgrade. Instead, the city transformed a 65 hectare garbage dump into a series of ponds and marshes that serve as a simple, low-cost, waste treatment facility. California saved millions of dollars and improved its environment. The marsh has become a home for wildlife. Eventually, the purified water from the artificial wetlands flows into Humboldt Bay, where marine life flourishes. All these created wetlands can be useful to both humans and wildlife.

*sewage 하수 오물 **marsh 늪

① benefits of artificial wetlands for filtering sewage
② environmental effects of illegal garbage dumping
③ introduction of new marine species to marshes
④ importance of preserving wildlife in wetlands
⑤ difficulty of remodeling sewer plants

**23** 다음 글의 제목으로 가장 적절한 것은?

There is no way that we two-legged creatures can catch up with many four-legged animals in a sprint. But in recent years, some anthropologists have suggested that the human species has evolved in such a way as to be built for marathon running. Researchers point to our long legs and short arms as being suited to running, something that was necessary for the early hunter-gatherer lifestyle on the African savannah. More specifically, scientists talk about the importance of our leg muscles, which are used little in walking but are essential for running. These characteristics show that the human body as a whole is comparatively well suited to endurance running compared to other animals.

① The Limitations of Animal Running Speeds
② How to Build Your Marathon Muscles
③ How Fast Can Humans Run 100 Meters?
④ Why Are Humans Good Long-Distance Runners?
⑤ Basic Methods of Endurance Training for Running

## 24 다음 도표의 내용과 일치하지 <u>않는</u> 문장은?

### Koreans' Class Awareness

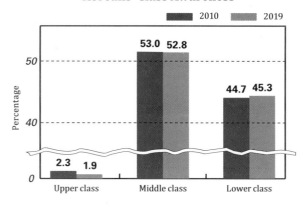

The graph above shows how Koreans perceived their own social status in 2010 and 2019. ① In general, more people thought they belonged to the middle class than the other two classes in each year. ② The percent of people considering themselves members of the middle class decreased from 53.0 in 2010 to 52.8 in 2019. ③ On the other hand, the number of those who thought they belonged to the lower class climbed to 45.3 percent in 2019, up 0.6 percent compared to 9 years earlier. ④ Meanwhile, the figure for the upper class dropped to 1.9 percent in 2019, down 0.4 percent from 2010. ⑤ The decrease rate of the upper class was three times as high as that of the middle class from 2010 to 2019.

## 25 Gunnison Tunnel에 관한 다음 글의 내용과 일치하지 않는 것은?

The Gunnison Tunnel was designed to supply water to parts of western Colorado. At the time of its completion, it was the longest irrigation tunnel in the world. Workers encountered a number of difficulties during the construction period. Soft ground caused a sudden collapse that killed six workers. Despite these difficulties, the tunnelers made good progress by cutting through 449 feet of granite in one month. President William Howard Taft conducted the opening on September 23, 1909, pressing the switch that released the first water. The completed tunnel is still in operation.

*granite 화강암

① 서부 Colorado 일부 지역에 물을 대기 위해 설계되었다.
② 완공 당시 세계에서 가장 긴 관개 터널이었다.
③ 공사 중 지반 붕괴로 인명 사고가 발생했다.
④ 대통령이 첫 방류 스위치를 눌렀다.
⑤ 현재 가동이 중단된 상태이다.

**26** Youth Library Volunteer Program에 관한 다음 안내문의 내용과 일치하지 <u>않는</u> 것은?

# Youth Library Volunteer Program

Volunteering at the Youth Library is a rewarding and valuable experience.

### Minimum Requirements
- Applicants under 15 years of age must have a parent sign the volunteer application.
- Volunteers must work from April to June.
  (A Two-month commitment is required.)

### Selection Process & Volunteer Training
- The selection process takes 3-4 days.
- The chosen volunteers must participate in a 2-day training session run by the volunteer coordinator before work.

Applications can be downloaded from the library's website at www.youthlibrary.org.

① 15세 미만인 지원자는 부모의 서명을 받아야 한다.
② 활동 기간을 자원봉사자가 선택할 수 있다.
③ 선발 과정은 3일에서 4일이 소요된다.
④ 선발된 자원봉사자는 이틀 동안 훈련을 받는다.
⑤ 도서관 홈페이지에서 신청서를 내려받을 수 있다.

**27** Beethoven Music Academy's Piano Camp에 관한 다음 안내문의 내용과 일치하는 것은?

# Beethoven Music Academy's Piano Camp

Our piano camp introduces the piano in an interesting and positive environment. Programs are for those with little or no experience.
Both camps run from Monday to Thursday from 8:00 to noon with a camp celebration performance on Friday.

### Camp Dates & Groups
June 8-11: ages 7-10, small groups of 4-5 students
June 15-18: ages 11-14, small groups of 5-7 students

### $120 Tuition Includes:
• 10 hours of piano lessons
• Songs taught in a variety of styles
• Arts and crafts
• Healthy snacks

A $5 discount will be given if the fee is paid in full at the time of registration.

*For more information,*
*visit www.beethovenmusic.com.*

① 월요일부터 목요일까지 오후 동안 운영된다.
② 15세 이상의 청소년은 누구나 참여할 수 있다.
③ 피아노 연주를 12시간 동안 배운다.
④ 간식비는 별도로 지불해야 한다.
⑤ 등록 시 수강료를 완불하면 5달러의 할인 혜택이 있다.

**28** 다음 글의 밑줄 친 부분 중, 어법상 <u>틀린</u> 것은? [3점]

Language is one of the key features that distinguishes humans from other animals. Many animals ① <u>do</u> indeed communicate with one another through sounds, smells, other chemicals, or movements. Furthermore, some animals ② <u>have been taught</u> to use sign language to communicate with humans. However, the complexity of human language and its ability to convey specific emotions and ideas ③ <u>making</u> a difference between humans and other animals. In many ways, language is the essence of culture. It provides the single most common variable ④ <u>by which</u> different cultural groups are identified. Language helps to shape the way we think about and ⑤ <u>name</u> our environment.

**29** (A), (B), (C)의 각 네모 안에서 문맥에 맞는 낱말로 가장 적절한 것은? [3점]

Even before we were born, we were compared with others. For the rest of our lives, we are compared with others, and rather than (A) celebrating / neglecting our uniqueness, comparisons usually focus on who is stronger, brighter, or more beautiful. Comparisons such as "He has more money than I do" or "She looks better than I look" are likely to (B) deflate / inflate our self-worth. Focus on the unique attributes that make you who you are. (C) Avoid / Consider judging your own value by comparing yourself with others. A healthy, positive self-concept is developed not by the judgments of others but by a true sense of worth that you recognize in yourself.

|   | (A) | (B) | (C) |
|---|-----|-----|-----|
| ① | celebrating | deflate | Avoid |
| ② | celebrating | inflate | Avoid |
| ③ | celebrating | deflate | Consider |
| ④ | neglecting | deflate | Consider |
| ⑤ | neglecting | inflate | Consider |

**30** 밑줄 친 he[He]가 가리키는 대상이 나머지 넷과 <u>다른</u> 것은?

Dr. Vaigyanik is a rare scientist who wears big trousers and a dirty gown. But ① <u>he</u> is more scientific than you would imagine him to be. One day when it was raining cats and dogs, ② <u>he</u> wanted to visit one of his friends, Dr. Manchala. However, neither an umbrella nor a raincoat was available in the house. But Dr. Vaigyanik had an idea. ③ <u>He</u> took out some old clothes and sewed them in the form of a raincoat. When he wore it, he had his servant paint it with a brush. ④ <u>He</u> painted the raincoat just as one paints a door! Dr. Vaigyanik then stood for some time in front of a heater and went outside. You can just imagine what ⑤ <u>he</u> looked like on the street!

[31~33] 다음 빈칸에 들어갈 말로 가장 적절한 것을 고르시오.

**31** Today, it often seems we remember too little. When I wake up, the first thing I do is to check my day planner. Because it remembers my schedule, I don't have to. When I get into my car, I use the GPS. Its memory supplants my own. When I sit down to work, I open up a notebook that holds the contents of my interviews. Now, thanks to the Internet, I can type not a full sentence but some words to search. In the old days, I had to press seven buttons to make a telephone call, so I could recall the numbers of all my close friends and family. Today, I'm not sure if I know more than four phone numbers by heart. Our gadgets _____ the need to remember such things.

\***supplant** 밀어내다, 대신 들어앉다

① create   ② eliminate   ③ promote
④ solidify   ⑤ overestimate

**32** Educating consumers is important. People have great power over how goods are made and sold, depending on what they buy. This power is sometimes shown through campaigns and boycotts, when people refuse to buy certain food products. For instance, thousands of dolphins used to be killed in tuna fishing nets, but _____ helped to change this practice. Tuna that was caught without harming dolphins was named "dolphin friendly," so consumers wouldn't buy other tuna products. This forced many companies to change their fishing methods. As a result, dolphin deaths decreased by over 80 percent between 1990 and 2000. [3점]

① food shortages
② ocean temperature
③ animal instincts
④ consumer pressure
⑤ modern technology

**33** Every person has his or her own fears. Most fears are harmless, but, if they actually prevent you from having fun and becoming successful, you should start learning how to stop fear. In this way, you can make yourself braver. Here is a tip. You can overcome your phobias effectively if you _____. For example, if you are afraid of roaches, it is a good idea to look at pictures of roaches and to watch movies about them. Next, you can try sweeping dead roaches off your floor and then eventually look at crawling cockroaches first before actually killing them. This process is more effective for object and animal fears rather than the fear of failure or rejection. [3점]

\*(cock)roach 바퀴벌레

① focus intensively on your current work
② recall happy memories from your childhood
③ ask for advice from a counselor on the Web
④ share your scary experiences with your friends
⑤ gradually make yourself less sensitive to what scares you

**34** 다음 글의 빈칸 (A), (B)에 들어갈 말로 가장 적절한 것은?

In nearly every culture, proverbs—described in colorful and vivid language—offer an important set of values for members to follow. Because all people, regardless of their culture, share common experiences, many of the same proverbs appear around the world. ____(A)____, in nearly every culture, saving and hard work are emphasized. Hence, in Germany, the proverb is "One who does not thank for the penny is not worthy of the dollar." In the United States, people are often told, "A penny saved is a penny earned." ____(B)____, in Japan and China, where silence is valued, you can find the Japanese proverb "The quacking duck is the first to get shot," and the Chinese proverb "Loud thunder brings little rain."

|  | (A) |  | (B) |
|---|---|---|---|
| ① | In contrast | ...... | Therefore |
| ② | In contrast | ...... | Otherwise |
| ③ | Nevertheless | ...... | Similarly |
| ④ | For instance | ...... | Similarly |
| ⑤ | For instance | ...... | Therefore |

**35** 다음 글에서 전체의 흐름과 관계 없는 문장은?

One of the easiest ways to impress and persuade others is to praise a lot. ① The key is to put your own self-centered thoughts aside and to become truly interested in other people. ② When you give people heartfelt praise for their work and sucess, you've given them a valuable gift. ③ However, too expensive a gift can cause a person to feel uncomfortable. ④ You make them feel worthy and important. ⑤ When people feel this way, their self-esteem goes up, they like themselves more, and because of this, they find you likeable.

[36~37] 주어진 글 다음에 이어질 글의 순서로 가장 적절한 것을 고르시오.

**36**

"We're creatures of habit." In all the years I've been hearing that old expression, I've never heard anyone dispute it. Probably because there's so much truth to it.

(A) Although someone might argue about this opinion, I doubt that anyone would disagree that our habits affect us. Most of them start innocently and unintentionally. At first, they form a kind of invisible thread.

(B) In fact, we're even more the result of habit than most people realize. Some psychologists believe that up to ninety-five percent of our behavior is formed through habit.

(C) But through repetition, that thread becomes twisted and turns into a rope. Each time we repeat an act, we strengthen it. The rope becomes a chain. Eventually, we become our habits.

① (A) – (C) – (B)　　② (B) – (A) – (C)
③ (B) – (C) – (A)　　④ (C) – (A) – (B)
⑤ (C) – (B) – (A)

## 37

Here's a fascinating social experiment. Select one hundred people at random in New York City and ask them each to list all their friends, and you can figure out their average number of friends. Then, in turn, ask their friends how many friends they have.

(A) There is a bias in the question being asked because you are more likely to know popular people and less likely to know unpopular ones.

(B) That is also why people at your local gym tend to be fitter than you: because you do not meet the relatively out-of-shape ones who rarely show up.

(C) You will find that the latter's average number of friends is higher. Sociologist Scott Feld of Purdue University focused on this apparent paradox.

*paradox 모순

① (A) − (C) − (B)　　② (B) − (A) − (C)
③ (B) − (C) − (A)　　④ (C) − (A) − (B)
⑤ (C) − (B) − (A)

[38~39] 글의 흐름으로 보아, 주어진 문장이 들어가기에 가장 적절한 곳을 고르시오.

## 38

Dying hair blond, for instance, was a common tradition among ancient Roman men as it was believed that blond hair made them look younger.

There has been a huge rise in popularity of male beauty products. ( ① ) Men all over the world are spending billions of dollars on everything from cosmetics to plastic surgery. ( ② ) Experts say that men consider their appearance an important factor for social success. ( ③ ) Experts further searched the history of men's beauty care for such cases in various countries. ( ④ ) Similarly, ancient Egyptian men regularly shaved their body hair and applied various cosmetics to their skin. ( ⑤ ) We could say appearance was important to men in the past, and it certainly is to men in the present.

*grooming 몸단장

## 39

However, we are restricted by a lack of resources, including limited time.

The reality of life on our planet is that productive resources are limited while the human desire for goods and services is unlimited. ( ① ) Would you like to have some new clothes, an expensive boat, or a vacation in the Swiss Alps? ( ② ) You may dream of driving a brand-new car into the driveway of your oceanfront house. ( ③ ) Most of us would like to have all of these things. ( ④ ) Because we cannot have as much of everything as we would like, we should choose from among alternatives. ( ⑤ ) There is no free lunch: doing one thing makes us give up other opportunities. [3점]

**40** 다음 글의 내용을 한 문장으로 요약하고자 한다. 빈칸 (A)와 (B)에 들어갈 말로 가장 적절한 것은? [3점]

Sometimes children want to do more than they can do. For example, a five-year-old boy went on a hike with his father. At one point, the boy asked his father to let him carry a heavy backpack the way the "big people" do. Without saying a word, the father took his backpack off and handed it to his son. But he immediately found that it was too heavy for him to carry. The boy simply said, "Dad, it's too heavy for me." He then went happily on his way up the trail. In a safe way, the father made his son discover experientially that he was too small. He had also avoided a potential argument with his son.

One way to let your children know their ___(A)___ without conflict is through ___(B)___ .

|     | (A) | | (B) |
| --- | --- | --- | --- |
| ① | interests | ...... | cooperation |
| ② | interests | ...... | experience |
| ③ | limitations | ...... | discussion |
| ④ | limitations | ...... | experience |
| ⑤ | responsibilities | ...... | discussion |

[41~42] 다음 글을 읽고, 물음에 답하시오.

How do you relax yourself when you feel scared? One way is to understand that our reflexes had to be quicker for survival. Breathing is the key to _____. The fight-or-flight response depends on delivering oxygen quickly and efficiently to muscles that need to be ready for action. During this adrenaline rush, your heart rate increases, your blood vessels control the blood supply, and you begin to sweat. Real or perceived danger throws the body into overdrive, literally. Thus, it is necessary to control your breathing. To enter a more relaxed state, practice square breathing. It is inhaling to the count of four, holding to the count of four, exhaling to the count of four, and holding for four. With practice, you can increase the intervals and slow things down even more. Not only is square breathing good for confidence building, but it is also good for relaxation.

\*reflex 반사작용

**41** 윗글의 제목으로 가장 적절한 것은?

① The Pleasure of Walking in a Square
② Effective Ways to Negotiate with One's Boss
③ How to Relieve Tension by Breathing Control
④ Special Breathing: A Way to Live a Long Time
⑤ Genetic Change by Slow Breathing

**42** 윗글의 빈칸에 들어갈 말로 가장 적절한 것은? [3점]

① calmness      ② workout
③ affection      ④ sound-sleep
⑤ quickness

[43~45] 다음 글을 읽고, 물음에 답하시오.

**(A)**

David and Mark were best friends at school even though they belonged to different economic classes of society. David's parents were doctors at the local hospital and were very successful in their careers. Mark's father, on the other hand, was a worker at the local textile factory, and their seemingly limited resources were affecting Mark's mental makeup in (a) his childhood. However, both David and Mark were the brightest students of their class and used to compete with each other for the number-one spot.

**(B)**

A decade later, David became a senior surgeon at the hospital where his parents used to work. One day, David had to seek some expert help for a unique and complex heart surgery case. (b) His staff decided to scout for a doctor from Boston who had done research on this complex disease.

**(C)**

When the doctor actually arrived, David met him. David was surprised to see that (c) he was his dear childhood friend, Mark. It was a very nostalgic moment. They recollected their time growing up and how they used to compete with each other. But at this point, Mark never thought of (d) his poor childhood, and all he thought about was the wonderful years they spent together.

**(D)**

During those years, Mark would never worry about his poverty though (e) he sometimes questioned his ill fate. They separated at the end of school, moved on to colleges in different cities, and lost touch with each other.

**43** 주어진 글 (A)에 이어질 내용을 순서에 맞게 배열한 것으로 가장 적절한 것은?

① (B) - (C) - (D)  　② (B) - (D) - (C)
③ (C) - (D) - (B)  　④ (D) - (B) - (C)
⑤ (D) - (C) - (B)

**44** 밑줄 친 (a)~(e) 중에서 가리키는 대상이 나머지 넷과 다른 것은?

① (a)  　② (b)  　③ (c)  　④ (d)  　⑤ (e)

**45** 윗글의 내용과 일치하지 않는 것은?

① Mark의 아버지는 직물 공장 노동자였다.
② David는 부모님이 근무했던 병원의 외과의사가 되었다.
③ 병원 직원들은 심장 수술을 도울 의사를 Boston에서 초대했다.
④ Mark는 항상 반에서 1등을 차지했다.
⑤ Mark와 David는 각각 다른 도시의 대학으로 진학했다.

## 18 다음 글의 목적으로 가장 적절한 것은?

If you eat most of your meals in a cafeteria, how much control can you have over where your food comes from? Most cafeteria food seems to come from a large freezer truck behind the dining hall. Any farm behind those boxes of frozen fries and hamburgers is far away and hard to imagine. At a growing number of colleges, students are speaking up about becoming local food eaters. Many other schools have started asking their dining services to provide local foods because they're concerned about the local farm economy and the environmental cost of foods that travel thousands of miles from the farm to the table. And now it's our turn!

① 식단의 다양화를 요구하려고
② 농업의 활성화 방안을 안내하려고
③ 인스턴트식품의 문제점을 알리려고
④ 구내식당의 위생 실태를 고발하려고
⑤ 지역 생산 식품의 도입을 주장하려고

## 19 다음 글의 마지막에 드러난 'I'의 심경으로 가장 적절한 것은?

Yesterday, I got up early because I wanted to clean my room before going to school. I began to organize my desk, but then I heard a knock on the door. It was too early in the morning for someone to be there. I was curious about who it could be. Since my parents were still asleep, they didn't answer the door. So I headed downstairs to investigate. At the door I asked, "Who is it?" The person replied, "It's me! Open the door, dear." It was a voice I recognized very well. "Grandma! I can't believe you're here!" I screamed as I flung open the door. It was such an unexpected delight to see her standing there. I welcomed her with plenty of hugs and kisses.

*fling open (문 등을) 열어젖히다

① sad and depressed
② relieved and proud
③ scared and frightened
④ surprised and pleased
⑤ ashamed and embarrassed

## 20 다음 글에서 필자가 주장하는 바로 가장 적절한 것은?

Too many people suffer from destination disease. They reach a certain level, earn their degrees, buy their dream homes, and then just stay there. Studies show 50 percent of high school graduates never read another entire book. One reason may be that they see learning as something they do in school. It is just something you do for a period of time instead of a way of life. We think we all learned when we were in school. Our teachers, coaches, and parents taught us. We were expected to learn when we were school age. But some tend to think that once they finish a certain level of education, "I'm done with school. I've got a good job." However, winners never stop learning. No matter how old you are, you should continuously be learning, improving your skills, and getting better at what you do.

*destination disease 종착역 병

① 연령에 맞는 학습 방법을 활용해야 한다.
② 깊이 생각하며 책을 읽는 습관을 들여야 한다.
③ 삶의 단계별 목표를 구체적으로 설정해야 한다.
④ 학창 시절 이후에도 배움을 멈추지 말아야 한다.
⑤ 학교는 평생 교육 프로그램 개발에 힘써야 한다.

**21** 다음 글의 요지로 가장 적절한 것은?

If doing nothing in front of a TV is your favorite daily hobby, it may lead you to an early death. That's what Australian researchers found after tracking nearly 9,000 people for an average of six years. Regardless of whether or not they were overweight, subjects who watched television for more than four hours daily had a 46-percent higher risk of premature death compared with subjects who channel-surfed for fewer than two hours a day. "Television itself isn't the problem," says study author David Dunstan. Instead, the danger comes from that sitting. That sitting takes the place of lots of activities, including even the lightest kind that naturally occurs when you are not watching TV. "Too much sitting is, simply, bad for you," Dunstan says.

*channel-surf 이리저리 채널을 돌리다

① 비만은 조기 사망의 주요인이다.
② TV 채널을 다양화할 필요가 있다.
③ 자녀의 TV 시청 시간을 제한해야 한다.
④ 장시간 앉아 있는 것은 허리 통증을 유발한다.
⑤ TV 시청으로 인한 움직임의 부족은 건강에 해롭다.

**22** 다음 글의 주제로 가장 적절한 것은?

A visit to New Orleans tells us how sensitively people can react to price signals. New Orleans displays a unique architectural style — the Camelback house — in order to avoid tax. In the late nineteenth century, houses were taxed based on the number of stories at the front, so the Camelback design had one story in the front and more in the back. They look charming, but it is not a practical design for a house and hasn't caught on elsewhere. There is a similar story in Britain, which is full of dingy houses in response to the policy. During the time from 1696 to 1851, the government taxed people according to the number of windows their homes had.

*dingy 어두컴컴한

① efforts to restore traditional houses
② houses built with ecofriendly materials
③ the effects of climate on architectural styles
④ styles of houses influenced by the tax system
⑤ the importance of originality in architecture

**23** 다음 글의 제목으로 가장 적절한 것은? [3점]

Competition makes the world go round. It is the engine of evolution and the foundation of democracy. It causes innovation, drives global markets, and puts money in the pocket. However, there are those who have argued that competition is a source of evil. They see competition based on destructiveness: they don't believe it's a constructive activity. They claim that competition kills off more prosocial behaviors, such as cooperation and respect. The idea that competition is the opposite of cooperation is missing something important. To compete, both opponents have to cooperate on the rules; there's a mutual agreement of cooperation that governs the competition. In addition, competitions are commonly between teams; each individual needs to cooperate with his or her team members in order to compete effectively. In other words, healthy competition can't happen without cooperation.

*prosocial 친사회적인   **mutual agreement 상호 합의

① Competition: Another Form of Cooperation
② Are You Ready for a Collaborative Partner?
③ No Room for Mutual Respect in Competition
④ How to Balance Competition and Cooperation
⑤ Achieve Cooperation via Active Communication

**24** 다음 도표의 내용과 일치하지 <u>않는</u> 것은?

**U.S. Population vs. Readership**

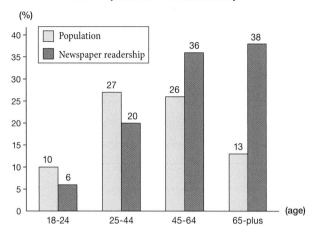

The graph above compares the percentage of the U.S. population with the percentage of newspaper readership among four different age groups. ① Of the four age groups, the 18-24 group accounts for the lowest percentage of both population and newspaper readership. ② Compared to the 45-64 age group, the 25-44 age group is 1% more of the population but 16% less of the newspaper readership. ③ The age group that shows the largest percentage in both population and newspaper readership is the 65-plus group. ④ The percentage gap in newspaper readership between the youngest group and the oldest one is 32%. ⑤ The two youngest groups have greater populations than the newspaper readership percentage while the two oldest groups have greater newspaper readership than population percentage.

**25** teak에 관한 다음 글의 내용과 일치하지 <u>않는</u> 것은?

Teak is one of the most prized of the tropical hardwoods. It is native to India, Thailand, and Vietnam. It is a leaf-losing species that requires an annual dry season, so it is not found in true rainforests. The wood of teak is particularly attractive, having a golden or reddish brown color. Teak is strong enough to become a valued wood for shipbuilding and high-quality furniture. One problem with harvesting teak is that the wood is very dense, so when it is first cut down and has not been dried, it sinks in water. The wood cannot be moved out of forests by floating down rivers if it has not been dried first.

*leaf-losing 잎이 지는

① 인도, 태국, 베트남이 원산지이다.
② 건기가 매년 있는 기후를 필요로 한다.
③ 목재는 금색이나 붉은색이 도는 갈색이다.
④ 선박과 고급 가구를 만드는 데 쓰인다.
⑤ 목재는 건조되기 전에 강에 띄워 운반된다.

**26** 2019 River High School Senior Prom에 관한 다음 안내문의 내용과 일치하지 <u>않는</u> 것은?

## 2019 River High School Senior Prom

**Date:** Saturday, May 16, 2019
**Time:** 7:00 p.m. to 10:00 p.m.
Dinner will be served at 7:45 p.m.

### Ticket Sales
May 1 - May 2 $50 (online at www.rhs.ac)
May 3 - May 9 $75 (offline purchase only)
*Prices include admission, dinner, beverages, dancing, and entertainment.
*Off-line purchases are available at the student center.

### Rules
• Each student is allowed to purchase a maximum of three tickets.
• Prom participants must arrive by 7 p.m.
• No one leaving the prom can re-enter.

*prom 무도회

① 무도회 중에 저녁 식사가 제공된다.
② 5월 2일은 온라인으로 표를 구입할 수 있다.
③ 음료 비용이 표 가격에 포함되어 있다.
④ 한 학생당 최대 2매까지 표 구입이 가능하다.
⑤ 무도회에서 나가면 다시 입장하지 못한다.

**27** 2019 Carbon Monoxide (CO) Poster Contest에 관한 다음 안내문의 내용과 일치하는 것은?

## 2019 Carbon Monoxide (CO) Poster Contest

 Sponsored by San Diego Clean Environment Commission (SCEC)

Students in middle school are invited to create posters to warn people about the dangers of poisonous CO.

### ◆ Contest rules:
• The application form must be filled out by a parent or a guardian and handed in along with a poster. You can find this form at www.scec.org/COpostercontest.
• All entries must be mailed to P.O. Box 201911 Campo, San Diego, CA 91323 by November 25, 2019.
• The SCEC will not accept any submissions personally.
• All posters will be judged by the SCEC.
• Winning posters will be put on the website.

### ◆ Topics to choose from:
• steps you can take to protect against CO poisoning
• how to recognize CO exposure and symptoms

*submission 제출

① 고등학생을 대상으로 한다.
② 참가자가 직접 신청서를 작성한다.
③ 출품작은 우편으로 제출해야 한다.
④ 모든 출품작은 웹 사이트에 게시된다.
⑤ 주제 선택에는 제한이 없다.

## 28 다음 글의 밑줄 친 부분 중, 어법상 틀린 것은? [3점]

In some cases, two species are so dependent on each other ① that if one becomes extinct, the other will as well. This nearly happened with trees that ② relied on the now-extinct Dodo birds. They once lived on Mauritius, a tropical island ③ locating in the Indian Ocean. However, Dodo birds became extinct during the late 19th century. The reason was that they were over-hunted by humans and other animals. After they ④ disappeared, the Calvaria Tree soon stopped sprouting seeds. Scientists finally concluded that the seed of the Cavaria Tree needed first to be digested by the Dodo bird ⑤ to sprout.

*sprout 싹틔우다

## 29 다음 글의 밑줄 친 부분 중, 문맥상 낱말의 쓰임이 적절하지 않은 것은? [3점]

It is important to remember that a misunderstanding is never ended by an argument but by a ① sympathetic desire to see the other person's view. Here is an example: Pat Duffy was selling cars for General Motors. If a buyer made a ② positive comment on the car he was selling, Pat would get upset at the customer. He used to talk back to the customer and ③ win lots of arguments, but he didn't sell many cars. Finally, he learned to handle the customers, and this is how. If a customer said, "This GM car is no good! I would rather buy a Ford car," instead of arguing, Pat said, "Ford cars are good, and it is a fine company." This made the customer ④ speechless. Not wasting time arguing about Ford cars now, Pat could get off that subject and ⑤ concentrate on the GM cars he was selling.

## 30 밑줄 친 He[he]가 가리키는 대상이 나머지 넷과 다른 것은?

Bruce Adolphe first met Yo-Yo Ma at the Juilliard School in New York City. Although Ma was only fifteen years old at the time, ① he was already a famous performer. Even at the age of seven, ② he had played at the White House. Meanwhile, Adolphe was a promising young composer who had just written his first cello piece. ③ He had shown a draft of his composition to a Juilliard instructor, who told him that a piece was impossible to play. Before Adolphe could correct the music, however, Ma decided to play the composition in his dorm room. ④ He played through his friend's composition, sight-reading the whole thing. And when that impossible chord came, ⑤ he found a way to play it and his bow was straight across all four strings.

*sight-read 즉석에서 (악보 등을) 읽다   **draft 초안, 원고

[31~33] 다음 빈칸에 들어갈 말로 가장 적절한 것을 고르시오.

**31** Compared with farmers, hunter-gatherers led more _____ lives. Modern anthropologists who have spent time with surviving hunter-gatherer groups report that gathering food only accounts for a small proportion of their time. This is a far less amount than would be required to produce the same quantity of food through farming. For example, the !Kung Bushmen of the Kalahari typically spend twelve to nineteen hours a week collecting food, and the Hazda nomads of Tanzania spend fewer than fourteen hours. That leaves a lot of time free for leisure activities, socializing, and so on. One bushman said, "Why should we plant when there are so many mongongo nuts in the world?" Actually, hunter-gatherers work two days a week and have five-day weekends. [3점]

*anthropologist 인류학자

① leisurely  　② systematic  　③ dangerous
④ stressful  　⑤ isolated

**32** Minnesota, and he was looking for a way to boost his business. He once noticed that people who came into the shop without a bag took a lot less food than those who came with bags. Why? Because they simply couldn't carry the groceries. So he started devising a way to help them buy more at one time. It took him four years to develop the right solution: a package which was inexpensive, easy to use, and strong enough to hold a lot of groceries. The package consisted of a paper bag with cord inside for strength, and it increased customers' _____. He patented his product and sold over a million shopping bags a year.

*patent 특허를 내다

① profit margins  　② financial benefit
③ carrying capacity  　④ physical strength
⑤ constant complaints

**33** Ask anyone on the street if earthworms are good for ecosystems. You will undoubtedly receive a immediate "YES!" When asked why, they may say something like "Earthworms mix and enrich the soil." It is a basic ecological concept learned from early childhood. However, recent research on the invasion of these seemingly benevolent creatures has seriously challenged such a belief. Researchers at the University of Minnesota have reported dramatic changes in native hardwood forest ecosystems when exotic earthworms invade. These changes included losses of native understory plant species and tree seedlings, changes in the soil structure, and declines in nutrient availability. In addition, fascinating evidence emerges that the changes by exotic earthworms may lead to a series of other changes in the forest that affect small mammal, bird, and amphibian populations. These results suggest that exotic earthworms may _____. [3점]

*benevolent 이로운  **understory 하층식생  ***seedling 묘목

① move backward as well as forward
② threaten the stability of ecosystem
③ decompose soil in hardwood forests
④ reach the peak of their activity in spring
⑤ make the soil more fertile than any other species

## 34 다음 글의 빈칸 (A), (B)에 들어갈 말로 가장 적절한 것은?

Fishing is the most obvious ocean-based economic activity. People in many coastal areas make their living by fishing, and fish and shellfish make up a major part of their diets. _____(A)_____, about one billion people worldwide rely on fish as their main source of animal protein. In terms of fishing as an economic activity, the largest part of world fisheries is commercial fishing. Consumers are used to buying a variety of seafoods at grocery stores, restaurants, and village markets. _____(B)_____, the supply is not infinite. As the world's population increases, the demand for fishing products puts strong pressure on fish populations. The worldwide catch of ocean fish increased from 81 million tons in 2003 to 148 million tons in 2010.

*infinite 무한한

| (A) | | (B) |
|-----|---|-----|
| ① Instead | ······ | Likewise |
| ② Instead | ······ | However |
| ③ In fact | ······ | Likewise |
| ④ In fact | ······ | However |
| ⑤ For example | ······ | Moreover |

## 35 다음 글에서 전체 흐름과 관계 없는 문장은?

The truth that has been merely learned sticks to us like an artificial limb, a false tooth, or a nose of wax. ① On the other hand, the truth acquired through our own thinking is like the natural limb; it alone really belongs to us. ② The difference between the thinker and the mere scholar is based on this. ③ The intellectual gain of the thinker who thinks for himself is, therefore, like a beautiful painting that strongly stands out with perfect harmony of colors. ④ Color in painting is a major influence on our emotions and therefore plays a huge part in how we appreciate art. ⑤ The intellectual acquisition of the mere scholar, however, is like a large palette full of bright colors but without harmony.

*acquisition 습득

## 36

> For some people, there is an irony to success. Many people who achieve great success don't always feel it.

(A) Achievement is something you reach or attain, like a goal. It is something that we can see, clearly define, and measure. It comes naturally when you pursue and obtain what you want.

(B) Success, in contrast, is a feeling or a state of being. We say, "She feels successful. She is successful," using the verb *to be* to suggest this state of *being*.

(C) For example, some who achieve a goal talk about the loneliness that often goes with it. The reason is that success and achievement are not the same thing. But we mistake one for the other too often.

① (A) – (C) – (B)　　② (B) – (A) – (C)
③ (B) – (C) – (A)　　④ (C) – (A) – (B)
⑤ (C) – (B) – (A)

## 37

In April 1997, the U.S. Food and Drug Administration announced that toothpaste manufacturers weren't following voluntary safety guidelines. So all toothpaste tubes had scary-sounding warnings.

(A) In the months after the new warning, toothpaste consumer lines dealt with hundreds of questions from worried parents. Poison control centers also had to tell parents the same thing, "Your child is fine and may vomit or not."

(B) They were like this one: "Keep out of the reach of children under 6 years of age. If you swallow more than the amount you use for brushing, get medical help or contact a poison control center right away."

(C) In fact, the only reason to see a doctor is if the vomiting gets so serious that dehydration becomes an issue. You can fully swallow delicious toothpaste, and nothing more serious than diarrhea can happen. [3점]

*dehydration 탈수   **diarrhea 설사

① (A) – (C) – (B)　　② (B) – (A) – (C)
③ (B) – (C) – (A)　　④ (C) – (A) – (B)
⑤ (C) – (B) – (A)

[38~39] 글의 흐름으로 보아, 주어진 문장이 들어가기에 가장 적절한 곳을 고르시오.

## 38

Metals, however, are basically different from these other materials because they can be hammered into shape.

During the Stone Age, our ancestor's tools were made of flint, wood, and bone. ( ① ) Anyone who has ever tried to make anything with these kinds of tools knows that they are very limiting: if you hit a piece of wood, it either cracks or snaps. ( ② ) Not only that, but they also get stronger when you hit them; you can harden a blade just by hammering it. ( ③ ) And you can reverse the process simply by putting metal in a fire and heating it up, which will cause it to get softer. ( ④ ) The first people to discover these properties found the material long ago. It was almost as hard as rock and could be used repeatedly but behaved like a plastic. ( ⑤ ) In other words, they had discovered the perfect material for tools, and in particular, cutting tools like axes and razors.

*flint 부싯돌

## 39

Compare this to the situation when the same man is getting into an elevator and another person steps in front of him, breaking into his personal territory.

Psychologists have noted that people driving a car react in a way that is often completely unlike their normal social behavior about their territories. ( ① ) A car sometimes seems to have a huge effect on the size of a person's personal space. ( ② ) In some cases, their territory gets bigger by up to ten times the normal size, so the driver feels that he has a claim to an area 9 to 10 meters in front of and behind his car. ( ③ ) When another driver cuts in front of him, the driver may go through a physiological change and become angry and out of control even if no danger is involved. ( ④ ) His reaction in those situations is normally apologetic, and he allows the other man to go first. ( ⑤ ) This is remarkably different from what happens when another driver cuts in front of him on the open road.

**40** 다음 글의 내용을 한 문장으로 요약하고자 한다. 빈칸 (A)와 (B)에 들어갈 말로 가장 적절한 것은? [3점]

Other people's views and troubles can spread like a virus. Don't damage yourself by adopting negative, unproductive attitudes when you talk with others. If you encounter a sorrowful friend or a colleague who has suffered sudden trouble, be careful not to be overcome by the misfortune. Remember to discriminate between events themselves and your interpretations of them. Remind yourself, "What hurts this person is not the happening itself but the response he or she has just adopted." We do a good service to others by keeping a distance and avoiding sentimental reactions. Still, if you are in a conversation with someone depressed, hurt, or frustrated, show that person kindness and provide a sympathetic ear; just don't allow yourself to be pulled down, too.

*discriminate 구별하다    **sympathetic 공감의

⬇

When comforting your friends, try to keep psychological _____(A)_____ from their misfortune since their bad moods can _____(B)_____ you.

|  | (A) | | (B) |
|---|---|---|---|
| ① | avoidance | ...... | instruct |
| ② | distance | ...... | influence |
| ③ | benefit | ...... | disappoint |
| ④ | motivation | ...... | distress |
| ⑤ | stimulation | ...... | nurture |

**[41~42]** 다음 글을 읽고, 물음에 답하시오.

We tell friends about our new clothing purchases and show family members what we're sending to the local newspaper. This desire to share our thoughts, opinions, and experiences is one reason social media and online social networks have become so popular. People blog about their preferences, post Facebook status updates about what they ate for lunch, and tweet about why they hate their government. In fact, research finds that more than 40 percent of what people talk about is their personal experiences or personal relationships. Similarly, around half of tweets are "me" focused, covering what people are doing now or something that has happened to them. Why do people talk so much about their own attitudes and experiences?

It's more than just showing off; we're actually designed to find it pleasurable. Harvard neuroscientists Jason Mitchell and Diana Tamir found that _____ information about the self is naturally rewarding. In one study, Mitchell and Tamir hooked subjects up to brain scanners and asked them to share either their own opinions and attitudes ("I like snowboarding") or the opinions and attitudes of another person ("He likes puppies"). They found that sharing personal opinions activated the same brain circuits that respond to rewards like food and money. So talking about what you did this weekend might feel just as good as taking a delicious bite of double chocolate cake.

*neuroscientists 신경과학자

**41** 윗글의 제목으로 가장 적절한 것은? [3점]

① How Our Brains Respond to Tastes
② Personal Blog Maintenance Strategies
③ Why We Share Ourselves with Others
④ The Addictive Aspects of Internet Use
⑤ The Dangers of Social Networking Services

**42** 윗글의 빈칸에 들어갈 말로 가장 적절한 것은?

① gathering        ② disclosing        ③ analyzing
④ protecting        ⑤ acknowledging

[43~45] 다음 글을 읽고, 물음에 답하시오.

(A)

One day, Howard Kelly, a poor boy, who was selling goods door to door to pay for school, found he had only one dime left and was hungry. He decided he would ask for a meal at the next house. However, he lost his nerve when Grace, a lovely young woman, opened the door. He just asked for a drink of water.

(B)

Years later, Grace became so ill that her doctor was panicked. (a) He finally sent her to the big city, where the hospital called in specialists to study her rare disease. Dr. Howard Kelly was one of them. When he heard the name of the town she came from, a strange light filled his eyes. Immediately, (b) he rose and went down to her ward. In his doctor's gown, he went in to see her. He recognized her at once. He went back to the consultation room determined to save her life. From that day on, he gave special attention to the patient.

*war 병실, 병동

(C)

She thought (c) he looked hungry, so she brought him a large glass of milk. He drank it slowly and then asked, "How much do I pay you?" "You have to pay me nothing. Mother has taught us never to accept payment for an act of kindness," she replied. "Then I appreciate you with all my heart," he said. Leaving that house, (d) he not only felt stronger physically, but his faith in humanity was stronger.

(D)

After a long struggle, the battle was won. Dr. Kelly asked the business office to pass Grace's final bill to him. (e) He looked at it, wrote something on the edge, and sent the bill to her

room. She feared to open it because it surely would take the rest of her life to pay for it all. Finally, she looked, and something caught her attention on the side. She began to read the following words: "Paid in full with one glass of milk. *Dr. Howard Kelly.*"

**43** 주어진 글 (A)에 이어질 내용을 순서에 맞게 배열한 것으로 가장 적절한 것은?

① (B) − (D) − (C)　　② (C) − (B) − (D)
③ (C) − (D) − (B)　　④ (D) − (B) − (C)
⑤ (D) − (C) − (B)

**44** 밑줄 친 (a)~(e) 중에서 가리키는 대상이 나머지 넷과 다른 것은?

① (a)　　② (b)　　③ (c)　　④ (d)　　⑤ (e)

**45** 윗글의 Howard Kelly에 관한 내용과 일치하지 않는 것은?

① 학생 시절에 행상을 하며 학비를 벌었다.
② 병실에 있는 Grace를 즉시 알아보았다.
③ Grace의 치료에 특별한 관심을 기울였다.
④ Grace로 인해 인간에 대한 신뢰가 더 강해졌다.
⑤ Grace의 치료비 일부를 지불해 주었다.

**18** 다음 글의 목적으로 가장 적절한 것은?

---

Harold Allen, Manager
Smalltown Transit Authority
Dear Mr. Allen:

On behalf of the Lakeview Apartment Complex, I want to thank the Smalltown Transit Authority for adding a bus stop on Route 16 to serve the residents. Since you accepted our request, the bus company will start the service to the front door of our complex every day between 10 A.M. and 3 P.M. leaving for town and from 11 A.M. to 4 P.M. returning from Smalltown. We very much appreciate the chance to travel independently to town for shopping and entertainment and plan to support the bus service as best we can.

Sincerely,
Ron Miller

*complex 복합단지

---

① 버스 정류장 추가 설치에 감사하려고
② 버스 배차 간격의 단축을 요구하려고
③ 버스 운행 구간의 축소에 항의하려고
④ 버스 여행 상품의 정보를 요청하려고
⑤ 버스 정류장 환경 개선을 촉구하려고

**19** 다음 글의 분위기로 가장 적절한 것은?

Six holes were drilled into different areas of the mine. They sent oxygen sensors, cameras, and microphones down through PVC pipe into each hole to search every possible area for the men. Oxygen levels were measured wrong and finally determined to be dangerously low. Three rescue workers trying to dig the trapped miners out were also killed when a wall in the mine exploded, crushing them. They never saw or heard any sign of the miners, and all six men were considered missing and thought to be dead. All rescue efforts were eventually abandoned. They just switched off the drills and unplugged their wireless sets.

① weird and strange
② calm and peaceful
③ scary and mysterious
④ tragic and discouraging
⑤ monotonous and boring

**20** 다음 글에서 필자가 주장하는 바로 가장 적절한 것은?

Mike Michalowicz, the author of *The Pumpkin Plan*, argues that comedians are the best public speakers. For example, comedians have to hold an audience's attention for an hour or more, they don't get a break during their presentation, and they can't rely on the audience for a Q&A. They are also expected to make the audience laugh constantly. And they don't even get to use presentation software programs because they want the audience to look at them, not to try to read a screen. These facts don't mean you need to be a comedian on stage to perform well. You aren't even required to tell jokes. To improve your own presentations, however, start to observe the techniques comedians use and use them in your own speeches.

① 말을 할 때는 요점을 정확히 전달하라.
② 코미디언들의 테크닉을 발표에 활용하라.
③ 청중과 관련이 있는 소재를 활용해 강연하라.
④ 청중의 눈높이에 맞춰 유머 감각을 발휘하라.
⑤ 뛰어난 코미디언이 되려면 유머 감각을 키워라.

**21** 다음 글의 요지로 가장 적절한 것은?

We began helping in the kitchen by the time we each turned three years old. We're sure that, at that age, we were not so helpful in the kitchen that we troubled our mom many times. But because our mom thought cooking was a good learning tool, she didn't mind all of the messes that we made. Of course, we didn't care about any of that learning stuff. We just thought it was fun, and we still do. We learned to cook through trial and error. We can't tell you how many times we dropped eggs on the floor, covered the kitchen in flour, or boiled things over on the stove. The point is, if there is a mistake that could be made, we made it. But, as our mom always says, mistakes are the best teachers. Through those mistakes, we learned what works and definitely what doesn't.

① 시행착오를 통해서 학습이 이루어질 수 있다.
② 주방에서 요리를 할 때 안전에 유의해야 한다.
③ 요리가 어린 아이들의 신체 활동에 도움을 준다.
④ 어릴 때부터 정리하는 습관을 길러줄 필요가 있다.
⑤ 사소한 실수를 줄이기 위해서는 신중함이 요구된다.

**22** 다음 글의 주제로 가장 적절한 것은?

There is an important difference between having an ideal and making a rule to keep. The ideal may be a perfect standard that one would be proud to achieve. Such an ideal provides you with a guide, but it should not be a daily standard. Making the ideal into a rule is digging a trap for oneself. If you constantly fall into the trap, you feel so bad about yourself that it becomes increasingly hard to continue. The rule needs to be clear and to direct you toward the ideal if that is what you want, but it also needs to be realistic if it is not to weaken your self-esteem. That is why it is more reasonable to do the best you can rather than to aim for perfection.

① the difficulties of setting realistic goals
② why rules to live by need to be realistic
③ common characteristics of perfectionists
④ how self-esteem affects our relationships
⑤ the negative effects of detailed goals on our lives

**23** 다음 글의 제목으로 가장 적절한 것은? [3점]

Anne Mangen at the University of Oslo studied the performances of readers of a computer screen compared to readers of paper. Her study showed that reading on a computer screen involves various strategies such as simple word searches and the scanning of texts. Those different strategies together lead to poorer reading comprehension in contrast to reading the same texts on paper. Moreover, there is an additional feature of the screen: hypertext. Above all, a hypertext connection is not one that is made by you, and it may not necessarily be in your unique conceptual frame. Therefore, it may not help you understand what you're reading at your own pace, and it may even distract you.

*conceptual 개념상의

① E-books Increase Your Reading Speed
② The Importance of Teaching Reading Skills
③ Reading on the Screen Is Not That Effective
④ Children's Reading Habits and Technology Use
⑤ E-books: An Economic Alternative to Paper Books

**24** 다음 도표의 내용과 일치하지 <u>않는</u> 문장은?

**Digital Device Use among Americans over 12**

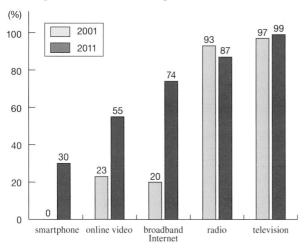

This bar chart shows the percentage of Americans over the age of 12 using various digital devices in 2001 and 2011. ① The least change between the two years was only a 2-percent increase in television. ② However, from 2001 to 2011, the use of online video more than doubled. ③ No one used smartphone in 2001, but in 2011, this device rapidly grew so that more than two-thirds of Americans over 12 used it. ④ The only device that showed a gradual decline was the radio, from 93% to 87%. ⑤ Users of broadband Internet more than tripled, starting from 20% in 2001 to 74% in 2011.

**25** Meteora에 관한 다음 글의 내용과 일치하지 <u>않는</u> 것은?

Meteora, an area that attracts thousands of tourists from all over the world every year, is located in central Greece. Meteora is famous for its monasteries built on high rocks. The name itself means "hanging in the air." In the past, there were many monasteries, but now only six remain. The climate here varies from hot summers to chilly winters, and the area gets rain all through the year. Tourists here can enjoy visiting monasteries, walking, and exploring caves. The best way to get to the place is to take a bus from Athens. The nearby tourist attractions are Mount Olympus, Kastoria, Thessaloniki, and many more.

*monastery 수도원

① 매년 수천 명이 방문하며 그리스 중부에 있다.
② 이름 자체는 공중에 매달려 있다는 의미이다.
③ 겨울에는 쌀쌀하며 비가 거의 내리지 않는다.
④ 관광객들은 걷기와 동굴 탐험을 즐길 수 있다.
⑤ 아테네에서 버스를 타고 가는 것이 가장 좋다.

**26** Public Speaking Workshop에 관한 다음 안내문의 내용과 일치하지 <u>않는</u> 것은?

## Public Speaking Workshop

- Date: Friday, November 20
- Time: 9:00 a.m. – 1:30 p.m.
- Place: PI Business School (PBS)
- Fees: $95 / $45 (Non-PBS student / PBS student)

**About the Course**
- You will get practical help in the preparation and delivery of presentations and / or speeches.
- You will be recorded on camera and get one-on-one feedback. You will receive a memory stick that contains a recording of your presentation.

**After the Course**
- Participants will, on request, receive a certificate of attendance from PBS.

**Speaker**
- Barbara Moynihan is the best learning and development coach. She has been providing training for over 15 years.

※ Register online at www.pbs.com.
※ You must pay the full cost before the workshop date.

For more information, please visit our website.

① PBS 학생의 참가비는 45달러이다.
② 참가자는 자신의 발표 녹화 영상을 받을 수 있다.
③ 참가자는 요청 시 참가증을 받을 수 있다.
④ 강연자는 15년이 넘는 교육 경력을 가지고 있다.
⑤ 참가비는 워크숍 당일에 지불해야 한다.

**27** Science Camp에 관한 다음 안내문의 내용과 일치하는 것은?

## Science Camp for Girls – Day Camp

At the University of Chicago, we offer special daytime science camps. These programs consist of a convenient 5-day schedule with classes from 9 a.m. to 5 p.m. each day. Please note that day camp students attend a shortened version of the program offered at the overnight camps.

- **Date:** July 4 – July 8
- **Location:** Michigan Science Hall
- **Grade:** 9th – 11th
- **Price:** $795
- Each girl will choose a science major that will be the focus of her morning or afternoon classes.
- Beginning Level: Marine Science, Engineering, Physics
- Intermediate Level: Astronomy, Marine Biology, Chemistry
- **Reservations:** Participants should make a reservation by May 31.

① 숙박형 프로그램이다.
② 7일간 진행된다.
③ 대상은 4학년에서 8학년까지이다.
④ 중급 과정에 천문학 수업이 있다.
⑤ 예약은 5월 31일 이후로 가능하다.

**28** 다음 글의 밑줄 친 부분 중, 어법상 틀린 것은? [3점]

Jack Welch is considered to be one of the USA's top business leaders. In a gesture ① that was symbolic and real, Welch ordered a ceremony during which the old-fashioned GE Blue Books were burned. The Blue Books were a series of management training manuals that told how GE managers were to get tasks ② done in the organization. Despite the fact that these training manuals ③ had not been used for about 15 years, they still had great influence over the actions of GE managers. ④ Cited the necessity that managers should write their own answers to everyday management challenges, Welch cleared the old custom by removing the Blue Books from the organization's culture. Now, GE managers are learning to find their own solutions rather than ⑤ looking them up in a dusty old book.

**29** (A), (B), (C)의 각 네모 안에서 문맥에 맞는 낱말로 가장 적절한 것은? [3점]

If you place six bees and the same number of flies in a bottle and lay it down horizontally with its base to the window, you will find that the bees will (A) delay / continue their efforts to look for an exit through the glass till they die of exhaustion. However, the flies will soon escape the bottle through the neck on the opposite side. It is the bees' love of light—it is their very intelligence—that causes their (B) success / failure in this experiment. They obviously imagine that the exit from every prison must be where the light shines brightest. So they continuously repeat this logical action too much. On the other hand, the flies are careless of logic. They fly wildly here and there, neglecting the call of the light and end up (C) ignoring / discovering the opening that brings their liberty to them.

| | (A) | (B) | (C) |
|---|---|---|---|
| ① | delay | success | discovering |
| ② | delay | failure | ignoring |
| ③ | continue | failure | discovering |
| ④ | continue | failure | ignoring |
| ⑤ | continue | success | discovering |

**30** 밑줄 친 부분이 가리키는 대상이 나머지 넷과 다른 것은?

When ① my son turned sixteen, he decided to get his driver's license. I had to go with him to practice his driving every night. I was always nervous and shouted at ② him. Finally, the day came for my son's driving test. A few hours later, my son came back with his driver's license! I asked ③ him how the driving test went. He said the man giving him the test was very nice. The man even asked if ④ he could do anything to make my son more relaxed during the test. My son told him, "When ⑤ I come close to a traffic light, you can shout as if we're going to die. Then, I'll feel like my father is in the car."

**[31~33]** 다음 빈칸에 들어갈 말로 가장 적절한 것을 고르시오.

**31** No one else can experience the way your heart feels about things. No one can see through the lens you use to see life equally as you do. Accept this _____. Respect and praise it, too. Do not give it up so quickly. In your desire to fit in or to make others happy, you may pretend to be a kind person. You may even pretend to believe things you don't really believe or act in ways that are different from who you really are. When you do this, you lose out on the real you. The world loses out on you, too. Try to be a healthy, happy and reasonable person. Then, taking your place with your fellow travelers, offer your *self* to the waiting world.

① similarity     ② endurance
③ generosity     ④ individuality
⑤ compliment

**32** One response that happens after a diagnosis of memory loss is the tendency to _____ when things do not go well. Here is a good example: Jane, a woman in her mid-sixties, recently got a call from her son, who asked her to get a bus pass for the next doctor's visit. Two days later, the son called and asked Jane if she had gotten the bus pass. She said, with some guilt, "Oh, no. I'm sorry, but I forgot all about it." Her son replied, "Well, Mom, I asked you to do that just two days ago." Jane ended the conversation feeling upset at herself and telling herself that she "shouldn't" have forgotten what her son had asked. But her forgetfulness was not her fault. She could not control her memory loss.

*diagnosis 진단

① avoid physical activity
② escape from reality
③ suspect others
④ blame yourself
⑤ ask for help

**33** There is an interesting phenomenon where people are regarded as having a trait that they describe in others. Telling others that your math professor is lazy will cause them to think that you are lazy. This works the other way too. Describing positive properties about your friend may say that you have those properties as well. Several experiments showed that people will relate personality traits to communicators mindlessly without logical reason. So be careful when gossiping about a co-worker, or you might be seen as what you describe. And if you want to appear more charming, perhaps you could add that word to your vocabulary when talking about others. Furthermore, maybe it would be a good idea to keep your negative thoughts to yourself. As the old saying goes, "_____." [3점]

① Well done is better than well said
② He is richest who is content with the least
③ When you have faults, do not fear to abandon them
④ If you can't say anything nice, don't say anything at all
⑤ A single arrow is easily broken; a bundle of ten is not

**34** 다음 글의 빈칸 (A), (B)에 들어갈 말로 가장 적절한 것은?

Psychologists have noticed a strong difference that separates Western from Chinese thought: the way each culture explains social events. Suppose, _____(A)_____, that you see a person driving carelessly on a busy road. Westerners are more likely to criticize the person, thinking he generally cares little for the safety of others. In contrast, East Asians, including Chinese, are more likely to believe that the driver has been forced to drive fast because he's in the middle of an emergency. Perhaps he's carrying someone to the hospital, or perhaps he's going to school to pick up a sick child. _____(B)_____, the person is behaving badly because he's responding to the situation, not because he's irresponsible.

|  | (A) |  | (B) |
|---|---|---|---|
| ① | for example | ...... | In addition |
| ② | for example | ...... | In other words |
| ③ | however | ...... | Nevertheless |
| ④ | however | ...... | As a result |
| ⑤ | instead | ...... | Likewise |

**35** 다음 글에서 전체 흐름과 관계 없는 문장은?

Both mammals and birds are noisy creatures. They present themselves, and communicate by sound, but birds are far better at it. ① Many mammals produce different sounds for different objects, but few can match the range of meaningful sounds that birds may express. ② Except for human beings, mammals in general are not melodious, and there is little evidence that they intend to be. ③ Some mammals bellow, but few sing, except for human beings and perhaps whales. ④ Some mammals are different in where they live, how they move around, and what they eat. ⑤ Yet many birds are famous for their songs, and some of the most beautiful songsters are the ones we encounter the most often.

*bellow 큰 소리로 울부짖다

[36~37] 주어진 글 다음에 이어질 글의 순서로 가장 적절한 것을 고르시오.

**36**

In 1775, Typhoon Lengkieki crashed across Pingelap, an island near the equator, and only about 2 percent of the island's residents survived. In such situations, any rare genetic traits may spread.

(A) One interesting thing is that those with maksun have proved to be skilled at night fishing as they are particularly good at seeing the faint gray flashes of fish swimming in the dark.

(B) One did. The gene for total color blindness was hidden in the DNA of the island's ruler. But as he and other survivors reproduced, and their children got married with relatives and reproduced, the rate of people with the gene on the island became much higher than in the outside world.

(C) The first color-blind children on Pingelap appeared in the 1820s. As they grew, it became obvious that they could not see colors. The people of Pingelap began to call it maksun, meaning "not-see."

① (A) – (C) – (B)     ② (B) – (A) – (C)
③ (B) – (C) – (A)     ④ (C) – (A) – (B)
⑤ (C) – (B) – (A)

## 37

> On entering the house, I examined the window frame of the hall with my lens. I could immediately see that someone had gone through it.

(A) They had each pulled at the crown, and their united strength had caused damage which one alone could not have made. He had returned with the crown, but had left a fragment in the hand of the thief.

(B) A man had waited outside the window. Someone had brought the jewels to him. Another man had watched this scene. He had pursued the thief and struggled with him.

(C) The reason was that I could distinguish the outline of a step where the wet foot had been placed while coming in. I was then beginning to guess what had occurred. [3점]

*fragment 조각, 파편

① (A) – (C) – (B)  　② (B) – (A) – (C)
③ (B) – (C) – (A)  　④ (C) – (A) – (B)
⑤ (C) – (B) – (A)

[38~39] 글의 흐름으로 보아, 주어진 문장이 들어가기에 가장 적절한 곳을 고르시오.

## 38

> When you were first learning how to read, you may have studied specific facts about the sounds of letters.

There are different kinds of knowledge. Some is domain-specific knowledge that relates to a particular task or subject. For example, knowing that the shortstop plays between second and third base is specific to the domain of baseball. ( ① ) Some knowledge, on the other hand, is general—it applies to many different situations. ( ② ) For example, general knowledge about how to read or use a computer is useful both in and out of school. ( ③ ) Of course, there is no absolute line between general and domain-specific knowledge. ( ④ ) At that time, knowledge about letter sounds was specific to the domain of reading. ( ⑤ ) But now you can use both knowledge about sounds and the ability to read in more general ways.

*domain 영역

## 39

> Each year, billions of unwanted fish and other animals die from these inefficient, illegal, and destructive fishing practices.

For centuries, people regarded the oceans as an unlimited source of food supply. ( ① ) However, 76 percent of the world's fisheries have recently suffered from thoughtless ocean resource development and over-fishing. ( ② ) How can we save such precious resources? ( ③ ) We can do it by consuming seafood properly and by choosing only seafood that comes from fisheries causing little damage to the environment. ( ④ ) Now several guides let you know what types of seafood you can eat or should avoid due to declining populations in the wild. ( ⑤ ) Your choice as a consumer could possibly encourage more fisheries to change their practices to make way for healthier oceans.

**40** 다음 글의 내용을 한 문장으로 요약하고자 한다. 빈칸 (A)와 (B)에 들어갈 말로 가장 적절한 것은? [3점]

When I was in the eighth grade, we were studying longitude and latitude in geography class. Every day for a week, we had a quiz, and I was confused about longitude and latitude. I went home and almost cried because I was so embarrassed that I couldn't distinguish them. I stared and stared at those words until I suddenly figured out what to do. I told myself when you see the *n* in longitude, it will remind you of the word *north*. Therefore, it will be easy to remember that longitude lines go from north to south. It worked; I got the right answer on the next quiz, and the next, and on the test.

*longitude 경도   **latitude 위도

↓

The above story suggests that _____(A)_____ what you are learning with what you already know helps you _____(B)_____ the learning material.

|   | (A) | | (B) |
|---|-----|---|-----|
| ① | associating | …… | memorize |
| ② | associating | …… | publish |
| ③ | presenting | …… | publish |
| ④ | replacing | …… | evaluate |
| ⑤ | replacing | …… | memorize |

[41~42] 다음 글을 읽고, 물음에 답하시오.

Noise pollution can take many forms. In writing, one of the major sources of unwelcome noise actually doesn't make a sound, but it can become very loud. You may have often heard that typing an email or other writing in all capital letters "shouts" your message to your readers. Perhaps this is so because the size of every letter in itself emphasizes its importance. But bigger is not necessarily better, and the same applies to writing.

The true problem with trying to read all capital letters is that it's difficult. A line or two, perhaps even a short paragraph, is fine when you want to emphasize an idea or express a warning. However, if you write a whole essay in all capital letters, it annoys the reader. In elementary school, we learned to read in uppercase and lowercase letters. As adults, we continue this practice, and so do the major newspapers, textbooks, journals, and magazines we read. In addition, typing words in all capital letters makes primary information hard to tell from the rest of the text and the supporting and secondary details. What's most important? What's not? Typing in all capital letters often shows that the writer _____ the reader.

*uppercase 대문자   **lowercase 소문자

**41** 위 글의 제목으로 가장 적절한 것은?

① The Importance of Accurate Typing
② Ways to Improve Your Handwriting
③ Problems with Writing in All Capitals
④ The Dos and Don'ts of Choosing a Topic
⑤ The Different Skills of Speaking and Writing

**42** 위 글의 빈칸에 들어갈 말로 가장 적절한 것은? [3점]

① reflects          ② entertains
③ evaluates        ④ disregards
⑤ understands

**[43~45] 다음 글을 읽고, 물음에 답하시오.**

(A)

My father was not an easy man, but I knew that he loved me and took a strong interest in my education. He believed that a military-style education would be good for me. So, in October of 1947, I attended fifth grade at Georgia Military Academy. Watching me having a hard time with the tough students, however, (a) he soon felt some pity on me and transferred me to a public school in the eastern part of Georgia the following year.

(B)

It was great for me to be out of the strict military academy environment, and I could enjoy spending more of my free time outside and in nature. But the better spot during that time was the arrival of a 21-year-old black man my father hired to take care of (b) his new sailboat. His name was Jimmy Brown. On the day I first saw him, little did I know that he would be one of the most important men in my life.

(C)

Because of the time we spent together, we became really good friends. Eventually, he became like a second father to me. My father taught me many things, always showing (c) his interest in my education. But Jimmy taught me a lot more about nature. I loved every moment I spent with him, and he became one of my best friends. Because of my sincere friendship with him, I grew up without any prejudice.

(D)

My father did not think about hiring someone for his new boat when he bought it. But soon (d) he realized that the new boat was going to be a lot of work and decided to hire Jimmy after

several friends recommended him as a capable handyman. Before long, Jimmy proved that my father's friends were right about (e) him. My father trusted him more and more and allowed me to spend a lot of time with Jimmy.

**43** 주어진 글 (A)에 이어질 내용을 순서에 맞게 배열한 것으로 가장 적절한 것은?

① (B) – (D) – (C)    ② (C) – (B) – (D)
③ (C) – (D) – (B)    ④ (D) – (B) – (C)
⑤ (D) – (C) – (B)

**44** 밑줄 친 (a)~(e) 중에서 가리키는 대상이 나머지 넷과 다른 것은?

① (a)    ② (b)    ③ (c)    ④ (d)    ⑤ (e)

**45** 윗글의 필자에 대한 내용과 일치하지 <u>않는</u> 것은?

① 1948년에 Georgia 주 동부에 있는 공립학교에 등록했다.
② 기숙학교 환경에서 벗어나 더 많은 여가시간을 즐겼다.
③ Jimmy로부터 자연에 대해 많은 것을 배웠다.
④ Jimmy와의 우정으로 아무 편견 없이 성장했다.
⑤ 아버지의 반대를 무릅쓰고 Jimmy를 만났다.

# 한눈에 보이는 정답

## 제1회 독해 모의고사
본문 p.8

| | | | | | |
|---|---|---|---|---|---|
| 18 ① | 19 ① | 20 ⑤ | 21 ③ | 22 ③ | 23 ④ |
| 24 ⑤ | 25 ⑤ | 26 ⑤ | 27 ⑤ | 28 ④ | 29 ⑤ |
| 30 ③ | 31 ④ | 32 ⑤ | 33 ⑤ | 34 ② | 35 ③ |
| 36 ② | 37 ② | 38 ④ | 39 ④ | 40 ① | 41 ① |
| 42 ② | 43 ③ | 44 ② | 45 ③ | | |

## 제2회 독해 모의고사
본문 p.18

| | | | | | |
|---|---|---|---|---|---|
| 18 ① | 19 ① | 20 ② | 21 ④ | 22 ③ | 23 ① |
| 24 ④ | 25 ③ | 26 ④ | 27 ④ | 28 ② | 29 ① |
| 30 ⑤ | 31 ① | 32 ② | 33 ① | 34 ② | 35 ③ |
| 36 ④ | 37 ⑤ | 38 ③ | 39 ① | 40 ② | 41 ④ |
| 42 ① | 43 ④ | 44 ③ | 45 ④ | | |

## 제3회 독해 모의고사
본문 p.28

| | | | | | |
|---|---|---|---|---|---|
| 18 ② | 19 ③ | 20 ⑤ | 21 ④ | 22 ⑤ | 23 ③ |
| 24 ④ | 25 ④ | 26 ④ | 27 ③ | 28 ③ | 29 ④ |
| 30 ④ | 31 ① | 32 ① | 33 ② | 34 ① | 35 ④ |
| 36 ④ | 37 ⑤ | 38 ③ | 39 ③ | 40 ① | 41 ① |
| 42 ③ | 43 ④ | 44 ③ | 45 ① | | |

## 제4회 독해 모의고사
본문 p.38

| | | | | | |
|---|---|---|---|---|---|
| 18 ⑤ | 19 ② | 20 ⑤ | 21 ③ | 22 ② | 23 ② |
| 24 ④ | 25 ② | 26 ④ | 27 ③ | 28 ⑤ | 29 ② |
| 30 ⑤ | 31 ③ | 32 ① | 33 ② | 34 ① | 35 ② |
| 36 ④ | 37 ⑤ | 38 ② | 39 ③ | 40 ② | 41 ① |
| 42 ① | 43 ④ | 44 ④ | 45 ⑤ | | |

## 제5회 독해 모의고사
본문 p.48

| | | | | | |
|---|---|---|---|---|---|
| 18 ⑤ | 19 ② | 20 ⑤ | 21 ⑤ | 22 ④ | 23 ⑤ |
| 24 ⑤ | 25 ③ | 26 ⑤ | 27 ② | 28 ② | 29 ② |
| 30 ⑤ | 31 ② | 32 ⑤ | 33 ⑤ | 34 ① | 35 ③ |
| 36 ② | 37 ⑤ | 38 ⑤ | 39 ⑤ | 40 ③ | 41 ③ |
| 42 ① | 43 ⑤ | 44 ② | 45 ③ | | |

## 제6회 독해 모의고사
본문 p.58

| | | | | | |
|---|---|---|---|---|---|
| 18 ⑤ | 19 ⑤ | 20 ⑤ | 21 ④ | 22 ④ | 23 ③ |
| 24 ⑤ | 25 ③ | 26 ⑤ | 27 ⑤ | 28 ① | 29 ③ |
| 30 ② | 31 ① | 32 ② | 33 ① | 34 ⑤ | 35 ③ |
| 36 ② | 37 ② | 38 ④ | 39 ② | 40 ① | 41 ① |
| 42 ② | 43 ③ | 44 ① | 45 ⑤ | | |

## 제7회 독해 모의고사
본문 p.68

| | | | | | |
|---|---|---|---|---|---|
| 18 ① | 19 ① | 20 ④ | 21 ① | 22 ④ | 23 ② |
| 24 ③ | 25 ④ | 26 ④ | 27 ④ | 28 ⑤ | 29 ② |
| 30 ④ | 31 ④ | 32 ⑤ | 33 ⑤ | 34 ① | 35 ④ |
| 36 ⑤ | 37 ② | 38 ② | 39 ⑤ | 40 ① | 41 ③ |
| 42 ① | 43 ⑤ | 44 ⑤ | 45 ③ | | |

## 제8회 독해 모의고사
본문 p.78

| | | | | | |
|---|---|---|---|---|---|
| 18 ② | 19 ③ | 20 ④ | 21 ④ | 22 ① | 23 ④ |
| 24 ⑤ | 25 ⑤ | 26 ② | 27 ⑤ | 28 ③ | 29 ① |
| 30 ④ | 31 ② | 32 ④ | 33 ⑤ | 34 ④ | 35 ③ |
| 36 ② | 37 ④ | 38 ④ | 39 ④ | 40 ④ | 41 ③ |
| 42 ① | 43 ④ | 44 ② | 45 ④ | | |

## 제9회 독해 모의고사
본문 p.88

| | | | | | |
|---|---|---|---|---|---|
| 18 ⑤ | 19 ④ | 20 ④ | 21 ⑤ | 22 ④ | 23 ① |
| 24 ③ | 25 ⑤ | 26 ④ | 27 ③ | 28 ⑤ | 29 ② |
| 30 ③ | 31 ① | 32 ⑤ | 33 ② | 34 ④ | 35 ④ |
| 36 ④ | 37 ⑤ | 38 ② | 39 ④ | 40 ② | 41 ① |
| 42 ② | 43 ② | 44 ① | 45 ⑤ | | |

## 제10회 독해 모의고사
본문 p.98

| | | | | | |
|---|---|---|---|---|---|
| 18 ① | 19 ④ | 20 ② | 21 ① | 22 ② | 23 ③ |
| 24 ③ | 25 ③ | 26 ⑤ | 27 ④ | 28 ④ | 29 ③ |
| 30 ④ | 31 ④ | 32 ④ | 33 ④ | 34 ② | 35 ④ |
| 36 ③ | 37 ⑤ | 38 ④ | 39 ② | 40 ① | 41 ⑤ |
| 42 ④ | 43 ① | 44 ⑤ | 45 ⑤ | | |

MEMO

MEMO

수능 영어를 향한 가벼운 발걸음

# 맨처음 수능영어

## 독해 모의고사 10회

정답 & 해설

DARAKWON

수능 영어를 향한 가벼운 발걸음

# 맨처음 수능 영어

독해 모의고사
10회

정답 & 해설

| 18 ① | 19 ① | 20 ⑤ | 21 ③ | 22 ③ | 23 ④ |
|---|---|---|---|---|---|
| 24 ⑤ | 25 ⑤ | 26 ⑤ | 27 ③ | 28 ④ | 29 ③ |
| 30 ③ | 31 ④ | 32 ⑤ | 33 ⑤ | 34 ② | 35 ③ |
| 36 ② | 37 ② | 38 ④ | 39 ④ | 40 ① | 41 ① |
| 42 ② | 43 ③ | 44 ② | 45 ③ | | |

## 18 ①

88% 고1 09월 모의고사 변형

관계자님께

제 아내와 저는 Lakeview Senior Apartment Complex(노인 아파트 단지)의 주민입니다. 저희는 여기의 몇몇 주민들로부터 혼자 힘으로 마을을 다닐 수 있는 능력을 향상시키도록 우리가 도울 수 있을지 알아봐 달라는 요청을 받아왔습니다. 가장 가까운 버스 정류장은 아파트 단지로부터 언덕을 따라 0.5마일 내려간 곳에 있습니다. 여기의 주민들 중 정류장까지 걸어가는 데 편안하게 느끼는 사람은 거의 없습니다. 우리는 15번 버스 노선이 언덕을 따라 단지로 올라오도록 약간 변경될 수 있을지 문의합니다. 저는 매일 각 방향으로 다니는 매우 감사해하는 승객들을 당신에게 약속할 수 있습니다.

귀하의 답변을 곧 듣기를 기대합니다.

진심으로

Ron Miller 드림

**해설**

노인 아파트 단지의 주민들이 정류장까지 언덕을 따라 가야해서 불편함을 느껴 버스 노선의 변경을 대신 요청하는 글이다. 따라서 글의 목적으로 가장 적절한 것은 ①이다.

**어휘**

Whom It May Concern 관계자 **resident** 주민 **complex** 단지; 복잡한 **improve** 향상시키다 **ability** 능력 **get around** 다니다 **on one's own** 혼자 힘으로 **route** 노선, 경로 **grateful** 감사해하는 **direction** 방향 **look forward to -ing** 고대하다

## 19 ①

85% 고2 09월 모의고사 변형

오늘은 긴 하루였다. 버스가 여름 캠프에서 출발하기를 기다리는 동안, 나는 음악을 듣고 싶었다. 그러나 나는 나의 스마트폰을 찾을 수 없었다. 그것은 아빠가 주신 소중한 생일 선물이었다. 나는 나의 가방과 주머니를 모두 뒤졌다. 나는 그것을 어디에서도 찾을 수 없었다! 나는 캠프 사무실로 급히 가서 관리자에게 그것이 (누군가 습득해서) 가져다 주어졌는지 물었다. 그는 아니라고 말했다. 나는 상심하여 버스로 돌아왔다. 내가 버스에 타서 막 출발하려고 할 때, 누군가가 그것(버스)을 세웠다. 그것은 캠프 관리자였다! 그는 버스에 올라타서 나에게 다가왔다. 그의 손에 내 스마트폰이 있었다. 그는 청소하는 여자 분이 오두막의 소과 아래에서 그것을 찾았다고 말했다. 나는 생일을 기념하는 것처럼 그를 포옹했다.

**해설**

여름 캠프를 마치고 버스에서 음악을 들으려 했는데, 스마트폰이 없어져 실망을 했으나, 버스가 출발하려던 찰나 캠프 관리자가 스마트폰을 가져왔다는 내용으로 'I'의 심경변화로 가장 적절한 것은 ① disappointed → delighted(실망한 → 매우 기쁜)이다.

② 만족한 → 당황한       ③ 혼란스러운 → 공감하는
④ 좌절한 → 화난       ⑤ 편안한 → 흥분한

**어휘**

**beloved** 소중한, 가장 사랑하는 **present** 선물 **search** 뒤지다, 찾다 **rush** 급히 가다 **manager** 관리자 **hand in** 건네주다, 제출하다 **broken heart** 상심 **be**

---

**about to** 막 ~하려고 하다 **approach** ~에게 다가오다; 접근법 **cabin** 오두막 **hug** 포옹하다 **celebrate** 기념하다

## 20 ⑤

85% 고1 03월 모의고사 변형

여러분은 절대로 첫사랑을 잊지 못한다고 한다. 하지만 여러분은 첫사랑의 기억들이 평생 동안 당신의 연인 관계를 망칠 수 있기 때문에 잊어야만 한다. 사회학자들은 젊은 시절의 사랑에 대한 행복이 모든 미래의 로맨스가 판단되는 비현실적인 기준이 될 수 있다는 것을 발견했다. 한 보고서에 의하면, 연인 관계에 있어서 장기간의 행복을 확실하게 하는 최고의 방법은 첫사랑에 집착하지 않는 것이다. 연인 관계에 대해 더 현실적인 관점을 가지고 있는 사람들은 더 성공적인 장기적인 연인 관계를 갖는 경향이 있는데 왜냐하면 그들은 그들이 한때 옛 연인과 나누었던 강렬한 열정을 재현하려고 노력하지 않기 때문이다.

**해설**

첫사랑에 집착하는 것은 미래의 로맨스에 대한 비현실적인 기준이 되게 되므로 첫사랑에 집착하지 않는 것이 장기간의 행복을 보장하는 방법이라는 것이 글의 주된 내용이다. 따라서 필자가 주장하는 바로 가장 적절한 것은 ⑤이다.

**어휘**

**forget** 잊다 **first love** 첫사랑 **destroy** 망치다, 파괴하다 **relationship** (사람, 연인) 관계 **for life** 평생 동안 **sociologist** 사회학자 **unreal** 비현실적인 **standard** 기준 **judge** 판단하다; 심사위원, 판사 **according to** ~에 따르면 **make sure** 확실히 하다 **long-term** 장기간의 **stick to** ~에 집착하다 **practical** 현실적인, 실용적인 **view** 관점, 전망; 보다 **tend to** ~하는 경향이 있다 **successful** 성공적인 **recreate** 재현하다, 다시 만들다 **passion** 열정 **once** 한 때, 한번; 일단 ~하면 **share** 나누다, 공유하다; 몫

## 21 ③

85% 고1 09월 모의고사 변형

관계의 초기 단계들은 대개 상대적으로 갈등이 없다. 하지만 커플이 함께하는 동안 갈등은 존재한다. 많은 사람들에게 관계 내에서의 갈등은 관계 자체가 곤경에 처해있다는 것을 의미한다. 완벽한 조화가 우리가 추구해야만 하는 기준으로 여겨진다. 갈등은 피할 수 없을 뿐만 아니라, 실제로 관계의 장기적인 성공에 중요하다. 갈등을 백신의 한 형태로 생각해라. 우리가 질병에 대한 면역력을 가질 때, 우리는 실제로 몸에 약화된 병원균을 주입하고 있는 것이다. 그리고 나서 몸은 나중에 중대한 공격에 대처할 수 있게 하는 항체를 발달시키도록 자극 받게 된다. 마찬가지로, 사소한 갈등은 우리의 관계가 방어 능력을 키울 수 있도록 돕는다. 그것들(갈등)은 관계에 면역성을 주고, 중대한 갈등이 발생했을 때 파트너들이 그것들에 대처하는 것을 도와준다.

**해설**

관계에 있어서 갈등은 피할 수 없지만, 실제로는 관계의 장기적인 성공에 중요하다는 것이 글의 주된 내용으로, 이 글의 요지로 가장 적절한 것은 ③이다.

**어휘**

**stage** 단계 **relatively** 상대적으로 **conflict-free** 갈등이 없는 **harmony** 조화 **seek** 추구하다 **unavoidable** 피할 수 없는 **long-term** 장기의 **immunize** 면역력을 갖게 하다 **disease** 질병 **inject** 주입하다 **stimulate** 자극하다 **antibody** 항체 **enable** 가능케 하다 **deal with** 대처하다, 다루다 **attack** 공격; 공격하다 **likewise** 마찬가지로 **minor** 사소한; 미성년자 **defense** 방어 **ability** 능력 **arise** 발생하다, 일어나다

## 22 ③

71% 고1 09월 모의고사 변형

사춘기가 되기 전, 아이들이 역기 운동으로부터 십대나 성인이 얻을 것과 같은 근육을 얻지 못하는 것이 사실이다. 하지만, Dr. Avery Faigenbaum은 여섯 살 정도의 어린 아이들이 근력 운동으로부터 이익을 얻어왔다는 것에 주목하고 아이들이 역기 운동을 처음 시작했을 때, 30~40%의 근력 향상을 보인다고 말한다. 물론, 근육들이 유일한 목표는 아니다. 다양한 연구는 또한 근력 운동을 한 아이들이 더 건강한 골밀도, 신체 구성, 부상에 대한 저항력을 가지고 있다는 것을 보여주

고 있다. 물론, 부상의 위험이 부모들이 아이들에 대해 걱정하는 한 가지 이유지만, 어린 보디빌더들이 과하게 운동하거나 가능한 부상을 예방하기 위해서 잘 관리되는 한, 보상이 위험을 능가한다고 American Academy of Pediatrics(미국 소아과 학회)와 President's Council on Fitness(대통령 건강 자문 위원회)는 말한다.

**해설**

어린 아이들의 근력 운동은 근력 향상은 물론, 건강한 골밀도, 신체 구성, 부상에 대한 저항력을 가진다는 것이 주된 내용으로, 이 글의 주제로 가장 적절한 것은 ③ the merits of lifting weights at a young age(어린 나이에 역기운동을 하는 장점)이다.
① 근육 만들기를 위한 운동 조언
② 운동하는 동안 부상을 예방하는 방법
④ 아이들이 운동을 밖에서 해야 하는 이유
⑤ 역기 운동을 하기 전에 준비운동을 하는 이점

**어휘**

gain 얻다; 증가, 이득  lifting weight 역기 운동  point out 주목하다, 가리키다  benefit from ~에서 이익을 얻다  strength 근력, 힘  various 다양한  weight train 근력 운동하다  bone density 골밀도  composition 구성, 작품, 작곡  resistance 저항력  injury 부상  risk 위험  supervise 관리하다, 감독하다  prevent 예방하다  overtraining 과한 운동  pediatric 소아과  council 자문 위원회  fitness 건강  reward 보상  outweigh 능가하다, ~보다 더 크다

## 23 ④

85% 고1 11월 모의고사 변형

연구들은 애완동물 주인들이 더 낮은 혈압과 감소된 심장병 위험 그리고 더 낮은 수준의 스트레스를 가지고 있다는 것을 발견했다. 애완동물들은 또한 직장에서도 이점이 될 수 있다. 한 연구는 근무일 동안 자신들의 개를 데려온 직장인들의 스트레스 수치가 감소했다는 것을 발견했다. 개가 있는 날과 없는 날의 스트레스의 차이는 상당히 컸다. 직장인들은 전체적으로 업계 기준치보다 더 높은 직업 만족도를 가졌다. 사무실에 개를 데리고 있는 것은 전체적인 분위기에 긍정적인 영향을 끼쳤고, 스트레스를 감소시켰으며, 주변의 모든 사람들을 더 행복하게 했다. 애완동물의 존재가 많은 기관들이 쉽게 활용 가능한 저비용의 건강 해법으로서의 역할을 할 수도 있다.

**해설**

직장에서 애완동물과 함께 있는 것이 스트레스를 줄여 줄 뿐만 아니라 직업만족도도 높여주고, 사무실의 분위기에도 긍정적인 영향을 끼쳤다는 내용으로, 글의 제목으로 가장 적절한 것은 ④ Having Pets: Well-being in the Workplace(애완동물 기르기: 직장에서의 행복)이다.
① 왜 당신의 애완동물은 특별한 관리를 필요로 하는가
② 조직 내 스트레스 요인으로서의 애완동물
③ 더 안전한 선택: 개들을 집에 머물게 하라
⑤ 사람들과 친하게 지내도록 당신의 개를 훈련시켜라

**어휘**

owner 주인, 소유주  blood pressure 혈압  reduce 감소하다  risk 위험; 위험을 무릅쓰다  heart disease 심장병  plus 이점, 더하기  decrease 감소하다; 감소  present 있는, 출석한, 현재의  absent 없는, 부재의  significant 상당히 큰, 의미심장한  employee 직장인  as a whole 전체적으로  satisfaction 만족도, 만족  industry 업계, 산업, 근면  norm 기준치, 표준  positive 긍정적인  effect 효과, 영향, 결과  general 전체적인, 일반적인  atmosphere 분위기, 대기  presence 존재, 출석  serve as ~로의 역할을 하다  wellness 건강  solution 해법, 용액  available 활용 가능한  organization 기관, 조직

## 24 ⑤

82% 고1 09월 모의고사 변형

위의 막대그래프는 미국, 아시아, 유럽의 세 개 지역에서 연도별 하이브리드 자동차의 총 판매량을 보여준다. 2010년에 이 세 개 지역에서의 하이브리드 자동차 판매량은 미국에서 가장 강세였고 유럽에서 가장 약했다. 그러나 그다음 해에 하이브리드 자동차 판매량은 미국에서 약간 감소했고 다른 지역들에서는 약간 증가했다. 이것에도 불구하고

이 세 개 지역의 하이브리드 자동차 판매량 순위는 그 두 해 동안 똑같았다. 2012년에 하이브리드 자동차는 아시아에서 갑자기 인기가 증가하여, 판매량이 처음으로 미국을 뛰어넘었다. 그다음 해에 하이브리드 자동차 판매가 아시아에서는 계속 증가했지만, 미국과 유럽에서는 모두 감소했다.

**해설**

2013년에 유럽에서의 하이브리드 자동차 판매량은 90,000에서 140,000으로 증가했으므로 도표의 내용과 일치하지 않는 것은 ⑤이다.

**어휘**

hybrid 하이브리드  sales 판매량, 판매  region 지역  following 다음의  decrease 감소하다; 감소  slightly 약간  increase 증가하다  despite ~에도 불구하고  rank 순위; 순위를 차지하다  remain 유지하다, 남다  suddenly 갑자기  popularity 인기  surpass 뛰어넘다, 능가하다  for the first time 처음으로

## 25 ⑤

84% 고1 09월 모의고사 변형

American Coots(검둥오리)는 짙은 색의, 오리 같은 새이다. 그것들은 닭과 같은 하얀 부리, 빨간 눈, 그리고 그들의 부리 위에 작은 빨간 점에 의해 구별된다. 그것들은 수영을 잘하고 그들의 삶의 대부분을 탁 트인 물 위에서 떠다니며 지낸다. American Coots는 습지나 얕은 호수에 떠다니는 둥지를 짓는다. 암컷은 갈색 점이 있는 밝은색 알을 9개에서 12개 낳는다. 부모 새들은 둘 다 알을 품으며 새끼에게 먹이를 준다. 그것들은 곤충과 식물과 같은 다양한 먹이를 먹는다. 그것들은 8월에서 12월까지 이동하는 데 암컷과 새끼보다 수컷이 먼저 남쪽으로 이동한다. 그것들은 비행에서 이륙하는 것을 잘하지 못한다. 그것들이 날아오르려 시도할 때, 그것들은 잠시 동안 물 표면 위를 달려야 한다.

**해설**

글의 후반부에 They migrate from August to December, with males moving south before the females and their babies. (그것들은 8월에서 12월까지 이동하는 데 암컷과 새끼보다 수컷이 먼저 남쪽으로 이동한다)고 하였으므로, 글의 내용과 일치하지 않는 것은 ⑤이다.

**어휘**

duck-like 오리 같은  recognize 구별하다, 인정하다  bill 부리, 지폐, 계산서  spot 점, 장소; 발견하다  spend 소비하다  float 떠다니다, 부유하다  nest 둥지; 둥지를 틀다  wetland 습지  shallow 얕은, 피상적인  female 암컷; 암컷의  lay 알을 낳다, 눕히다  feed 먹이다; 먹이  young 새끼  a variety of 다양한  migrate 이동하다, 이주하다  male 수컷; 수컷의  take off 이륙하다  flight 비행, 항공편  launch 날아오르게 하다, 발사하다, 진수하다  surface 표면

## 26 ⑤

92% 고1 09월 모의고사 변형

### 수제 장난감 대회
당신의 장난감 제작 아이디어를 공유하세요.

Ecotoy가 제1회 장난감 제작 대회를 주최합니다. 이 대회는 장난감 제작의 즐거움을 되찾고, 상상력이 풍부하고 창의적인 놀이를 장려하며, 재활용과 재사용을 증진시키는 것을 목적으로 합니다.
**누가:** 모든 연령에게 열려있음, 개인 또는 그룹
**제출해야 할 것:** 자신의 수제 장난감과 제작 방법에 대한 취급 설명서
**보내야 할 곳:** Ecotoy 본사 110 Ricardo St, San Jose, CA
**제출기한:** 10월 16일 금요일
수상자는 11월 9일에 발표됩니다. 우리는 모든 수상자들에게 www.stationery.com에서 사용할 수 있는 50달러 상당의 쿠폰을 보내드릴 것입니다. 더 많은 정보는 master@ecotoy.net으로 전자우편을 보내세요.

**해설**

안내문의 후반부에 We will send all winners a $50 coupon(우리는 모든 수상자들에게 50달러 상당의 쿠폰을 보내드릴 것입니다)라고 했으므로 안내문의 내용과 일치하지 않는 것은 ⑤이다.

hold 주최하다, 쥐다  competition 대회, 경쟁  contest 대회  aim 목적으로 하다; 목표  encourage 장려하다, 권하다  promote 증진하다, 승진하다, 판촉하다  individual 개인, 개체  submit 제출하다  instruction manual 취급 설명서  due date 마감일  announce 발표하다

## 27 ③

### Museum of Art — Heywood

Museum of Art — Heywood는 5개의 전시실이 있는 지역 미술관입니다. 미술관에서는 많은 새로운 전시회와 특별 행사가 여름 동안 개최합니다.

**미술관 운영 시간**
• 화요일–토요일: 오전 10시–오후 4시
• 일요일: 오후 1시–오후 4시

**상점**
• 일주일 내내 열려 있음
• 상품 구매 시 멤버십 카드 소지자에게 10% 할인

**입장료**
• 미술관 입장료: 5달러
• SPromo: 12달러 (3일 이내에 무제한 방문을 위한 티켓을 구매하세요.)
• 12세 이하 아동: 무료

**해설**

안내문의 중반부에 STORE: Open 7 days a week(상점: 일주일 내내 열려 있음)이라고 했으므로, 안내문의 내용과 일치하는 것은 ③이다.

**어휘**

community 지역사회, 공동체  hall 전시실, 강당  host 개최하다  exhibit 전시회; 보여주다  discount 할인  purchase 구매; 구매하다  holder 소지자  admission 입장(료), 입학, 시인  unlimited 무제한  charge 요금, 비난, 고소, 돌격

## 28 ④

식량을 찾아다니는 것은 야생의 식량 자원을 탐색하는 수단이다. 이것은 오랫동안 사용되어 온 방법이고 아마도 가장 오래된 식량 탐색 방법일 것이다. 과거에는 사람들이 보통 숲, 강가, 동굴, 그리고 식량이 발견될 수 있는 거의 모든 곳에서 식량을 찾아다녔다. 예전에 찾아진 식량들의 대부분은 뿌리작물, 잡초, 그리고 다른 유사한 형태의 식량들이었다. 이제는 식량을 찾아다니는 것이 증가하는 추세가 되었다. 오늘날의 빠르게 움직이는 사회 속의 사람들은 필요에 의해서 또는 즐거움을 위해서 이것에 참여하고 있다. 그 목적이 다를 지라도, 사람들은 이제 식량을 찾아다니는 것에 느리지만 확실하게 친숙해지고 있다. 점점 더 많은 사람들이 그것이 매우 성취감을 주고 유익하다고 생각한다.

**해설**

④ 주어의 핵은 People이고 이에 따르는 술어동사가 필요하므로 engage로 고쳐야 한다.
① method를 선행사로 취하면서 관계사절에서 주어역할을 하는 that은 적절하다.
② food가 동작의 대상이므로 수동태인 be found는 적절히 사용되었다.
③ 주어의 핵은 Most이므로 복수동사 were는 바르게 사용되었다.
⑤ 「find + 목적어 + 목적보어」 구문에서 목적보어는 형용사가 되어야 하므로 beneficial은 바르게 사용되었다.

**어휘**

means 수단  resource 자원  method 방법  possibly 아마도  cave 동굴  root crop 뿌리작물  weed 잡초  rising 증가하는  trend 추세, 경향  engage in 참여하다  necessity 필요  entertainment 즐거움, 오락  purpose 목적  familiar 친숙한, 익숙한  fulfilling 성취감을 주는  beneficial 유익한

## 29 ③

우리가 어떤 주장을 믿고 싶지 않을 때, 우리는 "내가 그것을 믿어야 하나?"라고 스스로에게 묻는다. 그러고 나서 우리는 정반대의 증거를 탐색하고 만일 우리가 그 주장을 <u>의심할</u> 단 한 개의 이유라도 발견하면, 우리는 그것을 버릴 수 있다. 심리학자들은 '동기화된 추론'에 관한 수많은 연구 결과를 가지고 있는데, 이것은 사람들이 그들이 바라는 결론에 도달하기 위해 사용하는 많은 요령을 보여준다. 피실험자들이 지능검사에서 자신이 낮은 점수를 받았다고 들었을 때, 그들은 지능검사의 타당도를 <u>비판하는</u> 기사를 읽기로 선택한다. 사람들이 과도한 카페인 섭취가 유방암의 위험과 연관이 있다고 보고한 과학 연구를 읽을 때, 커피를 많이 마시는 사람들은 커피를 덜 마시는 사람들보다 그 연구에서 <u>더 많은</u> 오류를 찾아낸다.

**해설**

(A) 어떤 주장을 믿고 싶지 않을 때 그에 반대되는 증거를 찾아서 의심할 수 있는 이유를 찾으면 그 주장을 버릴 수 있다는 흐름으로, doubt(의심하다)가 적절하다. *defend: 옹호하다
(B) 지능검사를 낮게 받았다고 들은 피실험자들은 지능검사의 타당도를 비판하려고 할 것이므로, criticizing(비판하는)이 적절하다. *support: 지지하다
(C) 커피를 많이 마시는 사람들은 카페인 섭취가 유방암의 위험에 연관이 있다고 하는 연구의 오류를 더 많이 찾아낼 것이므로, more(더 많은)가 적절하다. *fewer: 더 적은

**어휘**

claim 주장, 권리; 주장하다  opposite 정반대의  evidence 증거  defend 옹호하다, 방어하다  doubt 의심하다; 의심  dismiss 버리다, 해고하다  psychologist 심리학자  finding (연구) 결과  motivated 동기화된  reasoning 추론  trick 요령, 묘기, 속임수  desired 바라는  conclusion 결론  subject 피실험자, 주제, 국민, 신하  intelligence 지능  article 기사, 품목, 관사  support 지지하다, 부양하다; 지지  criticize 비판하다  consumption 소비  be linked with ~와 연관이 있다  risk 위험  breast cancer 유방암

## 30 ③

간디가 15세 때, 형의 팔찌에서 금 한 조각을 훔쳤다. 간디는 죄책감으로 너무 괴로워 어느 날 <u>그는</u> 아버지께 자신이 했던 일을 말씀드리기로 결심했다. 그는 아버지께 <u>그를</u> 벌해 달라고 요청하는 편지를 썼다. 그런 다음, 간디는 앓아누워 계신 아버지께 그 편지를 건네 드렸다. 그의 아버지는 조용히 일어나 앉아 편지를 읽고는 그 편지를 <u>그의</u> 눈물로 적셨다. 잠시 후 그의 아버지는 그 편지를 찢었다. 아버지의 행동을 통해서, 간디는 <u>그가</u> 용서받았음을 알았다. 그날 이후 <u>그는</u> 항상 아버지의 눈물을 마음속에 간직했고 계속 나아가 위대한 지도자가 되었다.

**해설**

①, ②, ④, ⑤는 간디를 가리키지만, ③은 간디의 아버지를 가리킨다.

**어휘**

steal 훔치다  bracelet 팔찌  be troubled by ~로 괴로워하다  guilt 죄책감  punish 벌하다  hand 건네다  lie ill in bed 앓아누워 있다  quietly 조용히  wet 적시다; 젖은  tear up 찢다  forgive 용서하다

## 31 ④

맛에 대한 판단은 종종 음식의 겉모습에 근거한 예측에 의해 영향을 받는다. 예를 들면, 딸기 맛이 나는 음식들은 빨간색일 것으로 기대된다. 하지만, 그것들이 녹색으로 칠해진다면, 라임과 같은 녹색 음식의 연관성 때문에, 그 맛을 딸기로 알아보기 어려울 것이다. 색의 강도 또한 맛의 인식에 영향을 준다. 더 강한 색깔이 단지 더 많은 식용 색소의 첨가 때문일지라도, 더 강한 색깔이 더 강한 맛의 지각을 유발할 수도 있다. 질감 역시 오해의 소지가 있을 수 있다. 더 걸쭉한 음식은 농후 재료가 음식의 맛에 영향을 주기 때문이 아니라 단지 그것이 더 걸쭉하기 때문에 맛이 더 풍부하거나 강하다고 인식될 수도 있다.

맛을 인식하는데 있어서, 음식의 색깔, 색의 강도, 질감 등에 의해 영향을 받는다는 내용으로, 빈칸에 가장 적절한 것은 ④ appearance(겉모습)이다.

① 기원　②조리법　③영양　⑤배열

**judgement** 판단　**flavor** 맛, 향　**influence** 영향을 주다; 영향　**prediction** 예측　**based on** ~에 근거하여　**expect** 기대하다, 예상하다　**association** 연관(성), 연상　**identify** 알아보다, 확인하다　**intensity** 강도, 강렬함　**perception** 인식, 지각　**due to** ~때문에　**addition** 첨가, 더하기　**food coloring** 식용 색소　**texture** 질감　**misleading** 오해의 소지가 있는　**thick** 걸쭉한, 두꺼운　**perceive** 인식하다　**arrangement** 배열, 준비

## 32 ⑤

훌륭한 연설가 Denis Waitley는 승리를 결정하는 필드골을 차는 선수는 공을 바라보며, 자신에게 "만약 내가 이 필드골을 성공시키면, 그것은 우리를 슈퍼볼에 진출하게 할 것이고, 모든 사람에게 3만 달러 상당의 금액을 안겨 줄 거야."라고 말한다. 실패하는 사람은 "내가 이 골을 놓치면, 그것은 모든 팀원들에게 3만 달러의 손해를 안겨 줄 거야."라고 말한다고 설명한다. 그것이 다른 점이다. Waitley 박사에 따르면, 승자들은 자신들이 얻고자 싶어 하는 것에 집중하고, 패자는 자신이 원치 않는 것에 집중하는데, 그들은 그것을 얻게 된다. 틀림없이 우리의 인생에서 가장 파괴적인 힘은 우리 상상력의 부정적인 사용이다. 옛 속담에서 말하는 것처럼, "네가 할 수 있다고 생각하건 할 수 없다고 생각하건 간에, 네가 옳다."

승자는 긍정적인 생각을 하고 패자는 부정적인 생각을 하고 그것을 얻게 된다고 설명하면서, 상상력을 부정적으로 사용하는 것이 인생에서 파괴적이 된다는 내용이다. 따라서 빈칸에 들어갈 말로 가장 적절한 것은 ⑤ the negative use of our imaginations(우리 상상력의 부정적인 사용)이다.

① 과도한 탐욕　②유사한 것을 위한 탐색
③모든 관계에서의 이기적임　④단지 최고가 되려는 욕망

**worth** 가치 있는　**cost** 손해를 주다; 비용　**according to** ~에 따르면　**focus** 집중하다　**without a doubt** 틀림없이, 확실히　**destructive** 파괴적인　**force** 힘, 군대; 강요하다　**excessive** 과도한, 지나친　**greed** 탐욕

## 33 ⑤

Richard Thaler의 이론에 따르면 만약 그들의 소유권이 분명하게 확립되어있다면 사람들은 물건을 더 가치 있게 여긴다. 한 연구에서 사람들이 그들에게 주어졌었던 커피잔의 가치를 평가하도록 요청받았다. 이 연구의 다른 집단은 커피잔의 가치를 평가하도록 요청받았으나 이 커피잔들은 누구에게도 소유되지 않았다. 커피잔을 소유한 피실험자들은 항상 다른 피실험자들보다 그것들을 더 높게 평가했다. 몇몇 경우에서, 그들은 심지어 그것들(커피잔)에 대해 돈이 제공될지라도 그들의 커피잔들을 간직하는 것을 선호할 것이라고 말했다. 그러나 그것은 물건에만 적용되는 것처럼 보인다. 유사한 연구에서 사람들이 커피잔과 교환될 수 있는 토큰을 제공받았을 때 인지적인 편견은 발견되지 않았다. 이것은 사람들이 추상적인 개념이 아니라 구체적 물건에 애착을 형성한다는 것을 시사했다.

커피잔에 대한 소유권이 정해져 있는 사람들이 그 물건에 대해 더 가치있게 느낀다는 내용으로, 빈칸에 들어갈 말로 가장 적절한 것은 ⑤ their ownership is clearly established(들의 소유권이 분명하게 세워져 있다)이다.

① 그것이 특별한 판이다
② 그 물건이 비싸다
③ 그것의 브랜드네임이 인기 있다
④ 다른 사람들이 그 물건을 가치 있다고 여긴다

**according to** ~에 따르면　**theory** 이론　**value** 가치 있게 여기다; 가치　**object** 물건, 목적; 반대하다　**evaluate** 평가하다　**subject** 피실험자, 주제, 과목　**own** 소유하다; 자신의　**prefer** 선호하다　**apply to** 적용되다　**suggest** 시사하다, 제안하다　**form** 형성하다　**specific** 구체적인　**abstract** 추상적인　**concept** 개념　**ownership** 소유권

## 34 ②

사람들은 단어에서 발견되는 의미와 그것들이 배열되는 방식을 통하여 의사소통하는 것에 크게 의존한다. 우리는 누군가에게 우리가 그 사람을 사랑한다고 슬픈, 행복한, 또는 부드러운 목소리로 말할 수 있지만 '내가 당신을 사랑한다'는 말의 의미는 똑같다. 이것은 '혼합된 신호들'이 매우 혼란스러울 수 있는 이유이다. 예를 들면, 한 친구가 당신에게 그 또는 그녀가 당신을 좋아한다고 말한다면, 당신은 비언어적인 신호에 따라 그것을 다른 방법으로 해석할 수 있다. 당신이 부드러운 톤으로 "나는 너를 좋아해"라는 말을 듣고, 당신의 친구가 미소 짓는 것을 본다면, 당신은 아마도 그 감정을 믿을 가능성이 크다. 그러나, 만약 당신이 당신의 친구가 어떤 얼굴 표정을 보여주지 않는 동안에, 화난 목소리 톤으로 "나는 너를 좋아해"라고 말하는 것을 듣는다면, 당신은 그 또는 그녀의 의도를 의심할 것이다.

(A) 빈칸 앞에는 혼합된 신호가 혼란스러울 수 있다는 내용이고, 빈칸 다음에는 "나는 너를 좋아해"라고 말하는 비언어적 신호에 따라서 해석을 달리 할 수 있는 예가 나오므로 빈칸에는 For example(예를 들어)가 가장 적절하다.

(B) 빈칸 앞에는 부드러운 어조로 "나는 너를 좋아해"라고 말하고 미소 짓는 감정전달 방식이 나오고, 빈칸 뒤에는 이와 상반되는 화난 어조로 무표정한 얼굴을 보이며 "나는 너를 좋아해"라고 말하는 내용이 이어지므로, 빈칸에는 However(그러나)가 가장 적절하다.

**depend on** ~에 의존하다, ~에 따르다　**communicate** 의사소통하다, 전달하다　**arrange** 배열하다, 준비하다　**voice** 목소리　**mixed** 혼합된　**cue** 단서, 실마리　**interpret** 해석하다　**nonlanguage** 비언어적인　**tone** 어조, 톤　**most likely** 아마도　**emotion** 감정　**exhibit** 보여주다, 전시하다; 전시회　**facial** 얼굴의　**expression** 표정, 표현　**question** 의심하다

## 35 ③

장벽 뒤로 숨는 것은 우리가 자신을 보호하기 위해 어릴 때 배우는 정상적인 반응이다. 아이였을 때, 우리는 자신이 위협적인 상황에 있을 때마다 가구 같은 단단한 물체나 엄마의 치마 뒤로 숨었다. 우리가 성장하면서 이런 숨는 행동은 더 정교해졌다. 성인들은 자신들의 아이들을 보호하기 위해 매우 다양한 방법을 사용하는 것으로 밝혀졌다. 성인이 되면, 우리는 위협으로 인식하는 것을 차단하기 위해 무의식적 방법으로 한쪽 팔이나 양팔을 가슴 위로 접는다. 여성이 팔을 장벽으로 이용하는 것이 남성들보다 덜 눈에 띄는데 여성들은 손가방과 같은 것들을 꼭 쥐고 있을 수 있기 때문이다.

위협적인 상황에서 숨는 행동은 무의식적으로 자신을 보호하기 위한 행동이라는 것이 글의 주된 내용이다. 그런데 ③은 성인들이 자신들의 아이들을 보호하기 위해 다양한 방법을 사용한다는 내용이므로, 글의 전체 흐름과 관계가 없다.

**barrier** 장벽　**normal** 정상적인, 보통의　**response** 반응, 응답　**solid** 단단한, 고체의; 고체　**object** 물체, 목표; 반대하다　**threatening** 위협적인　**behavior** 행동　**fold** 접다, 개다　**unconscious** 무의식적인　**block out** 차단하다　**perceive** 인식하다, 지각하다　**threat** 위협　**noticeable** 눈에 띄는

## 36 ②

초기 로마시대 이래로, 일부 곡식은 결혼식과 연관이 있었다. 다산의 상징인 밀은 신부의 손에 쥐어져 있거나 목 주위에 둘러져 있었다. (B) 신부가 교회를 떠날 때, 밀의 낟알이 신부에게 던져졌고, 어린 소녀들이 실제로 신부에게 닿았던 낟알들을 줍기 위해 달려갔다. (A) 엘리자베스 1세 통치 동안 밀은 더 이상 신부들에게 던져지지 않았으나, 대신에 작은 케이크로 구워진 다음 으깨져서 신부 머리 위로 던져졌다. (C) 결혼식에서의 이러한 변화는 결혼식 하객들이 신부에게 던질 것이 아무 것도 없었기 때문에 그들에게 궁핍함을 느끼게 했다. 그 당시에 쌀이 싸고 깨끗하고 흰색이었기 때문에, 그것은 더 비싼 밀가루 케이크를 위한 좋은 대체품이었던 것 같았다.

**해설**

초기 로마시대 이래로 다산의 상징인 밀이 신부의 손에 쥐어지거나 목 주위에 둘려졌다는 주어진 글에 이어서, 신부가 교회를 떠날 때 그 밀의 낟알을 신부에게 던졌고, 소녀들이 신부에게 닿았던 낟알을 주웠다는 (B)가 온 후, 엘리자베스 1세 통치 동안 밀이 작은 과자로 구워져 으깨져 신부 머리 위로 던졌다는 (A)가 오고, 이러한 변화로 하객들이 궁핍함을 느껴 더 싼 쌀이 대체품이 되었다는 (C)가 이어지는 것이 글의 순서로 가장 적절하다.

**어휘**

**be linked with** ~와 연관이 있다  **grain** 곡식, 낟알  **wedding ceremony** 결혼식  **wheat** 밀  **symbol** 상징  **fertility** 다산, 비옥함  **no longer** 더 이상 ~가 아닌  **toss** 던지다  **bride** 신부  **instead** 대신에  **bake** 굽다  **crumble** 으깨다  **rush** 달려가다, 급히 가다  **actually** 실제로  **needy** 궁핍한, 어려운  **at that time** 그 당시에  **substitute** 대체품, 교체선수

## 37 ②

일부 물고기와 마찬가지로, 공격을 받은 fathead minnows(잉엇과의 물고기)는 피부의 특화된 세포에서 나오는 화학물질을 분비한다. (B) 전통적으로, 이러한 화학물질은 포식자의 존재를 다른 구성원들에게 경고하기 위한 경고 신호로 여겨져 왔다. 일부 경우에는 이 화학물질에 노출된 물고기가 정말로 숨는 것처럼 보인다. (A) 그러나 이러한 종류의 관찰은 이러한 전통적인 관점에 의문을 갖는다. 어떻게 부상당한 물고기가 다른 물고기들이 포식자로부터 도망가도록 돕는 것으로부터 이익을 얻을 수 있는가? (C) 어쩌면 다친 물고기는 다른 물고기에게 이익이 되기 위해 이런 특별한 화학물질을 분비하지 않는 듯하다. 그것들은 최초의 공격자를 방해할 수도 있는 추가 공격자들을 유인하고 있는 것일지도 모르는데, 이것은 종종 포획된 먹이를 풀어주는 결과를 낳는다.

**해설**

공격을 받은 fathead minnows는 화학물질을 분비한다는 주어진 문장에 이어서, 이러한 화학물질의 분비가 다른 구성원들에게 경고하기 위한 신호로 보인다는 (B)가 오고, 하지만 부상당한 물고기가 다른 물고기들이 도망가도록 돕는 것으로부터 어떤 이익이 되는지에 관한 문제를 제기한다는 (A)가 온 후, 부상당한 물고기는 다른 물고기보다는 오히려 자신을 위해서 화학물질을 분비하는 것처럼 보인다는 (C)로 이어지는 것이 글의 순서로 가장 적절하다.

**어휘**

**be true of** ~도 마찬가지이다  **attack** 공격하다; 공격  **release** 분비하다, 발표하다; 방출  **chemical** 화학물질; 화학적인  **specialized** 특화된  **cell** 세포  **observation** 관찰  **doubt** 의문을 갖다; 의심  **conventional** 전통적인  **view** 관점, 견해  **injured** 부상당한  **benefit (from)** (~로부터) 이익을 얻다, 이익이 되다; 이익  **escape** 도망가다, 탈출하다  **traditionally** 전통적으로  **consider** 여기다, 생각하다  **alarm** 경보; 놀라게 하다  **signal** 신호; 신호하다  **warn** 경고하다  **presence** 존재  **predator** 포식자  **expose** 노출하다  **attract** 유인하다, 끌다  **additional** 추가의  **interfere with** 방해하다  **initial** 최초의  **capture** 포획하다  **prey** 먹이

## 38 ④

사람들은 '모든 일은 어떤 이유가 있어서 일어난다.'고 말한다. 어떤 면에서 이것은 사실이다. 모든 일은 정말로 어떤 이유가 있어 일어나는데, 이것은 사건에는 원인이 있고, 그 원인은 항상 그 사건 이전에 온다는 것을 의미한다. 쓰나미는 해저 지진 때문에 발생하고, 지진은 지각판의 변동 때문에 발생한다. 이 경우가 '모든 일은 어떤 이유가 있어 일어난다'의 진정한 의미이고, 여기서 '이유'란 '과거의 원인'을 의미한다. 그러나 사람들은 종종 '목적'과 같은 것을 의미하기 위해 이유를 다른 의미에서 사용한다. 사람들은 '쓰나미의 이유는 우리의 잘못을 벌하려는 것이다'와 같은 것을 말할 것이다. 사람들이 이런 종류의 터무니없는 말에 얼마나 자주 의존하는 지는 놀랍다.

**해설**

사람들이 '목적'과 같은 것을 의미하기 위해 '이유'를 다른 의미에서 사용한다는 뜻의 주어진 문장은 쓰나미가 일어난 원인(이유)이 우리의 잘못을 벌하기 위한 것(목적)이라는 예시가 나온 문장 앞인 ④에 들어가는 것이 가장 적절하다.

**어휘**

**reason** 이유, 이성  **purpose** 목적  **in one sense** 어떤 면에서  **cause** 원인, 대의; 야기하다  **earthquake** 지진  **shift** 변동, 변화; 이동하다  **punish** 벌하다  **fault** 잘못  **depend on** ~에 의존하다  **nonsense** 터무니없는 말

## 39 ④

수년 전, 헝가리 군 정찰대는 Swiss Alps에서 거센 눈보라에 갇혔다. 군인들은 길을 잃고 겁을 먹었으나, 그들 중 한 명이 주머니에서 지도를 발견했다. 지도를 본 후, 군인들은 피난처를 지었고, 경로를 계획했고, 그러고 나서 눈보라가 끝나기를 기다렸다. 3일 후 날씨가 개었을 때, 그들은 베이스캠프로 다시 돌아왔다. 그들의 지휘관은 부하들이 눈보라에서 살아남았다는 것에 안도하면서 그들이 어떻게 빠져나올 수 있었는지를 물었다. 한 젊은 군인이 그 지도를 지휘관에게 보여주었고, 그는 신중히 지도를 보았다. 그는 그것이 Swiss Alps(스위스 알프스 산맥)이 아니라 스페인과 프랑스를 접하고 있는 Pyrenees(피레네 산맥)의 지도라는 것을 알고서 놀랐다.

**해설**

그들의 지휘관은 부하들이 눈보라에서 살아남았다는 것에 안도하면서 그들이 어떻게 빠져나올 수 있었는지를 물었다는 내용의 주어진 문장은, 부하들이 날씨가 갠 3일 후 베이스캠프로 돌아온 후 물었을 것이므로 ④에 들어가는 것이 가장 적절하다.

**어휘**

**officer** 지휘관  **relieved** 안도한  **man** 부하  **survive** 살아남다, 생존하다  **make one's way out** 빠져 나가다  **military** 군대  **patrol** 정찰대; 순찰하다  **be caught in** ~에 갇히다, ~에 걸려들다  **fierce** 거센, 사나운  **frightened** 겁을 먹은  **shelter** 피난처  **route** 경로  **wait out** 끝나기를 기다리다  **clear** (날씨가) 개다, 개간하다  **border** 접하다; 국경

## 40 ①

한 연구에서 211명의 여성들이 16주 체중 감량 프로그램에 등록했다. 모든 참가자들은 무작위로 장기 서약 공개, 단기 서약 공개, 비공개 서약의 세 개의 집단으로 분리되었다. 장기 집단의 사람들은 16주 기간 동안 내내 피트니스 센터에 공개적으로 게시되는 색인 카드에 자신의 이름과 체중 감량 목표를 적었다. 단기 집단의 사람들도 똑같이 했지만 그 카드들은 첫 3주 동안만 게시되었다. 서약 비공개 집단의 사람들은 카드를 작성하지 않았다. 그 연구의 끝 무렵에 장기 서약 공개의 효과는 명백했다. 장기 집단은 대략 102% 정도까지 그들의 목표를 초과하였던 반면, 단기 집단은 평균 96%의 성과를 거두었고 서약 비공개 집단은 단지 88%만 도달하였다.

→ 한 연구에 따르면, 한 프로그램의 전 과정 동안에 서약을 공개적으로 한 사람들이 그렇게 하지 않은 사람들보다 그들의 목표를 더 초과할 것 같다.

**해설**

16주 체중 감량 프로그램에 참여하면서 자신들의 목표를 공개적으로 한 집단이 그렇게 하지 않은 집단보다 목표 달성을 더 많이 하였다는 내용으로, 빈칸 (A)에는 public(공개적으로) (B)에는 exceed(초과하다)가 들어가는 것이 가장 적절하다.
② 공개적인 – 공유하다　　③ 현실적인 – 재설정하다
④ 현실적인 – 공유하다　　⑤ 현실적인 – 초과하다

**어휘**

sign up for 등록하다　weight-loss 체중 감량　participant 참가자　randomly 무작위로　separate 분리하다; 분리된　long-term 장기의　public 공개의, 공공의; 대중　commitment 서약, 공약　short-term 단기의　index 색인, 지수　display 게시하다, 전시하다; 전시　fitness center 헬스클럽　effect 효과, 영향, 결과　exceed 초과하다　achieve 성과를 거두다, 획득하다　reset 재설정하다

## [41~42]

　우리의 삶을 더 나아지게 만들기 위해 우리 중 많은 사람들은 우리 자신을 성찰한다. 하지만, 우리가 우리자신에게 간단한 질문을 던져 보는 것이 낫다. 그것이 늘 도움이 될까?

　그 문제를 이해하기 위해, 몇몇 심리학자들은 한 연구를 수행했다. 주제는 관계의 장점과 단점을 분석하는 것이 우리의 인생에서 특별한 사람에 대해 우리가 어떻게 느끼는지를 알아보는 것의 답이 될 수 있는지였다. 한 그룹의 사람들은 그들의 데이트 상대와의 관계가 그 당시 상태가 된 이유를 열거하고 나서, 그 관계에 대해 얼마나 그들이 만족하고 있는지 평가해 달라는 요청을 받았다. 다른 그룹의 사람들은 어떤 분석도 없이 그들의 만족도를 평가해 달라고 요청을 받았고, 그들은 단지 직관적인 반응을 했다.

　상황을 분석했던 사람들은 그들이 실제로 어떻게 느꼈는지를 이해해서, 그들의 만족도 평가가 그들 관계의 결과를 잘 예측할 것처럼 보였을지도 모른다. 사실, 그 결과는 반대였다. 그들이 여전히 자신들의 데이트 상대와 몇 달 후에도 사귀고 있을 것인지를 예측한 사람들은 바로 직관적인 그룹에 속한 사람들이었다. 분석적인 그룹의 사람들의 경우, 그들의 만족도 평가에서는 자신들의 관계의 결과를 전혀 예측하지 못했다. 그 결과 너무 많은 분석은 자신들이 실제로 어떻게 느끼고 있는지에 대해 사람들을 혼란스럽게 할 수 있고, 과도한 생각을 통해서 우리가 발견할 수 있는 것에는 극심한 한계가 있다는 것을 보여준다.

## 41 ①

82% 고1 11월 모의고사 변형

**해설**

지금의 데이트 상대와 몇 달 후에도 사귀고 있을 것인지에 대한 질문에 분석적인 그룹과 직관적 그룹의 답변에서 볼 수 있듯이 과도한 생각을 통해 발견할 수 있는 것에는 한계가 있음을 보여주는 내용의 글이다. 따라서 글의 제목으로 가장 적절한 것은 ① Don't Think Too Much!(너무 많이 생각하지 말라!)이다.
② 새로울수록 더 좋은가?　③ 창의적인 발명 아이디어
④ 성공의 부정적인 측면　⑤ 불안을 다루는 방법들

## 42 ②

57% 고1 11월 모의고사 변형

**해설**

많은 분석을 한 그룹의 사람들이 관계의 결과를 예측할 것이라고 생각했을지 모르지만, 실제로는 그렇지 않았다는 내용이므로, 빈칸에 들어갈 말로 가장 적절한 것은 ② reversed(반대의)이다.
① 중립의　③ 예상된　④ 구식의　⑤ 근시안적인

**어휘**

reflect on 성찰하다, 반성하다　psychologist 심리학자　conduct 수행하다, 전도하다, 지휘하다　analyze 분석하다　pluses and minuses 장단점　reason 이유; 추론하다　rate 평가하다; 속도, 비율, 요금　satisfaction 만족도, 만족　analysis 분석　reaction 반응　figure out 이해하다　rating 평가, 등급, 청취율　thus 따라서　predict 예측하다　outcome 결과　result 결과; 결과로 생기다　as for ~의 경우, ~에 관하여　analytical 분석적　confuse 혼란스럽게 하다　severe 극심한, 가혹한　limit 한계; 제한하다　reserved 반대의　out-of-date 구식의

## [43~45]

(A) Jonathan은 그의 근육을 풀었다. 해마다 그와 그의 친구들은 지역 사회 수영장에서 다이빙 대회에 참가했다. 도시 전체에서 모여든 다이빙 선수들이 그 대회에 참가하기 위해 왔다.

(C) 모든 다이빙 선수들은 자신들의 연기를 시작하려고 준비했다. Jonathan은 그의 다이빙을 하였고 결선에 진출할 만큼 충분히 잘 했는데, 결선에서는 다이빙 선수들은 자신의 선택한 다이빙을 할 수 있었다. 결선에서 다이빙에 대한 생각이 Jonathan에게 떠올랐다. 모든 다이빙 선수들이 누가 경쟁하기 위해 남았는지 논의하기 위해 모여 들었다.

(D) Jonathan은 낡은 수영복을 입고 있는 작은 소년을 알아차렸다. 그는 이 소년이 어떻게 용케 결선에 진출했는지에 대해 그의 동료들과 함께 비웃었다. 그 소년이 첫 번째였고, 그는 가장 높은 다이빙대까지 올라갔다. 그는 그의 다이빙을 하고 나서 앉았다. 그것은 많은 기교가 없는 어설픈 다이빙이었다. Jonathan이 다음이었다. 그는 완벽하게 그의 다이빙을 했다.

(B) 그들은 우승자가 발표되기를 기다렸다. 모든 다이빙 선수들은 그 작은 소년의 이름이 발표되었을 때 놀랐다. 심판이 "그의 다이빙은 가장 깔끔하지는 않았을지 모르나, 단연코 가장 위험을 무릅쓴 것이었습니다. 그의 용기와 시도에 점수를 주었습니다."라고 그의 손을 들고서 말했다. Jonathan은 내년에는 그것(다이빙)을 다르게 하리라 결심하면서, 머리를 흔들면서(고개를 가로 지으면서) 걸어 나갔다.

## 43 ③

67% 고1 09월 모의고사 변형

**해설**

Jonathan과 다이빙 선수들이 대회에 참여하러 왔다는 (A)에 이어서, 결선에 진출할 정도로 다이빙을 잘 했다는 (C)가 오고, 결선에서 낡은 수영복을 입은 작은 소년을 보고 비웃었고 완벽하게 다이빙을 했다는 (D)가 이어지고, 하지만 우승자는 깔끔하지는 않았지만 위험을 무릅쓰면서 다이빙을 한 작은 소년에게 돌아갔다는 (B)로 이어지는 것이 글의 순서로 가장 적절하다.

## 44 ②

76% 고1 09월 모의고사 변형

**해설**

(a), (c), (d), (e)는 Jonathan을 가리키지만, (b)는 작은 소년을 가리킨다.

## 45 ③

82% 고1 09월 모의고사 변형

**해설**

(C) 글의 중반부에 ~,where the diver could select the dive of his or her choice(결선에서는 다이빙 선수들은 자신의 선택한 다이빙을 할 수 있었다)라고 했으므로, 글의 내용과 일치하지 않는 것은 ③이다.

**어휘**

participate in 참여하다　community 지역사회　take part in 참여하다　announce 발표하다　by far (최상급 수식) 단연코, 훨씬　courage 용기　shake 흔들다　determined 결심한, 단호한　perform 수행하다, 공연하다　come into one's mind 떠오르다　gather 모이다, 모으다　compete 경쟁하다　notice 알아채다; 알림, 공지　peer 동료, 또래　manage to 용케 ~하다, 가까스로 ~하다　perfectly 완벽하게

| 18 ① | 19 ① | 20 ② | 21 ④ | 22 ③ | 23 ① |
| 24 ④ | 25 ③ | 26 ④ | 27 ④ | 28 ② | 29 ① |
| 30 ⑤ | 31 ① | 32 ② | 33 ① | 34 ② | 35 ③ |
| 36 ④ | 37 ⑤ | 38 ③ | 39 ③ | 40 ② | 41 ④ |
| 42 ① | 43 ④ | 44 ③ | 45 ④ | | |

## 18 ①

87% 고1 11월 모의고사 변형

친애하는 Denning 씨에게,

Redstone 음악 예술 센터의 이사회 위원으로서 역할을 하게 된 것은 저에게 커다란 만족을 주고, 이사회가 저를 부회장으로 추천하는 것이 적절하다고 생각해 주셔서 영광입니다. 그러나 저의 예측 불가능한 업무 일정 때문에 저는 그 추천을 거절해야만 합니다. 저는 음악 예술 센터가 부회장으로부터 받아야 할 시간과 에너지를 제가 줄 수 있다고 느끼지 않습니다. 당분간, 저는 이사회 일반 위원을 계속하기를 기대합니다. 저의 거절을 나머지 이사회 위원들께 전해 주시기 바랍니다.

진심으로,

Jason Becker 올림

**해설**

음악 예술 센터의 부회장으로 추천을 받았으나, 예측 불가능한 업무 일정으로 인해 거절하는 내용이다. 따라서 글의 목적으로 가장 적절한 것은 ①이다.

**어휘**

satisfaction 만족   serve as ~로서의 역할을 하다   board member 이사회 위원   honored 영광인   see fit 적절하다고 생각하다   recommend 추천하다   vice president 부회장   unpredictable 예측 불가능한   decline 거절하다, 감소하다   recommendation 추천   deserve ~을 받을만하다   for the time being 당분간, 잠시 동안   look forward to -ing 기대하다   regular 일반의, 규칙적인   regret (pl.) 거절, 유감, 후회; 후회하다

## 19 ①

92% 고1 11월 모의고사 변형

Amy가 자신의 이름이 불리는 것을 들었을 때, 그녀는 자리에서 일어나 무대로 나아갔다. Dr. Wilkinson이 다섯 명의 최우수 의대 졸업생 각각에게 금메달을 달아 주고 있었다. 그는 Amy와 악수하고 그녀에게 그녀의 성취에 대해 축하해 주었다. Amy는 다섯 명의 최우수 의대 졸업생 중 한 명으로 언급되어 황홀해 했다. Amy는 자신의 학문적 성과와 성공에 만족하며 자리로 돌아갔다. 그녀는 막 우수상을 받았다. 이 특별한 인정은 그녀가 자신의 꿈인 의사가 되는 것을 계속 실현하는 데 도움이 될 것이다.

**해설**

최우수 의대 졸업생으로 금메달을 수여받아 황홀해 하는 상황으로, Amy의 심경으로 가장 적절한 것은 ① proud and happy(자랑스럽고 행복한)이다.
② 침착하고 안도하는   ③ 짜증나고 긴장한
④ 두렵고 필사적인   ⑤ 실망하고 분노하는

**어휘**

make one's way 나아가다   pin 달다, 꽂다; 핀   medical 의학의   graduate 졸업생; 졸업하다   congratulate 축하하다   accomplishment 성취   thrilled 황홀해 하는   mention 호명하다, 언급하다   academic 학문적   performance 성과, 공연   special honor 우수상   recognition 인정, 인식   fulfill 실현하다, 이행하다   desperate 필사적인   furious 분노한

## 20 ②

80% 고1 03월 모의고사 변형

당신은 글을 쓸 때 몸짓을 사용하거나, 표정을 짓거나, 독자들에게 물건을 제시할 수 없기 때문에, 말하기와 보여주기 둘 다 어휘에 의존해야 한다. 당신이 말하는 것보다 더 많은 것을 보여줘라. 독자들이 '볼' 수 있도록 하기 위해 어휘를 사용하라. 예를 들어, 독자가 Laura의 아름다운 머리카락에 대해 추측하게 내버려 두지 마라. 그녀의 비단 같은 갈색 머리끝을 부드러운 바람이 어떻게 스치는지 '보여줘라'. 당신이 행복감을 느꼈다고 단순히 말하지 마라. 계단을 한 번에 네 개씩 뛰어 내려가고, 코트의 지퍼가 열린 채, 바람을 맞으며 "야, 내가 해냈어!"라고 외치는 자신을 보여줘라.

**해설**

글쓰기를 할 때 몸짓이나 표정 또는 물건을 보여 줄 수 없기 때문에 독자들에게 '보여주듯이' 글을 쓰라는 것이 글의 주된 내용이다. 따라서 필자가 주장하는 것으로 가장 적절한 것은 ②이다.

**어휘**

gesture 몸짓   make faces (묘한) 표정을 짓다, 찡그리다   present 제시하다, 발표하다   object 물건, 목적; 반대하다   depend on ~에 의존하다   gentle 부드러운   edge 끝, 가장자리, 우위   silky 비단 같은   step 계단, 단계   at a time 한 번에   unzip 지퍼를 열다

## 21 ④

83% 고1 09월 모의고사 변형

누군가를 위해 할 수 있는 사려 깊은 무엇인가를 생각할 수 있는지 알아보고, 그것을 즐겨라. 그것은 이웃의 잔디를 깎는 것 또는 아내에게 아이들로부터의 짧은 휴식을 주기 위해 직장에서 집으로 일찍 오는 것일 수도 있다. 당신이 호의를 베풀었을 때, 어떤 것도 기대하지 않은 채로 누군가를 위해서 무엇인가를 했다는 것을 안다는 따스함을 느낄 수 있는지를 보아라. (이것을) 연습한다면, 당신은 느낌 자체만으로 충분한 보상이 된다는 것을 알게 될 것이다. 이러한 평화로운 느낌을 막는 것은 무엇인가 보답으로 받을 것이라는 우리의 기대감이다. 해결책은 이러한 생각들을 알아차리고 그것들을 부드럽게 버리는 것이다.

**해설**

누군가를 위해 무엇인가를 보답으로 기대하지 말고, 호의를 베풀라는 것이 주된 내용으로, 글의 요지로 가장 적절한 것은 ④이다.

**어휘**

see if ~인지 보다[확인하다]   thoughtful 사려 깊은   mow 깎다   lawn 잔디   break 짧은 휴식   complete 끝내다; 완전한   favor 호의   practice 연습하다; 연습, 관행   reward 보상   expectation 기대   in return 보답으로   solution 해결책, 용액   notice 알아차리다; 공지   gently 부드럽게   dismiss 버리다, 일축하다, 해고하다

## 22 ③

70% 고1 06월 모의고사 변형

당신이 스트레스의 근원과 직면할 때 당신은 즉각적인 반응을 보이며 반격할 수도 있다. 이것은 당신의 조상들이 야생동물로부터 공격을 받았을 때는 도움이 되었지만, 오늘날에는 당신이 신체적으로 공격받지 않는 한 덜 도움이 된다. 기술은 성급한 반응으로 상황을 악화시키는 것을 훨씬 더 쉽게 만든다. 나는 상황을 악화시키기만 하는 거친 어조로 사람들에게 너무 성급하게 반응한 것에 대해 죄책감을 느껴왔다. 어떤 것이 당신의 심장을 빨리 뛰게 하면 할수록, 말하기 전에 한 걸음 뒤로 물러서는 것이 더 중요하다. 이것은 당신에게 상황을 충분히 생각하고 상대방을 더 건강한 방식으로 대하는 방법을 찾을 시간을 줄 것이다.

**해설**

스트레스의 근원에 성급하게 반응하면 상황이 악화될 수 있으므로 말하기 전에 한 걸음 물러서서 충분히 생각할 시간을 갖는 것이 도움이 된다는 내용으로, 이 글의 주제로 가장 적절한 것은 ③ the importance of taking time in responding(반응에 있어서 천천히 하는 것의 중요성)이다.
① 폭력적인 인간 행동의 기원   ② 소셜 미디어 기술의 이점
④ 건강과 심장 박동의 관계   ⑤ 정서적 반응을 통제하는 어려움

**어휘**

source 근원, 원천   react 반응하다   immediately 즉각적으로   serve 도움이 되다, 시중들다   ancestor 조상   attack 공격하다; 공격   worsen 악화시키다

response 반응  guilty 죄책감을 느끼는  harsh 거친  things 상황  race
(심장이) 뛰다; 인종  think through ~을 충분히 생각하다  deal with 대하다,
다루다  manner 방식, (pl.) 예절  take time 천천히 하다, 시간이 걸리다

## 23 ①

1960년대 후반, TV 프로듀서 Joan Cooney는 전염병(유행)을 시작하게 했다. 그녀는 3~5세의 어린이들을 목표로 삼았다. 그녀의 감염원은 TV였고 그녀가 퍼뜨리기를 원했던 '바이러스'는 읽고 쓰는 능력이었다. 그 쇼는 한 시간 길이였고 그 쇼는 교육을 개선할 만큼 충분히 전염성이 있었으면 하는 희망에서 1주일에 5일, 한 시간씩 방영될 예정이었다. 그녀의 목표는 긍정적인 학습 가치를 어린이들은 물론 그들의 부모님들에게까지 퍼뜨리는 것이었다. 그녀는 또한 기회가 적은(가난한) 아이들이 초등학교를 다니기 시작할 때 그들에게 유리함을 주기를 기대했다. 그녀가 하고 싶었던 것은 만연한 가난과 문맹의 전염병과 싸우기 위해 학습 전염병을 만드는 것이었다. 그녀는 그것을 'Sesame Street'라고 불렀다.

### 해설
기회가 적은 아이들(가난한) 아이들을 교육시키고자 TV 프로그램인 Sesame Street을 전염병에 비유하고 있는 것이 글의 주된 내용으로, 이 글의 제목으로 가장 적절한 것은 ① Sesame Street: Educational Virus(Sesame Street: 교육적인 바이러스)이다.
② 아이들은 Sesame Street에 질렸는가?
③ 무엇이 Sesame Street을 해롭게 하는가?
④ 너무 많은 TV 시간은 더 적은 교육과 같다
⑤ 너무 이른 아침에 TV를 켜지 마라

### 어휘
target 대상으로 하다; 과녁  infection 감염  spread 퍼뜨리다, 퍼지다  literacy 읽고 쓰는 능력  run 방송하다, 흐르다, 운영하다  improve 향상시키다  positive 긍정적인  value 가치, 값; 소중히 여기다  advantage 유리, 이점  elementary 초등의, 기본적인  create 만들다, 창조하다  widespread 만연한  poverty 가난  illiteracy 문맹  sesame 참깨  harmful 해로운  equal 같다; 동일한

## 24 ④

위의 도표는 2004년과 2010년 상위 5개 국가에서 생산된 고무의 총 생산량을 보여준다. 5개 국가 중 태국이 두 해 모두 가장 많이 고무를 생산한 국가였다. 인도네시아는 이 기간 동안 가장 눈에 띄는 증가를 이루었는데, 그것은 약 100만 톤이다. 말레이시아는 2010년에 2004년에 비해 약간의 감소를 보였다. 말레이시아가 2010년에 약간의 감소를 보였듯이 인도의 생산 또한 감소했다.(→ 증가했다.) 베트남은 2004년과 2010년 모두 5개 국가 중에서 가장 적은 양의 고무를 생산했다.

### 해설
인도의 고무 생산량은 2004년에 약 70만 톤이고, 2010년에는 약 80만 톤으로 증가했으므로, 도표의 내용과 일치하지 않는 것은 ④이다.

### 어휘
amount 양  rubber 고무  produce 생산하다; 농산물  producer 생산자  achieve 이루다, 성취하다  remarkable 눈에 띄는  increase 증가; 증가하다  decrease 감소; 감소하다  production 생산  decline 감소하다, 거절하다

## 25 ③

Cesaria Evora는 1941년에 태어나 가난한 가정에서 자랐으며 그녀의 아버지가 돌아가신 후에 고아원에서 길러졌다. 십대 때 그녀는 선원 식당과 Mindelo 항구의 배 위에서 공연을 시작했다. 그녀는 생계를 유지할 수가 없어서 1970년대에 음악을 포기했다. 하지만 1985년에 무대로 다시 돌아왔고, 2003년에 그래미상을 수상했다. 그녀는 항상 신발을 신지 않고 공연을 했기 때문에 '맨발의 디바'로 알려졌다. 아주 작은 Cape Verde 섬의 음악을 전 세계의 청중들에게 가져다주었던 Cesaria Evora는 70세에 모국에서 죽었다.

### 해설
글의 중반부에 But in 1985, she came back on the stage(그러나 1985년에 무대로 다시 복귀했다)고 하였으므로, 글의 내용과 일치하지 않는 것은 ③이다.

### 어휘
raise 기르다, 재배하다, 제기하다  orphanage 고아원  perform 공연하다, 수행하다  harbor 항구  give up 포기하다  unable ~할 수 없는  make a living 생계를 유지하다  award 상; 수여하다  be known as ~로 알려지다  barefoot 맨발의  diva 디바, 오페라의 주연 여가수  tiny 아주 작은  audience 청중  native country 모국

## 26 ④

### Oakland Museum of California
시간:
- 수요일~목요일, 오전 11시~오후 5시
- 금요일, 오전 11시~오후 9시
- 토요일~일요일, 오전 11시~오후 5시
- 월요일, 화요일 휴관

주차:
- 입장권이 있으면 주차 요금은 시간당 1달러입니다.
- 입장권이 없으면 주차 요금은 시간당 2.5달러입니다.

입장료:
- 일반 15달러
- 현재의 학생증 지참한 학생과 노인(65세 이상)은 10달러
- 8세 이하 어린이 무료
- 10인 이상의 성인 단체일 경우 한 명당 12달러입니다.

기타:
- 매주 금요일 오후 5시~오후 9시 'Friday Nights' 입장료는 성인은 반값, 18세 이하는 무료입니다.
- 매달 첫째 일요일은 입장료가 무료입니다.

### 해설
안내문의 후반부에 Admission during Friday Nights, 5 p.m. – 9 p.m. every Friday, is half-off for adults, free for ages 18 and under( 매주 금요일 오후 5시 ~ 오후 9시 'Friday Nights' 입장료는 성인은 반값, 18세 이하는 무료입니다)라고 했으므로, 안내문의 내용과 일치하지 않는 것은 ④이다.

### 어휘
parking 주차  fee 요금  admission 입장권, 입장, 시인  rate 요금, 속도, 비율; 평가하다  general 일반, 장군; 일반의  current 현재의; 해류  senior 노인  free 무료의  adult 성인  per ~당, ~마다  half-off 반값의

## 27 ④

### Sunshine Bus Tour

Sunshine Bus Tour는 Carmel의 가장 인기 있는 지역들을 즐기는 가장 쉬운 방법입니다! 여러분은 20개의 정류장 중 어디에서나 타고 내려서 Carmel의 관광 명소들을 탐험할 수 있습니다.

운영 시간
- 오전 10시 ~ 오후 4시
- 화요일부터 일요일까지, 월요일에는 휴업

요금
- 성인 20달러
- 어린이(14세 미만) 10달러
* 관광 명소 입장료는 포함되지 않습니다.

공지
- 승차권은 첫 사용으로부터 24시간 동안 유효합니다.
- 사전 예약이 필요합니다.

안내문의 후반부에 Ticket is valid for 24 hours from the first time of use. (승차권은 첫 사용으로부터 24시간 동안 유효합니다)라고 하였으므로 안내문의 내용과 일치하는 것은 ④이다.

explore 둘러보다, 탐험하다   tourist attraction 관광명소   operating hours 운영시간   price 요금, 가격   admission 입장료, 입학, 시인   include 포함하다   notice 공지; 알아채다   valid 유효한   advance booking 사전 예약   require 필요로 하다, 요구하다

## 28 ②

고마워하는 사람들은 건전한 결정을 내리는 경향이 있다. 인생과 스포츠는 중대하고 어려운 결정이 내려져야 하는 많은 상황들을 제시한다. 이기적인 사람들은 고마워하는 사람들만큼 건전한 결정을 내리지 못한다. 이것은 스스로를 동기 부여시키는 결정을 포함한다. 좌절한 부모는 묻는다. "어떻게 내가 아이에게 스포츠를 하거나 스포츠를 계속하도록 동기를 부여할까? 때때로 내 아이가 낙심해서 그 또는 그녀의 스포츠에 어떤 노력도 하기를 원치 않는 것일까? 돕기 위해 내가 무엇을 하거나 말을 할 수 있을까?" 자신만의 편협한 이기적인 욕구에 집중하는 아이들 또는 어른들에게 동기를 유발하는 것은 어렵고 거의 불가능한 일이다. 하지만 고마워하는 사람들로서 사는 아이들과 어른들은 스스로에게 동기를 유발할 수 있다. 그들은 또한 다른 사람들부터의 제안을 환영한다.

② make healthy decisions를 가리키므로 일반 동사구를 대신하는 대동사 do를 써야한다.
① situations를 선행사로 하고 완전한 형식의 문장을 유도하는 관계부사 where는 적절하다. (관계부사 where는 추상적인 장소를 선행사로 취할 수 있다.)
③ discourage의 주체인 my child가 동작의 대상이 되므로 수동태인 discouraged는 적절하다.
④ It이 형식상의 주어이고 to 이하가 내용상의 주어로 사용된 to motivate는 적절하다.
⑤ motivate의 목적어와 그것의 주어가 동일 대상이므로 재귀대명사인 themselves를 사용한 것은 적절하다.

grateful 감사할 줄 아는   healthy 건전한   present 제시하다, 제공하다, 발표하다   situation 상황   critical 중대한, 비판적인   selfish 이기적인   include 포함하다   frustrated 좌절한   motivate 동기를 부여하다   discouraged 낙심한   effort 노력   centered 집중하는, 중심에 있는   narrow 편협한, 좁은   desire 욕구, 욕망; 바라다   suggestion 제안

## 29 ①

사람들이 식품이 어떻게 생산되는지 의문을 가질 때, 라벨은 '정보를 얻을 수 있는' 곳이 되고 있다. 그러나 Cornell University의 연구는 소비자들이 특히 제품에 포함되어 있지 않은 잠재적으로 유해한 성분들에 대한 더 많은 정보를 필요로 한다는 것을 알게 되었다. 이 연구는 제품 라벨에 무엇인가가 '들어있지 않은'이라고 쓰여 있을 때, 소비자들은 할증료를 기꺼이 지불하지만, 그 포장이 '들어있지 않은' 어떤 것에 대한 '부정적인' 정보를 제공할 때에만 그렇다는 것을 발견하였다. 예를 들어, 식용염료가 '들어있지 않다'고 표기된 식품은 일부 소비자가 그 상품을 사게 만든다. 그러나 그것과 동일한 라벨이 그러한 염료를 섭취하는 위험에 관한 정보를 포함한다면 훨씬 더 많은 사람들이 그 상품을 구매할 것이다. "소비자들이 성분들에 대한 더 많은 정보를 얻을 때, 그들은 자신의 결정에 대해 더 확신한다"라고 Cornell 대학 교수인 Harry M. Kaiser가 말했다.

(A) 소비자들은 라벨에서 정보를 얻는데 무해한 것보다 해로운 정보를 더 필요로 하므로, harmful(유해한)이 적절하다. *harmless: 무해한

(B) 라벨이 염료를 섭취하는 위험성을 포함하면 소비자들이 더 구매할 것이므로, includes(포함하다)가 적절하다. *exclude: 배제하다

(C) 소비자들은 성분에 더 많은 정보를 얻을 때 확신하고 그 상품에 대해 많은 가치를 부여하므로, confident(확신하는)가 적절하다. *insecure: 불확실한

go to 정보를 얻을 수 있는   potentially 잠재적으로   harmful 유해한   harmless 무해한   ingredient 성분, 재료   willing 기꺼이 하는   premium 할증료, 보험료   free of ~이 들어있지 않은, ~이 없는   dye 염료; 염색하다   compel ~하게 만들다, 강요하다   exclude 배제하다   risk 위험   ingest 섭취하다   confident 확신하는   insecure 자신이 없는, 불안정한

## 30 ⑤

Susan이 어린 소녀였을 때, 그녀의 선생님인 Ashley 선생님은 그녀의 학생들에게 우유를 많이 마시라고 권하곤 했다. 왜 그런지, 그녀는 우유가 사람의 지능을 향상시킨다는 생각을 펼쳤다. 그녀에게 지능보다 더 소중한 것은 없었다. 이따금 Susan은 그녀에게 단도직입적으로 "지능이 뭐예요?"라고 물어보곤 했다. 그 때마다 그녀는 다르게 대답했다. "지능은 아기의 첫 번째 단어란다.", "지능은 노란색이란다." 또는 "지능은 Tom이 오늘 아침 수학시간에 한 농담이란다." 그 대답들은 그녀를 미치게 만들곤 했지만, 약 30년 후인 지금 그녀는 Ashley 선생님이 그렇게 (대답)했던 이유를 생각해보는 것이 흥미롭다고 생각한다.

①, ②, ③, ④는 Ashley 선생님을 가리키지만, ⑤는 Susan을 가리킨다.

encourage 권하다, 격려하다   somehow 왜 그런지, 어쨌든   develop (이론·생각 등) 펼치다, 전개하다, 개발하다, 발달시키다   improve 향상시키다, 개선하다   intellect 지능, 지력   precious 소중한   intelligence 지능   on occasion 이따금   directly 단도직입적으로, 직접   response 대답, 반응   drive ~ crazy ~를 미치게 하다   consider 생각하다, 고려하다

## 31 ①

여러분의 전형적인 하루를 생각해 보라. 여러분은 일어나서 Florida에서 재배된 오렌지로 만든 주스와 브라질에서 재배된 커피콩으로 만든 커피를 자신에게 따른다. 아침을 먹으며 여러분은 일본에서 만든 TV로 뉴욕에서 방송되는 뉴스 프로그램을 본다. 여러분은 Georgia에서 재배된 목화로 만들어지고 태국의 공장에서 바느질된 옷을 입는다. 매일 여러분은 당신이 즐기는 제품과 서비스를 제공해 주는 많은 사람들에게 의존하는데, 그들 중 대부분은 당신이 알지 못한다. 이러한 상호의존은 사람들이 서로서로 교역하기 때문에 가능하다. 여러분들에게 제품과 서비스를 제공하는 사람들은 관대함으로 행동하는 것이 아니다. 오히려, 사람들은 그들이 보답으로 무엇인가를 얻기 때문에 여러분들과 다른 소비자들에게 제품과 서비스를 제공한다.

하루의 일상은 내가 알지 못하는 사람들이 제공하는 제품과 서비스를 이용하면서 보내는데 이는 서로 의존하고 교역하기 때문이라는 내용으로, 빈칸에 들어갈 말로 가장 적절한 것은 ① interdependence(상호의존)이다.
② 경쟁   ③ 불공정   ④ 규정   ⑤ 자선

consider 생각하다, 고려하다   typical 전형적인   pour 따르다, 퍼붓다   broadcast 방송하다(broadcast-broadcast-broadcast)   cotton 면   sew 바느질하다(sew-sewed-sown)   rely on 의존하다   provide 제공하다   goods 제품, 재화   trade 교역하다, 거래하다; 무역   act out 행동하다, 실연하다   generosity 관대함   consumer 소비자   in return 보답으로   regulation 규정   charity 자선(단체)

## 32 ②

당신이 당신의 파이 한 조각을 간절히 얻고자 할 때, 다른 사람들이

그들의 조각을 얻을 수 있도록 왜 다른 사람들에게 도움을 주겠는가? 만약 Ernest Hamwi가 1904년 세계 박람회에서 아주 얇은 페르시아 와플인 zalabia를 팔고 있었을 때, 그가 그런 마음가짐을 가지고 있었더라면, 그는 거리의 상인으로 죽었을지도 모른다. Hamwi는 인근의 아이스크림 상인이 그의 고객들에게 줄 아이스크림을 제공할 그릇이 동난 것을 알아챘다. 대부분의 사람들은 "내 문제가 아니야"라고 콧방귀를 뀌며 말했을 것이며, 아마도 심지어 그 아이스크림 상인의 불행이 자신들에게 더 많은 고객을 의미하기를 바랐을 것이다. 대신에, Hamwi는 와플을 말아 올려 꼭대기에 한 숟가락의 아이스크림을 놓아서, 세계 최초의 아이스크림콘 중의 하나를 만들었다. 그는 자신의 이웃을 도왔으며, 그 과정에서 많은 돈을 벌었다.

**[해설]**

인근의 한 아이스크림 상인이 아이스크림을 팔기 위한 그릇이 동이 난 것을 본 Ernest가 자신의 문제처럼 다가가 와플을 말아 올려 그 위에 아이스크림을 놓아서, 이웃도 돕고 많은 돈을 벌었다는 내용으로, 빈칸에 들어갈 말로 가장 적절한 것은 ② helped his neighbor(자신의 이웃을 도왔으며)이다.
① 새로운 상점을 열었다　　　③ 그 큰 행사에 참여했다
④ 자신의 조리법을 비밀로 했다　⑤ 자신의 실패로부터 배웠다

**[어휘]**

be eager to 간절히 ~하고 싶어 하다　give a hand 도움을 주다　attitude 마음가짐, 태도　fair 박람회; 공정한　notice 알아채다; 공지　run out of ~이 동나다, ~을 다 써버리다　bowl 그릇, 사발　customer 고객　perhaps 아마도　misfortune 불행　roll up 말아 올리다　scoop 숟가락　process 과정; 처리하다　make a fortune 많은 돈을 벌다　recipe 조리법　failure 실패

## 33 ①

45% | 고1 06월 모의고사 변형

철학에서 논증의 개념을 이해하는 가장 좋은 방법은 그것을 의견과 대조하는 것이다. 의견은 단순히 어떤 사람이나 사물에 대한 믿음이나 태도이다. 우리는 항상 우리의 의견을 표현한다. 우리는 특정한 영화나 다른 종류의 음식을 매우 좋아하거나 매우 싫어한다. 대부분, 사람들의 의견은 거의 언제나 자신의 감정에 기초한다. 사람들은 자신의 의견을 어떤 종류의 증거로 뒷받침 할 필요는 없다고 느낀다. 논증은 이것과는 좀 다른 것이다. 이것은 자신의 주장이 사실이라는 것을 다른 사람에게 확신시키도록 만들어진다. 따라서 이것은 자신의 주장을 뒷받침하는 근거를 제시하려는 시도이다. 논증은 철학의 집짓기 블록( 구성 요소)이고, 훌륭한 철학자는 확고한 토대에 기초하여 최고의 논증을 만들어낼 수 있는 사람이다.

**[해설]**

논증은 감정에 기초하는 의견과 달리 뒷받침하는 근거를 제시하려는 것이라는 내용으로, 빈칸에 들어갈 말로 가장 적절한 것은 ① present reasons in support of one's claims(자신의 주장을 뒷받침하는 근거를 제시하려는)이다.
② 각 분야에서 자신의 취향을 개발하려는
③ 자신의 의견을 다른 사람들의 것과 비교하려는
④ 한 주제의 더 깊은 의미를 들여다보는
⑤ 자신의 경험으로부터 지식을 쌓는

**[어휘]**

philosophy 철학　concept 개념　argument 논증, 주장　contrast 대조하다; 대조　attitude 태도　based upon ~에 기초하는　support 뒷받침하다, 돕다; 지지　evidence 증거　convince 확신시키다　claim 주장, 권리; 주장하다　attempt 시도; 시도하다　solid 확고한, 고체의; 고체　foundation 토대, 재단　in support of ~을 뒷받침하는, 지지하는

## 34 ②

56% | 고1 06월 모의고사 변형

아동의 놀이, 특히 환상극 놀이를 관찰하는 것은 아동의 내면세계에 관한 풍부한 통찰을 제공한다고 보일 수 있다. 하지만, 놀이의 기능들이 복잡하고 완전히 이해되지 않고 있기 때문에, 당신이 관찰한 것에 대한 해석은 신중하게 되어야 한다. 아동이 놀이를 통해 무엇을 전달하려

는 지에 관해 성급하게 결론을 내리는 것은 현명하지 못할 것이다. 아동이 보여주는 장면들은 우리에게 그들의 과거 경험 또는 미래에 대한 소망에 대한 단서들을 줄 수도 있다. 이러한 장면들은 실제 일어난 것, 그들이 일어나도록 바라는 것, 또는 그들이 이해하려고 노력하고 있는 사건이나 감정의 혼란 상태를 보여줄 수도 있다. 따라서, 관찰은 아동을 이해하는 가치 있는 도구이지만, 항상 신중하게 다루어져야 하는 것이라고 우리는 말할 수 있다.

**[해설]**

(A) 아이들의 환상극을 통하여 내면세계를 볼 수 있지만, 그것을 신중하게 해석해야 한다는 말이 이어지므로 빈칸에는 however(그러나)가 가장 적절하다.
(B) 아이들이 보여주는 장면들은 과거 또는 미래를 보여주고, 일어난 것, 일어나도록 바라는 것, 이해하려는 것, 그리고 감정의 혼란을 보여주기 때문에, 관찰은 주의 깊게 다뤄야 한다는 인과 관계를 나타내는 문장이 이어지므로 빈칸에는 therefore(따라서)가 가장 적절하다.
① 하지만 – 더욱이　　　③ 다시 말해서 – 예를 들면
④ 다시 말해서 – 따라서　　⑤ 그렇지 않으면 – 예를 들면

**[어휘]**

observe 관찰하다, 준수하다　particularly 특히　fantasy play 환상극 놀이　provide 제공하다　insight 통찰　interpretation 해석　function 기능　complex 복잡한　jump to conclusions 성급하게 결론을 내리다　communicate 전달하다, 소통하다　act out 보여주다, 연기하다　clue 단서　confusion 혼란　observation 관찰　valuable 가치 있는　tool 도구　handle 다루다; 손잡이

## 35 ③

66% | 고1 03월 모의고사 변형

우리의 음식과 제품에 내포된 물은 '가상의 물(공산품·농축산물의 제조·재배에 드는 물)'이라고 불린다. 예를 들어 2파운드의 밀을 생산하기 위해서 약 265갤런의 물이 필요하다. 그래서, 이 2파운드의 밀의 가상의 물은 265갤런이다. 가상의 물은 또한 유제품, 수프, 음료, 그리고 액체로 된 약에도 존재한다. 하지만 건강을 유지하기 위해 가능한 한 많은 물을 마시는 것이 필요하다. 매일 인간은 많은 가상의 물을 소비하고 그것의 함유량은 제품에 따라 다르다. 예를 들어, 2파운드의 고기를 생산하는 것은 2파운드의 채소를 생산하는 것의 약 5배에서 10배의 물을 필요로 한다.

**[해설]**

음식과 제품에 내포된 가상의 물(공산품·농축산물의 제조·재배에 드는 물)의 개념을 설명하고 예를 들고 있는데, ③ 문장은 건강을 유지해 위해서 물을 많이 마시는 것에 관해 언급하고 있다. 따라서 전체 흐름과 관계가 없는 문장은 ③이다.

**[어휘]**

virtual water 가상의 물(공산품·농축산물의 제조·재배에 드는 물)　manufacture 제조하다　virtual 가상의　gallon 갤런(약 3,8리터)　wheat 밀　present 존재하는, 출석한　dairy product 유제품　beverage 음료　liquid 액체; 액체의　medicine 약, 약물　consume 소비하다　content 함유량, 내용; 만족하는　vary 다르다, 다양하다　according to ~에 따라　require 필요하다, 요구하다

## 36 ④

62% | 고1 09월 모의고사 변형

운동선수들은 그들이 경기를 잘하고 있을 때 목표물의 크기가 믿을 수 없을 정도로 커 보인다고 종종 말한다. (C) 이것은 선수들이 잘하고 있지 않을 때 목표물이 믿을 수 없을 만큼 작게 보이는 경험과 대조적이다. 이러한 현상을 시험하기 위해, Jessica Witt와 Dennis Proffitt는 게임이 끝난 직후의 남녀 소프트볼 선수들을 모집했다. (A) 그들은 그 선수들에게 다양한 원이 있는 포스터를 보게 하고, 그들(선수들)이 느끼기에 소프트볼의 크기를 가장 잘 보여주는 원을 가리키라고 요청했다. (B) 그들은 또한 타율을 계산하기 위해서, 그들(선수들)이 막 끝낸 게임으로부터 '통계'를 수집했다. 그들은 더 좋은 타율을 가진 선수들이 더 형편없는 타율을 가진 선수들보다 공의 크기를 더 크다고 인지한다는 것을 발견했다.

straight 똑바로 가다, 직행하다  great-circle (지구의) 대권(大圈)  head ~로
향하다; 머리  gradually 서서히  due to ~때문에  airline 항공사  arrange
배치하다, 준비하다

## 39 ③

명백히 우리의 장 속에 박테리아의 부족은 없지만, 이것은 다음의 진술을 조금 믿기 어렵게 할 수도 있다. 우리 장 속의 박테리아는 멸종 위기 종 목록에 속해 있다. 일반 미국 성인은 그들의 장 속에 약 1,200개의 다른 종의 박테리아를 갖고 있다. 베네수엘라 Amazonas의 보통 원주민이 약 1,600 종의 박테리아를 갖고 있다는 것을 당신이 고려할 때까지 그것은 많은 것처럼 보일 수 있다. 유사하게, 우리의 조상들과 더 비슷한 생활 습관과 식단을 가진 다른 집단의 인간들도 미국인들보다 더 다양한 박테리아를 가지고 있다. 왜 이러한 일이 일어나고 있을까? 우리의 과도하게 가공 처리된 식단, 항생제의 과용, 그리고 완전히 깨끗한 집들이 박테리아의 건강과 안정성을 위협하는 중이다.

**해설**

베네수엘라 Amazonas의 일반 원주민이 대략 1,600 종의 박테리아를 갖고 있다는 것을 고려할 때까지 그것이 많은 것처럼 보일 수 있다는 내용의 주어진 문장에서 That(그것)은 미국 성인들이 1,200 종의 박테리아를 갖고 있다는 내용을 의미하므로 ③에 들어가는 것이 가장 적절하다.

**어휘**

native 원주민  species 종  shortage 부족  gut 장(臟), 배짱  statement
진술  endangered 멸종 위기에 처한  diet 식단  ancestor 조상  varied 다양한
overly 과도하게  process 가공 처리하다; 과정, 진행  overuse 과용  antibiotic
항생제  threaten 위협하다  stability 안정성

## 40 ②

한 연구에서, 피실험자들은 네 개의 음반을 듣고 나서 그들이 각각의 음반을 얼마나 좋아했는지 평가해 달라는 요청을 받았다. 연구에 참여한 것에 대한 보상으로써, 그들은 두 번째 경우에서 추가 평가를 하면 그들이 선택한 음반을 가질 수 있다는 말을 들었다. 피실험자들이 두 번째 실험 기간을 위해 돌아왔을 때, 그들은 네 개의 음반 중에 하나는 손에 넣을 수 없다는 말을 들었다. 제외된 음반은 첫 번째 실험기간에서 그 개인에 의해 세 번째로 좋다고 평가되었던 것이었다. 피실험자들은 네 개의 음반을 다시 듣고 두 번째 평가를 했다. 연구자는 제외된 음반들에 대한 평가가 상당히 높아졌음을 알아냈다. 다시 말해서, 피실험자가 가질 수 없는 음반이 더 탐나는 것이 되었다.
→ 한 연구에 따르면, 피실험자들이 특정한 음반을 <u>손에 넣을 수 없을</u> 때, 그 음반에 대한 그들의 열망은 <u>더 강해진다</u>.

**해설**

피실험자들이 특정한 음반을 가질 수 없다는 말을 듣고 난 후에 그 음반을 더 높이 평가했다는 내용으로, 빈칸 (A)에는 unavailable(손에 넣을 수 없는)이, (B)에는 stronger(더 강해진다)가 들어가는 것이 가장 적절하다.
① 유용한 – 자극받은        ③ 인기있는 – 줄어든
④ 새로운 – 충실해진        ⑤ 배제된 – 더 약해진

**어휘**

subject 피실험자, 국민, 신하  rate 평가하다; 속도, 비율, 요금  reward 보상,
사례금; 보상하다  participate in 참여하다  additional 추가의  rating 평가,
등급  occasion 경우, 행사  return 돌아오다, 반납하다; 회귀  session 기간
available 이용 가능한, 시간 있는  exclude 제외하다  individual 개인, 개체;
개인의, 개체의  significantly 상당히  desirable 탐나는, 바람직한
stimulate 자극하다  lessen 줄다, 줄이다

## [41~42]

1989년 1월 13일에 이탈리아인 인테리어 디자이너 Stefania Follini는 뉴멕시코의 Carlsbad 근처에 있는 한 동굴로 내려갔는데, 그곳에서 그녀는 4개월 이상 생활할 예정이었다. 그 실험은 장기 고립에 대한 스

---

**해설**

운동선수들이 잘하고 있을 때 목표물이 커 보인다는 주어진 문장에 이어서 이것은 운동선수들이 못할 때와 대조적인데 이를 시험하기 위해서 소프트볼 선수들을 모집했다는 (C)가 온 후, 그 선수들에게 포스터에 그려진 원 중에서 소프트볼 크기를 가장 잘 보여주는 원을 가리키라고 요청한다는 (A)가 이어지고, 연구원들이 운동선수들의 경기가 끝난 직후에 통계를 수집한 결과, 잘한 선수들이 형편없는 선수들보다 공의 크기가 더 크다고 인지한다는 (B)로 이어지는 것이 글의 순서로 가장 적절하다.

**어휘**

athlete 운동선수  incredibly 믿을 수 없을 정도로  a variety of 다양한
indicate 가리키다, 지시하다  complete 끝마치다; 완료된  compute 계산하다
batting average 타율  perceive 인지하다  in contrast to ~와 대조적인
phenomenon 현상  recruit (신입 등을) 모집하다  immediately 즉시

## 37 ⑤

눈 깜박거림은 눈을 보호하는 자동적인 행위다. 눈을 뜨면, 전체 표면의 1/10이 공기에 노출된다. (C) 이것은 신체의 가장 민감한 부위인 눈이 공기 중에 존재하는 먼지를 견뎌야 한다는 것을 의미한다. 그러면 눈은 보호 장치로서 무엇을 할까? (B) 그것들은(눈) 깜박거린다. 깜박거림은 눈을 적셔주고 좋은 시력을 위해 앞부분을 깨끗하게 유지한다. 우리가 눈을 깜박거릴 때, 눈물막은 눈을 덮고 존재할 수도 있는 아주 작은 먼지 입자를 씻어낸다. (A) 그것은 눈 깜박거림 뒤에 있는 생리적인 이유이지만, 우리는 또한 심리적인 이유로도 눈을 깜박거린다. 예를 들면, 신경과민, 큰 소리, 스트레스가 우리가 눈을 깜박이는 횟수에 영향을 미친다.

**해설**

눈 깜박거림은 자동적이라는 주어진 글 다음에, 이것은 눈이 공기 중의 먼지를 견뎌야 하는데, 어떠한 보호 장치로서 눈이 일을 하는가라고 묻는 (C)가 이어지고, 깜박거림이 눈을 적셔주어 눈의 앞부분을 깨끗하게 해주며, 눈물막이 먼지를 씻어낸다는 (B)가 온 후, 이 이유는 생리적인 이유도 있지만, 신경과민, 큰 소리, 스트레스와 같은 심리적인 이유도 있다는 (A)가 이어지는 것이 글의 순서로 가장 적절하다.

**어휘**

blink 눈을 깜박거리다  action 행위, 행동  protect 보호하다  surface
표면  area 부위, 지역  expose 노출시키다  atmosphere 공기, 대기,
분위기  physiological 생리적  psychological 심리적  nervousness
신경과민  affect 영향을 미치다  vision 시력, 이상  film 막, 필름, 영화  tiny
작은  dust 먼지  present 존재하는, 출석한  sensitive 민감한  endure 견디다
safeguard 보호장치

## 38 ③

당신이 거의 같은 위도에 있는 두 도시인, 뉴욕에서 마드리드로 여행하기를 원한다고 상상해 보라. 만약 지구가 평평하다면, 가장 짧은 경로는 똑바로 동쪽을 향하는 것일 것이다. 만약 당신이 그렇게 한다면, 당신은 3,707마일을 여행한 후에 마드리드에 도착할 것이다. 하지만, 지구의 표면은 곡선이기 때문에, 평면 지도에서는 곡선처럼 보여서 더 길어 보이지만, 실제로는 더 짧은 경로가 있다. 만약 당신이 처음에는 북동쪽으로 향하고, 그리고 나서 서서히 동쪽으로 돈 후, 남동쪽으로 이동하는 대권 항로를 따라간다면, 3,605 마일에 거기에 도착할 수 있다. 이 두 경로 사이의 거리 차이는 지구의 곡선표면 때문이다. 항공사들은 이것을 알고 있으며, 그들의 조종사들이 대권 항로를 따라가도록 배치한다.

**해설**

지구의 표면은 곡선이기 때문에 평면 지도에서는 경로가 길어 보이지만 실제로는 더 짧다는 의미인 주어진 문장은, 사실상 두 지점간의 최단 거리인 대권 항로를 따라가면 3,605 마일에 도착할 수 있다는 내용 앞인 ③에 와야 한다.

**어휘**

surface 표면  curved 곡선의  path 길  flat 평평한  route 경로  head

트레스가 우주여행에 어떻게 영향을 끼치는지를 조사하는 것을 목표로 하였다. 이탈리아 연구 재단인 Pioneer Frontier Explorations는 20명의 지원자 중 한 명인 Follini를 선택했는데, 그녀가 정신력과 체력을 가지고 있다고 판단되었기 때문이다. 131일 동안 그녀는 지면의 9미터 아래에 봉인된 가로 6미터 세로 12미터의 플렉시글라스 모듈 안에서 햇빛이나 다른 시간을 측정하는 방법 없이 홀로 살았다.

약 4개월 후, 그녀는 예정대로 지상으로 돌아왔다. 그러나 그녀의 계산으로는 단지 3월 중순이었다. Follini의 지하 체류 동안, 그녀의 시간 감각이 더 길어진 것처럼 보였다. 그녀의 "하루"는 25시간, 그 다음에 48시간으로 늘어났다. 그녀는 22시간에서 24시간 동안 잠을 자다가 갑자기 30시간까지 활동하는 경향이 있었다. 간단히 말해서, 그녀의 체내 시계가 고장 났다.

## 41 ④

61% 고1 06월 모의고사 변형

**해설**

장기 고립에 대한 스트레스의 영향을 알아보기 위한 실험으로 약 4개월 동안 지하 생활을 했던 여성의 시간 감각이 더 길어졌다는 내용으로 이 글의 제목으로 가장 적절한 것은 ④ What Changes Can Isolation Cause?(고립은 어떤 변화들을 야기할 수 있는가?)이다.

① 지원자를 선택하는 법　　② 왜 늦잠자기는 해로운가?
③ 편안한 지하 생활　　④ 예상치 못한 탐험의 이점

## 42 ①

64% 고1 06월 모의고사 변형

**해설**

고립된 생활로 인해 체내 시계가 고장 나서 시간 감각을 잃어버렸다는 내용으로 빈칸에 들어갈 말로 가장 적절한 것은 ① internal clock(체내 시계)이다.

② 설계 도구　　③ 개인용 컴퓨터
④ 전자계산기　　⑤ 실험 장비

**어휘**

experiment 실험; 실험하다　aim 목표로 하다, 겨누다; 목표　examine 조사하다　long-term 장기의　isolation 고립　affect 영향을 미치다, 가장하다　foundation 재단, 기초　inner strength 정신력　stamina 체력　module 모듈　seal 봉하다　surface 지면, 표면　measure 측정하다　on schedule 예정대로　calculation 계산　extend 길어지다, 늘어나다　tend to ~하는 경향이 있다　burst into 돌연[갑자기] ~하다　out of order 고장 난

## [43~45]

(A) 한 대학생이 자신의 학비를 지불하려고 고군분투하고 있었다. 그는 고아였고, 돈을 어디서 구해야 할지 모르던 중에 훌륭한 생각을 해냈다. 그는 돈을 마련하기 위해 캠퍼스에서 음악 콘서트를 열기로 결심했다. 그는 위대한 피아니스트인 Ignacy Paderewski에게 와서 연주해 달라고 요청했다. 그의 매니저는 피아노 독주회로 2,000달러를 요구했다. 거래는 성사되었고, 그 학생은 콘서트를 성공작으로 만들기 위해 노력하기 시작했다.

(D) 그날이 다가왔다. 하지만 불행히도, 그는 충분한 입장권을 팔지 못했었다. 모인 총액은 단지 1,600달러였다. 실망한, 그는 Paderewski에게 가서 자신의 어려움을 설명했다. Paderewski는 1,600달러를 돌려주고 그 학생에게 말했다. "여기 1,600달러이네. 이 돈을 가지게." 그 학생은 놀라서 그에게 진심으로 감사했다.

(B) Paderewski는 나중에 폴란드의 수상이 되었다. 그는 훌륭한 지도자였지만, 불행히도 1차 세계대전이 시작되었을 때 폴란드는 파괴되었다. 그의 나라에는 150만 명이 넘는 사람들이 굶주리고 있었고, 그들을 먹일 돈이 없었다. Paderewski는 어디에서 도움을 구할지 몰랐다. 마침내, 그는 미국 Food and Relief Administration(식품 구호청)에 도움을 요청했다.

(C) 그 곳의 수장은 Herbert Hoover라고 불리는 사람이었고, 나중에 미국 대통령이 되었다. 그는 굶주리는 폴란드 국민들에게 식량을 공급

하는 것에 동의했다. Paderewski는 안도했다. 나중에 그가 Hoover에게 그의 고귀한 행위에 대해 고마워할 때, Hoover는 재빨리 말했다. "저에게 고마워하실 필요 없습니다. 수상님. 당신은 이것을 기억 못할 수도 있지만, 오래전 당신은 한 학생이 대학을 졸업하도록 도와주셨습니다. 제가 바로 그였습니다."

## 43 ④

63% 고1 06월 모의고사 변형

**해설**

한 학생이 학비를 벌기 위해 Paderewski에게 콘서트에서 연주를 요청하였다는 주어진 글에 이어서 콘서트일이 다가왔으나 입장권을 충분히 팔지 못해 어려움을 설명하는 학생에게 Paderewski는 오히려 모인 돈을 학비로 쓰라고 주었다는 내용의 (D)가 이어지고, 나중에 폴란드의 수상이 된 Paderewski는 전쟁으로 나라가 파괴되고 식량이 부족해져 미국의 한 기관에 도움을 요청하였다는 내용의 (B)가 온 후, 그 기관의 수장이 바로 Paderewski가 학비를 도와주었던 Hoover임이 밝혀지는 (C)로 이어지는 것이 글의 순서로 가장 적절하다.

## 44 ③

72% 고1 06월 모의고사 변형

**해설**

(a), (b), (d), (e)는 Paderewski를 가리키고, (c)는 Hoover를 가리킨다.

## 45 ④

62% 고1 06월 모의고사 변형

**해설**

(D)의 후반부에 Paderewski returned the $1,600(Paderewski는 1,600달러를 돌려주었다)라고 했으므로 글의 내용과 일치하지 않는 것은 ④이다.

**어휘**

struggle 어려움을 겪다, 분투하다　school fee 학비　orphan 고아　turn for ~을 구하다　come up with ~을 생각해 내다　bright 멋진, 밝은　host 개최하다; 주인, 숙주　raise 모금하다, 제기하다, 기르다, 올리다　demand 요구하다, 주장하다; 수요　recital 독주회　close a deal 거래를 성사시키다　prime minister 수상　unfortunately 불행히도　starve 굶주리다　feed 식량을 공급하다, 먹이다; 먹이　relieved 안도하는　noble 고귀한; 귀족　make it through college 대학을 졸업하다　amount 총액, 양

| 18 ② | 19 ③ | 20 ⑤ | 21 ④ | 22 ⑤ | 23 ③ |
|---|---|---|---|---|---|
| 24 ④ | 25 ④ | 26 ④ | 27 ③ | 28 ③ | 29 ④ |
| 30 ④ | 31 ① | 32 ① | 33 ② | 34 ① | 35 ④ |
| 36 ④ | 37 ⑤ | 38 ③ | 39 ③ | 40 ① | 41 ① |
| 42 ③ | 43 ④ | 44 ③ | 45 ① | | |

## 18 ②

87% 고1 06월 모의고사 변형

저희의 세계 일주 여행이 빠르게 다가오고 있고 이 웅장한 모험에 대해 약간 걱정됩니다. 몇 주 전에 의논한 것처럼 저희가 여행하는 동안 당신과 Harold가 저희 집을 지켜 봐주시는 데 대해 정말 감사하게 생각할 것입니다. 우체국은 우리의 우편물 배달을 보류할 것이고, 저희는 신문을 취소했지만, 저희가 떠나 있는 동안 여전히 배달될지도 모르는 소포나 전단지를 살펴 봐 주세요. 집 열쇠는 당신이 가지고 계십니다. 비상연락 전화번호를 포함하여 저희 전체 여행 일정 복사본을 첨부했습니다. 다시 한 번 감사드립니다. 저희가 돌아오면 저희 집에 초대할 것을 약속드립니다.

### 해설

세계 일주 여행을 하기 위해 집을 지켜봐줄 사람에게 쓰는 편지글이다. 따라서 글의 목적으로 가장 적절한 것은 ②이다.

### 어휘

**approach** 다가오다, 접근하다; 접근법 **grand** 웅장한 **adventure** 모험 **appreciate** 감사해 하다, 진가를 알아보다 **keep an eye** 계속 지켜보다, 감시하다. **hold the mail** 우편물을 보류하다 **cancel** 취소하다 **package** 소포, 포장물 **flier** 전단지 **deliver** 배달하다, 출산하다 **attach** 첨부하다, 붙이다 **complete** 완전한; 완료하다 **including** ~을 포함하여 **emergency** 비상(사태) **return** 돌아오다, 반납하다; 회귀

## 19 ③

65% 고2 06월 모의고사 변형

저 멀리 아래에, 좁은 계곡으로 물길이 난 Fontana 호수가 있었다. 그 호수의 서쪽 끝에 커다란 수력발전 댐이 위치해 있다. 우리는 거기에 방문객 안내소가 있을 것이라고 기대하면서 등산로를 서둘러 내려갔다. 이것은 식당과 발달된 세계와 다른 만족스러운 접촉을 할 수 있는 가능성을 의미했다. 우리는 적어도 자동판매기나 화장실이 있고, 그곳에서 우리가 씻거나 깨끗한 물을 얻을 수 있을 것이라고 생각했다. 방문객 안내소가 정말로 있었지만, 그곳은 닫혀 있었다. 자동판매기는 비어 있었고 플러그는 뽑혀 있었고, 심지어 화장실은 잠겨 있었다. 우리는 수도꼭지를 발견하고 그것을 돌려보았으나, 물이 끊겨 있었다.

### 해설

멀리 보이는 수력발전 댐에 가면 방문객 안내소가 있을 것이라고 기대하면서 갔으나, 비어 있었고, 자동판매기, 화장실 그리고 수도꼭지 모두 제대로 작동을 하지 않았다는 내용으로 'We'의 심경 변화로 가장 적절한 것은 ③ hopeful → disappointed(희망에 찬 → 실망한)이다.

① 겁먹은 → 안도한      ② 지루한 → 흥분한
④ 짜증난 → 만족한      ⑤ 당황한 → 고마운

### 어휘

**stand** 위치해 있다, 견디다 **hydroelectric dam** 수력발전 댐 **hasten** 서둘러 가다 **trail** 등산로, 자국; 뒤쫓다 **expect** 기대하다, 예상하다 **possibility** 가능성 **cafeteria** (구내) 식당 **contact** 접촉; 연락하다 **at least** 적어도 **vending machine** 자동판매기 **indeed** 정말로 **unplug** 플러그를 뽑다 **lock** 잠그다; 자물쇠 **tap** 수도꼭지 **shut off** 끊다, 차단하다

## 20 ⑤

77% 고1 09월 모의고사 변형

나는 누구인가? 이것은 신입생 철학 시험의 질문처럼 들릴 수도 있지만, 소크라테스가 자신의 학생들에게 "너 자신을 알라."라고 말했을 때 진심이었다. 당신이 아파트에 산다면 당신이 소를 사는 것은 어리석은 일일 것이다. 당신이 당신의 돈에 끊임없는 접근이 필요하다면, 당신이 부동산에 투자하는 것도 똑같이 어리석은 일일 것이다. 투자가가 살펴봐야 하는 우선 사항은 거울 속에 있다. 당신은 주름살이 보이는가? 아마도 당신은 은퇴를 향해 가고 있고, 그래서 당신에게 지속적인 수입을 제공하는 투자를 필요로 할지도 모른다. 딸의 교육을 위해 많은 돈을 필요로 하는 젊은 부모가 보이는가? 그러면 고수익을 위한 고위험 투자를 받아들일 수도 있다.

### 해설

현재 자신에게 처한 상황에 맞도록 투자를 해야 한다는 내용의 글로 필자가 주장하는 바로 가장 적절한 것은 ⑤이다.

### 어휘

**philosophy** 철학 **serious** 진심인, 심각한 **equally** 마찬가지로, 동등하게 **invest** 투자하다 **real estate** 부동산 **constant** 지속적인 **access** 접근; 접근하다 **wrinkle** 주름 **head** 나아가다; 우두머리 **retirement** 은퇴 **investment** 투자 **provide** 제공하다 **steady** 꾸준한 **income** 수입 **accept** 받아들이다, 인정하다 **risk** 위험; 무릅쓰다

## 21 ④

78% 고1 06월 모의고사 변형

연구들은 환자 배우자의 체중과 태도가 체중 감량과 체중 유지 성공에 중대한 영향을 미칠 수 있다는 것을 보여주었다. Black & Threlfall은 과체중인 배우자를 가진 이들보다 정상 체중의 배우자를 가진 과체중 환자들이 상당히 더 많은 몸무게 감량을 했다는 것을 발견했다. 비록 프로그램에 포함되지 않았지만, 체중을 감량했던 배우자를 가진 환자들에서 성공이 더 컸다고 그들은 또한 언급했다. 마찬가지로, Pratt는 환자의 배우자가 체중 조절 프로그램에 포함되었을 때 (프로그램의) 중도 탈락률이 감소했다는 것을 발견했다.

### 해설

과체중의 배우자를 가진 환자들보다 정상체중의 배우자를 가진 환자들이 체중감량에 더 성공했다는 것이 글의 주된 내용으로, 내용으로 이 글의 요지로 가장 적절한 것은 ④이다.

### 어휘

**attitude** 태도 **spouse** 배우자 **have an impact on** ~에 영향을 끼치다 **amount** 양 **maintenance** 유지, 관리 **overweight** 과체중의 **significantly** 현저하게, 상당히 **note** 언급하다, 주목하다 **include** 포함하다 **dropout** 중도 탈락, 중퇴자 **rate** 비율, 속도, 요금; 평가하다 **reduce** 감소하다

## 22 ⑤

60% 고1 06월 모의고사 변형

만약 당신이 아침 신문을 사는 습관이 있다면, 나는 당신이 신문 더미 위에 있는 신문은 건너뛸 것이라고 장담한다. 대신에 당신은 위에 있는 신문을 들어 올리고 그것의 밑에 있는 신문을 빼낼 것이다. 당신은 72%의 사람들이 똑같은 것을 한다는 것을 알고 있었는가? 왜일까? 왜냐하면 위에서 두 번째에 있는 신문은 수많은 손가락 끝에 의해 만져지지 않아서 그 위에 있는 신문보다 더 깨끗하다고 생각하기 때문이다. 하지만, 반어적으로 똑같은 72%의 사람들 중 많은 사람들은 헤드라인을 훑어본 후 그 신문을 그들이 발견했던, 제일 위의 아래에 다시 놓는다. 그래서 그들은 결국 계속해서 만져진 똑같은 신문을 만지게 된다.

### 해설

신문 더미 속에서 사람들은 두 번째 신문이 더 깨끗할 것이라고 생각하지만, 사실은 많은 사람들이 두 번째 신문을 보고 다시 가져다 놓아서 깨끗하지 않다는 것이 글의 주된 내용이다. 따라서 이 글의 주제로 가장 적절한 것은 ⑤ 신문 더미의 청결함에 대한 잘못된 믿음(the false belief of cleanliness in a pile of newspapers)이다.

① 더러운 손가락 끝에 의해 야기된 질병들
② 헤드라인을 만드는 효과적인 방법들
③ 다양한 신문을 읽는 중요성
④ 대중에 관한 신문의 긍정적 효과

**어휘**

bet 장담하다: 내기  skip 건너뛰다  pile 더미  handle 만지다, 다루다
countless 수많은  fingertip 손가락 끝  ironically 반어적으로  scan 훑어보다
consumer 소비자  replace 다시 놓다, 대체하다  end up -ing 결국 ~하게 되다
thumb through 엄지손가락으로 페이지를 넘기다  effective 효과적인  various
다양한  positive 긍정적인  false 잘못된

## 23 ③
73% 고1 09월 모의고사 변형

종종, 마음이 따뜻한 뉴스 이야기는 폭풍이 치는 바다에서 막 익사하려는 난파된 선원에 관한 이야기를 한다. 갑자기 돌고래 한 마리가 그가 있는 쪽으로 불쑥 나타나서 그 선원을 안전하게 해안가로 밀었다. 돌고래가 우리를 익사로부터 충분히 구할 수 있을 만큼 정말로 인간을 좋아함에 틀림없다고 결론을 내리는 것은 매력적이다. 하지만 잠깐. 돌고래가 실제로 도움이 되려고 했던 것일까? 그 질문에 답하기 위해서, 우리는 돌고래에 의해 바다 더 멀리 밀려나서 결코 돌아오지 않은 난파된 선원들의 정반대의 경우를 알아야 한다. 그 선원들이 살아서 우리에게 그들의 사악한 돌고래 경험에 대해 말해 주지 않았기 때문에, 우리는 그러한 경우들에 대해 알지 못한다.

**해설**

돌고래가 익사 직전의 선원을 해안가로 바래다줘서 살려준 경우도 있지만, 반대로 바다 멀리 밀려낸 경우도 있다는 것이 글의 주된 내용이다. 따라서 제목으로 가장 적절한 것은 ③ Are Dolphins Really Our Friends?(돌고래는 정말로 우리의 친구들인가?)이다.
① 돌고래: 바다의 보호자들
② 돌고래의 도움으로 항해하기
④ 폭풍우 치는 바다에서의 믿을 수 없는 생존
⑤ 난파선: 해양 환경의 파괴자들

**어휘**

heartwarming 마음이 따뜻한  shipwrecked 난파된  sailor 선원  be about
to 막 ~하려하다  drown 익사하다  pop up 불쑥 나타나다  shore 해안가
attractive 매력적인  conclude 결론을 내리다  human being 인간  intend
의도하다  opposite 정반대의; 반대  further 더 멀리  experience 경험;
경험하다

## 24 ④
78% 고1 03월 모의고사 변형

위 차트는 2019년에 소비된 세계 에너지 비율을 보여 준다. 전체 에너지 자원 중에서 화석연료의 비율이 가장 큰데, 이것은 재생에너지 비율의 약 4배만큼 높다. 전통적 바이오매스, 수력전기, 바이오 연료 등을 포함하는 재생에너지는 세계 에너지 소비의 19%를 차지한다. 이 19% 중에서, 전통적 바이오매스는 수력전기보다 더 큰 세계 에너지 자원이다. 바이오 연료의 비율은 0.6%인데, 이것은 핵에너지의 비율만큼 크다(→ 비율보다 작다). 수력전기의 비율은 3.2%에 도달하는데, 이것은 바이오 연료의 비율보다 더 높다.

**해설**

바이오 연료의 비율은 0.6%이고, 핵에너지의 비율은 0.3%이므로 도표의 내용과 일치하지 않는 것은 ④이다.

**어휘**

global 세계의  consume 소비하다, 먹다  source 근원, 출처  fossil 화석
fuel 연료  renewables 재생에너지  traditional 전통적인  biomass 생물량
hydropower 수력발전  biofuel 생물(바이오) 연료  make up 구성하다
consumption 소비  rate 비율, 속도, 가격; 평가하다  nuclear 핵의; 핵무기

## 25 ④
82% 고1 06월 모의고사 변형

황금독화살 개구리는 독침 개구리 중에서 가장 큰 개구리들 중 하나이며, 다 자라면 2인치가 넘는 길이에 도달할 수 있다. 그것들은 낮에 활동적이며, 먹이를 자신들의 입 쪽으로 당기기 위해서 긴 혀를 사용하여, 곤충을 사냥한다. 그것들은 지구상에서 가장 독성이 강한 동물로 여겨진다. 그것들은 자신의 독을 사냥하는 데는 사용하지 않는다. 그것은 단지 방어 목적을 위한 것이다. 황금독화살 개구리들은 천적이 거의 없기 때문에, 더 큰 동물로부터 숨으려 하지 않으며, 포식자들에 의해서 위협받지 않는다는 것을 알고 있는 듯하다. 그것들은 사회적 동물이며, 4~7마리의 무리를 지어 산다.

**해설**

글의 후반부에서 golden poison frogs do not try to hide from larger animals(황금독화살 개구리는 더 큰 동물로부터 숨으려 하지 않는다)고 했으므로, 글의 내용과 일치하지 않는 것은 ④이다.

**어휘**

poison 독; 독살하다  length 길이  adult 다 자란 동물, 성인  insect 벌레  prey
먹이  consider 여기다, 고려하다  poisonous 독성의  defensive 방어의
purpose 목적  natural predator 천적  threaten 위협하다  predator 포식자
social 사회적  individual 개체, 개인; 개체의, 개인의

## 26 ④
90% 고1 06월 모의고사 변형

### 여름 디자인 캠프

여름 디자인 캠프는 고등학생들을 위한 일련의 체험 중심의 디자인 프로그램입니다.

**활동**

강사들은 현장 학습을 계획하고 자신들의 경험을 공유할 전문가들을 초청합니다. 프로그램은 학생 작품 전시로 끝납니다.

**날짜 및 비용**
• 날짜: 2019년 6월 27일-30일
• 비용: 200달러

**자격요건 및 등록**
• 캠프에 참여하려면 학생들은 반드시 디자인 프로젝트에 관한 사전 경험이 있어야 합니다.
• 학생들은 반드시 저희 웹사이트 www.designlab.org를 통해 미리 등록해야 합니다.
추가적인 정보를 원한다면 Ruby@jsnty.com으로 이메일을 보내주세요.

**해설**

안내문의 후반부에 To participate, students are required to have previous experience in design projects(캠프에 참여하려면 학생들은 디자인 프로젝트에 관한 사전 경험이 반드시 필요합니다)라고 하였으므로, 안내문의 내용과 일치하지 않는 것은 ④이다.

**어휘**

a series of 일련의  experience-centered 체험 중심의  instructor 강사
field trip 현장 학습  professional 전문가  share 공유하다, 나누다
exhibition 전시  work 작품  requirement 자격요건, 필요  registration 등록
participate 참여하다  previous 이전의  sign up for 등록하다  in advance
미리

## 27 ③
89% 고1 03월 모의고사 변형

### 자전거 안전 수업

• 장소: Nightingale 고등학교
• 날짜: 2019년 3월 20일
• 시간: 오후 3시~오후 5시
저희는 자신의 자전거를 가져오는 것을 권장하지만, 대여용 자전거도 있습니다.

- 참가비: 1인당 10달러(교육 자료와 간식이 포함됩니다.)
- 최초 15명은 무료 헬멧을 받습니다.
- 다루는 주제: 도로 규칙, 자전거 타는 사람의 권리, 빠른 기초 점검, 주행로 선택

추가 정보를 원하시면 저희에게 연락해주세요.

이메일: miguel@bsc.org

전화: 626-375-6799

[해설]

안내문의 후반부에 We encourage you to bring your own bicycle, but we also have bicycles for rent(저희는 자신의 자전거를 가져오는 것을 권장하지만, 대여용 자전거도 있습니다)라고 했으므로 안내문의 내용과 일치하는 것은 ③이다.

[어휘]

encourage 권장하다, 격려하다   rent 대여, 임대   fee 참가비, 요금   educational 교육의   material 자료, 재료   include 포함시키다   free 무료의, 자유로운; 풀어주다   cover 다루다, 취재하다, 덮다   right 권리   ABC 기초, 기본   route 주행로   contact 연락하다, 접촉하다

## 28 ③
74% 고1 11월 모의고사 변형

책을 읽지 않는 아이들의 가장 큰 불만은 그들에게 흥미를 끄는 어떤 읽을 것도 그들이 찾을 수 없다는 것이다. 부모인 우리가 우리 아이들이 자신들을 들뜨도록 하는 장르를 찾도록 도와주는 더 좋은 일을 할 필요가 바로 여기에 있다. 여러분의 지역 공공 도서관의 어린이 담당 사서, 학교 사서 또는 좋은 서점의 아동 도서 부분의 담당자가 여러분에게 익숙하지 않은 새로운 읽을거리(자료)를 선택할 수 있도록 도울 수 있다. 또한, 여러분이 아이였을 때 좋아했던 책들을 회상해 보라. 나의 남편과 나, 둘 다 Beverly Cleary의 책들을 즐겼고 결국 우리 아이들도 그것들을 사랑한다.

[해설]

(A) 관계대명사 that의 선행사는 to read가 꾸며주는 단수명사인 anything이므로, 수일치를 이루는 interests가 적절하다.
(B) 가리키는 대상이 복수명사인 kids이므로 them이 적절하다.
(C) 내용상 '~할 때'의 의미로 사용되는 부사절을 이끄는 when이 적절하다.

[어휘]

complaint 불만, 불평   interest 흥미를 일으키다; 관심, 이익, 이자   identify 찾다, 확인하다, 동일시하다   excite 들뜨게 하다, 흥분시키다   librarian 사서   local 지역의; 지역민   section 부분, 단면   choose 선택하다   material 읽을거리, 자료, 재료   familiar 익숙한   think back on 회상하다   turn out 결국 ~으로 드러나다

## 29 ④
49% 고1 11월 모의고사 변형

수년 간 응급 구조대원들은 정신적 외상 사건 후에 자신들의 경험에 대해 보고하는 상담 과정을 거쳐야 한다고 믿어졌다. 그 아이디어는 이것이 미래의 정신 건강 문제를 예방할 것이라는 것이었다. 미국의 9/11 공격 이후, 상담자들은 구조대원들이 정신적 외상을 다루는 데 도움을 주고, 이후에 그들이 더 기분 좋게 느낄 수 있도록 하기 위해 갔다. 하지만 그것이 어떤 도움이 되었을까? 한 연구는 그 보고하는 과정이 거의 이점이 없었고, 심지어 정상적인 치유 과정을 방해함으로써 그들에게 상처를 주었을지도 모른다는 것을 보여준다. 사람들은 그것들(고통스러운 사건들)이 발생한 직후에 즐거운(→ 고통스러운) 사건을 생각하는 것으로부터 종종 주의를 딴 데로 돌린다. 이것은 그 고통스러운 사건을 회상하는 것보다 더 나을 수도 있다. 사람들이 우울할 때, 자신들의 문제를 회상하는 것은 상황을 악화시킨다.

[해설]

정신적인 외상 사건 이후 이것을 보고하게 하는 상담과정은 오히려 도움이 되지 않았는데, 사람들이 고통스러웠던 사건으로부터 자신들의 주의를 다른 데로 돌리려고 하기 때문이라는 흐름으로, ④의 pleasant(즐거운)를 painful(고통스러운)과 같은 단어로 고쳐 써야 한다.

[어휘]

emergency worker 응급구조대원   go through 거치다, 겪다   counseling 상담   process 과정; 처리하다   traumatic 정신적 외상의   prevent 예방하다, 막다   rescue worker 구조대원   deal with 다루다   afterward 이후에   do good 도움이 되다   benefit 이점, 보조금; 이득이 되다   interrupt 방해하다   healing 치유   distract 주의를 돌리다, 산만하게 하다   pleasant 즐거운   occur 발생하다   recall 회상하다   painful 고통스러운   depressed 우울한

## 30 ④
72% 고1 03월 모의고사 변형

6개월 된 Angela는 점심 식사 동안에 자신의 (어린이용) 높은 의자에 앉아 있고 식탁 위에 있는 자신의 젖병을 본다. 힘든 날이어서 그녀는 꽤 피곤하고 그녀는 자신의 젖병을 원한다. 그녀의 엄마 Sophie가 그녀에게 음식을 먹일 때, 그녀는 그것을 바라보고, 점점 더 좌절감을 느낀다. 마침내, 그녀는 엄마의 음식으로 가득 찬 숟가락에서 고개를 돌리고, 자신의 등을 아치 모양으로 구부리고, 그녀의 높은 의자에서 몸을 돌리고, 그녀가 막 울 것처럼 소리를 낸다. Sophie는 Angela가 무엇을 원하는지 전혀 모르고 있다. Sophie가 또 다른 이유로 식탁을 우연히 바라볼 때, 그녀는 그 위에 있는 젖병을 알아챈다. "저것이 네가 원하는 것이구나."라고 그녀는 말하고, Angela에게 그녀의 젖병을 준다.

[해설]

①, ②, ③, ⑤는 Angela를 가리키지만 ④는 Angela의 엄마인 Sophie를 가리킨다.

[어휘]

high chair (어린이용) 높은 의자   bottle 젖병, 병   tough 힘든, 질긴   feed (음식을) 먹이다; 먹이   frustrated 좌절된, 욕구 불만의   turn away (고개를) 돌리다   spoonful 한 숟가락 가득한 양   vocalize 목소리를 내다, 소리치다   be about to 막 ~하려 하다   clueless 전혀 모르는, 단서가 없는   happen to 우연히 ~하다   reason 이유; 추론하다   notice 알아채다; 공지

## 31 ①
44% 고1 09월 모의고사 변형

우리의 직계 조상의 기초를 세운 인구는 2,000명이 넘는 것으로 생각되지는 않는다. 그러면 어떻게 우리는 그렇게 허약한 소수의 인구에서 강력하고 증가하는 거대한 70억의 인류가 되었을까? Richard Potts에 의하면 한 가지 방법밖에 없다. 인류(You)가 안정성을 포기한 것이다. 인류는 변화를 물리치려 하지 않는다. 인류는 주어진 서식지 안에서의 일관성에 대해 신경 쓰지 않기 시작했는데 그러한 일관성은 선택사항이 아니기 때문이다. 인류는 변화 그 자체에 적응한다. 그것은 눈부신 전략이었다. 단지 한두 개의 생태학적인 환경 속에서 살아남는 방식을 배우는 대신에, 우리는 전 세계를 점령했다.

[해설]

인류는 변화를 물리치는 것이 아니라 적응해 나가는 전략을 사용하면서, 일관성에 대한 신경을 쓰지 않았기 때문에 거대한 무리가 되었다는 내용으로, 빈칸에 들어갈 말로 가장 적절한 것은 ① stability(안정성)이다.
② 도덕성   ③ 공정성   ④ 명성   ⑤ 도전

[어휘]

found 기초를 세우다(found-founded-founded)   individual 개인, 개체   fragile 허약한, 손상되기 쉬운   minority 소수   a tide of 거대한   humanity 인류   according to ~에 의하면   give up on ~을 포기하다   consistency 안정성, 일관성   habitat 서식지   adapt to ~에 적응하다   variation 변화   brilliant 눈부신, 굉장한   strategy 전략   survive 살아남다   ecological 생태학적인   take on 점령하다, 싸우다

## 32 ①
40% 고1 11월 모의고사 변형

윤리적 의사결정은 우리 자신과 타인에 대한 우리의 선택과 행동의 있을 수 있는 결과들을 상상하기 위해서 우리에게 당면한 순간과 개인적인 필요를 넘어서 바라보도록 요구한다. 그것(윤리적 의사결정)의 가

장 기본적인 의미로, 도덕적 상상은 타인과 우리의 상호작용 속에서 다양한 결과들을 그려보는 것에 관한 것이다. 어떤 의미에서, 도덕적 상상은 도덕적으로 할 수 있는 최상의 것을 결정하기 위해 다른 행동 방침을 검토하도록 하는 연극의 가상 예행연습이다. 공감 능력은 도덕적 상상에 매우 중요하다. 우리는 타인들이 무엇을 느끼는지를 경험할 수 없기 때문에, 우리는 그들이 어떻게 영향을 받는지 알 수가 없다. 단지 우리가 그 상황에서 무엇을 느낄지에 대해 상상함으로써만 그들이 어떻게 느끼는지 이해할 수 있다.

**해설**

윤리적 의사결정을 위해서는 다른 사람들과의 상호작용 속에서 일어날 수도 있는 것을 도덕적으로 상상하는 것이 중요하다는 내용의 글로, 빈칸에 들어갈 말로 가장 적절한 것은 ① picturing various outcomes(다양한 결과들을 그려보는 것)이다.
② 우리의 정체성을 인정하는 것　　③ 과거의 기억을 다시 찾아가는 것
④ 감정을 발생시키는 것　　⑤ 견고한 신뢰를 쌓는 것

**어휘**

ethical 윤리적　decision-making 의사결정　require 요구하다, 필요하다　immediate 당면한, 즉각적인　consequence 결과　behavior 행동　moral 도덕적; 도덕, 교훈　interaction 상호작용　virtual 가상의　examine 검토하다, 검사하다　course of action 행동 방침　determine 결정하다　morally 도덕적으로　capacity 능력, 용량　empathy 공감, 감정이입　affect 영향을 미치다, 가장하다

## 33 ②　　45% 고1 09월 모의고사 변형

일부 학습 안내서들은 상세히 달력에 기록하는 것을 지지하는데, 그러면 당신이 학기 내내 여러분들이 해야 할 것을 알게 될 것이다. 그것들은 당신이 각 과목을 공부하는 시간, 식사를 하는 시간, 체육활동에 참여하는 시간, 친구들과 교제하는 시간 등을 배정할 것이다. 나는 이런 접근법이 심각한 실수라고 느낀다. 학생들은 그런 일정을 따르는 것을 꺼릴 뿐만 아니라, 인간이 그렇게 엄격한 계획을 시도하는 것은 바람직하지 않다. 그러한 일정을 따르는 것은 당신으로 하여금 당신의 모든 인생이 미리 결정되어져 있다고 느끼도록 할 것이고, 당신의 학습에 빨리 지루하게 될 것이다. 중요한 날짜를 기록하는 의도된 목적을 위해서 달력을 사용해라. 시험이나 학기말 보고서의 제출 기한과 같은 중요한 일들의 날짜를 기록해라. 그러면, 당신이 그것들을 준비하는데 얼마나 많은 시간을 갖고 있는지 알게 될 것이다. 달력이 당신의 삶을 통제하도록 하지 마라.

**해설**

일부 학습 지도서는 달력에 상세히 기록하는 것을 지지하지만, 필자는 시험이나 학기말 보고서 등과 같은 중요한 날짜만 기록하라고 주장하고 있다. 따라서 빈칸에 들어갈 말로 가장 적절한 것은 ② let calendars regulate your life(달력이 당신의 삶을 통제하도록)이다.
① 사회적 계약을 위반하도록
③ 당신의 일정을 다른 사람들의 것에 맞게 정리하도록
④ 의사결정에 있어서 빈번한 변경을 하도록
⑤ 시간 관리의 가치를 과소평가하도록

**어휘**

detailed 상세한　semester 학기　allocate 배정하다, 할당하다　engage in 참여하다　athletic 체육의　approach 접근법; 접근하다　unwilling 꺼리는　undesirable 바람직하지 않은　attempt 시도하다　strict 엄격한　arrangement 계획, 배열　predetermined 이미 결정된　intended 의도된　purpose 목적　significant 중요한, 상당한　term paper 학기말 보고서

## 34 ①　　55% 고1 03월 모의고사 변형

감염을 통제하기 위한 노력으로, 병원들은 일회용 의료장비와 의료제품에 의존하고 있다. 이런 의료품을 사용하는 것은 감염과 질병을 적절히 통제한다. 게다가 그것은 직원과 환자의 안전을 보장해 준다. 오

늘날 병원에서의 감염은 건강 관리 산업에 심각한 문제를 일으킨다. 미국에서 매년 병원과 관련 있는 감염의 평균 수치가 170만 건 만큼 높은데, 이것은 결과적으로 약 10만 명의 사망이 된다고 한 연구가 보여준다. 이것은 정말로 놀라운 수치이다. 따라서 의료센터들이 이러한 증가하고 있는 건강 안전 문제와 싸우는 것이 매우 중요하다. 일회용 의료품을 사용하는 것이 지금은 최고의 해결책이다.

**해설**

(A) 빈칸 앞에는 일회용 의료장비와 제품을 사용함으로써 감염과 질병을 통제한다는 내용이고 빈칸 뒤에는 이것이 직원과 환자의 안전도 보장해준다는 내용이 이어지므로 빈칸에 들어갈 말로 가장 적절한 것은 Besides(게다가)이다.
(B) 빈칸 앞에는 병원 관련 감염 수가 엄청나다는 내용이고, 빈칸 뒤에는 이러한 이유로 건강 안전 문제를 해결해야 한다는 내용이 이어지므로 빈칸에 들어갈 말로 가장 적절한 것은 Thus(따라서)이다.
② 게다가 − 그렇지 않으면　　③ 게다가 − 그러나
④ 대신에 − 더욱이　　⑤ 대신에 − 그러므로

**어휘**

effort 노력　infection 감염　turn to ~에 의존하다　equipment 장비　properly 적절히　ensure 보장하다　staff 직원　healthcare 건강관리　industry 산업　average 평균의; 평균; ~을 평균하다　-related ~와 관련 있는　result in 결과적으로 ~가 되다　growing 증가하는, 성장하는　solution 해결(책), 용해　thus 따라서　otherwise 그렇지 않으면

## 35 ④　　61% 고1 11월 모의고사 변형

직접적인 태양 빛의 밝기와 자외선이 눈에 손상을 주기 때문에 사람들은 일식이 일어날 때 태양을 바라보지 말도록 주의를 받는다. 이 충고는 태양 빛이 이 특별한 때에 더 손상을 준다고 생각하는 사람들에 의해 종종 오해를 받는다. 하지만 태양이 하늘 높이 있을 때 태양을 쳐다보는 것은 일식이 일어나든 아니든 해롭다. 사실 완전히 노출된 태양을 바라보는 것은 달의 일부가 그것을 가렸을 때보다 더 해롭다. 자외선에의 직접적인 노출은 피부에 몇몇의 부정적인 영향을 야기할 수 있다. 일식 때의 특별한 주의를 하는 이유는 단순히 더 많은 사람들이 이 시간 동안에 태양을 바라보는 것에 관심이 있기 때문이다.

**해설**

일식 때 태양을 바라보는 것은 눈에 해롭다고 생각하는데 사실은 일식이 아닌 때에도 태양을 바라보는 것은 해롭다는 것이 글의 요지이다. 그런데 ④는 자외선이 피부에 미치는 부정적 영향에 관한 내용으로 전체 흐름과 관계가 없다.

**어휘**

brightness 밝기　ultraviolet 자외선의　direct 직접적인; 지휘하다　damaging 손상을 주는　misunderstand 오해하다　harmful 해로운　occur 일어나다　bare 완전히 노출된, 발가벗은　exposure 노출　negative 부정적인　effect 영향, 효과　skin 피부, 가죽　reason 이유, 이성; 추론하다

## 36 ④　　59% 고1 03월 모의고사 변형

탐정 일은 두 부분으로 된 과정이다. 먼저, 탐정은 단서를 찾아야 한다. 하지만 그 단서만으로는 사건을 해결하지 않는다. (C) 탐정은 또한 그러한 단서에 근거하여 결론을 도출해야 한다. 이러한 결론은 추론이라고도 불린다. 추론은 근거, 사실, 증거에 기초한 결론이다. (A) 똑같은 종류의 과정이 읽기에서도 일어난다. 여러분은 단서를 찾아야 하고 그리고 나서 그 단서에 근거해서 결론을 도출해야 한다. (B) 글쓴이가 무엇을 말하려고 하는가? 좋은 결론은 좋은 관찰로부터 나온다. 더 나은 독자가 되기 위해서, 좀 더 셜록 홈스처럼 되어라. 즉, 더욱 관찰력을 길러라.

**해설**

탐정 일이 두 부분으로 이어지고, 우선은 단서를 찾아야 한다는 주어진 글 다음에, 탐정은 이러한 단서를 근거로 결론을 내린다는 (C)가 이어지고, 이러한 과정이 읽기에도 나타난다는 (A)가 온 후, 글쓴이의 의도를 파악하려면 결론을 내려야 하는데, 이는 좋은 관찰로부터 나온다는 (B)로 이어지는 것이 글의 순서로 가장 적절하다.

**[어휘]**

detective 탐정; 탐정의  process 과정, 처리; 처리하다  clue 단서  take place 일어나다  draw 도출하다, 그리다  conclusion 결론  based on ~에 근거[기초]하여  observation 관찰  inference 추론  reason 근거, 이유; 추론하다  fact 사실  evidence 증거

## 37 ⑤  〔58%〕고1 06월 모의고사 변형

책을 여러 번 읽는 습관은 사람들이 그 책들과 감정적으로 연결하도록 북돋는다. 만약 그들이(사람들이) 책을 한 번만 읽으면, 그들은 그 책에 있는 사건과 이야기에만 집중하는 경향이 있다. (C) 하지만 두 번째 읽으면, 반복된 경험이 처음의 감정을 기억나게 하고, 사람들이 그러한 감정을 느긋하게 감상할 수 있게 해준다. (B) 그 책의 감정적 효과를 더 깊이 즐김으로써, 사람들은 자신의 감정과 더 접촉한다. 사람들의 이야기에 대한 친숙함에도 불구하고, 다시 읽기는 새로운 이해를 가져온다. (A) 그와 동일한 효과가 익숙한 휴가지에서 보일 수 있다. 한 장소를 다시 방문하는 것 또한 사람들이 그 장소와 자신을 더 잘 이해하도록 도와줄 수 있다. 이러한 이점을 고려하면, 재소비(다시 읽기, 다시 방문하기)를 시도하는 것을 주저하지 말라.

**[해설]**

책을 여러 번 읽으면 그 책과 감정적으로 연결되고, 한 번만 읽으면 그 책의 사건과 이야기에만 집중한다는 주어진 글 다음에, 책을 다시 읽으면 감정적으로 더 잘 이해하게 된다는 내용의 (C)가 이어지고, 그런 감정적인 효과로 책과 자신의 감정을 더 잘 이해한다는 내용의 (B)가 온 후, 휴가지 재방문도 동일한 효과가 있으므로 재소비를 해보라는 (A)로 이어지는 것이 글의 순서로 가장 적절하다.

**[어휘]**

encourage 북돋다, 격려하다  emotionally 감정적으로  tend to ~하는 경향이 있다  focus on ~에 집중하다  effect 효과, 결과  considering 고려하면  benefit 이점; 이롭다  hesitate 망설이다  reconsuming 재소비  give ~ a try 시도하다  emotional 감정적인  deeply 깊이  despite ~에도 불구하고  familiarity 친숙함  bring back 기억나게 하다  initial 처음의  emotion 감정  appreciate 감상하다, 인정하다, 고마워하다  leisurely 느긋하게

## 38 ③  〔51%〕고1 09월 모의고사 변형

내 친구 중 한 명은 그의 자녀들이 감사 편지를 쓸 때마다 그들에게 1달러를 주곤 했다. 이 방법은 장기적으로 효과가 있을 수도 있고 없을 수도 있다. 충분한 감사 편지를 씀으로써, 그 아이들이 더 이상 그렇게 해서 돈을 받지 않을 때조차도, 그들은 결국 그것들(감사 편지)의 진정한 핵심을 배우게 될 것이라고 드러날 수도 있다. 그들이 잘못된 교훈을 배워서, 감사 편지를 삯일, 즉 보상을 위해 행해지는 부담으로 간주하게 될 가능성도 있다. 이런 경우에는, 습관이 들지 않아, 그들은 더 이상 보상이 주어지지 않으면 그러한 편지를 쓰는 것을 멈출 것이다. 더 심하게, 그 '뇌물'은 그들의 도덕 교육을 부패시켜서, 그들이 감사의 미덕을 배우는 것을 더 힘들게 할 것이다. 비록 단기적으로 그것이 생산(성과)을 증가시킨다 할지라도, 논의되고 있는 선행을 금전적으로 평가하는 잘못된 방식을 가르침으로써, 감사 편지에 대한 '뇌물'은 실패할 것이다.

**[해설]**

자녀들이 잘못된 교훈을 받아들여, 감사 편지를 삯일이라고 여기게 될 가능성이 있다는 주어진 문장은 ③의 In this case에서 '이러한 경우'에 해당하므로 ③에 들어가는 것이 가장 적절하다.

**[어휘]**

thank you note 감사 편지  regard ~ as ... ~를 …로 간주하다  piecework 삯일  burden 부담  perform 수행하다, 공연하다  method 방법  in the long run 장기적으로, 결국  turn out ~임이 드러나다  eventually 결국  take (습관이) 들다, 성공하다  bribe 뇌물  corrupt 부패시키다; 부패한  moral 도덕적; 도덕, 교훈  virtue 미덕  production 생산, 제작  in the short run 단기적으로  value 금전적으로 평가하다, 소중히 여기다; 가치  good 선행  in question 논의되는

## 39 ③  〔48%〕고1 06월 모의고사 변형

올림픽이 2004년에 그리스로 돌아왔을 때, 모든 메달 수상자는 그들의 메달과 함께 월계관을 받았다. 하지만, 마라톤 승자들을 위한 월계관은 특별했다. 그것들은 그리스에서 가장 오래된 나무로 만들기로 하였다. 불행히도, 다른 마을 출신의 두 경쟁자가 있었다. 그 둘 모두는 그들의 나무가 고대올림픽 시대로 거슬러 올라간다고 주장했다. 그러나 그들 중 누구도 그것을 증명하기 위해 그것을 기꺼이 베어서 나이테를 세려고 하지 않았다! 결국, 여자 마라톤 승자를 위한 월계관은 한 (마을의) 나무로 만들어졌고, 남자 금메달리스트를 위한 것은 나머지 하나(다른 마을의 나무)로 만들어졌다.

**[해설]**

주어진 문장은 불행히도 다른 마을 출신의 두 경쟁자가 있었다는 내용으로, 그 두 경쟁자들 모두가 자신의 나무가 가장 오래 되었다고 주장하는 문장 앞인 ③에 들어가는 것이 가장 적절하다.

**[어휘]**

unluckily 불행히도  competitor 경쟁자  along with ~와 함께  claim 주장하다  date back to ~로 거슬러 올라가다  ancient 고대의  willing 기꺼이 하는  cut down 베다  growth ring 나이테  prove 증명하다, ~임이 판명되다  eventually 결국

## 40 ①  〔56%〕고1 09월 모의고사 변형

한 연구자가 학생들에게 다섯 개의 다른 미술포스터의 선택권을 주고 나서, 그들이 여전히 자신의 선택을 좋아하는지 확인하기 위해 조사했다. 자신의 선택을 의식적으로 검토하라고 말을 들은 사람들은 몇 주 후 그들의 포스터에 가장 덜 만족했다. 포스터를 간단히 보고서 나중에 선택한 사람들이 가장 만족했다. 또 다른 연구자는 가구점에서 서재용 가구를 가지고 실제 상황에서도 그 결과를 되풀이 했다(똑같이 보여줬다). 가구 선택은 가장 심리적으로 힘든 선택 중 하나이다. 덜 의식적인 검토 후 서재용 가구를 선택했던 사람들은 매우 주의 깊게 검토한 후 구매했던 사람들보다 더 만족했다.

→ 실험에 따르면, 무엇을 선택할지에 대해 더 신중하게 생각했던 사람들은 자신들의 선택에 덜 만족스럽게 느꼈다.

**[해설]**

미술 포스터나 서재용 가구를 고르기 전에 의식적으로 신중하게 검토한 사람들은 만족도가 적었다는 내용으로, (A)에는 carefully(신중하게)가 (B)에는 satisfied(만족스러운)가 들어가는 것이 가장 적절하다.
② 긍정적으로 – 실망한          ③ 비판적으로 – 짜증 난
④ 부정적으로 – 실망한          ⑤ 짧게 – 만족한

**[어휘]**

experiment 실험; 실험하다  survey 조사하다; 조사  consciously 의식적으로  examine 검토하다, 조사하다  briefly 간단히, 짧게  result 결과; 결과로 ~가 되다  study set 서재용 가구  demanding 힘든, 요구가 많은  conscious 의식적인  examination 검토, 조사  purchase 구매; 구매하다

## [41~42]

불빛에 두드러진 한 집단의 동굴 사람들이 한 여자가 동굴 벽에 그림을 새기고 있는 것을 바라보는 것을 상상해 봐라. 그녀가 (그림 새기기를) 끝마쳤을 때, 그녀는 불 주변에 있는 그녀의 친구들에게 합류하여, 그녀의 예술작품을 가리키면서 오렌지 불빛에 의해 얼굴이 상기된 채로 놀라운 이야기를 하기 시작한다. 그녀의 관객은 크고 호기심 어린 눈으로 미소 지으며 끄덕인다. 그들은 그 여자의 말과 그림에 영감을 받는다. 그리고 그들의 반응에 고무된 그녀는 자신의 작품에 자부심을 느낀다.

그 동굴에서 무슨 일이 발생하고 있었을까? 그 여자는 그들의 헤아림과 즐거움을 위해 삶과 세계를 바라보는 그녀의 방식을 동료들과 함께 공유하고 있었다. 태초부터 창의적인 사람들은 관객을 찾아 왔고,

오늘날 우리도 다르지 않다. 우리는 그것이 마치 가치 있는 것처럼 느끼기 위하여 누군가와 우리의 창작품을 공유하고 우리의 작품을 인정받게 할 필요가 있다. 그것은 그만큼 간단하다.

오래된 질문이 여기에 적용될 수 있다. 만약 나무가 숲에서 넘어지고 아무도 그것을 듣지 못한다면, 여전히 소리가 있는 것일까? 다른 사람들의 반응이 사진 촬영, 글쓰기, 그림 그리기, 또는 빵 굽기와 같은 자기표현 방식에 가치를 가져다준다.

## 41 ①

61% 고1 09월 모의고사 변형

**해설**

동굴 생활을 하던 창작활동을 하는 한 여인이 자신의 작품을 인정받기 위해 관객을 찾았는데, 오늘날의 우리도 다르지 않다는 것이 글의 주된 내용이다. 따라서 제목으로 가장 적절한 것은 ① An Audience Makes Your Creation Meaningful(청중이 당신의 창작품을 의미 있게 만든다)이다.
② 예술에 관심이 없는 사람들을 격려하라
③ 당신의 창작품의 법적 보호를 위한 조언
④ 동굴인들 어떻게 예술작품을 만들었는가?
⑤ 자신을 표현하는 다양한 방법들

## 42 ③

43% 고1 09월 모의고사 변형

**해설**

창의적인 사람들은 관객을 찾고 이는 그들에게 작품을 인정받고자 함이었다는 것이 글의 흐름으로, 빈칸에 들어갈 말로 가장 적절한 것은 ③ acknowledged(인정받을)이다.
① 분리된 　　② 완료된 　　④ 공식화된 　　⑤ 짐을 지지 않은

**어휘**

cave 동굴　highlight 두드러지게 하다, 강조하다　scratch 새기다, 긁다　gesture 가리키다, 몸짓하다　nod 끄덕이다　inspire 영감을 주다, 격려하다　encourage 고무하다, 권장하다　response 반응　take place 발생하다　peer 동료　consideration 헤아림, 고려, 배려　seek out ~을 찾다　creation 창작품, 창조　worthwhile 가치 있는　age-old 오래된　applicable 적용 가능한　value 가치; 소중히 하다　mode 방식　acknowledge 인정하다　formalize 공식화하다

## [43~45]

(A) 기금 모금자인 Lynne Twist는 Ricardo Aguirre라는 CEO를 만나기 위해 대기업에 가도록 요청받았다. 그녀는 전 세계의 기아를 끝내는 것이 목표인 the Hunger Project를 위해 일하는 중이었다. 그의 회사가 나쁜 평판을 가지고 있었기 때문에, 그녀는 그를 만나는 것에 긴장하고 있었다. 그는 그 회사의 나쁜 이력을 바로잡기 위한 방법으로써 그 프로젝트에 큰 금액을 기부하려고 했다.

(D) Lynne은 그의 큰 사무실에 도착했고 긴 회의용 탁자의 맞은편 쪽 끝에 그와 함께 앉았다. 그녀는 이야기를 했고, 그는 그녀에게 봉투 하나를 건네주었다. 안에는 5만 달러의 수표가 있었는데, 그것은 그녀가 지금까지 모금한 가장 큰 단독 기부금이었다. 그녀는 그에게 감사를 표했지만, 마음속으로 그녀는 불안함을 느꼈다. Lynne은 그리고 나서 Harlem에 있는 지하 회의실로 교회 단체를 만나러 갔다.

(B) 그 목사는 the Hunger Project에 대해 말하도록 그녀를 초대했었다. 비록 비가 내리고 있었고 지붕은 비가 새고 있었을지라도 75명의 사람들이 그녀를 기다리고 있었다. 그녀는 어떻게 자신이 이 궁핍한 사람들에게 기부하라고 요청할 수 있을까 궁금해하며 연설을 시작했다. 그때 한 여자가 일어서서 그 주에 그녀가 번 75달러를 기부할 것이라고 말했다. 차례로 사람들은 그 여자의 본을 따라 기부금을 넣었다.

(C) 그날 저녁 Lynne은 그 CEO에게 편지를 쓰기로 결심했다. 그녀는 그의 기부에 고마움을 표했고 그러고 나서 그 수표가 그의 진심으로부터 온 것이 아니어서 수표를 돌려줄 것이라고 말했다. 4년 후 Lynne은 그 CEO로부터 편지 한 통을 받았다. 그는 몇 년 전 그녀의 편지에 깊이 감동을 받았고, 그가 그녀에게 또 다른 기부금을 보내기를 원하며,

하지만 이것은 그의 진심에서 나온 것이라고 말했다. 그 봉투 안에는 250,000달러의 수표가 있었다!

## 43 ④

62% 고1 09월 모의고사 변형

**해설**

Lynne Twist가 The Hunger Project를 위해, 평판이 안 좋은 회사의 한 CEO를 만나려고 긴장하고 있는 주어진 글 다음에, Lynne이 그 회사에 도착해 5만 달러의 수표의 기부금이 든 봉투를 받았지만, 불안함을 느끼고, Harlem의 지하회의실로 교회 단체를 만나러 간다는 (D)가 이어지고, 교회 단체의 목사의 요청으로 The Hunger Project의 연설을 하던 도중 한 여인이 75달러짜리 수표를 기부하자 사람들이 이어서 기부를 했다는 (B)가 온 후, 그날 CEO에게서 받은 수표가 진심이 아니어서 돌려준다는 편지를 쓴 4년 뒤 그 CEO로부터 진심을 담은 25만 달러의 수표가 담긴 편지를 받았다는 (C)로 이어지는 것이 글의 순서로 가장 적절하다.

## 44 ③

66% 고1 09월 모의고사 변형

**해설**

(a), (b), (d), (e)는 Lynne Twist를 가리키지만 (c)는 75달러를 기부하겠다는 여자를 가리킨다.

## 45 ①

65% 고1 09월 모의고사 변형

**해설**

(A)의 후반부에 because his company had a poor reputation(그의 회사가 평판이 좋지 않았기 때문에)이라고 했으므로, 글의 내용과 일치하지 않는 것은 ①이다.

**어휘**

fundraiser 기금 모금자　raise 모금하다, 제기하다, 올리다　corporation 기업　poor 나쁜, 형편없는, 가난한　reputation 평판　donation 기부(금)　correct 바로잡다　leak 새다　needy 궁핍한, 가난한　earn 벌다, 얻다　follow the lead 본을 따르다　contribution 기부(금), 기여, 기고　appreciate 고마워하다, 인정하다　return 돌려주다, 돌아오다; 복귀　affect 감동시키다, 영향을 주다　conference 회의　present 건네주다, 발표하다　check 수표, 점검　deep down 마음속으로는　basement 지하실

| | | | | | |
|---|---|---|---|---|---|
| 18 ⑤ | 19 ② | 20 ⑤ | 21 ③ | 22 ② | 23 ② |
| 24 ④ | 25 ② | 26 ④ | 27 ③ | 28 ⑤ | 29 ② |
| 30 ⑤ | 31 ③ | 32 ① | 33 ② | 34 ① | 35 ② |
| 36 ③ | 37 ⑤ | 38 ② | 39 ③ | 40 ② | 41 ① |
| 42 ① | 43 ④ | 44 ④ | 45 ⑤ | | |

## 18 ⑤
**85%** 고1 03월 모의고사 변형

14세 이상의 전 세계 작가들은 East India Press Short Story Writing Contest(동-인도 출판사 단편소설 쓰기 대회)에 참가하도록 권장됩니다. 여러분은 2019년 3월 1일까지 여러분의 이야기를 제출해야 합니다. 참가비는 없으며, 어떤 장르의 소설도 받아들여집니다. 이 대회는 East India Press에 의해 후원받는데, 그것은 다양한 형태의 서적 출판을 전문적으로 합니다. 50편 이상의 소설을 출간한, New York Times의 베스트셀러 작가인 David Farland가 심사위원이 될 것입니다. 더 많은 정보를 위해서는 www.nightingalenovel.com을 방문하세요.

**해설**
14세 이상의 작가들에게 East India Press Short Story Writing Contest(동인도 출판사 단편소설 쓰기 대회)에 참가할 것을 권하는 글이다. 따라서 글의 목적으로 가장 적절한 것은 ⑤이다.

**어휘**
encourage 권장하다, 격려하다  enter 참가하다, 들어가다  short story 단편 소설  submit 제출하다, 복종시키다  entry fee 참가비  accept 받아들이다, 수락하다  fiction 소설  genre 장르  sponsor 후원하다; 후원자  specialize in ~을 전문으로 하다  publishing 출판  multiple 다양한  format 형태  author 작가

## 19 ②
**90%** 고1 03월 모의고사 변형

Ester는 어느 날 아침 퍼붓는 4월의 소나기 소리에 일어났다. 그녀는 창밖을 내다보고 비가 서서히 사라지기 시작하는 것을 보았다. 찬란하게 휘어진 둥근 모양의 색들이 하늘을 가로질렀다. Ester는 기뻐서 침대에서 뛰쳐나와, 거실로 달려가서 "엄마, 이리 와요. 이 아름다운 무지개를 봐요! 그것은 아주 멋져요!"라고 소리쳤다. 무지개를 볼 수 있는 창으로 딸을 따라가며, "Ester, 진정해,"라고 그녀의 어머니가 말했다. 그리고 그곳에 그것이 있었다! 하늘을 환하게 밝히는 아름다운 색깔들의 찬란함! 그것은 Ester가 지금껏 본 첫 무지개였다.

**해설**
아침에 일어나 둥근 모양의 찬란한 색상을 가진 무지개를 처음 본 Ester를 묘사하는 글이다. 따라서 Ester의 심경으로 가장 적절한 것은 ② excited(흥분한)이다.
① 질투심이 많은  ③ 걱정하는  ④ 부끄럽게 여기는  ⑤ 우울한

**어휘**
awake (잠에서) 일어나다  pour 퍼붓다  shower 소나기, 비  fade 사라지다, 희미해지다  brilliant 찬란하게 빛나는  curved 휘어진, 곡선 모양의  leap 뛰다, 도약하다  delight 기쁨  dash 달리다, 돌진하다  brilliance 찬란함, 탁월  light up ~을 환하게 밝히다  ashamed 부끄럽게 여기는  depressed 우울한

## 20 ⑤
**76%** 고1 09월 모의고사 변형

대부분의 사람은 자신의 역할을 충분히 자주 평가하지 않아서 차선의 상황에 만족하며 오랫동안 (자신들의) 위치에 머문다. 그것이 옳은지 아닌지를 평가하기에 앞서 여러분이 하나의 역할에 머물러야 하는 시간의 양에 관한 마법의 숫자는 없다. 그러나 당신이 얼마나 자주 그렇게 하는지에 대해 생각하는 것은 이치에 맞다. 어떤 사람들은 매일

또는 매주 자신의 인생을 재조정하며 끊임없이 최적화한다. 다른 사람들은 자신들이 있기를 희망했던 곳으로부터 결국 멀리 떨어진 곳에 있다는 것을 알아차리기 전에 여러 해 기다린다. 당신이 문제를 해결하기 위한 방법을 찾으면서 당신의 상황을 더 자주 평가할수록 일들이 잘 되어 가고 있는 위치에 있는 자신을 발견할 가능성이 더 크다.

**해설**
자신의 삶을 끊임없이 재조정하면서 최적화시키고, 자신의 상황을 자주 평가하라는 것이 글의 주된 내용으로, 필자가 주장하는 바로 가장 적절한 것은 ⑤이다.

**어휘**
assess 평가하다  frequently 자주, 빈번히  settle for ~에 만족하다  suboptimal 차선의  amount 양, 총액  evaluate 평가하다  make sense 이치에 맞다  readjust 재조정하다  constantly 끊임없이  optimize 최적화하다  notice 알아차리다; 공지  end up 결국 ~이 되다  fix 해결하다, 고치다, 고정시키다  likely ~하기 쉬운

## 21 ③
**75%** 고1 03월 모의고사 변형

당신의 삶에서, 당신이 특별하게 느끼도록 만들어준 누군가에 의해서 선택받았던 때를 생각해보자. 아마도 이 사람은 당신을 칭찬했거나, 예상 밖의 선물을 주었거나, 당신에게 편지를 쓰기 위한 시간을 냈을 것이다. 이런 사람에 대해 당신은 어떻게 느꼈는가? 당신은 그 또는 그녀에게 감사함을 표현하기 위해 다양한 긍정적인 단어들을 이용할 수도 있다. 아마 다른 사람들도 당신이 느낀 것과 똑같은 방식으로 느끼길 원할 것이다. 사람들은 특별하게 느끼고 싶어 한다. 이것은 인간의 일반적인 욕구이고, 나는 이런 종류의 관심에 감사하지 않는 사람을 만난 적이 없다.

**해설**
나를 특별하게 느끼도록 만든 사람에게 감사하기 위해서 다양한 긍정적인 표현을 할 수도 있는 것처럼 사람들은 누구나 특별하게 느끼고 싶어 한다는 것이 주된 내용이다. 따라서 글의 요지로 가장 적절한 것은 ③이다.

**어휘**
single out 선택하다  praise 칭찬하다; 칭찬  unexpected 예상 밖의  a range of 다양한  whole 모든, 전체의  positive 긍정적인  normal 보통의  desire 욕구, 욕망; 바라다  appreciate 감사해 하다, 진가를 인정하다  attention 관심, 주의

## 22 ②
**53%** 고1 09월 모의고사 변형

우주왕복선 Challenger호가 폭발한 후 어느 날, Ulric Neisser가 106명의 학생들에게 그들이 그 소식을 들었을 때 정확히 어디에 있었는지를 써 달라고 요청했다. 2년 반 후, 그는 그들에게 똑같은 질문을 했다. 그 두 번째 면담에서, 그 학생들 중 25%는 그들이 어디에 있었는지에 대해서 완전히 다른 설명을 했다. 절반은 자신들의 답변에서 상당한 오류가 있었고, 10% 미만이 정확성을 가지고 기억했다. 이것은 사람들이 자신이 목격한 범죄를 묘사해달라고 몇 개월 후 요청받을 때 증인석에서 실수를 한다는 것을 보여준다. 1989년과 2007년 사이, 미국에서 201명의 재소자들이 DNA 증거에 기초하여 무죄라고 밝혀졌다. 이러한 재소자들 중 75%가 잘못된 목격자 진술에 기초하여 유죄로 선고되었었다.

**해설**
학생들에게 챌린저호의 폭발한 후 그 소식을 들었을 때 어디 있었는지 써달라는 요청을 하고 이로부터 2년 반 후 똑같은 질문을 했을 때 학생들의 25%가 다른 답변을 했다는 내용으로, 이 글의 주제로 가장 적절한 것은 ② the inaccuracy of information recalled over time(시간이 흐르면서 회상된 정보의 부정확성)이다.
① 중대한 우주 임무 실패의 원인들
③ 위협으로부터 증인을 보호하는 중요성
④ 사람들의 장기적 기억을 향상시키는 요인들
⑤ 범죄 수사에서 DNA 증거를 수집하는 방법들

## 23 ②

63% 고1 06월 모의고사 변형

인도네시아에 upas라고 불리는 나무가 있다. 그 나무는 독성이 있으며, 매우 무성하고 빽빽해져서 그 아래에 있는 모든 식물들을 죽인다. 유감이지만 나는 그와 같은 몇몇 사람들을 알고 있다. 그들은 자기중심적이고 관심을 혼자만 간직하려고 한다. upas 나무처럼, 그들은 그들 주변의 누구에게도 성장할 기회를 주지 않는다. 반면에, 나는 철도의 선로 위를 걷는 동안 균형을 잡아보려고 한 기억이 난다. 나는 균형을 잃지 않고서 멀리 걸을 수 없었다. 그러나 나의 친구가 다른 편에 올라섰을 때, 우리는 서로의 손을 잡고 서로를 위해 균형을 잡아주는 것으로 도움이 될 수 있었다. 당신과 나는 해야 할 선택이 있다. 우리는 upas 나무처럼 되기로 선택할 수도 있고, 또는 다른 사람들을 돕기 위해서 우리의 손을 뻗을 수도 있다.

**해설**

주변 사람 누구에게도 기회를 주지 않는 upas와 같은 나무가 있는가 하면, 친구와 함께 서로 도우며 선로 위를 걸을 수도 있다는 내용이다. 따라서 제목으로 가장 적절한 것은 ② Destroy Others or Go Together with Them?(다른 이들을 파괴하던지 아니면 그들과 함께 가던지?)이다.
① 변화하는 세상에서 느린 삶을 살아라
③ Upas 나무에 가장 적합한 환경은 무엇인가?
④ 우리 사회에서 의사소통이 필요하다
⑤ 다른 이들에게 Upas 나무가 되도록 노력하라

**어휘**

poisonous 독성이 있는  thick 빽빽한, 걸쭉한, 두꺼운  beneath 아래, 밑에
self-centered 자기중심적인  attention 관심, 주의  railroad 철도  track 선로, 길, 자국; 추적하다  serve 도움이 되다, 시중들다, 복무하다  stretch 뻗다

## 24 ④

76% 고1 06월 모의고사 변형

위의 그래프는 2010년 북유럽 5개국의 성인 남성과 여성의 실업률을 보여준다. 이들 중 7% 보다 더 높은 실업률을 가졌던 나라는 없었다. 성인 여성 실업률은 덴마크, 핀란드, 스웨덴 세 나라에서 성인 남성 실업률을 초과했다. 노르웨이는 가장 낮은 성인 여성과 남성 실업률을 가지고 있었다. 스웨덴의 성인 남성 실업률은 아이슬란드의 성인 남성 실업률보다 2배 이상 더 높았다(→ 낮았다). 성인 남성과 여성 실업률 모두가 핀란드에서 가장 높았으며, 스웨덴이 그 뒤를 따랐다.

**해설**

스웨덴과 아이슬란드의 성인 남성 실업률은 각각 약 5.9%와 약 3.5%이므로, 스웨덴의 성인 남성 실업률이 아이슬란드 성인 남성 실업률보다 2배보다 적었다. 따라서, 도표의 내용과 일치하지 않는 것은 ④이다.

**어휘**

above ~보다 위에  male 남성  female 여성  adult 성인  unemployment rate 실업률  Nordic 북유럽 국가의  exceed 초과하다  be followed by ~이 뒤따르다, 다음은 ~이다

## 25 ②

81% 고1 11월 모의고사 변형

Obsorb는 활성 유리로 이루어진 물질이다. 그것은 우리의 수로의 오염을 깨끗이 하는 것을 목적으로 한다. 물에 담가 지면 그것은 스펀지처럼 부풀어 오르고 오염된 물에서 오염물질을 흡수한다. 그것이 스펀지와 비슷해보일지라도, 그것은 물을 흡수하지는 않는다. 이것은 그것이 더 많은 오염물질을 흡수할 수 있다는 것을 뜻한다. 일단 Obsorb가

오염물질로 가득차면, 그것은 수면으로 떠오르고, 오염물질들이 걷어질 수 있다. 그 후에, 그것은 수백 번 재사용될 수 있다. 매우 유용한 특성을 가진 것 외에도, Obsorb는 사용하기에 저렴하다.

**해설**

글의 중반부에 it does not absorb water(그것(= Obsorb)은 물을 흡수하지 않는다)고 하였으므로, 글의 내용과 일치하지 않는 것은 ②이다.

**어휘**

material 물질, 자료  be comprised of ~로 이루어지다, 구성되다  active
활성의, 활동적인  intend 목적으로 하다, 의도하다  contamination 오염
swell up 부풀어 오르다  dip 담그다  absorb 흡수하다  pollutant 오염물질
contaminate 오염시키다  float 뜨다  surface 표면  skim off 걷어 내다
afterward 그 뒤에  in addition to -ing ~외에도  property 특성, 재산

## 26 ④

90% 고1 06월 모의고사 변형

### 이스트 사이드 대학 여름 학교

■ 7주 프로그램:
여러분은 도전, 발견 그리고 성장의 여름을 경험할 것입니다.
■ 누가 신청해야 하나요?
이 프로그램은 2019년에 졸업할 고등학생에게 열려 있습니다.
■ 당신은 무엇을 기대할 수 있나요?
당신은 세계에서 가장 큰 대학 도서관에서 연구를 할 것입니다.
■ 비용:
당신이 얼마나 많은 강좌에 등록하는지에 따라 920달러에서 1,140달러까지 지불할 것입니다.
■ 더 자세한 정보는
전화: 495-1234, 팩스: 998-1234
이메일: abc@dcemail.eastside.edu

**해설**

글의 후반부에 You'll pay from $920 to $1,140 depending on how many classes you register for.(당신이 얼마나 많은 강좌에 등록하는지에 따라 920달러에서 1,140달러까지 지불할 것입니다)라고 했으므로 안내문의 내용과 일치하지 않는 것은 ④이다.

**어휘**

experience 경험하다; 경험  discovery 발견  growth 성장  apply 신청하다, 지원하다  graduate 졸업하다  expect 기대하다, 예상하다  research 연구; 연구하다  cost 비용, 대가; 비용이 들다  pay 지불하다; 급료  depending on ~에 따라  register 등록하다

## 27 ③

86% 고1 09월 모의고사 변형

### The Goodtime DIY 핼로윈 의상 경연 대회

여러분의 DIY(스스로 만드는) 핼로윈 의상을 만듦으로써 창의력을 자랑하세요.
**누가 참가할 수 있나:**
- 참가자는 Wisconsin 주에 거주해야 합니다.
**규칙과 지침:**
- 참가자 당 단 한 개의 출품작
- 우리는 당신이 만든 의상을 입고 있는 자신의 사진 한 장만을 받습니다. (비디오는 허용되지 않습니다.)
- 사진은 10월 25일까지 제출되어야 합니다.
**상품:**
- 출품작 중 상위 10개는 대중의 온라인 투표를 통해 선정될 것이고, 우리의 패션 디자이너들이 최종 수상자들을 결정할 것입니다.
- 1등: 태블릿 PC와 핼로윈 의상 세트
2등과 3등: 100달러 상당의 Goodtime 상품권

**해설**

글의 후반부에 our fashion designers will decide the final winners(패션 디자이너들이 최종 수상자를 결정할 것입니다)라고 했으므로, 안내문의 내용과 일치하지 않는 것은 ③이다.

**어휘**

show off 자랑하다   creativity 창의력   costume 의상   enter 참가하다, 들어가다   contestant 참가자   state 주, 국가, 상태; 진술하다   entry 출품작, 참가   accept 받아들이다   voting 투표   gift certificate 상품권

## 28 ⑤　　　　　　　　　　　40% 고1 09월 모의고사 변형

"나는 네가 매우 자랑스러워"라는 칭찬에 무엇이 잘못되었을까? 많다. 당신의 아이에게 거짓된 칭찬을 제공하는 것이 잘못된 판단이듯, 그(아이)의 모든 성취에 보상하는 것도 실수이다. 보상이 긍정적으로 들릴지라도, 그것들은 종종 부정적인 결과를 야기한다. 이유는 그것들이 배움의 즐거움을 감소시킬 수 있기 때문이다. 만약 당신이 그녀(아이)의 성취에 대해 늘 보상을 해준다면, 그녀(아이)는 그녀(아이)가 그것(보상)을 얻기 위해 했던 것보다 보상을 얻는 것에 더 집중하기 시작한다. 그녀(아이)의 흥분의 초점이 배움 그 자체를 즐기는 것으로부터 당신을 기쁘게 하는 것으로 이동한다. 만약 당신이 아이가 글자를 알아볼 때마다 박수를 친다면, 그녀(아이)는 결국 알파벳을 배우는 데 덜 관심을 갖게 되는 칭찬 애호가가 될 수도 있다.

**해설**

⑤ 관계대명사 who의 선행사가 단수명사인 a praise lover이므로 becomes로 써야 한다.

① it이 가주어, to 이하가 진주어로 명사적 용법으로 쓰인 to offer은 적절하다.

② 「sound + 형용사」의 구조로 사용되므로 positive는 바르게 사용되었다.

③ 관계사절 안의 did의 목적어 역할을 하면서 선행사가 없으므로 관계대명사 what의 쓰임은 적절하다.

④ '~에서 ...까지'라는 뜻의 「from ~ to ...」에서 to는 전치사이므로 동명사 pleasing은 적절히 사용되었다.

**어휘**

compliment 칭찬   misguided 잘못 판단된   offer 제공하다, 제안하다; 제공, 제안   false 거짓된   praise 칭찬; 칭찬하다   reward 보상하다; 보상   accomplishment 성취   positive 긍정적인   negative 부정적인   consequence 결과   decrease 감소시키다; 감소   focus 집중하다; 초점, 집중   earn 얻다, 벌다   please 기쁘게 하다   applaud 박수치다   identify 알아보다, 확인하다, 동일시하다   eventually 결국

## 29 ②　　　　　　　　　　　60% 고1 11월 모의고사 변형

느낌과 감정은 매일의 의사 결정에 중요하다. 신경과학자인 Antonio Damasio는 감정 체계에 손상을 입힌 뇌손상을 제외하고 모든 면에서 완벽하게 정상인 사람들을 연구했다. 결과적으로, 그들은 효과적으로 결정을 내리거나 기능할 수 없었다. 그들은 자신들이 어떻게 기능하고 있어야 했는지 설명할 수는 있었지만, 어디에 살고, 무엇을 먹고, 어떤 제품을 사서 사용할지는 결정할 수가 없었다. 이 연구 결과는 의사 결정이 이성적이고 논리적인 사고의 핵심이라는 일반적인 믿음에 반한다. 그러나 최신 연구는 정서적 체계가 여러분이 좋고 나쁜 것 사이에서 빠른 선택을 하도록 도와줌으로써, 여러분의 의사 결정에 매우 중요한 도움을 준다는 것을 보여 준다.

**해설**

(A) 감정 체계에만 손상을 입은 사람들을 연구했는데, 자신들이 어떻게 기능할지는 설명할 수 있었지만, 살 곳과, 먹을 것, 그리고 어떤 제품을 사용해야 할지는 결정할 수가 없었다고 했으므로, unable(할 수 없는)이 적절하다.
*able: 할 수 있는

(B) 위와 같은 연구 결과는 의사결정이 이성적이며 논리적 사고의 핵심이라는 믿음과 반대되는 감정 체계에도 영향을 받는 것이므로, contradicts(~에 반하다)가 적절하다. *support: 지지하다

(C) 정서적 체계가 옳고 그름을 빨리 선택하는 것을 도움으로써, 의사결정에 기여한다는 것으로 assistance(도움)가 적절하다. *interference: 간섭

**어휘**

decision making 의사결정   neuroscientist 신경과학자   normal 정상인, 보통의   except for ~를 제외하고   injury 손상, 부상   damage 손상을 입히다   unable ~할 수 없는   function 기능하다; 기능   effectively 효과적으로   determine 결정하다   finding 연구 결과(물)   contradict ~에 반하다, 모순되다   support 지지하다, 부양하다   reasonable 이성적   logical 논리적   modern 최신의, 현대의   affective 정서적인   assistance 도움   interference 방해, 간섭   rapid 빠른

## 30 ⑤　　　　　　　　　　　69% 고1 09월 모의고사 변형

큰 회사의 CEO가 큰 검정색 리무진에서 걸어 나왔다. 늘 그렇듯이, 그는 정문으로 가는 계단을 걸어 올라갔다. 그가 커다란 유리문을 막 통과하려 할 때, 그는 "죄송합니다만, 신분증 없이 당신을 들여보내드릴 수 없습니다."라고 말하는 목소리를 들었다. 그 경비원은 자신의 얼굴에 감정을 드러내지 않으며, 자신의 상관의 눈을 똑바로 쳐다보았다. 그 CEO는 할 말을 잃었다. 그는 주머니를 더듬었으나 허사였다. 그는 아마도 그의 신분증을 집에 두고 왔던 모양이었다. 그는 꼼짝하지 않는 경비원을 다시 쳐다보고, 생각하며 턱을 긁적였다. 그런 다음 그는 돌아서서 자신의 리무진으로 돌아갔다. 그 경비원은 내일 이맘때 그(경비원)가 경비실장으로 승진하게 될 것이라는 것을 알지 못하면서 서있는 채로 남겨졌다.

**해설**

①, ②, ③, ④는 CEO를 가리키지만, ⑤는 경비원을 가리킨다.

**어휘**

as usual 늘 그렇듯   stair 계단   main entrance 정문   be about to 막 ~하려 하다   security guard 경비원   straight 똑바로, 곧은   emotion 감정   speechless 할 말을 잃은   feel 더듬다, 느끼다   to no avail 허사인, 헛되이   motionless 꼼짝하지 않는, 움직이지 않는   scratch 긁다, 새기다   promote 승진시키다, 홍보하다, 조장하다   head 우두머리; 향하다

## 31 ③　　　　　　　　　　　40% 고1 09월 모의고사 변형

지난 10년 동안 지도 제작의 주요한 변화는 지도 제작이 개인적이 되었다는 것이다. 변한 것은 지도 그 자체는 아니다. 당신은 1940년 지도와 가장 최근의, 현대적인 지도가 거의 똑같은 모습을 갖고 있다는 것을 알아볼 것이다. 그러나 옛날 지도는 고정된 한 장의 종이였고, 그것을 보는 모든 사람들에게 똑같았다. 새 지도는 그것을 사용하는 모든 사람들에게 다르다. 당신은 당신이 가고 싶은 곳으로 지도를 드래그 할 수도 있고, 당신이 바라는 대로 확대할 수 있고, 방식-교통, 위성-을 전환할 수도 있으며, 당신의 마을 위로 날 수도 있고, 당신은 심지어 식당이나 방향에 대해서 물을 수도 있다. 그러므로 지도는 고정되고 정형화된 지구의 자세한 모습에서 역동적이고 상호작용적인 대화까지 이르렀다.

**해설**

과거의 지도는 종이 위의 고정된 방식으로 모든 사람들에게 똑같았지만, 현대의 지도는 드래그, 확대, 비행하기, 길 묻기까지 가능하다는 것이 글의 주된 내용으로, 빈칸에 들어갈 말로 가장 적절한 것은 ③ personal(개인적)이다.

① 정밀한　　② 어려운　　④ 구식의　　⑤ 교육적인

**어휘**

map 지도를 제작하다; 지도   decade 10년   recognize 알아보다, 인정하다   modern 현대의, 최신의   fixed 고정된   drag 드래그 하다, 끌다   zoom in 확대하다   switch 전환하다; 스위치   mode 방식, 모드   satellite 위성   direction 방향, 길   stylized 정형화된   portrait 자세한 모습[묘사], 초상화   dynamic 역동적인   interactive 상호작용의   accurate 정밀한   personal 개인적   outdated 오래된   educational 교육적인

## 32 ①

달리기, 요가, 그리고 역기 들기가 어떻게 서로 상호 보완하는지 생각해 보라. 달리기는 유산소 능력을 향상시키고, 그것은 차례로 역기를 드는 동안이나 요가 수업 동안의 지구력을 향상시킬 수 있다. 요가로 늘어난 유연성은 당신의 달리기 보폭을 길게 줄 것이고, 당신이 더 부드럽고 더 빠르게 달릴 수 있도록 해 준다. 당신의 향상된 유연성은 또한 역기 드는 동안에 당신의 움직임의 범위를 증가시켜주고, 그것이 차례로 당신의 근육을 더 강하게 만들어준다. 역기 들기는 근력을 강하게 하고, 그것이 당신을 더 강한 달리기 선수로 만들어 줄 것이고, 요가 자세를 유지할 때 지구력과 균형감을 향상시켜 줄 것이다. 이러한 활동들 모두가 서로를 강화시키고, 전체의 이득은 그것의 부분들의 합보다 훨씬 더 크다.

**해설**

달리기에서 향상된 유산소 능력이 요가와 역기 들기에 도움이 되고, 요가에서 향상된 유연성이 달리기와 역기 들기에 도움이 되며, 역기 들기에서 향상된 근력이 요가와 달리기에 도움이 된다는 내용의 글로 빈칸에 들어가기에 가장 적절한 것은 ① complement one another(서로 상호 보완하는지)이다.
② 당신의 마음과 신체를 상쾌하게 하는지
③ 당신을 운동에 관심 있게 하는지
④ 당신이 효과적으로 살 빼는 것을 돕는지
⑤ 그것들 사이에서 역효과를 증가시키는지

**어휘**

consider 생각하다, 고려하다   weight lifting 역기 들기   in turn 차례로   endurance 지구력   increase 증가하다, 향상시키다; 증가   flexibility 유연성   lengthen 늘리다, 길어지다   stride 보폭; 성큼성큼 걷다   range 범위; 범위가 ~에 걸치다   motion 움직임   maintain 유지하다, 주장하다   posture 자세   strengthen 강화하다   benefit 이득, 이익; ~에 이롭다   sum 합, 합계   complement 보완하다   refresh 상쾌하게 하다   effectively 효과적으로   lose weight 살을 빼다   counter effect 역효과

## 33 ②

오페라 가수와 건조한 공기는 잘 어울리지 않는다. 사실, 최고의 가수들은 자신들이 적절한 음조를 얻도록 돕기 위해서 습한 환경을 필요로 한다. 언어학자인 Caleb Everett은 만약 공기 중 수분의 양이 음조에 영향을 미친다면, 그것이 수분이 부족한 지역에서 더 적은 성조 언어의 발달로 해석되는가를 궁금해 했다. 3,700개가 넘는 언어들에 대한 연구에서, 그는 복잡한 성조를 가지고 있는 언어가 습한 지역에서 보다는 건조한 지역에서 덜 자주 발생한다는 것을 발견했다. 전반적으로, 30개의 복잡한 성조 언어에서 하나만이 건조한 지역에서 번창했고, 3개의 비성조 언어에서 하나가 같은 지역에서 나타났다. 이러한 결론은 언어의 구조가 환경과 관계없다는 언어관과 상반된다.

**해설**

복잡한 성조를 가진 언어가 습한 지역보다 건조한 지역에서 덜 자주 나타났는데, 이는 언어가 환경의 영향을 받는다는 것을 의미한다. 따라서 빈칸에 들어갈 말로 가장 적절한 것은 ② is independent of its environment(환경과 관계없다)이다.
① 반복을 통해서 습득될 수 있다
③ 시간이 지남에 따라 점차 변화할 수 있다
④ 우리가 세상을 보는 방법에 영향을 미친다
⑤ 음조에 의해 영향을 받는다

**어휘**

get along 어울리다   require 필요하다, 요구하다   humid 습한   setting 환경   achieve 얻다, 성취하다   pitch 음조, 음의 높이; 던지다   moisture 수분   linguist 언어학자   location 지역   lack 부족하다; 결핍   complex 복잡한; 단지   tone 성조, 어조, 색조   frequently 자주   overall 전반적으로   flourish 발달하다, 번창하다   conclusion 결론   go against 상반되다   structure 구조

## 34 ①

쇼핑은 더 이상 우리가 생존하기 위해 가져야 하는 것들을 얻기 위한 필수가 아니다. 오히려 쇼핑은 여가활동이 되었다. 우리는 단지 그것의 즐거움을 위해 쇼핑을 한다. 우리는 또한 소비지상주의의 시대에 살고 있고, 우리는 소유물들을 구매함으로써 우리 자신을 규정하고 다른 사람들의 인정을 얻도록 부추겨진다. 다행히, 대부분의 사람들은 여전히 그들의 재력에 맞게 그럭저럭 살아간다. 하지만 증가하는 소비자 부채가 점점 더 많은 사람들이 그들의 소비 습관을 통제할 수 없게 하고 있을 수도 있다는 것을 보여준다. 게다가, 미국 성인 인구의 8에서 10%는 무절제한 쇼핑객일 수도 있다. 무절제한 쇼핑은 그것이 인식되고 치료되지 않는다면, 삶을 망칠 수 있는 심각한 장애이다.

**해설**

(A) 쇼핑은 더 이상 생존을 위한 물건을 얻는 필수가 아니라는 글 다음에 이와 상반되는 여가활동이 되었다는 내용이 이어지므로, 빈칸에는 On the contrary(오히려)가 적절하다.
(B) 많은 사람들이 소비 습관을 통제할 수 없다는 글 다음에, 미국 성인인구의 무절제한 쇼핑에 관한 내용이 이어지므로, 빈칸에는 In addition(게다가)이 적절하다.

**어휘**

necessity 필수   consumerism 소비자 지상주의   encourage 부추기다, 격려하다   define 규정하다, 정의하다   obtain 획득하다   approval 인정, 승인   possession (pl.) 소유물, 소유   manage to 그럭저럭 ~하다   means 재력, 수단   debt 부채, 빚   indicate 보여주다   get out of hand 통제할 수 없다   disorder 장애, 무질서   ruin 망치다; 파멸, 유적   recognize 인식하다, 인정하다

## 35 ②

아시아인들과 여러 아메리카 원주민 문화가 침묵을 사회적 상호 작용의 중요하고 적절한 부분이라고 간주한다. 이러한 문화 출신의 화자들은 다른 화자에게 응답하기 전에 약간의 침묵의 순간을 종종 사용한다. 침묵은 분열과 분리를 유발하고, 관계에 있어 심각한 문제를 일으킨다. 그러한 초기의 침묵은 화자에 대한 청자의 존중을 전달한다. 그것은 청자가 화자의 말을 들었고 그것들(말)에 적절한 생각을 하고 있다는 것을 보여준다. 침묵은 화자가 말한 것을 알게 되고, 생각하고, 검토해 볼 시간으로 간주된다. 침묵을 소중하게 여기는 문화에서, 너무 빨리 반응하는 것은 화자의 말과 생각에 불충분한 주의와 생각을 기울인 것으로 해석된다.

**해설**

아시아인들과 여러 아메리카 원주민들은 침묵을 사회적 상호작용의 중요한 부분으로 여긴다는 글인데, ②는 침묵이 분열과 분리를 유발하고 심각한 문제를 일으킨다는 내용으로 글의 전체 흐름과 관계가 없다.

**어휘**

view ~ as ... ~를 …간주하다   appropriate 적절한   interaction 상호작용   respond 응답하다, 반응하다   division 분열, 분할   separation 분리   initial 초기의   convey 전달하다   indicate 보여주다, 가리키다   prize 소중하게 여기다; 상, 상품   interpret 해석하다   devote 기울이다, 바치다   inadequate 불충분한, 부적당한   attention 주의, 관심   consideration 생각, 배려

## 36 ③

부상(浮上)하기 위해서, 물고기는 자신의 총 밀도를 줄여야 하는데, 대부분의 물고기는 부레를 가지고 이것을 한다. (B) 물고기는 주변의 물에서 모은 산소로 자신의 부레를 채운다. 부레가 채워지면서 그것은 팽창한다. 그 후, 물고기는 더 큰 부피를 갖지만, 무게는 크게 증가하지 않는다. (C) 이것은 그것(물고기)의 밀도가 줄었음을 의미하고, 따라서 물고기는 더 큰 부력을 경험하게 된다. 마침내, 부레가 완전히 팽창되었을 때, 물고기는 수면으로 떠밀려 올라온다. (A) 대부분의 물고기는 이런 방법을 사용하면서 부상하지만 모두 그런 것은 아니다. 일부 종은 평생을 바다 밑바닥을 따라 이동하며 살기 때문에 부레가 필요 없다.

**해설**

부상(浮上)하기 위해서 물고기는 부레를 이용한다는 주어진 글 다음에, 부레가 산소로 채워지면 물고기의 부피는 커지지만 무게는 큰 변화가 없다는 (B)가 이어지고, 부레가 완전히 팽창되면 물고기는 최대 부피가 되고 수면으로 떠오른다는 (C)가 온 후, 대부분의 물고기는 이런 방법으로 부상하지만 그렇지 않은 종들도 있다는 (A)로 이어지는 것이 글의 순서로 가장 적절하다.

**어휘**

rise 부상하다, 오르다; 상승, 인상   overall 총체적인, 전반적인   density 밀도
method 방법   species 종   oxygen 산소   surrounding 주변의
expand 팽창하다, 확장하다   volume 부피, 양, 권, 볼륨   rising force 부력
surface 수면, 표면

## 37 ⑤

어떻게 당신은 달걀을 깨지 않고 완숙으로 삶은 달걀과 날달걀의 차이를 구분할 수 있을까? (C) 두 달걀을 돌려라! 당신은 완숙으로 삶은 달걀은 쉽게 돌지만, 날 것은 그렇지 않다는 것을 발견할 것이다. 당신은 날달걀이 더 천천히 돌고, 그것은 흔들릴 것을 또한 알아차릴 것이다. (B) 이것은 날달걀은 내부가 유동체인 반면, 완숙으로 삶은 달걀은 고형이기 때문이다. 당신이 날달걀을 돌릴 때, 내부의 유동체는 이리저리 움직여서 흔들림을 야기한다. 그러나 완숙으로 삶은 달걀은 내부에 유동체가 없어서, 그것은 흔들리지 않는다. 그것들을(달걀) 도는 것을 멈추기 위해 달걀 위에 당신의 손가락을 잠시 올려라. (A) 당신이 손가락을 떼었을 때, 내부의 그 유동체가 여전히 움직이고 있기 때문에, 날달걀은 몇 초간 더 계속 돌 것이다. 완숙으로 삶은 달걀은 즉시 멈출 것이다.

**해설**

삶은 달걀과 날달걀의 구분법에서 묻고 있는 주어진 글에 이어서, 두 달걀을 돌리면 날달걀은 쉽게 돌지 않고, 삶은 달걀은 천천히 돌면서, 흔들린다는 내용의 (C)로 이어지고, 이러한 이유가 날달걀은 내부가 유동체이고 삶은 달걀은 고형이기 때문이며, 내부의 유동체로 인하여 날달걀은 흔들리고, 삶은 달걀은 흔들리지 않는다고 기술한 후, 돌고 있는 달걀을 멈추기 위해서 손가락을 잠시 올려보라는 내용의 (B)가 온 후, 그 손가락을 떼면 날달걀은 유동체로 인하여 몇 초간 더 돌고 삶은 달걀은 곧 멈출 것이라는 내용의 (A)로 이어지는 것이 글의 순서로 가장 적절하다.

**어휘**

tell 구분하다   hardboiled 완숙으로 삶은   raw 날것의   spin 돌다, 돌리다
instantly 즉시   fluid 유동체; 유동체의   solid 고형의, 고체의   shake 흔들(리)다
briefly 잠시, 간략히   notice 알아차리다; 공지

## 38 ②

내가 나의 강아지를 훈련시키기 위해 사용하는 기법은 일반적인 훈련 방법과는 다른 행동 포착이라고 불린다. 일반적으로 당신은 먼저 명령을 하고 그(강아지)가 그것을 따를 때만 강아지에게 보상을 한다. 그러나 행동 포착에 있어서, 당신은 우선 당신의 개가 당신이 원하는 행동을 할 때까지 기다려야 한다. 특정한 행동이 일어나기를 기다리면서, 당신의 강아지의 활동을 관찰하라. 하나(특정한 활동)가 일어나면 그(강아지)에게 보상을 해라. 예를 들어, 당신이 "앉아"라고 말할 때마다 그(강아지)가 앉도록 훈련시키기를 원한다면, 그(강아지)가 우연히 앉을 때까지 기다려야 한다. 그 후, 당신의 강아지가 앉자마자, 당신은 "앉아"라고 명령을 하고 보상으로 그(강아지)에게 먹을 것을 준다. 일단 보상이 기다리고 있다는 것을 강아지가 알면, 그(강아지)는 그 경험을 유쾌한 게임으로 여길 것이다.

**해설**

그러나 행동 포착에 있어서, 당신은 우선 당신의 개가 당신이 원하는 행동을 할 때까지 기다려야 한다는 내용의 주어진 문장은 행동 포착 기법으로 훈련하고 있는 강아지에게서 특정한 행동이 일어나기를 기다리고 그 행동이 일어나면 보상하라는 내용 앞인 ②에 들어가는 것이 가장 적절하다.

**어휘**

behavior capture 행동 포착   perform 수행하다, 공연하다   common 일반적인, 보통의; 공유지   method 방법   normally 일반적으로   order 명령, 질서, 주문; 명령하다   reward 보상하다; 보상   particular 특정한   occur 일어나다
happen to (우연히) ~하다   treat ~ as … ~을 …으로 여기다, 취급하다   pleasant 유쾌한

## 39 ③

1800년대 후반에 철도회사는 미국에서 가장 큰 기업들이었다. 그러한 엄청난 성공을 이룬 후, '왜' 그들이 이 사업을 시작했었는지를 기억하는 것은 그들에게는 더 이상 중요하지 않았다. 대신에, 그들은 그들이 '무엇'을 하는지에 집착하게 되었다. 그들은 철도 사업 안에 있었다(머물렀다). 이러한 편협한 관점은 그들의 의사결정에 영향을 끼쳤다. 그들은 선로와 엔진에 그들의 모든 돈을 투자했다. 그러나 20세기 초에 새로운 기술인 비행기가 도입되었다. 그리고 모든 큰 철도회사들은 결국 파산했다. 만약 그들이 자신들을 대량 운송 사업에 있는 것으로 규정했었더라면 어땠을까? 아마도 그들은 그렇지 않았다면 놓쳤을 기회를 볼 수 있었을 것이고, 오늘날 모든 항공사를 소유하고 있을 것이다.

**해설**

그러나 20세기 초에 새로운 기술인 비행기가 도입되었다는 내용의 주어진 문장은, 철도회사들이 선로와 엔진에 모든 돈을 투자했기 때문에 비행기의 도입으로 철도회사들이 파산했다는 문장 사이인 ③에 들어가는 것이 가장 적절하다.

**어휘**

introduce 도입하다, 소개하다   achieve 이루다, 성취하다   huge 엄청난, 거대한
narrow 편협한, 좁은   perspective 관점, 원근법   influence 영향을 끼치다; 영향
decision-making 의사결정   invest 투자하다   eventually 결국   go out of
business 파산하다   define 규정하다, 정의하다   mass transportation 대량
운송   opportunity 기회   otherwise 그렇지 않으면

## 40 ②

우리가 한 민족의 특정 세계관을 표현하는 측면으로서 속담을 바라보는 경우에는 주의해야 한다. 말하자면, "국민성"에 관한 어떠한 고정된 결론도 도출되어서는 안 된다. 고대시대와 중세시대로부터 유래한 현재 다양한 문화에 존재하는 인기 있는 속담들이 너무나 많아서 그것들(속담)이 몇몇 상상화 된 국민성을 보여주는 것으로 생각하는 것은 어리석을 것이다. 그럼에도 불구하고, 특정 문화에서 특정 속담들의 빈번한 사용은 다른 사회적 문화적 지표들과 함께 사용되어 일부 공통적인 개념을 형성할 수 있다. 따라서, 만약 독일인들이 "아침은 그것의 입 안에 금을 가지고 있다(아침시간은 금과 같다)."라는 속담을 빈번히 사용한다면, 그것은 일찍 일어나는 것에 대한 독일인들의 태도를 어느 정도까지는 반영한다.

→ 속담들이 국민성을 직접적으로 반영할 수는 없을지라도, 특정 속담들의 빈번한 사용은 한 국가에 관한 일반적인 개념을 형성하기 쉽다.

**해설**

속담이 한 민족의 특정 세계관을 표현하는 측면으로 바라보는 것은 주의해야하지만, 특정 문화에서 특정한 속담이 빈번하게 사용된다면 그 국가에 대한 일반적인 개념을 형성할 수 있다는 것이 글의 요지이므로, 빈칸 (A)에는 reflect(반영하다)가 (B)에는 general(일반적인)이 들어가는 것이 가장 적절하다.

① 반영하다 – 이상적인   　③ 포함하다 – 창의적인
④ 평가하다 – 구체적인   　⑤ 평가하다 – 전형적인

**어휘**

proverb 속담   aspect 측면, 양상   people 민족, 사람들   fixed 고정된
conclusion 결론   national character 국민성   draw 결론을 도출하다, 그리다;
무승부, 제비뽑기   classical 고대의, 고전의   medieval 중세의   current 현재의;
해류[전류]   various 다양한   nevertheless 그럼에도 불구하고   particular
특정한   indicator 지표   form 형성하다; 모양   concept 개념   frequency
빈도   mirror 반영하다, 비추다; 거울   to some degree 어느 정도   attitude
태도   reflect 반영하다, 반성하다   be likely to ~하기 쉽다   evaluate 평가하다
specific 구체적인

## [41~42]

비판이 야기하는 분노는 종업원, 가족 구성원, 그리고 친구들을 화나게 할 수 있고, 그 상황을 여전히 바로잡지 못할 수도 있다. George는 한 엔지니어링 회사의 안전 관리자이다. 그의 책무 중 하나는 작업자들이 현장에서 작업 중일 때마다 안전모를 착용하는지 확인하는 것이다. 그가 안전모를 착용하지 않은 작업자들을 만날 때마다, 그는 단호한 목소리로 그들에게 규정을 따라야 한다고 말했다고 그는 말했다. 그 결과, 그 작업자들은 그가 말한 대로 하곤 했지만, 그가 떠난 직후 자신들의 안전모를 벗곤 했다.

그는 다른 접근법을 시도하기로 결심했다. 그 다음 그가 작업자들 중 일부가 그들의 안전모를 착용하지 않은 것을 발견했을 때, 그는 안전모가 불편한지 또는 제대로 잘 맞지 않는지 물어보았다. 그러고 나서 그는 듣기 좋은 어조로 그 사람들에게 안전모는 부상으로부터 그들을 보호할 수 있도록 설계되었음을 상기시켰다. 그 결과는 화를 내지 않는 증가된 규정의 수용이었다. 그들은 더 자주 안전모를 쓰기 시작했다.

### 41 ①

59% 고1 06월 모의고사 변형

**해설**

안전모 착용에 관해서 단호한 목소리로 규정을 알리기보다는 듣기 좋은 어조로 안전모에 대해 설명함으로써 직원들의 행동변화를 이끌었다는 내용으로, 이 글의 제목으로 가장 적절한 것은 ① How to Change Employee Behavior(직원 행동을 바꾸는 법)이다.

② 왜 근로자들은 규칙을 따라야 하는가?
③ 당신의 관리자에게 이야기 하는 법을 배워라
④ 당신의 회사 정책에 대해 절대 불평하지 마라
⑤ 더 많이 들을수록, 더 잘 이해한다

### 42 ①

57% 고1 06월 모의고사 변형

**해설**

안전 관리자가 호의적인 말투로 안전모의 착용에 관한 목적을 설명하여, 작업자들이 안전모의 규정을 받아들였다는 내용으로, 빈칸에 들어갈 말로 가장 적절한 것은 ① acceptance(수용)이다.

② 거절, 부인 ③ 수정 ④ 발표 ⑤ 의심

**어휘**

criticism 비판, 비평 employee 종업원 supervisor 관리자, 감독 responsibility 책무, 책임 hard hat 안전모 come across (우연히) 만나다 firm 단호한, 단단한; 회사 remove 벗다, 제거하다 approach 접근법; 접근하다 fit 맞다, 어울리다; 건강한; 발작 properly 제대로, 적절히 remind 상기시키다 injury 부상, 상처 regulation 규정 acceptance 수용, 승인 denial 거절, 부인 revision 수정 announcement 발표

## [43~45]

(A) 한 연구팀은 Claremont에서 개문 효과(foot-in-the-door) 기법이 재활용을 촉진할 수 있는지를 밝혀내려고 결심했다. 처음에 연구자들은 비밀리에 주민들의 재활용 활동을 관찰하여 재활용을 하지 않는 약 200가구를 찾아냈고, 그들이 주민들의 행동을 변화시킬 수 있는지를 알아보기 위해 연구에 착수했다.
(D) 연구원들은 보이 스카우트 단원들의 도움으로 시작했고, 연구를 위해 그들을 훈련시키는데 3주를 소비했다. 그들은 스카우트 단원들이 재활용의 필요성을 강조하는 메시지를 크게 읽는 예행연습을 시켰다. 그들은 잘 훈련된 스카우트 단원들이 준비가 되었다고 확신했을 때, 연구원들은 스카우트 단원들을 주민들을 만나게 하기 위해 보냈다.
(B) 그들은 스카우트 단원들에게 영문을 모르는 참여자의 문을 두드리도록 요청하였다. 문이 열렸을 때 그들은 재활용의 중요성에 관해 준비된 연설을 시작했다. 그러고 나서 스카우트 단원들은 주민들에게 서약 카드를 건네주었다. 서약 카드에는 '나는 Claremont의 재활용 프로그램을 지지할 것을 서약합니다. 나는 쓰레기와의 전쟁에서 이기도록 도울 것입니다!'라고 쓰여 있었다.
(C) 6주 동안 연구자들은 몰래 주민들의 재활용 행동을 관찰했다. 그들은 (스카우트 단원들의) 방문을 받지 않았던 사람들은 재활용에 있어서 3%의 증가를 보여주었다는 것을 발견했다. 대조적으로, 사람들에게 서약 카드에 서명을 하라고 요청한 것은 결과적으로 20% 증가가 되었다. 마치 그들이 재활용을 하려는 의도가 있는 것처럼 행동하면서 보낸 짧은 시간은 친환경적이 되고자 하는 동기부여에 극적인 영향을 미쳤다.

### 43 ④

59% 고1 06월 모의고사 변형

**해설**

재활용 촉진 방안에 관한 연구를 하기 위해 비밀리에 주민들의 재활용 행동을 연구를 했다는 주어진 글 다음에, 보이 스카우트 단원들의 도움을 얻어 재활용의 필요성을 강조하는 메시지 읽는 예행연습을 했다는 (D)가 오고, 스카우트 단원들은 각 가정을 방문하여 재활용의 중요성에 관한 연설을 한 후, 재활용 서약 카드를 주민들에게 건네주었다는 (B)가 온 후, 그 결과 재활용률이 증가했다는 사실을 발견했다는 (C)로 이어지는 것이 글의 순서로 가장 적절하다.

### 44 ④

55% 고1 06월 모의고사 변형

**해설**

(a), (b), (c), (e)는 연구자들을 가리키고, (d)는 주민들을 가리킨다.

### 45 ⑤

57% 고1 06월 모의고사 변형

**해설**

(D)의 중반부에 They had the Scouts rehearse reading aloud a message stressing the need for recycling(그들(연구원들)은 스카우트 단원들이 재활용의 필요성을 강조하는 메시지를 크게 읽는 예행연습을 시켰다)라고 했으므로, 글의 내용과 일치하지 않는 것은 ⑤이다.

**어휘**

promote 촉진하다, 홍보하다, 승진하다 researcher 연구자 observe 관찰하다, 준수하다 resident 주민 identify 찾아내다, 동일시하다 set out 착수하다 behavior 행동 unsuspecting 영문을 모르는, 의심하지 않는 participant 참여자, 참가자 launch 시작하다, 진수하다 pledge 서약; 맹세하다 say ~라고 쓰여 있다, 말하다 go green 친환경적이 되다

| 18 ⑤ | 19 ② | 20 ⑤ | 21 ⑤ | 22 ④ | 23 ⑤ |
|---|---|---|---|---|---|
| 24 ⑤ | 25 ③ | 26 ⑤ | 27 ② | 28 ② | 29 ② |
| 30 ⑤ | 31 ⑤ | 32 ⑤ | 33 ⑤ | 34 ① | 35 ③ |
| 36 ② | 37 ⑤ | 38 ⑤ | 39 ⑤ | 40 ④ | 41 ③ |
| 42 ① | 43 ⑤ | 44 ② | 45 ③ | | |

## 18 ⑤
<small>83% 고1 09월 모의고사 변형</small>

나는 약 15년 동안 귀사의 잡지를 읽어왔습니다. California주 의 Fresno를 포함한 공기 오염에 관한 귀사의 최근 기사는 본질적으로 맞습니다. 불행하게도, 몇몇 사람들은 Fresno에서 살 수 없다고 느꼈을 지도 모릅니다. 그러나 이는 사실과 다릅니다. 이 도시는 숨 쉬며 살아가는 50만 명의 시민의 안식처입니다. 우리가 모두 고통을 겪고 있는 것은 아닙니다. 나는 은퇴 연령이 훨씬 지났지만 거의 매일 자전거를 타고 있으며, 아직까지 어떠한 안 좋은 영향을 겪고 있지 않았습니다. 우리는 Yosemite 국립공원, Sequoia 국립공원에 가깝고 태평양에 쉽게 접근할 수 있습니다. 일부 필자들에 의해 남겨진 인상과는 반대로, 우리 Fresno 주민들이 지옥구덩이에서 모두 고통 받고 있는 것은 아닙니다.

**해설**

잡지에 실린 내용과는 달리 Fresno가 살기 좋다는 내용으로 이 글의 목적으로 가장 적절한 것은 ⑤이다.

**어휘**

recent 최근의   article 기사   air pollution 공기 오염   essentially 본질적으로 unlivable 살 수 없는   effect 영향   despite ~에도 불구하고   retirement 은퇴 accessible 접근 가능한   contrary to ~와 반대로   impression 인상

## 19 ②
<small>69% 고2 06월 모의고사 변형</small>

그 남자는 말을 타고 20피트를 뛰어 절벽의 나머지 다른 쪽에 도달했다. "문제없어, 나는 그를 잡을 수 있어."하고 Kenny는 생각했다. Kenny는 자기 말을 뒤로 물러나게 했다가 절벽을 향해서 다시 달리게 했다. 말에 박차를 가하여 마음껏 달리게 했다. 말은 빠르게 달려 나갔다. 그러나 말이 절벽 바로 앞에서 갑자기 멈추자, Kenny는 말의 머리를 넘어 절벽 가장자리 너머로 날아갔다. 다행히 그는 아직 고삐를 쥐고 있었다. 절벽에 매달려 Kenny는 말을 올려다보았다. Kenny는 소리쳤다. "뒤로, 뒤로!" 말은 주저하다가 시키는 대로 했다. Kenny는 절벽 위로 끌려 올라갔다.

**해설**

절벽 앞에서 말을 타고 달리다가 말이 갑자기 멈춰 서서 Kenny가 말에서 떨어져 겨우 고삐를 쥐고 있는 상황으로, 글에 나타난 분위기로 가장 적절한 것은 ② urgent and desperate(긴급하고 필사적인)이다.
① 우습고 떠들썩한                ③ 지겹고 단조로운
④ 환상적이고 신비스러운        ⑤ 비참하고 우울한

**어휘**

land 도달하다   cliff 절벽   spur 박차를 가하다   edge 가장자리   reins 고삐 hesitate 주저하다

## 20 ⑤
<small>68% 고1 06월 모의고사 변형</small>

비록 높은 목표를 설정한 사람들이 낮은 목표를 설정한 사람들 보다 협상에서 더 많은 것을 얻어내는 경향이 있지만, 그들은 대부분 자신의 결과에 대한 만족도가 낮다. 왜 그럴까? 협상이 끝났을 때, 그들은 자신의 최종 결과를 처음의 기대치와 비교해서 협상에서 얻지 못한 것에

초점을 두고 실패한 것처럼 느끼기 때문이다. 이 문제를 해결하기 위해서 그들은 협상이 끝난 후 자신의 초점을 변화시키는 방법을 배울 필요가 있다. 그들은 좀 더 긍정적인 방법으로 자신의 결과를 바라봐야 한다. 이렇게 단순히 초점을 바꾸는 것만으로도 그들은 협상에서 자신이 얻을 수 있었던 모든 것을 이해하고 자신이 해낸 일에 만족감을 느낄 수 있을 것이다.

**해설**

높은 목표를 설정한 사람들은 협상 후에 얻지 못한 것에 초점을 두는 경향이 있어서 만족도가 낮으므로, 결과물을 긍정적으로 바라봐야 한다는 것이 글의 주된 내용으로, 글의 주장으로 가장 적절한 것은 ⑤이다.

**어휘**

expectation 기대, 예상   tend to ~하는 경향이 있다   negotiation 협상 compare 비교하다   outcome 결과   focus 초점을 맞추다; 초점   complete 완료된, 완전한   view 보다; 관점   positive 긍정적인   manner 방법   achieve 얻다, 성취하다

## 21 ⑤
<small>71% 고1 06월 모의고사 변형</small>

당신이 "내 차가 고장 났어."라고 말할 때, 만약 당신이 차를 두 대 가지고 있다면 그것은 그 자체로는 문제가 아니다. 그래서 더 나은 진술은 "나는 오늘 출근할 방법이 없어." 혹은 "내 유일한 차가 고장 나서 오늘은 회사에 지각할 것 같아."일 것이다. 근본적 문제를 명확하게 진술하는 이유는 당신의 목표가 "차를 고치는 것"이 아니기 때문이다. 그것은 출근하는 것이다. 이런 방식으로 그 문제를 진술하는 것은 버스 타기, 친구에게 전화하기, 하루 휴가 내기 등의 다른 선택사항들을 열어준다. 문제의 명확한 진술은 당신이 그 문제를 해결하는 방법에 대한 명확한 선택사항을 떠올리는 데 도움을 줄 것이다.

**해설**

문제가 발생하였을 때 근본적인 문제를 명확히 진술하면 문제 해결에 도움이 된다는 내용으로 이 글의 요지로 가장 적절한 것은 ⑤이다.

**어휘**

in oneself 자체로, 본질적으로   statement 진술   state 진술하다; 상태, 주, 국가 root 근본, 뿌리   fix 고치다, 고정시키다   option 선택사항   take a day off 하루를 휴가 내다   etc. 기타 등등(= et cetera)   come up with 떠올리다, 생각해 내다

## 22 ④
<small>90% 고2 06월 모의고사 변형</small>

물을 마시는 것은 건강을 유지시키는 것을 도울 수 있고, 학교는 충분한 물을 마시는 것을 포함하여, 건강한 식습관 형성을 향상시킬 수 있는 유일한 공간이다. 95% 이상의 아이들과 청소년들이 학교에 다니고 있고, 학생들은 일반적으로 매일 학교에서 최소 6시간을 보내고 있다. 학생들에게 학교 환경 전역에서 안전한 무료 식수를 이용하는 것을 보장하는 것은 과당 음료의 건강한 대체물을 학생들에게 제공하는 것이다. 깨끗하고 무료인 물을 제공하는 것은, 수분을 유지시켜 주며, 건강에 좋지 않은 칼로리의 흡수를 줄이도록 하는데 도움을 준다. 적절한 수분은 학습에 중요한 인지 기능을 향상시켜 줄 수 있다.

**해설**

학생들에게 안전한 식수를 제공하는 것은 학습에 중요한 인지 기능을 향상시켜줄 수 있다는 것이 주된 내용이므로, 글의 주제로 가장 적절한 것은 ④ the necessity of providing drinkable water at school(학교에서 식수를 제공해야 하는 필요성)이다.
① 균형 맞춘 식단의 중요성
② 아이들을 위한 과당 음료의 해로움
③ 깨끗한 물의 원천을 얻어내는 어려움
⑤ 공공지역에서의 과도한 물 사용에 대한 경고

**어휘**

dietary behaviors 식습관   sufficient 충분한   adolescent 청소년 typically 일반적으로   ensure 보장하다   substitute 대체물

sugared beverages 과당음료   maintain 유지하다   hydration 수분
intake 흡수, 섭취   functions 기능   excessive 과도한

## 23 ⑤

61% 고1 06월 모의고사 변형

다른 기술들과 마찬가지로, 언어 기술들은 연습을 통해서만 습득될 수 있다. 모국어의 경우, 아이는 일상 환경 속에서 이러한 연습을 위한 충분한 기회를 가진다. 그리고 그는 아주 많은 선생님들을 가지고 있는데, 부모님, 다른 가족 구성원들, 친구들, 친척들과 같이 그의 일상생활에서 그가 만나게 되는 거의 모든 사람들이 이에 해당한다. 그는 또한 언어를 배우려는 가장 강한 동기부여를 가진다. 만약 그가 모국어로 자신을 표현할 수 없는 경우에 그의 기본적인 필요들 중 일부가 충족되지 않은 채 남겨질 수 있다. 그리고 아마 가장 주목할 만한 것은 아동은 자신이 매우 복잡한 기호를 학습하고 있다는 사실을 의식하지 않고 언어를 연습한다는 것이다.

**해설**

아동이 모국어를 습득하는데 있어 주위 환경에서 작용하는 요인들에 관한 것이 주된 내용으로, 이 글의 제목으로 가장 적절한 것은 ⑤ What Helps the Child Acquire a Mother Tongue?(무엇이 아이가 모국어를 습득하게 하는 것을 돕는가?)이다.
① 누구를 우리는 최고의 선생님이라고 부를 수 있는가?
② 어디서 우리는 외국어를 배울 수 있는가?
③ 왜 학습에서 동기부여가 중요한가?
④ 언어구조는 얼마나 복잡한가?

**어휘**

skill 기량, 기술   acquire 습득하다   mother tongue 모국어   relative 친척
in contact 만나는, 접촉하는   motivation 동기부여   remain ~인 채 남겨지다
remarkable 주목할 만한   complex 복잡한

## 24 ⑤

70% 고1 11월 모의고사 변형

위 도표는 2017년과 2018년에 18세부터 34세까지 사용자의 다섯 가지 다른 기기를 이용한 주간 평균 비디오 시청 시간을 보여 준다. TV를 이용한 평균 비디오 시청 시간은 1,600분이 넘어서, TV는 2017년과 2018년에 다섯 가지 중 가장 많이 사용된 기기가 되었다. TV에 연결하는 기기들은 두 해 모두 2위를 차지했고, PC 비디오가 그 다음이었다. 2017년과 2018년에 각각 스마트폰 비디오는 한 시간 미만의 주당 평균 비디오 시청 시간으로 가장 적게 사용된 기기였다. TV를 제외하고 나머지 네 가지 기기들은 2017년부터 2018년까지 증가된 시청 시간을 보여 주었다. 2017년의 그것(태블릿 비디오 시청 시간)과 비교했을 때, 태블릿 비디오 시청 시간은 2018년에 두 배가 이상(→ 이하)이었다.

**해설**

태블릿 비디오 시청은 2017년에 54분, 2018년에 103분이므로 두 배가 되지 않았다. 따라서 도표의 내용과 일치하지 않는 것은 ⑤이다.

**어휘**

average 평균   device 기기, 장치   rank 순위를 차지하다
followed by 다음은 ~   except for ~을 제외하고
compared to ~와 비교하여   double 두 배가 되다

## 25 ③

80% 고1 09월 모의고사 변형

Matthew Hanson은 1866년에 Maryland의 한 가난한 흑인가정에서 태어났다. 그의 아버지가 돌아가신 후에 그는 11세에 Washington D.C.로 갔다. 얼마 지나지 않아 그는 선원이 되기로 결심했다. 1887년에 Matthew는 Robert Peary의 하인으로 고용되었다. Peary가 Greenland로의 여행을 계획했을 때, Matthew는 함께 갈 것을 자원했다. Matthew는 북극 지방의 원주민인 Inuit사람들과 의사소통할 수 있었다. 그들은 그에게 눈으로 집을 짓고 썰매 개를 훈련하면서 북극 지방에서 생존하는 방법을 가르쳐주었다. 1909년 4월 6일 그들의 세 번째 시도에서 Matthew와 Peary는 마침내 북극에 도착한 최초의 사람이 되

었다. 1947년에 "Dark Companion"이라고 불리는 Henson에 관한 전기가 출판되었다.

**해설**

글의 후반부에 They taught him how to survive in the Arctic by building snow houses and by training sled dogs.(그들은 그에게 눈으로 집짓기와 썰매 개를 훈련시키기와 같은 북극 지방에서 생존하는 방법을 가르쳐주었다)고 하였으므로 글의 내용과 일치하지 않는 것은 ③이다.

**어휘**

servant 하인   volunteer 자원하다   communicate 소통하다   Arctic 북극
sled dogs 썰매 개   attempt 시도   biography 전기

## 26 ⑤

89% 고1 09월 모의고사 변형

### Seedy Sunday

Seedy Sunday는 2012년 이후로 매년 개최되고 있는 씨앗 교환 행사입니다. 이 행사는 여러분의 씨앗을 다른 것들로 교환하기를 원하는 사람들을 위한 행사입니다.

**언제, 어디서**
• 2019년 3월 20일 일요일(오전10시–오후4시)
• Boheme Avenue Community Hall

**교환할 씨앗 가져오기**
• 당신의 씨앗을 봉투 겉면에 씨앗의 이름을 써서 봉투에 담으세요. (봉투당 약 10개)

**씨앗 교환만이 아닙니다!**
• 원예 전문가와 씨앗 수확 및 저장에 관한 대화
• 요리 시범

**참가를 원한다면?**
• 등록인원은 80명으로 제한
• 등록비: 1인당 10달러

**해설**

글의 후반부에 A limited enrollment of 80 participants(등록인원을 80명으로 제한)한다고 했으므로, 안내문의 내용과 일치하지 않는 것은 ⑤이다.

**어휘**

seedy 씨가 많은, 더러운   seed 씨앗   exchange 교환; 교환하다   take
place 개최하다, 일어나다   extra 여분의; 엑스트라   trade 교환하다; 거래, 무역
package 포장하다; 포장   envelope 봉투   expert 전문가   harvest 수확하다;
수확   store 저장하다   cooking 요리   demonstration 시범, 시위   limited
제한된   enrollment 등록(수)   participant 참가자   registration 등록   fee
요금, 수수료

## 27 ②

86% 고1 09월 모의고사 변형

### Crayden Junior School

Crayden Junior School에서 매주 화요일과 금요일 오전 10시부터 11시 40분까지 "Cutie Angel's Stay and Play"에 영유아들을 초대합니다.

어른을 동반한 0–4세의 아이들을 환영합니다. 새로운 친구들을 만나 모두가 즐겁게 놀 수 있는 기회입니다!

모두를 즐겁게 해 줄 음악과 율동, 아기 마사지를 포함한 많은 활동들이 있습니다. 또한 생각을 전달하고 경험을 공유할 수 있는 강사들도 특별히 초대했습니다.

입장료는 한 아이당 10달러이고, 여기에 어른과 아이를 위한 간식이 포함되어 있습니다. 세 명 이상의 아동이 신청하는 경우 모두 할인됩니다.

홈페이지 http://www.craydenhigh.gdst.net에서만 참가신청을 받습니다.

자세한 사항은 Crayden Junior School 020–8660–7400로 문의하십시오.

여러분을 만나기를 고대합니다.

글의 전반부에 Children from 0-4 years of age are welcome as long as they are accompanied by an adult! 어른을 동반한 0-4세의 아이들을 환영합니다)고 했으므로, 안내문의 내용과 일치하는 것은 ②이다.

**어휘**

toddler 유아  accompany 동반하다  include 포함하다  movement 율동, 움직임  pass on 전달하다  admission 입장(료), 입학  per ~당  provide 제공하다  application 신청, 응용  detail 자세한 사항  look forward to -ing ~을 고대하다

## 28 ②
29% 고1 09월 모의고사 변형

당신의 결혼식 날 당신의 신랑이 당신을 울게 만드는 마음을 따뜻하게 하고, 감동적인 편지를 읽는다고 가정해 보자. 나중에 그가 스스로 편지를 쓴 것이 아니라 온라인에서 그것을 샀다는 것을 알게 된다. 그러면 당신은 그것이 보수를 받은 전문가에 의해 쓰였기 때문에 처음에 그 편지가 의미했던 때보다 편지의 의미가 덜하다는 것인가? 대부분의 사람들은 구매한 결혼 편지가 진짜 편지보다 가치가 덜하다는 데 동의를 한다. 만약 당신이 온라인에서 감동적인 걸작인 편지를 구입한다면 당신은 아마도 그것을 감출 것이다! 결혼 편지는 구매될 수 있는 상품이다. 그러나 그것들을 사고파는 것은 그것들의 가치를 깎아 내린다.

**해설**

② 일반동사 mean을 대신할 수 있는 대동사가 되어야 하므로 was를 did로 고쳐야 한다.
① 「make(사역동사) + 목적어 + 동사원형」의 구조로 make의 목적보어로 사용된 cry는 적절하다.
③ wedding toast의 반복을 위해 사용된 부정대명사 one의 쓰임은 적절하다.
④ 주절의 would probably cover it up으로 보아 가정법 과거문형이므로 if절의 과거동사 purchased는 적절하다
⑤ goods를 선행사로 하며 can be bought의 주어역할을 하는 that은 주격 관계대명사로 바르게 사용되었다.

**어휘**

suppose 가정하다  heartwarming 마음을 따뜻하게 하는  moving 감동적인  professional 전문가  purchase 구매하다  masterpiece 걸작  cover up 감추다  goods 상품

## 29 ②
51% 고1 09월 모의고사 변형

어떤 종들은 잠재적 포식자에 대한 정보를 공유하는 경계 신호를 사용한다. 그들이 성숙해짐에 따라 그들의 경계 신호는 포식자에 대해 매우 구체적인 정보를 전달하는 것 같다. 어린 원숭이가 자신의 위쪽 하늘에 있는 새 한 마리를 발견하면 경계 신호를 보낼 것이다. 이 경우에는 일종의 '콜록 콜록' 소리이다. 이 단계에서, 그것은 어떤 커다란 비행 물체에 대한 반응이기 때문에 위쪽의 잠재적 위험에 대한 단순한 신호로 보인다. 그러나 원숭이가 성장해가면서 신호를 유발하는 자극의 범위가 좁아진다. 결국 이 경계 신호의 사용은 위쪽 하늘에 독수리가 보이는 그런 상황에 일어날 것이다. 그 신호를 듣자마자 집단의 구성원들은 위협적인 존재의 위치를 찾기 위해 하늘을 훑어보고 나서 은신처를 향해 돌진해 갈 것이다.

**해설**

(A) 일부 종들은 경계 신호를 사용하는데, 이러한 종들이 성숙해짐에 따라 경계 신호가 구체적으로 전달된다는 것이 글의 흐름이다. 따라서 specific(구체적인)이 적절하다. *confusing: 혼란스러운
(B) 어린 원숭이가 하늘에 있는 새를 보면 위험여부를 떠나 경계 신호를 보내는데, 커가면서 신호를 유발하는 범위가 줄어들어 결국에는 독수리가 보이는 상황으로 제한된다는 내용이다. 따라서 narrows(좁아진다)가 적절하다. *broaden 넓어지다
(C) 독수리를 보면서 보내는 경계신호를 들은 원숭이들이 독수리의 위치를 파악하려고 한다는 흐름으로, threat(위협적인 존재)가 적절하다. *prey: 먹이

---

**어휘**

species 종  alarm call 경계 신호  potential 잠재적인  predator 포식자  convey 전달하다  confusing 혼란스러운  a sort of 일종의  cough-cough 콜록 콜록  response 반응, 대응  stimuli 자극  broaden 넓히다  narrow 좁아지다, 좁히다; 좁은  scan 훑어보다  locate 위치를 알아내다  prey 먹이  threat 위협(적인 존재)  dash 돌진  cover 은신처, 표지, 엄호(덮거나 가리어 보호함)

## 30 ⑤
68% 고1 09월 모의고사 변형

Simon은 문법에 능숙하지 않은 고등학교 졸업생이었다. 그의 형인 Robert는 Simon의 이메일에 있는 오류를 찾는 것을 즐겼다. Simon은 그의 형이 굉장히 "book smart"임을 알고 있었지만 그가 "street smart"라고는 생각하지 않았다. 어느 날, Robert가 노점상에게서 스테레오 스피커를 구매했다. 그가 집에 도착하자마자 그는 스피커 설치를 도와달라고 Simon을 불렀다. 그는 그 스피커를 반값에 구매했기 때문에 들떠 있었다. 하지만 그는 그 상자에 낡은 잡지들만이 들어 있음을 발견하였을 때 실망하고 화가 났다. Simon은 미소를 지었고 그가 영수증을 받았는지와 환불정책에 대해 들었는지를 물어보았다. 그러고 나서 그가 물어보았다. "그 상인이 내일 그의 '가게'가 어디에 있을 것인지 말했어?"

**해설**

①, ②, ③, ④는 Robert를 ⑤는 Simon을 가리킨다.

**어휘**

graduate 졸업생  grammar 문법  as soon as ~하자마자  set up 설치하다  receipt 영수증  return policy 환불 정책

## 31 ⑤
24% 고1 06월 모의고사 변형

내가 젊었을 때, 우리 마을에 무서운 늑대 한 마리가 있었다. 몇몇 사람들은 늑대가 죽이는 것을 좋아하고 또 능숙했기 때문에 성공했다고 생각했다. 그들에게 늑대는 악(惡)이어서 죽여야 하는 존재였다. 그들은 늑대가 성공보다 실패를 더 많이 했다는 사실을 깨닫지 못했다. 먹잇감이 도망갔기 때문에 늑대는 열 번에 아홉 번은 굶주렸다. 그러나 그는 뭔가를 잡을 때까지 계속 시도를 했다. 마침내 늑대가 의지력으로 열 번 만에 성공했을 때 비로소 주린 배를 채웠다. 사람들이 (늑대의) 죽이고 싶어 하는 욕망이라고 여겼던 것은 사실은 (굳은) 결의였다. 그것은 성공의 비밀이었다. 그는 어려움이 있더라도 결코 포기하지 않았다.

**해설**

늑대가 먹잇감 사냥에서 열 번에 아홉 번은 실패를 해도 끝까지 시도를 하여 굶주린 배를 채운다는 것을 사람들이 깨닫지 못했다는 내용으로, 빈칸에 들어갈 말로 가장 적절한 것은 ⑤ determination(결의)이다.
① 탐욕  ② 잔인함  ③ 좌절  ④ 현명함

**어휘**

fierce 무서운  successful 성공적인  succeed 성공하다  success 성공  evil 악(惡); 사악한  prey 먹잇감  get away 도망치다  get over 극복하다  force of will 의지력  hunger 굶주림, 기아  thirst 욕망, 갈증  greed 탐욕  cruelty 잔인함  frustration 좌절

## 32 ⑤
36% 고1 09월 모의고사 변형

환경론자들이 우리에게 지구를 구할 필요에 대해 말할 때 그들은 때때로 멀리 떨어진 곳에 있는 낯선 사람들이나 우리를 뒤따를 세대를 구하는 것의 중요성을 강조한다. 아아, 이러한 "다른 사람들"과의 바로 그 거리가 그들을 돕도록 어떤 시도도 방해한다. 우리는 단 한 번도 만난 적이 없는 사람들의 생계를 구하는 것에 흥미를 느낄 수 없다. 인간은 매우 사회적 존재이고 다른 이들을 도울 기회를 잡으려 할 것이지만, 이러한 일을 할 수 있는 우리의 능력은 멀리 떨어진 시공간을 넘어서는 지속하기 어려운 상상적 몰입(개입)에 달려있다.

환경론자들이 지구를 구할 필요성에 강의를 할 때, 멀리 떨어진 사람이나 다음 세대의 중요성을 강조하는데, 사실 우리는 그다지 흥미를 느끼지 못한다. 하지만 인간은 사회적 존재이고 남을 도우려 하려고 하는데, 이러한 일을 하기 위해서는 우리가 시공간을 초월하여 마음속으로 참여(몰입)하는 것에 달려있다는 것이 글의 주된 흐름으로 빈칸에 들어갈 말로 가장 적절한 것은 ⑤ imaginative engagement(상상적 몰입)이다.

① 독특한 정체성　　　　② 지역적 관습
③ 재정적 장려책　　　　④ 세대 간 갈등

environmentalist 환경론자　planet 지구, 행성　emphasize 강조하다
generation 세대　come after 뒤따르다　alas (감탄사) 아아, 유감스럽게도
the very 바로 그　disturb 방해하다　attempt 시도　livelihood 생계
sociable 사회적인　creature 창조물　capacity 능력　depend on ~에
달려있다　identity 정체성　regional 지역적　custom 관습　financial 재정적
incentive 장려책, 인센티브　engagement 몰입, 개입, 약혼, 참여　generational
세대의　conflict 갈등

## 33 ⑤　34% 고1 09월 모의고사 변형

경주는 1등, 2등, 3등상을 가지고 있다. 이것은 한 은세공인이 그의 손님을 만족시킬 수 없었음의 결과이다. 17세기 초반 England의 Chester에서 주 장관이 경마의 우승자를 위해서 은트로피를 제공하는 것에 동의했다. 그리고 한 은세공인은 그와 그 일을 하는 것에 대해 계약을 맺었다. 그러나 그는 그 은세공인이 만든 첫 번째 트로피를 승인하지 않았고, 그는 다시 시도하라고 돌려보내졌다. 두 번째 것 또한 적절하지 않았고 그는 은세공인에게 세 번째 시도를 하게 했다. 세 번째 트로피는 훌륭했지만 이제 그 장관은 세 개의 트로피를 가지게 된 것이다. 낭비를 하지 않기 위해서 그 주 장관은 1등, 2등, 3등 수상자에게 트로피를 수여하기로 결정했다.

한 은세공인이 경마 우승자에 줄 트로피를 만들기로 하였으나 두 번이나 거절당하고 세 개를 만들었는데, 이 트로피를 낭비하지 않기 위해서 1등, 2등, 3등 모두에게 트로피를 수여하기로 했다는 내용으로, 빈칸에 들어갈 말로 가장 적절한 것은 ⑤ a silversmith's inability to satisfy his customer(한 은세공인이 그의 손님을 만족시킬 수 없었음)이다.

① 한 경주자의 경기 규칙 위반
② 경마에서 이기려는 주장관의 의도
③ 스포츠 이벤트에서의 과도한 경쟁
④ 트로피 제작비용을 줄이려는 노력

silversmith 은세공인　contract 계약하다　accept 받아드리다, 승인하다
improper 적절하지 않은　wasteful 낭비하는　violation 위반, 위법　intention
의도　excessive 과도한　competition 경쟁, 시합　inability 무능

## 34 ①　44% 고1 06월 모의고사 변형

완전히 딱 맞는 신발을 찾는 것이 어떤 이들에게는 어려울 수도 있다. 대부분의 성인들은 자신의 정확한 발 크기를 알고 있다고 생각해서, 새 신발을 살 때 자신의 발 크기를 재지 않는다. 그래서, 많은 사람은 수년 혹은 심지어 수십 년 동안 똑같은 크기의 신발을 신는다. 20세가 되면 발은 더 길어지지 않지만, 대부분의 발은 나이가 들면서 점점 넓어지고, 때때로 여성의 발은 출산 후 변할 수 있다. 게다가, 당신의 발은 커졌다가 다음날 아침에 "정상"으로 돌아오는 등 사실상 하루 중 시간에 따라 크기가 다를 수 있다. 그래서 당신이 다음번 신발을 구매할 때는 당신의 발의 크기가 달라질 수 있다는 점을 기억하라.

(A) 대부분의 성인들이 자신의 발 크기를 잘 알고 있어서 오랫동안 똑같은 크기의 신발에 발을 밀어 넣는다고 했으므로 빈칸에 들어갈 말로 가장 적절한 것은 Therefore(그래서)이다.

(B) 발은 나이가 들면서 더 커지고 여성들은 출산 후 커진다고 한 후에, 하루 중 시간에 따라 크기가 변할 수도 있다는 내용이 이어지므로 빈칸에 들어갈 말로 가장 적절한 것은 Besides(게다가)이다.

② 그래서 - 예를 들면
③ 그렇지 않으면 - 그럼에도 불구하고
④ 대조적으로 - 유사하게
⑤ 대조적으로 - 그러나

fit (옷, 신 등의) 딱 맞는 것; 어울리다, 꼭 맞다　exact 정확한　measure 재다,
측정하다; 조치　decade 10년　length 길이　gradually 점점　widen 넓어지다
return 돌아가다, 돌려주다　normal 정상; 보통의

## 35 ③　57% 고1 09월 모의고사 변형

해양구조원은 물에 빠진 사람을 구하기 위해 물가까지 직선으로 달린다. 그리고 해안을 따라 대각선으로 바다를 향해 헤엄치는데, 그것은 해안가를 달리는 것보다 더 느리기 때문에 그는 수영하는데 긴 시간을 보낸다. 그 대안으로, 그는 물에 빠진 사람에게서 가장 가까운 지점까지 물가로 달려가 거기에서 물속으로 뛰어들 수 있다. 하지만 이것은 원래 필요로 하는 거리보다 전체 거리를 더 길게 만든다. 물에 빠진 사람을 구하기 위해, 해양구조원은 가혹한 바다 상황을 극복하기 위해 정신적, 신체적으로 준비되어야 할 필요가 있다. 만약 그의 목적이 가능한 한 빨리 물에 빠진 사람에게 도달하는 것이라면, 최적 지점은 양 극단 사이의 어느 지점이다. 빛도 또한 한 지점에서 다른 지점으로 최소 시간의 길을 가는데, 이것은 다른 물질 사이를 통과할 때 빛이 꺾이는 이유이다.

빛은 늘 한 지점에서 다른 지점으로 최소 시간의 길을 간다는 것을 설명하기 위해 물에 빠진 사람을 구하러 가는 해양구조원의 예를 들고 있다. 그런데 ③은 해양구조원이 물에 빠진 사람을 구하기 위해 가혹한 바다의 상황 극복을 위해서 정신적, 신체적으로 준비되어야 한다는 것은 전체 글의 흐름과 관계없다.

drowning 물에 빠진　edge 가장자리　alternatively 그 대안으로, 양자택일로
mentally 정신적으로　physically 신체적으로, 물리적으로　cope with 극복하다,
대처하다　harsh 가혹한　optimum 최적 지점　aim 목적　bend 꺾이다, 구부리다
material 물질

## 36 ②　52% 고1 06월 모의고사 변형

언젠가, 내가 이모 집에 있었을 때, 저녁에 한 중년 남자가 방문했다. 그는 이모와 점잖게 논쟁을 벌인 뒤 나에게 관심을 보였다. (B) 그 당시에, 나는 보트를 좋아했고, 그 방문자는 나에게 무척 흥미롭게 그것들에 대해 이야기를 했다. 그가 떠나고 나서 나는 그에게 반했다. 참 멋진 분이야! (A) 나의 흥분을 가라앉히기 위해 이모는 그가 New York의 변호사이고 보트에 관해서는 전혀 관심이 없다는 사실을 내게 알려 주었다. 나는 그 분이 그럼에도 보트에 대해 계속 말한 이유를 물어보았다. (C) 이모께서 말씀하셨다, "신사니까. 그는 네가 보트에 관심이 있는 걸 알아차렸고, 너를 기쁘게 해주길 원했던 거야."

이모 집에서 주말을 보내던 중 한 남자가 방문을 한 주어진 글 다음에, 그와 보트에 관한 이야기를 나눈 (B)이 이어지고, 이모가 그는 보트에 전혀 관심이 없다는 말을 듣고 그 이유를 묻는 (A)가 온 후, 그가 신사라서 즐겁게 해주기 위해서 이야기를 했다고 하는 (C)로 이어지는 것이 글의 순서로 가장 적절하다.

middle-aged 중년의　polite 점잖은, 예의 바른　argument 논쟁
attention 관심　reduce 가라앉히다, 줄이다　excitement 흥분
interestingly 흥미롭게　gentleman 신사　please 즐겁게 하다

## 37 ⑤

45% 고1 11월 모의고사 변형

최근 역사를 통해서, 몇몇 예술가들은 특정한 방식으로 그림을 그리도록 특별히 훈련되었다. 그들은 그 당시의 유행하는 스타일을 배웠고 그들의 작업은 그 예술 세계에 의해서 받아들여졌다. (C) 이 전통은 격식을 중시하는 회화라고 불리어진다. 격식을 중시하는 화가들은 훈련된 예술가들과 공부했으며, 지역 예술 공동체의 일원이었다. 그들은 또한 그들의 작품을 화랑에서 보여주었다. (B) 반면에 대부분의 민속 그림들은 정식 예술 훈련을 거의 받지 않은 사람들에 의해 그려졌다. 그들은 그 당시의 '허용되는' 화풍에 대해 신경 쓰지 않았을 수도 있다. (A) 이 사람들은 아마도 다른 화가들을 알지 못했을 지도 모른다. 격식을 중시하는 화가들의 삶은 미술책에 잘 기록되어 있지만, 대부분의 민속 화가들의 삶은 기록되지 않고 있다.

**해설**

몇몇 예술가들이 특정한 방식으로 그림을 그리는 것을 훈련받았고, 그들의 그림이 예술 세계에서 받아들여졌다는 주어진 글에 이어서, 이러한 전통이 격식을 중시하는 회화라고 불리며, 작품을 화랑에서 전시했다는 (C)가 온 후, 하지만 대부분의 민속 그림들은 훈련을 받지 않은 사람들에 의해 그려졌고 당시 허용되는 화풍에 신경 쓰지 않았을 것이라는 (B)가 이어지고, 이 사람들이 다른 화가를 알지 못했을 것이며, 격식을 중시하는 화가들의 삶은 기록이 되어 있지만 민속 화가들은 그렇지 않다는 (A)로 이어지는 것이 글의 순서로 가장 적절하다.

**어휘**

probably 아마도   academic 격식을 중시하는   folk 민속의   acceptable 허용되는   local 지역의   gallery 화랑, 미술관

## 38 ⑤

44% 고1 11월 모의고사 변형

당신의 성향과 책임감은 당신의 학습 능력과 방식에도 영향을 준다. 어떤 사람들은 매우 자기 주도적이다. 그들은 평생 학습자가 될 가능성이 더 크다. 많은 사람들은 독립적인 학습자인 경향이 있고 자신을 가르칠 선생님이 있는 전형적인 수업을 필요로 하지 않는다. 다른 사람들은 동료 지향적이며 익숙하지 않은 상황에서 자주 다른 사람의 지도를 따른다. 그들은 형식적인 교육 환경의 도움으로부터 혜택을 받을 가능성이 더 크다. 그들은 친구 혹은 가족의 영향이 없으면 평생에 걸쳐 학습을 추구하지 않을 지도 모른다.

**해설**

개인의 성향과 책임감이 학습능력과 학습방식에 영향을 준다는 내용의 글이다. 글의 전반부에는 주도적인 사람들의 특징이 나오고, ④ 문장부터 다른 사람의 지도를 따르는 사람들에 관한 글이 이어진다. 주어진 문장의 They는 ④문장의 Other people을 가리키므로, ⑤에 들어가는 것이 가장 적절하다.

**어휘**

be likely to ~할 가능성이 있다, ~하기 쉽다   benefit from ~로부터 혜택을 받다
assistance 도움   formal 형식적인   personality 성향, 개성   responsibility 책임   ability 능력   self-driven 자기 주도적인   lifelong 평생의   independent 독립적인   require 필요하다, 요구하다   peer-oriented 동료 지향적인
unfamiliar 익숙하지 않은, 낯선   pursue 추구하다

## 39 ⑤

42% 고1 09월 모의고사 변형

분노 조절의 목적은 건강한 방식으로 분노를 표출하는 선택사항을 늘리는 것이다. 다양한 분노 조절 전략을 배움으로써 당신은 분노 감정에 대응하는 방식에 있어 통제력을 발전시킨다. 분노를 다루는 다양한 방식을 배운 사람은 더 유능하고 자신감이 있다. 그리고 그런 사람은 좌절과 분노를 유발하는 상황들을 대처하기 위해 필요한 힘을 얻을 수 있다. 이러한 기술들의 개발은 낙천주의를 강화한다. 대조적으로, 매번 동일한 방식으로 분노에 대응하는 개인은 다양한 상황에 자신의 대응을 건설적으로 적응시키는 능력을 거의 가지고 있지 않다. 그러한 개인들은 좌절감을 느끼기 쉽고 다른 사람들 그리고 자신들과의 갈등을 겪을 가능성이 더욱 높다.

**해설**

대조적으로, 매번 동일한 방식으로 분노에 대응하는 개인은 다양한 상황에 자신의 대응을 건설적으로 적응시키는 능력을 거의 가지고 있지 않다는 주어진 문장은, 분노조절을 대처하는 힘이 있는 사람들은 도전에 효과적으로 대처하는 낙천주의를 강화한다는 내용과 상반되는 내용으로 ⑤ 앞에 들어가는 것이 가장 적절하다.

**어휘**

capacity 능력, 용량   constructively 건설적으로   adapt 적응하다, 조정하다, 개작하다   response 대응, 응답   anger-management 분노 조절
option 선택사항   a variety of 다양한   strategy 전략   control 통제, 제어; 통제하다   handle 다루다; 손잡이   competent 유능한   confident 자신감 있는
cope with 대처하다   frustration 좌절   enhance 강화하다
optimism 낙천주의   conflict 갈등

## 40 ③

38% 고1 09월 모의고사 변형

전 세계 언어의 오직 약 20%에서만 발생하는 하나의 음소는 [p], [k]와 같은 방출자음이다. 인류학자인 Caleb Everett은 이러한 소리가 어디에서 발생하는지 지도를 만들기로 결정했다. 그는 전 세계에서 사용되는 567개 언어의 샘플을 추출했다. 그리고 방출자음을 포함하거나 무시하는 언어의 장소와 고도를 비교했다. Everett은 방출자음을 포함하는 언어가 포함하지 않는 언어보다 더 높은 고도에서 일반적으로 말해진다는 것을 발견했다. 그는 더 낮은 기압이 방출자음의 주된 특성인 공기의 방출을 더 쉽게 만들기 때문에 그 소리가 높은 고도에서 더 일반적이라고 제시했다.

→ 한 연구는 (A) 지리적인 요소들이 각각의 언어 속에서 방출자음의 (B) 존재를 결정하는 데 중요한 역할을 할지도 모른다고 보여주었다.

**해설**

방출자음이 더 높은 고도에서 일반적으로 말해진다는 것을 발견했다는 것으로 보아, 지리적 요인이 방출자음의 존재와 관련이 있다는 내용으로 ③ (A)에는 geographic(지리적인)이 (B)에는 presence(존재)가 들어가는 것이 가장 적절하다.

① 심리적인 - 정의　　　　　　　② 지리적인 - (음의) 높이
④ 문화의 - 생존　　　　　　　　⑤ 문화의 - 존재

**어휘**

anthropologist 인류학자   location 장소, 위치   altitude 고도
ignore 무시하다   generally 일반적으로   elevation 고도
air pressure 기압   burst 방출, 파열   characteristic 특성   factor 요소
play a role 역할을 하다   psychological 심리적인   definition 정의
geographic 지리적인   pitch (음의) 높이; 던지다   presence 존재
survival 생존   existence 존재

## [41~42]

일광 절약 시간제는 봄과 여름에 시계를 한 시간 앞당겼다가 가을과 겨울에 다시 원상태로 되돌림으로써 저녁에 일광을 더 잘 사용하는 방법이다. 최근에 연구자들은 사람의 신체 시계를 일 년에 두 번씩 바꾸는 것이 특히 봄철에 수면을 한 시간을 빼앗길 때에 상당한 대가가 따른다는 것을 보여주었다. 일광 절약 시간제가 시작된 다음날, 수천 명의 운전자들이 시차로 인한 피로 증상으로 고생하며, 당일 사고율이 7% 증가한다. 게다가, 일광 절약 지역의 학생들은 그들의 자연스러운 신체 리듬에 맞지 않는 상태로 그 해의 일곱 달을 보낸다. 그 결과, 인디애나 주에 있는 카운티 학생들의 SAT 성적을 비교했을 때, 일 년 내내 표준시간을 준수하기로 선택했던 카운티의 동급생들보다 그들이 16점 더 낮은 점수를 받았다는 것을 발견했다. 이러한 결과들은 일광 절약 시간제를 폐지하는 것이 상대적으로 비용이 많이 들지 않는 한 가지 해결책을 제시하는 것일지도 모른다는 것을 시사한다.

맨처음 수능 영어 완성

## 41 ③

**해설**

일광 절약 시간이 자연스러운 신체 리듬을 저해하여 사람들의 심신을 둔화시킨다는 내용으로, 이 글의 제목으로 가장 적절한 것은 ③ Daylight Saving Time Dulls the Mind(일광적양 시간제가 심신을 둔하게 한다)이다.

① 운전하는 동안 깨어 있어라
② 더 좋은 삶을 위해 더 많은 일광을 이용해라
④ 생체리듬 이론: 과학인가 허구인가?
⑤ 일광절약이 에너지를 보존하는가?

## 42 ①

**해설**

일 년에 두 번 신체 시계를 바꿈으로 인해 상당한 대가가 따른다는 내용의 글로 빈칸에 들어갈 말로 가장 적절한 것은 ① costs(대가)이다.

② 이익    ③ 목적    ④ 요인    ⑤ 요구

**어휘**

**Daylight Saving Time** 일광 절약 시간제    **make better use of** ~을 더 잘 사용하다    **recently** 최근에    **significant** 상당한, 의미심장한    **cost** 대가, 비용; 비용이 들다    **region** 지역    **out of step** (보조를) 맞추지 않고, 조화되지 않고,    **biorhythm** 신체리듬    **consequently** 그 결과    **SAT** 미국 대학진학적성시험 (= Scholastic Aptitude Test)    **county** 카운티, 자치주    **suggest** 시사하다, 암시하다    **eliminate** 폐지하다, 제거하다    **relatively** 상대적으로, 비교적    **solution** 해결책, 용액    **dull** 둔하게 하다; 지루한    **theory** 이론    **conserve** 보존하다    **gain** 이익, 증가; 얻다    **purpose** 목적    **element** 요소    **requirement** 요구

## [43~45]

(A) Sweet Clara가 열두 살이었을 때 그녀는 농장 일꾼으로서 Home Plantation으로 보내졌다. 그녀는 너무 약해서 거기에서 일을 할 수 없었다. 그래서 Aunt Rachel이 Clara가 들판에서 일하는 힘든 상황을 피하게 하기 위해 바느질하는 방법을 가르쳤다.

(D) Clara는 바느질에 능숙해졌고 마침내 하루 종일 바느질 일을 하는 Big House로 보내졌다. 바느질 방은 부엌 바로 옆에 있었다. 그녀는 곧 다른 노예들이 캐나다로 자유를 찾아갔던 경로를 알게 되었다. 그러나 탈출에는 한 가지 어려움이 있었다. 노예들이 자유를 찾아가는데 도움이 되는 지도가 없다는 것이었다.

(C) Clara는 들판의 흙으로 탈출 경로의 지도를 그리기 시작했다. 그녀는 천으로 지도를 만들 수 있고 그 지도는 남게 된다는 것을 곧 깨달았다. 그녀가 알맞은 색깔의 천 조각들을 찾아 나가는 사이에 몇 달이 지났다.: 강은 파란색으로, 들판은 초록색으로, 길은 하얀 색으로. Clara가 더 많은 정보를 얻을수록 퀼트 지도는 더 커졌다.

(B) Clara가 자유를 찾는 길을 완성했을 때 Aunt Rachel은 그녀와 함께 가는 것에 대해 생각했다. 하지만 그때 그녀는 "네가 떠나기 전에 그냥 퀼트 지도만 남겨다오. 나는 너무 늙어서 너와 함께 갈 수 없다. 다른 사람들이 자유를 위한 퀼트 지도를 따라가도록 아마 내가 도울 수 있을 거야."라고 말했다. Clara가 대답했다. "저도 지도는 여기 있어야 한다고 생각해요. 저는 지도를 다 암기해서 괜찮아요." 그 후 그녀의 퀼트 지도는 자유를 찾아가는 다른 노예들에게 안내서가 되었다.

## 43 ⑤

**해설**

Sweet Clara가 Home Plantation으로 보내졌으나 너무 약해 일을 할 수 없어서, Aunt Rachel이 바느질을 가르쳤다는 (A)에 이어서, Clara가 바느질에 능숙해져 Big House로 보내졌고, 그 곳에서 노예들이 자유를 찾아 캐나다로 가는 사실을 알게 되었으나, 지도가 없었다는 (D)가 오고, 탈출 지도를 색깔이 있는 천으로 만들었다는 (C)가 온 후, 마침내 자유를 찾아가는 길이 완성되었고 Aunt Rachel은 너무 나이가 들어서 함께 갈 수 없어서, 지도를 남겨두고 가라고 부탁하여 노예들이 자유를 찾아가는 안내서가 되었다는 (B)로 이어지는 것이 글의 순서로 가장 적절하다.

## 44 ②

**해설**

(a), (c), (d), (e)는 Clara를 가리키지만, (b)는 Aunt Rachel을 가리킨다.

## 45 ③

**해설**

(B)의 중반부에 Aunt Rachel이 I'm too old to go with you.(나는 너무 늙어서 너와 함께 갈 수 없다)고 하였으므로, 글의 내용으로 일치하지 않는 것은 ③이다.

**어휘**

**sew** 바느질하다    **harsh** 혹독한    **complete** 완성하다    **path** 길    **quilt** (침대 위에 장식용으로 덮는) 누비이불, 퀼트    **seek** 추구하다    **escape** 탈출    **fabric** 천    **scrap** (특히 종이옷감 등의) 조각

## 제6회 독해 모의고사
본문 p.58

| | | | | | |
|---|---|---|---|---|---|
| 18 ⑤ | 19 ⑤ | 20 ⑤ | 21 ② | 22 ④ | 23 ③ |
| 24 ⑤ | 25 ③ | 26 ⑤ | 27 ⑤ | 28 ① | 29 ③ |
| 30 ② | 31 ① | 32 ② | 33 ① | 34 ⑤ | 35 ③ |
| 36 ③ | 37 ② | 38 ④ | 39 ② | 40 ① | 41 ① |
| 42 ② | 43 ③ | 44 ① | 45 ⑤ | | |

## 18 ⑤
79% 고1 06월 모의고사 변형

ABC 회사를 대표하여, 작년 화재로 소실된 저희 건물 재건축의 성공적인 완공에 대하여 Davis 건설 회사에 진심어린 감사와 축하를 표하고자 합니다. 귀 회사는 거의 불가능해 보였던 과업을 완수함으로써 건축계의 선도 회사로 우뚝 서게 되었습니다. 어려운 조건 하에서 공사를 했음에도, 귀 회사는 예정대로 공사를 완료했습니다. 이 성과는 전문적이고 숙련된 기능들 그리고 프로젝트 책임자인 David Wallace씨의 헌신의 결과라 하겠습니다.

**해설**
화재로 인한 본사 건물 재건축을 예정대로 완공한 Davis 건설 회사에 감사를 전하기 위하여 작성한 글이다. 따라서 이 글의 목적으로 가장 적절한 것은 ⑤이다.

**어휘**
on behalf of ~을 대표해서  sincere 진심어린, 심각한  appreciation 감사, 인정  complete 완수하다; 완료된  reconstruction 재건축  destroy 소실시키다, 파괴하다  industry 산업  perform 수행하다  task 업무  accomplishment 성과  dedication 헌신

## 19 ⑤
92% 고2 11월 모의고사 변형

Anna는 그녀의 열 번째 생일 선물로 귀여운 손수건을 받았다. 갑자기, 잉크병이 그녀의 아끼는 손수건에 떨어져 크고 흉한 얼룩이 생겨버렸다. Anna는 그 보기 흉한 얼룩을 보고 매우 슬펐다. 그녀의 삼촌이 그녀가 우울해하는 것을 보고는 얼룩 묻은 손수건을 가져가서 잉크 얼룩을 수정하였다. 그것은 아름다운 꽃 디자인으로 바뀌었다. 이제 그 손수건은 예전보다 더 멋져졌다. 그가 Anna에게 그것을 돌려주자 그녀는 기뻐하며 외쳤다. "오! 그것이 제 손수건인가요?" 그녀의 삼촌은 "그래, 그렇단다."라고 대답했다. "그건 정말 네 것이야. 내가 얼룩을 아름다운 장미로 바꿨단다."

**해설**
선물로 받은 손수건에 잉크 얼룩이 생겨 상심했던 Anna가 삼촌이 그 얼룩을 꽃으로 수정하여 더 아름답게 만들어주자 기뻐하는 내용이다. 따라서 Anna의 심경 변화로 가장 적절한 것은 ⑤ depressed → delighted (상심한 → 기쁜)이다.

**어휘**
handkerchief 손수건  beloved 사랑하는  stain 얼룩  gloomy 우울한  irritated 짜증이 난  indifferent 무관심한

## 20 ⑤
66% 고1 06월 모의고사 변형

강한 부정적인 감정은 인간에게 자연적이다. 문제는 우리가 이러한 감정들을 통제하거나 피하려고 지나치게 노력할 때 발생한다. 부정적인 감정들을 통제하는 데 도움이 되는 방법은 그 감정들을 당신을 안전하게 지켜주는 메시지로 받아들이는 것이다. 예를 들어, 당신이 업무 프레젠테이션을 두려워한다면, 당신의 걱정을 피하는 것은 당신의 두려움을 증가시킬 것이다. 그 대신 당신은 그 불안을 받아들이도록 노력해야한다. 이것은 당신의 불안과 스트레스 수준을 낮추도록 도와주어 자신감을 높여 줄 것이다. 마침내, 당신은 프레젠테이션을 훨씬 더 쉽게 할 수 있을 것이다.

**해설**
불안과 같은 강한 부정적인 감정을 통제하려고만 하지 말고 있는 그대로 받아들일 것을 권하고 있으므로, 필자가 주장하는 바로 가장 적절한 것은 ⑤이다.

**어휘**
occur 발생하다  control 통제하다  presentation 발표, 제출  anxiety 불안  instead 대신에  confidence 자신감  lower 낮추다; 더 낮은

## 21 ②
45% 고1 03월 모의고사 변형

한 남자로부터 내가 배운 것은 "무료 상담, 무료 업그레이드, 그리고 무료입장. 어떤 것도 가치가 없다."는 것이었다. 무료 상담은 거의 원해지지 않는다. 무료 업그레이드는 어차피 당신이 얻게 될 것이다. 무료입장? 오늘 밤 연주할 밴드는 실력이 좋지 않을 것이 틀림없다. 사람들은 서비스의 가치를 그 서비스의 가격으로 계산한다. 예를 들어, 대부분의 사람들은 변호사가 시간당 400달러를 청구할 수 있다는 것을 인정한다. 만약 엄청나게 비싸다면, 분명히 그만한 가치가 있음에 틀림없다고 그들은 자연스럽게 생각한다.

**해설**
무료 상담, 무료 업그레이드, 무료입장 등 무료 서비스에 대해 사람들은 그 가치가 떨어질 거라고 생각한다는 내용이므로, 이 글의 요지로 가장 적절한 것은 ②이다.

**어휘**
advice 충고  entry 입장  seldom 거의 ~가 아닌  calculate 계산하다  charge 청구하다  guess 추측하다  valuable 가치 있는

## 22 ④
85% 고2 11월 모의고사 변형

많은 포식자들은 먼저 먹이의 머리를 공격한다. 어떤 먹이 종들은 그들의 뒤쪽 끝 부분에 가짜 머리를 만듦으로써 이러한 성향을 이용해 왔다. 예를 들어, Thecla togarna라고 불리는 나비들은 그들의 뒷날개 끝에 가짜 더듬이가 달린 가짜 머리를 가지고 있다. 착지하자마자, 그 나비는 진짜 더듬이는 가만히 둔 채 가짜 더듬이만 위 아래로 움직이게 된다. Thecla togarna의 두 번째 속임수는 착지한 순간 일어난다. 나비가 빠르게 몸을 돌리고 그 결과 가짜 머리가 이전의 비행 방향을 가리키게 될 때 나타난다. 따라서 접근해오던 포식자는 예상했던 방향과는 정반대 방향으로 날아가는 먹이와 맞닥뜨리게 된다.

**해설**
특정 먹이 종들은 가짜 머리를 이용하여 포식자의 공격을 피하고 탈출 가능성을 높인다는 내용이므로 이 글의 주제로 가장 적절한 것은 ④ survival strategies of prey species by using false heads (가짜 머리를 이용한 먹이 종의 생존 전략) 이다.
① 날아다니는 작은 동물들의 다양한 착지 기술들
② 먹이를 찾기 위한 조류의 전략적 행동들
③ 곤충의 머리를 위장하는 것의 부정적인 측면
⑤ 새와 곤충 간의 상호 보완적 관계

**어휘**
predator 포식자  tendency 경향  false 가짜의  antennae 더듬이  previous 이전의  opposite 반대의  strategic 전략적인  disguise 변장하다, 위장하다  survival 생존  complementary 상호 보완적인

## 23 ③
61% 고1 09월 모의고사 변형

어떤 사람들은 자신이 하고 싶은 일들을 하도록 다른 사람들이 허락해 주기를 기다리고, 또 다른 사람들은 자기 자신에게 허락을 한다. 어떤 사람들은 동기 부여를 위해 자신의 내부를 살펴보고, 또 다른 사람들은 외부의 힘에 의해 앞으로 떠밀려지기를 기다린다. 내 경험상, 기회를 잡는 것이 누군가 당신에게 기회를 건네주기를 기다리는 것보다 낫다. 누군가 들어 올려주기를 기다리는 땅에 놓인 기회의 금괴들이 항상 존재한다. 때로는 그것은 당신의 책상 너머, 당신의 건물 밖, 도로 건너편, 혹은 모퉁이 주변을 살펴보는 것을 의미한다.

누군가 기회를 건네주기를 기다리기 보다는 기회를 잡으라는 내용이 주된 내용이므로, 이 글의 제목으로 가장 적절한 것은 ③ Don't Hesitate to Take Hold of Opportunities(기회를 잡는 것을 주저하지 마라)이다.
① 당신 주위의 사람들에 의해 동기부여 받아라
② 왜 금괴는 우리를 산만하게 하는가?
④ 어떻게 우리가 다른 사람들로부터 쉽게 허락을 받을 수 있을까?
⑤ 눈을 크게 뜨고, 다른 사람에 대한 이해를 깊게 하라

**motivation** 동기 부여  **push forward** 떠밀다  **golden nugget** 금괴  **distract** 산만하게 하다  **hesitate** 주저하다  **take hold of** 잡다  **permission** 허락
**widen** 넓히다  **deepen** 깊어지다

## 24 ⑤
60% 고1 06월 모의고사 변형

위 그래프는 미국인이 전형적으로 매 끼니 섭취하는 열량의 비율과 이상적으로 그들이 섭취해야 하는 열량의 비율을 보여준다. 미국인들은 점심과 저녁을 합쳐서 그들이 섭취하는 열량의 90%를 섭취한다. 그래프는 또한 미국인들이 아침에 가장 낮은 비율의 열량을 섭취하고 있음을 보여준다. 미국인들은 저녁에 열량의 반을 섭취하지만, 그들은 그 정도를 이상적으로 필요로 하지 않는다. 그래프에 따르면 미국인들은 아침과 점심에 같은 비율의 열량을 섭취해야 한다. 미국인들은 또한 저녁에 가장 높은(→ 가장 낮은) 비율의 열량을 섭취해야 한다.

도표에서 미국인들은 저녁에 가장 낮은 열량을 섭취해야한다고 했으므로 ⑤가 도표의 내용과 일치하지 않는다.

**above** 위에  **percentage** 비율  **typically** 전형적으로  **ideally** 이상적으로
**lowest** 가장 낮은  **according to** ~에 따르면

## 25 ③
72% 고1 03월 모의고사 변형

H. Mephisto는 지구의 깊은 땅 속에 사는 선형동물의 일종이다. 그것의 이름은 Mephistopheles에서 유래하는데, "빛을 싫어하는 자"를 뜻한다. 최근 그것은 심지어 남아프리카 금광 지하 1.3km에서도 발견되었다. 그것의 길이는 0.52mm에서 0.56mm밖에 되지 않는데, 그것은 아주 작게 들릴 수도 있지만 그것이 먹고 사는 박테리아보다는 수백만 배 더 크다. 그것은 지상으로부터의 엄청난 압력으로부터 살아남는다. 게다가 그것은 산소가 극도로 희박한 지하수에서 산다. 그런 이유로 그것은 악마의 벌레라고도 불린다.

글의 중반부에 H. Mephisto는 아주 작다고 생각할 수도 있지만 그것이 먹고 사는 박테리아보다는 수백만 배 더 크다고 했으므로, 글의 내용과 일치하지 않는 것은 ③이다.

**millions of times** 수백만 배  **pressure** 압력  **groundwater** 지하수
**extremely** 극도로  **oxygen** 산소  **devil** 악마

## 26 ⑤
84% 고1 03월 모의고사 변형

### 농장 체험의 날

오셔서 저희의 '농장 체험의 날'을 즐기세요.
여기 여러분이 즐길 수 있는 몇 가지 활동이 있습니다.
▪ 암탉의 달걀을 수거할 수 있습니다.
▪ 소, 양, 돼지에게 먹이를 줄 수 있습니다.
▪ 농장을 돌아보며 동물에 대해 배울 수 있습니다.
– 날씨에 따라서 당일 (체험) 활동이 달라질 수 있습니다.
– 참가비는 1인당 60달러입니다. 여기에는 손수 만든 점심 값이 포함되어 있습니다.

– 예약이 필요합니다.
– 평일에만 문을 엽니다.
추가 정보를 원하시면 5252-7089로 전화 주십시오.

글의 후반부에 평일에만 문을 연다고 했으므로, 안내문의 내용과 일치하지 않는 것은 ⑤이다.

**activity** 활동  **collect** 수거하다, 모으다  **fee** 참가비  **include** 포함하다
**homemade** 손수 만든  **make a reservation** 예약하다

## 27 ⑤
80% 고1 06월 모의고사 변형

### 로스앤젤레스 동물원 & 식물원

**시간**
월요일~일요일: 오전 9시~오후 5시
*12월 25일에는 휴장*
동물원에서는 오후 4시가 되면 야간에 대비해 동물들을 들여보내기 시작합니다. 입장권 판매는 폐장 1시간 이전에 종료합니다.
**입장료**
성인(13세 이상): 20달러
노인(62세 이상): 17달러
아동(2세에서 12세): 15달러
아동(2세 미만): 무료
**주차**
주차는 무료입니다. (바쁜 날에는, 로스앤젤레스 동물원에서 5달러에 우선 주차 프로그램을 운영합니다. )
**동물보호 및 유의사항**
동물들에게 먹이를 주지 마세요. 동물원의 동물들은 건강에 좋은 음식이 필요합니다. 잘못된 음식물은 동물들을 아프게 할 수 있습니다. 만약 당신이 동물에게 먹이를 주면, 동물원 퇴장 조치를 당할 수 있습니다.

글의 후반부에서 동물에게 먹이를 주면 동물원에서 퇴장 조치를 받을 수도 있다고 했으므로 안내문의 내용과 일치하는 것은 ⑤이다.

**botanical garden** 식물원  **prior to** ~에 앞서  **closing time** 폐장시간
**seniors** 노인  **preferred parking program** 우선 주차 프로그램  **fee** 요금
**respect** 유의사항  **be kicked out** 쫓겨나다

## 28 ①
69% 고1 06월 모의고사 변형

Alfred Chandler는 하버드 대학 경영 대학원의 경영사 교수였다. 그는 경영 사학자였으며 그의 연구는 경영사에 집중되었다. 그는 이 분야가 최근 역사 연구에서 대단히 무시되고 있다고 주장했다. 대기업에 대한 그의 연구들은 수많은 기관으로부터 지원된 연구비로 진행되어 왔다. 그의 연구는 국제적으로 인정받았고, 그의 저서인 『보이는 손』은 풀리처상을 수상하게 되었다.

(A) 두 문장을 연결하는 역할을 하는 동시에, 관계사절 내에서 work의 소유격 역할을 하는 소유격 관계대명사 whose가 적절하다.
(B) his studies와 수일치를 이루는 have가 적절하다.
(C) His work이 동작의 대상이 되므로 수동태인 recognized가 올바르다.

**business history** 경영사  **center on** ~에 집중하다  **recent** 최근의  **carry out** 진행하다, 수행하다  **grant** 지원금, 보조금; 승인하다  **foundation** 재단, 설립
**internationally** 국제적으로  **recognize** 인정하다, 알아보다  **visible** 보이는

## 29 ③

산악인인 나의 형이 한 번은 나와 내 친구를 13,776피트의 Grand Teton으로 데리고 갔다. 그것은 끔찍한 경험이었다! 우리가 올라갈수록 그 산은 가파르게 변했다. 그 지점에서 만약 우리 중 한 명이 떨어진다면 우리의 목숨을 구할 수 있도록 밧줄로 우리를 함께 묶었다. 그 밧줄은 두 번이나 내 생명을 구했다. 서로를 방해하고(→ 돕고) 밧줄에 의지함으로써 우리는 마침내 정상에 안전하게 도착했다. 만약 다른 사람의 힘을 빌린다면 인생에서 훨씬 더 많은 것을 이룰 것이다. 더 많은 밧줄을 가질수록, 성공의 가능성은 더 커질 것이다.

**해설**

산을 타는 동안 서로가 안전하게 도착하기 위해 서로를 돕는다는 흐름이 되어야 자연스럽다. 따라서 ③의 blocking(방해하다)을 helping(돕다)과 같은 단어로 고쳐야 한다.

**어휘**

**terrifying** 끔찍한  **steep** 가파른  **tie** 묶다  **rope** 로프, 밧줄  **block** 방해하다  **reach** 도착하다, 다다르다

## 30 ②

막 은퇴한 임원은 더 이상 그에게 아무도 전화하지 않는다는 것에 슬펐다. 사무실에서 그를 대신한 젊은 후임이 점심을 함께하자는 그의 제안을 정중히 사양했고, 그가 그 일을 "충분히 잘" 터득하고 있다고 말했다. 이 68세의 남자는 그가 6개월 전과 같은 사람이지만, 은퇴 후에는 누구도 그를 찾지 않았다. 어느 날, 한 친구는 그가 점점 우울해지고 있는 것 같았고, 점점 늦게까지 잠을 자고 있었다고 지적하며, 초등학교 교통안전 지킴이로 활동하도록 격려했다. 일에 능숙해지면서, 그는 더 자신감 있게 되었다. 그리고 그는 아침에 잠자리에서 나올 이유를 찾았다.

**해설**

①, ③, ④, ⑤는 은퇴한 임원을 가리키지만, ②는 젊은 후임을 가리킨다.

**어휘**

**retired** 은퇴한  **executive** 임원  **replace** 대신하다, 대체하다  **decline** 사양하다, 감소하다  **master** 터득하다, 숙달하다  **seek out** 찾다  **retirement** 은퇴  **serve as** ~의 역할을 하다  **crossing guard** 건널목 지킴이  **point out** 지적하다  **depressed** 우울한  **skilled** 능숙한  **confident** 자신감 있는

## 31 ①

요리가 인간을 규정하는 활동이라는 것은 새로운 생각이 아니다. 1773년에 스코틀랜드의 작가 James Boswell은 "어느 동물도 요리사가 아니다"라고 말했다. 50년 후 프랑스의 미식가 Jean Anthelme Brillat-Savarin은 요리가 인간들에게 불을 사용하는 법을 가르침으로써 우리를 현재의 우리로 만들었다고 주장했다. 보다 최근에 Léi-Strauss는 1964년에 작성된 The Raw and the Cooked에서, 세계의 문화들이 요리는 '동물과 인간 간의 차이를 이루는' 상징적 활동이라고 생각한다고 진술하였다.

**해설**

요리하는 동물이 없고, 요리는 우리에게 불을 사용하는 법을 가르쳐 현재의 우리를 만들었으며, 요리가 동물과 인간을 구별하는 상징적 활동이라고 나열하며 요리는 인간만이 할 수 있는 활동이라는 내용으로 귀결되므로 빈칸에 들어갈 말로 가장 적절한 것은 ① defines(규정하다)이다.

② 보호하다  ③ 해치다  ④ 혼란스럽게 하다  ⑤ 즐겁게 하다

**어휘**

**beast** 동물, 야수  **claim** 주장하다  **state** 진술하다  **symbolic** 상징적인  **establish** 세우다, 이루다  **define** 규정하다  **confuse** 혼란스럽게 하다  **entertain** (생각을) 품다, 즐겁게 해주다

## 32 ②

사람들은 그들의 이메일에 충성한다. 만약 누군가가 당신에게 무언가를 보내면, 당신은 그것을 읽고, 이해하고, 즉시 답을 할 것이다. 그것은 거래이다. 그리고 당신이 그 거래를 위반한다면, 당신은 팀의 일원이 아니고, 능력이 없고, 당신에게 무언가 문제가 있는 것이다. 매일, 그리고 어떤 때는 하루 종일 끊임없이 이메일을 확인해야 한다. 왜 그럴까? 당신은 열지 않은 채 두면 상황이 안 좋아질 수 있는 이메일을 받았을 지도 모른다. 이메일은 전자 폭군이 되었다. 그것은 "나를 읽어라, 나에게 정보를 입력하라, 내가 말하는 것을 하라."고 말한다. 그것은 우리의 관심을 요구하고, 우리의 일을 지시하며 우리의 삶을 통제한다.

**해설**

이메일은 우리의 삶에서 우리의 관심을 요구하고, 우리의 일을 지시하며 통제력을 지니고 있다는 내용으로, 빈칸에 들어갈 말로 가장 적절한 것은 ② electronic tyrant(전자 폭군)이다.

① 주의 깊은 근로자  ③ 친근한 조수
④ 조직적인 설립자  ⑤ 무능한 응답자

**어휘**

**loyal** 충성스러운  **respond** 답하다  **immediately** 즉시  **deal** 거래; 다루다  **competent** 유능한  **constantly** 계속해서, 끊임없이  **throughout** ~내내, 도처에  **feed** (정보) 입력하다, 먹이를 주다; 먹이  **demand** 요구하다; 수요  **attention** 관심, 주의  **direct** 지시하다, 감독하다; 직접적인  **attentive** 주의 깊은, 세심한  **electronic** 전자의  **tyrant** 폭군  **systematic** 조직적인  **organizer** 다이어리(일정표), 조직자, 설립자  **incompetent** 무능한  **respondent** 응답자

## 33 ①

놀이 공원은 새치기할 권리를 팔기 시작했다. 전통적으로, 방문객들이 가장 인기 있는 놀이 기구를 타기위해 몇 시간 동안 줄을 서서 기다릴지도 모른다. 그러나 이제, 유니버설 스튜디오 할리우드와 다른 테마 파크는 기다림을 피하기 위한 방안을 제공한다. 표준 입장료보다 약 2배 비싼 가격으로, 그들은 당신에게 줄의 맨 앞으로 갈 수 있는 통행권을 팔 것이다. 놀이 기구를 먼저 타는 것은 잘못된 것은 아닐지도 모른다. 그러나 일부 사람들은 그 관행이 좋은 시민 습관을 파괴한다고 생각한다. 한 저널리스트는 "테마파크 줄 서기가 위대한 평등 장치였던 날들은 지나갔다. 그 시절에는 모든 사람들이 민주적인 방식으로 그들의 순서를 기다렸다."라고 썼다.

**해설**

관례적인 줄 서기와 다른 새치기할 권리가 판매되면서, 줄 서기가 모든 사람에게 평등했던 시대가 지나갔다는 내용으로, 빈칸에 들어갈 말로 가장 적절한 것은 ① was the great equalizer(위대한 평등 장치였던)이다.

② 기다리기에 충분히 짧았던
③ 일부 사람들이 뛰도록 허락했던
④ 부가 가난보다 더 좋다는 것을 의미했던
⑤ 오락 산업을 위한 이익을 보장했던

**어휘**

**amusement park** 놀이공원  **right** 권리  **jump the line** 새치기하다  **traditionally** 관례적 방식으로, 전통적으로  **ride** 놀이기구; 타다  **admission** 입장(료)  **pass** 통행권; 통과하다  **access** 접근  **practice** 관행, 훈련  **see ~ as ...** ~를 ...로 여기다[보다]  **destroy** 파괴하다  **civil** 시민의  **democratic** 민주적인  **fashion** 방식, 패션  **equalizer** 평등 장치  **poverty** 가난  **ensure** 보장하다  **profit** 이익, 수익  **entertainment** 오락, 연예

## 34 ⑤

만약 당신이 자료에서 규칙을 발견한다면 당신은 그것을 더 쉽게 배울 수 있을 것이다. 예를 들어, 숫자 382315389279를 세 자리로 이루어진 네 개의 그룹으로 배열하면 그것이 기억하기 더 쉽다 (382-315-389-279). 만약 당신이 그 네 개의 그룹에서 어떤 형식이나 관계를 발견할 수 있다면 그 일은 훨씬 더 쉽다. 처음 세 그룹은 모두 3으로 시작

하고 첫 번째와 세 번째 그룹은 모두 다음 숫자로 8을 갖고 있다. 또한 마지막 두 그룹에서 두 번째 숫자들은 8과 7로 단지 한 자리만 떨어져 있으며 마지막 숫자는 같은 9이다. 그러한 형식을 알아차리는 것이 그 숫자를 좀 더 의미 있게 만드는 데 도움을 준다. 마찬가지로, 전화번호, 주소, 혹은 다른 어떤 숫자에서 규칙을 찾아내는 것은 당신이 그것들을 기억하는데 도움을 줄 것이다.

**해설**
(A) 빈칸 앞에는 자료의 규칙을 발견하면 더 쉽게 배울 수 있다는 내용이 나오고, 빈칸 뒤에는 특정 숫자의 연관관계에 따른 규칙을 나열하고 있다. 따라서, 빈칸에 들어갈 말로 가장 적절한 것은 For example(예를 들어)이다.
(B) 특정 숫자에 대한 규칙은 그 숫자를 더욱 의미 있게 만든다는 내용이 나온 뒤, 빈칸 뒤에 이러한 숫자에서의 규칙을 찾으면 전화번호 또는 주소 등을 기억하는 데 도움이 된다는 내용이 이어진다. 그러므로 빈칸에 들어갈 말로 가장 적절한 것은 Similarly (마찬가지로)이다.
① 그러나 – 그렇지 않으면  ② 그러므로 – 그럼에도 불구하고
③ 대조적으로 – 게다가  ④ 예를 들어 – 대신에

**어휘**
pattern 규칙, 형식  material 자료  arrange 배열하다  digit 숫자
meaningful 의미 있는  look for 찾다

## 35 ③

39%  고1 06월 모의고사 변형

미디어 에이전시의 역할을 규정하는 가장 간단한 방법은 낚시에 비유하는 것이다. 미디어 에이전시는 기업이 제품을 광고할 수 있도록 도와야 한다. '물고기가 있는 곳에서 낚시하라'는 말은 마케팅 분야에서 지켜져야 된다. 이 비유에서 물고기는 표적 시장이다. 낚시꾼은 물고기가 있는 곳으로 가야하며, 그러지 않으면 그들은 한 마리도 잡지 못할 것이다. 왜 미디어 에이전시가 이 물고기를 유인해야 하는지를 이해하는 것은 쉽지 않다. 마찬가지로, 만약 기업들이 어느 누구도 광고를 알아채지 않는 매체에 광고를 하면 그들은 아무것도 얻지 못할 것이다. 물고기를 찾기 위한 가장 좋은 장소를 발견하는 것은 미디어 에이전시의 가장 우선적인 전략적 역할이다.

**해설**
미디어 에이전시의 역할을 낚시에 비유하는 것이 글의 주된 내용이고, 낚시꾼이 물고기가 있는 곳으로 가는 것이 상식이라고 기술하고 있다. 그런데 ③은 미디어 에이전시가 물고기를 유인해야 한다는 내용이므로 글의 전체 흐름과 관계가 없다.

**어휘**
define 규정하다  media agency 언론기관  fish 물고기, 낚시; 낚시하다
attract 유인하다, 끌어들이다  likewise 마찬가지로  notice 알아채다
strategic 전략적(인)

## 36 ③

41%  고1 11월 모의고사 변형

자연은 지구 자전에 의해 생성된 빛과 어둠이 번갈아 일어나는 것에 맞춰져 있다. (B) 이 24시간의 주기에 맞춰 새는 노래하고 꽃은 피고 진다. 햇빛은 또한 우리 정신 활동의 속도를 정한다. 우리가 어둠과 빛의 규칙적인 간격을 빼앗기면, 정신은 방향을 잃을 수 있다. (C) 이는 특히 노인들에 있어 사실이다. 예를 들어, 집에서는 뇌 기능이 정상인 몇몇 노인들이 인위적인 조명이 언제나 켜져 있는 병원에 입원하면 혼란스러워질 수 있다. (A) 주기적인 빛과 어둠에 노출의 결핍은 그들의 상태를 악화시킬 것이다. 단지 환자를 창가에 있는 침대로 옮기고 밤에는 방을 어둡게 하는 것만으로도 정신 상태를 개선시킬 수 있다.

**해설**
자연은 낮과 밤의 주기에 맞춰져 있다는 주어진 글에 이어 밤낮의 주기가 박탈되었을 때 인간의 정신에도 영향을 준다는 (B)가 오고, 특히 노인들은 인위적인 조명으로 밤낮의 주기를 빼앗기면 정신적인 혼란을 겪는다는 내용인 (C)가 이어지며, 악화되었던 노인들의 상태가 밤낮의 주기를 되돌려줌으로써 개선된다는 내용의 (A)로 이어지는 것이 글의 순서로 가장 적절하다.

**어휘**
alternating 번갈아 일어나는, 교대의  rhythm 규칙적인 반복, 리듬  rotation 자전  loss 상실, 손실, 패배  rhythmic 주기적인  exposure 노출  worsen 악화시키다  condition 상태, 조건, 질환  darken 어둡게 하다  improve 개선하다  mental 정신적  pace 속도, 걸음; 서성이다  deprive ~ of ... ~에서 ⋯을 빼앗다  interval 간격  lose one's bearings (정신적으로) 방향을 잃다  function 기능; 기능하다  artificial 인공의

## 37 ②

29%  고1 06월 모의고사 변형

많은 작가들은 과학 논문이 더 과학적으로 들리도록 하기 위해 복잡한 말을 써야 한다고 느낀다. (B) 그들은 자신들이 다양한 독자를 위해 글을 쓰고 있고, 그래서 간결한 언어를 사용해야 한다는 점을 잊고 있다. 간결한 단어로 충분할 때 너무 많은 단어를 사용하지 말고, 지나치게 복잡한 단어를 사용하지 말라. (A) 문체에 관한 이러한 문제들 외에 당신의 논문이 최고의 저널에 실릴 가능성에 부정적으로 영향을 끼칠 수 있는 다른 장벽들이 있다. 대부분의 저널은 작가들에게 비표준적인 약어를 사용하지 말 것을 요구한다. (C) 그러나 많은 작가들은 많은 약어는 읽기를 어렵게 만든다는 것을 깨닫지 못하고 이 요구를 무시한다. 단어를 완전하게 풀어 써도 아무런 문제가 없다.

**해설**
많은 작가들이 과학논문은 복잡한 말을 써야한다고 느끼는 주어진 글에 이어서, 복잡한 말을 써야 한다고 생각하는 이유는 다양한 독자를 위해 간결하게 써야 한다는 것을 잊어버린다는 (B)가 오고, 이 문제들 외에도 논문의 발표에 부정적인 영향을 끼치는 과도한 약어의 사용이 장벽이라는 (A)가 이어진 후, 그러나 작가들은 약어의 과다 사용으로 읽기가 어려워진다는 것을 깨닫지 못하고 이 요구(약어의 과다 사용을 자제하라는)를 무시한다는 (C)로 이어지는 것이 글의 흐름으로 가장 적절하다.

**어휘**
paper 논문  complex 복잡한  complicated 복잡한  negatively 부정적으로  affect 영향을 끼치다  publication 출판  nonstandard 비표준적인  do 충분하다  ignore 무시하다  request 요구  spell out 풀어쓰다  completely 완전하게

## 38 ④

41%  고1 06월 모의고사 변형

학생들은 그들의 지식을 새로운 학습 상황에 자발적으로 관련짓지 못할 수도 있다. 학생들이 지식을 생산적으로 이용할 수 있게, 지식을 상기시키도록 도와주는 것이 중요하다. 실제로, 연구들은 적은 교육적 개입이 학생들에게 긍정적인 효과를 거둘 수 있다고 시사한다. 예를 들면, 대학생들에게 특정 수학적 개념 적용을 요구하는 두 가지 문제들이 제시되었다. 그 연구자들은 그 학생들이 첫 번째 문제에 대한 해결책을 알고 있을 때조차도 그들 중 상당수가 유사한 해결책을 두 번째 문제에 적용할 생각을 하지 못했다는 것을 알아냈다. 그러나 교사가 학생들에게 첫 번째 문제와 연관 지어 두 번째 문제에 대해 생각해보라고 제안했을 때 참가 학생들의 80%가 그것을 해결할 수 있었다. 다시 말해서, 작은 조언으로, 교사들은 학생들이 관련 배경 지식을 효과적으로 활성화시킬 수 있게 도와줄 수 있다.

**해설**
상당수의 학생들이 첫 번째 문제에 대한 해결책을 알고 있었음에도 두 번째 문제에 적용시키지 못했다는 주어진 문장은, 교사의 교육적 개입으로 80%의 학생들이 이를 해결할 수 있었다는 문장 앞인 ④에 들어가는 것이 가장 적절하다.

**어휘**
build on ~을 이용하다, 발판으로 삼다  productively 생산적으로  indeed 실제로, 정말  relevant 관련된  present 제시하다, 발표하다; 출석한; 선물, 현재  apply 적용하다, 신청하다, 지원하다  mathematical 수학적  concept 개념  solution 해결책, 용액  in relation to ~에 연관지어  effectively 효과적으로

## 39 ②

사진술은 우주가 어떻게 작용하는지를 우리의 이해에 있어서 항상 중요한 역할을 해왔다. 비록 망원경이 우리가 육안의 한계를 넘어 멀리까지 볼 수 있도록 도와줄지라도, 그것들은 여전히 한계가 있다. 그러나, 카메라를 망원경에 부착해보아라, 그러면 갑자기 우리는 훨씬 더 많은 것을 볼 수 있다. 그러지 않으면 볼 수 없을 세부 사항들이 드러난다. 최초 천문 카메라로 작업을 한 19세기 천문학자들은 그들이 생각했던 것보다 우주가 훨씬 더 복잡하다는 것을 발견하고 깜짝 놀랐다. 최초의 밤하늘 사진들은 알려지지 않은 별들과 은하계들을 보여 주었다. 카메라가 로켓이나 위성에 부착되었을 때, 그들은 처음으로 우주를 뚜렷하게 보았다.

**해설**

주어진 문장은 카메라를 망원경에 부착하면 더 많은 것을 볼 수 있다는 내용으로, 망원경의 한계를 언급한 문장 뒤인 ②에 들어가는 것이 가장 적절하다.

**어휘**

photography 사진술 play a part 역할을 하다 universe 우주 telescope 망원경 limit 한계; 제한하다 naked eye 육안 attach 부착하다 reveal 드러내다 otherwise 그렇지 않으면 invisible 보이지 않는 astronomer 천문학자 astronomical 천문학의 take ~ on board ~를 부착하다[태우다] satellite 인공위성

## 40 ①

한 집단의 대학생들이 영화를 본 후 다른 학생들에게 그것을 가능한 충분히 묘사할 것을 요청받았다. 청자들은 실제로 연구 조교들이었고, 참여자의 절반에게는 긍정적인 청취 스타일(미소 짓기와 끄덕이기)을 취하는 척 했고 다른 나머지 참여자들에게는 부정적인 청취 스타일(찡그리기와 미소 짓지 않기)을 취하는 척 했다. 긍정적인 청자들에게 영화를 묘사하는 참여자들은 영화에 대한 그들 자신의 의견을 더 포함시켰다. 대조적으로, 부정적인 청자들에게 말하는 참여자들은 오직 객관적인 사실에만 초점을 맞췄다. 그 이론은 청자의 미소와 끄덕임이 흥미와 동의를 나타내어 결국 화자로 하여금 더 많은 개인적인 이해를 공유하도록 한다는 것이다. 부정적인 몸짓 언어는 화자에게 사실의 상대적인 '안전성'으로 물러나게 한다.

→ 한 연구 과제에 따르면, 화자가 공유하고자 하는 정보의 <u>속성</u>은 청자가 주는 <u>비언어적</u> 반응의 유형에 달려있다.

**해설**

영화를 본 후 긍정적인 반응을 하는 사람들과 부정적인 반응을 하는 사람들에게 영화에 대한 묘사를 할 때, 반응에 따라 전달하는 정보의 내용에 차이가 있었다는 내용으로, (A)에는 nature(속성)가, (B)에는 nonverbal(비언어적)이 들어가는 것이 가장 적절하다.

② 유용성 – 비언어적인    ③ 총액 – 언어적인
④ 원천 – 언어적인    ⑤ 정확성 – 초기의

**어휘**

undergraduate 대학생의 describe 묘사하다 assistant 조교, 도우미 assume ~인척 하다, 가정하다, 떠맡다 nod 끄덕이다 frown 찡그리다 objective 객관적인 theory 이론 pull back ~에서 물러나다 signal 나타내다, 신호하다; 신호 agreement 동의 personal 개인적인 insight 이해, 통찰 depend on ~에 달려 있다 nonverbal 비언어적인 verbal 언어의 accuracy 정확성 initial 초기의

## [41~42]

문화는 좀처럼 외부의 영향으로부터 완전히 고립되어 오지 않았는데, 그 이유는 인류 역사에 걸쳐 사람들은 한 장소에서 다른 장소로 이동하고 재화와 사상을 전파하고 있는 중이기 때문이다. 오늘날 인터넷은 전 세계 사람들에게 그들이 어디에 있더라도 다른 사회의 문화적 유물과 이상에 즉각적인 접근을 제공해 주고 있다.

분명히, 사회는 어느 때보다 더욱 상호 의존적이고, 그것은 개인들에게 중요하다. 때때로 그 영향들은 긍정적이다. 예를 들어, 미국에서의 의학적 발견들은 전 세계의 생명을 구할 수 있다. 세계화는 우리에게 다른 사회들에 관해 배울 수 있는 기회를 준다. 반면에, 세계화의 영향이 재앙의 결과를 야기할 수 있다. 오늘날 가장 긴급한 사회 문제의 대다수는 — 환경적 파괴, 전쟁들, 경제위기 등등 — 세계화의 작용이다.

간단히 말하면, 우리 자신을 다른 사회의 영향을 받지 않는 단일 사회의 구성원이라고 간주하는 것은 점점 더 어려워지고 있는 중이다. 우리 모두는 우리 자신의 사회의 구성원이고 동시에 세계 공동체의 시민이다.

## 41 ①

**해설**

우리는 인터넷과 세계화를 통해 긍정적으로든, 부정적으로든 외부의 영향을 받고 사는, 사회 구성원이자 세계 공동체라는 내용의 글이다. 따라서 이 글의 제목으로 가장 적절한 것은 ① We Are All Neighbors, Like It or Not(우리는 모두 이웃이다, 좋든 싫든 간에)이다.
② 개인이 사회를 유지하는 방법    ③ 지구를 아프게 하는 기술
④ 더 진보된 문화, 더 풍요로운 삶    ⑤ 인터넷: 세계화의 길

## 42 ②

**해설**

우리는 다른 사회의 영향을 받고 살아가므로 단일 사회 구성원으로 간주하는 것은 불가능하다는 내용이므로, 빈칸에 들어갈 말로 가장 적절한 것은 ② unaffected(영향을 받지 않은)이다.
① 평가되는    ③ 지지받는    ④ 도전받는    ⑤ 위협받는

**어휘**

rarely 좀처럼 하지 않는 completely 완전히 isolate 고립시키다 spread 전파하다, 퍼뜨리다 goods 재화, 상품 immediate 즉각적인 access 접근 interdependent 상호의존적인 matter 중요하다 global 세계화의 disastrous 재앙의 consequence 결과 urgent 긴급한 destruction 파괴 crisis 위기

## [43~45]

(A) 나의 아내, Rebecca가 매디슨 고등학교 2학년이었을 때, Talent Contest의 참가 신청서가 교실에 돌았다. 많은 다른 학생들과 함께, 그녀도 참가 신청을 했다. 그녀 옆에 앉아 있었던 Linda는 참가신청을 하지 않고 신청서를 넘겼다. "Linda야, 신청해" 라고 Rebecca가 주장했다. "오, 아니. 난 할 수 없어." "어서. 재밌을 거야." "정말, 안 돼. 난 그럴 수 있는 사람이 아니야." "넌 물론 할 수 있어. 나는 네가 잘할 거라고 생각해." Rebecca가 말했다.

(C) Rebecca와 다른 학생들은 Linda가 대회 참가 신청서를 작성할 때까지 그녀를 계속해서 독려했다. Rebecca는 그 당시 그 상황에 대해서는 별 생각이 없었다. 그러나 7년 후에, 그녀가 그날 겪었던 내면의 몸부림을 설명하면서 그녀의 삶을 바꾸도록 도와준 자극제가 되었던 것에 대하여 Rebecca에게 고마워하는 한 통의 편지를 그녀(Rebecca)는 Linda로부터 받았다.

(D) Linda는 그녀가 고등학교 시절 그녀의 열등한 자아상으로 인해 얼마나 힘들었는지, 그리고 그녀를 그 대회 후보자로 Rebecca가 생각했다는 사실에 충격을 받았다고 적었다. 그녀는 그들을 멈추게 하려고 대회 참가에 결국 동의했다. Linda는 그 대회에 참여한다는 사실에 대해 너무나 불편하여 그녀가 대회 책임자에게 연락해서 그녀의 이름을 참가자 명단에서 삭제해달라고 요청했다고 말했다.

(B) 그러나 Rebecca와 마찬가지로 대회 책임자도 Linda가 대회에 참가할 것을 주장했다. 마침내 그녀는 동의했다. Linda는 비록 그녀가 어떠한 상도 받지 못했지만, 훨씬 더 큰 장애물이었던 그녀의 낮은 자존감을

극복했다고 적었다. Linda는 그녀의 편지에서, 근본적으로, 그녀의 뒤틀린 안경을 벗겨, 그녀가 새로운 안경을 쓰도록 강력히 주장해준 것에 대해 Rebecca에게 마음 깊이 감사했다.

## 43 ③
53% 고1 06월 모의고사 변형

**해설**

Rebecca의 친구 Linda는 처음에는 대회에 참가할 의사가 없었다는 주어진 글 다음에, Rebecca와 다른 친구들이 대회 참여를 독려한 일이 있은 지 7년 후 Linda는 Rebecca에게 편지를 보냈다는 (C)가 오고, 그 편지에서 Linda는 당시 대회 참가를 최종 결정하기까지 느꼈던 심경을 토로한 (D)가 이어진 후, 대회 참가를 강력히 주장하여 자신의 낮은 자존감을 극복하게 해 준 Rebecca에게 감사를 표현했다는 (B)로 이어지는 것이 글의 순서로 가장 적절하다.

## 44 ①
53% 고1 06월 모의고사 변형

**해설**

(b), (c), (d), (e)는 Linda를 가리키지만, (a)는 Rebecca를 가리킨다.

## 45 ⑤
63% 고1 06월 모의고사 변형

**해설**

(D)의 후반부에서 Linda는 대회참가자 명단에서 자신의 이름을 삭제해 달라고 요청했으므로 Linda에 관한 내용과 일치하지 않는 것은 ⑤이다.

**어휘**

junior (고교) 2학년  sign-up sheet 참가신청서  sign up 신청하다  overcome 극복하다  obstacle 장애물  perception 인식  encourage 독려하다, 권하다  describe 설명하다, 묘사하다  inner 내면의, 내부의  struggle 몸부림; 애쓰다  go through 겪다  spark 자극제, 불꽃  candidate 후보자  contact 연락하다, 접촉하다  demand 요청하다, 주장하다; 요구  remove 삭제하다, 제거하다, 없애다

---

## 제7회 독해 모의고사
본문 p.68

| 18 ① | 19 ① | 20 ④ | 21 ① | 22 ④ | 23 ② |
| 24 ③ | 25 ④ | 26 ④ | 27 ④ | 28 ⑤ | 29 ② |
| 30 ④ | 31 ④ | 32 ⑤ | 33 ⑤ | 34 ① | 35 ③ |
| 36 ⑤ | 37 ③ | 38 ② | 39 ⑤ | 40 ① | 41 ③ |
| 42 ① | 43 ⑤ | 44 ⑤ | 45 ③ | | |

## 18 ①
94% 고2 11월 모의고사 변형

친애하는 귀하께

우리는 귀하의 2019년 10월 20일 자 이메일에 관련하여 답변 드립니다. 귀하가 요청하신대로, 저희는 귀하의 주문을 확인하였고 주문서가 2019년 9월 21일에 서명되었음을 발견하였습니다. 귀하의 광고 주문 계약 조건에 따르면, 신청자는 주문서에 서명한 날로부터 7일 이내에 주문을 철회할 수 있습니다. 그러나 귀하의 경우, 귀하의 취소 요구는 허가된 취소기간 이후에 저희에게 보내졌습니다. 이것이 의미하는 것은 귀하의 주문 취소가 이제는 불가능하다는 것입니다. 귀하께서 저희의 입장을 이해해 주시기를 바랍니다.
당신의 충실한,
X&Z ADVERTISING을 대표하여 Bill Mark

**해설**

주문을 취소할 수 있는 기한이 지났기 때문에 주문 취소가 불가함을 알리고 있다. 그러므로 이 글의 목적으로 가장 적절한 것은 ①이다.

**어휘**

request 요청하다  contractual 계약상의  condition 조건  applicant 신청자  cancelation 취소  authorized 허가된  position 입장  on behalf of ~를 대표하여

## 19 ①
92% 고2 09월 모의고사 변형

그녀는 그것에서 눈을 뗄 수가 없었다. 그녀는 그것을 입어보는 것을 기다릴 수도 없었다. 재빨리, 그녀는 자신의 평범한 빨간 코트를 벗어 버렸다. 그녀는 지금 가쁘게 숨을 쉬고 있었고, 어쩔 수 없었으며, 눈이 휘둥그레졌다. 그런데, 그 모피의 느낌이란! 그 멋진 검정 코트가 마치 제2의 피부처럼 느껴졌다. 그것은 가장 이상한 느낌이었다. 그녀는 거울을 바라보았다. 그녀는 한순간에 멋지고 아름답고 부유해 보였다. 그리고 코트가 그녀에게 전해주는 강렬함이란! 이 코트를 입고 그녀는 자신이 원하는 어디든 걸어 들어 갈 수 있고, 사람들은 토끼들처럼 그녀 주위로 달려올 것 같았다. 그 모든 것이 너무나 멋져서 말로 표현할 수 없었다.

**해설**

멋진 코트를 입고 극도의 흥분과 기쁨을 표현하고 있으므로, She의 심경으로 가장 적절한 것은 ① delighted and excited(기쁘고 흥분되는)이다.
② 차분하고 안도한        ③ 부럽고 짜증이 난
④ 실망하고 화가 난        ⑤ 부끄럽고 당황한

**어휘**

can't take one's eyes off ~에서 눈을 뗄 수가 없다  try on 입어보다  plain 평범한  cannot help (동)명사 ~하지 않을 수 없다  describe 묘사하다, 표현하다  relieved 안도하는  irritated 짜증나는  embarrassed 당황스러운

## 20 ④
92% 고2 09월 모의고사 변형

지도자들은 사실들을 다루기 위해서 감정을 드러내지 않고 참고 견뎌야 한다. 감정을 숨기려는 당신의 모든 노력에도 불구하고, 감정은 어떤 형태로든 나올 것이며 사람들은 이를 알아챌 수 있는 타고난 능력

을 가지고 있다. 감정은 항상 드러나서, 우리는 직장에서 감정이 수행하는 역할을 재구성할 필요가 있다. 우리는 감정을 생산성과 혁신의 엔진을 움직이는 연료로 볼 필요가 있다. 당신이 감정을 직장으로부터 분리해낼 수 없다는 것이 현실이다. 힘든 일을 다루는 데 능숙한 사람들은 감정을 다루는 기술을 배우고 심지어 터득한 사람들이다. 그래서 감정을 무시하거나 억누르려고 애쓰는 데 시간을 보내는 것 대신에, 감정들을 잘 다루는 방법을 배우는 것이 훨씬 더 좋을 것이다.

**해설**

감정은 숨길 수 없기 때문에 억제하는 것보다 그것을 잘 다루는 것이 중요하다는 내용이므로, 필자의 주장으로 가장 적절한 것은 ④이다.

**어휘**

keep a stiff upper lip 참고 견디다   innate 타고난   pick up on 알아차리다
expose 노출하다, 드러내다   reframe 재구성하다   drive 추진하다, 움직이게 하다
productivity 생산성   innovation 혁신   separate 분리하다   push aside
무시하다, 피하다   suppress 억누르다

## 21 ①

89% 고2 09월 모의고사 변형

재활용의 환경적인 이득은 분명하다. 그러나 이 문제의 잘못된 목적에 초점을 맞추는 것은 우리의 노력을 잘못된 방향으로 향하게 한다. Recycle Bank는 거주자의 재활용 쓰레기통의 무게를 재어 더 무거운 쓰레기통에 포인트를 제공하는 프로그램이다. 이것은 일인용 생수병을 구매한 이웃이 필터를 설치하여 재사용할 수 있는 용기에 수돗물을 담아 마시는 이웃보다 많은 포인트를 얻게 된다는 것을 의미한다! 이와 비슷한 우스꽝스러운 상황들이 쓰레기의 감소보다는 재활용의 증가로 발전 여부를 측정하는 모든 곳에서 일어나고 있다. 이와 같은 프로그램들은 재활용에 오명을 씌우고 일회용품의 발생을 부추긴다.

**해설**

재활용을 활성화 시키려는 프로그램이 도리어 불필요한 쓰레기를 증가시킨다는 내용이므로, 이 글의 요지로 가장 적절한 것은 ①이다.

**어휘**

recycling 재활용   weigh 무게를 재다   single-serving 1인용   reusable
재사용할 수 있는   ridiculous 우스꽝스러운   progress 발전   generation 발생
disposable 일회용의

## 22 ④

83% 고2 03월 모의고사 변형

석기 시대 열 살 된 그 어떤 아이도 현대의 감자 칩, 햄버거, 파스타와 같이 부드러운 음식을 먹고 살지는 않았을 것이다. 그들의 식사는 현대의 아이에게 요구되는 것보다 훨씬 더 많은 씹기가 필요했을 것이다. 현대 생활에서 어린 시절의 불충분한 턱 근육의 사용이 턱 근육 발육의 부전과 더 약하고 작은 뼈 구조를 생기게 할지도 모른다. 인간 치아는 발육 기간 동안 사용이 부적절하면 생성되지 않을지도 모른다. 몰려서 나고 잘못된 자리에 난 치아들은 문명의 질병일지도 모른다. 아이들을 위해 더 많은 씹기가 권장된다면, 많은 치아 문제들이 예방될 것이다.

**해설**

현대의 부드러운 음식으로 인해 불충분한 턱 근육의 사용이 많은 치아 문제를 발생시켰다는 것이 글의 주된 내용이므로, 이 글의 주제로 가장 적절한 것은 ④ modern dental problems from not chewing enough(충분히 씹지 않아서 생긴 현대의 치아 문제)이다.
① 사랑니 통증에 대한 가정에서의 치료법
② 씹기가 뇌 발달에 미치는 영향
③ 학교에서의 치아 관리 교육의 중요성
⑤ 치과 치료의 기술적 발전

**어휘**

live on ~을 먹고 살다   tender 부드러운   chew 씹다   insufficient 불충분한
jaw muscle 턱 근육   underdevelopment 발육 부전   usage 사용

---

inadequate 부적절한   misplaced 자리를 잘못 잡은   civilization 문명
remedy 치료법   dental 치아의

## 23 ②

87% 고2 03월 모의고사 변형

점술가를 찾아가 본 적이 있다면 여러분은 아마 그들이 여러분에 대해 알고 있는 것, 즉 다른 사람이라면 도저히 알 수 없었을 것을 알고 있는 것에 깜짝 놀라면서 자리를 떴을 것이다. 그럼 그것이 초능력인가? 점술업에 대한 조사는 점술가가 '사전 지식 없이 빠르게 알아차리는 것'으로 알려진 기술을 사용한다고 보여주는데, 그것(그 기술)은 결코 만난 적이 없는 사람을 '읽어낼' 때 80% 정도의 정확성을 이끌어 낼 수 있다. 그것은 몸짓 언어 신호에 대한 주의 깊은 관찰, 인간 본성에 대한 이해와, 그리고 확률 통계에 대한 지식에 기초를 둔 과정에 불과하다. 그것은 고객에 관한 정보를 모으기 위해 타로 카드 점술가, 점성가 그리고 수상가(手相家)에 의해 행해지는 기술이다.

**해설**

점술가들은 몸짓 언어 신호에 대한 깊은 관찰, 인간 본성에 대한 이해, 확률 통계 등에 기초를 둔 '콜드 리딩'을 통해 타인에 대한 정보를 모은다는 것이 글의 주된 내용이므로, 이 글의 제목으로 가장 적절한 것은 ② How Fortunetellers Know So Much(점술가들이 어떻게 그렇게 많이 아는가)이다.
① 초자연적인 것들을 무시하지 마라
③ 사람들이 왜 점을 보기 원하는가
④ 비언어적인 신호들은 감정을 보여준다
⑤ 미래는 의지력에 달려 있다

**어휘**

fortuneteller 점술가   supernatural 초자연적인   accuracy 정확성
observation 관찰   probability statistics 확률 통계   astrologer 점성가
palm reader 수상가(手相家: 손금을 봐주는 사람)   nonverbal 비언어적인
willpower 의지력, 정신력

## 24 ③

90% 고2 11월 모의고사 변형

위 그래프는 2010년과 2019년에 새로운 음악에 관해 알기 위해 어떤 매체를 사용하는가에 대한 미국인의 선호도를 보여준다. 2019년에 가장 선호된 매체는 인터넷으로, 44%를 차지한 반면에, 2010년에는 라디오가 39%를 차지하며 가장 선호된 매체였다. 다음 항목 즉, 라디오, 텔레비전, 신문 각각에서 2010년에 비해 2019년에 선호도 감소가 있었다. 2010년과 2019년간의 라디오 선호도 격차는 같은 기간 텔레비전 선호도 격차보다 더 작았다(→ 더 컸다). 신문은 2010년과 2019년 두 해 모두 인터넷, 라디오, 텔레비전, 신문 중 가장 덜 선호되는 매체였다. 인터넷, 라디오, 텔레비전, 신문 이외를 선택한 사람들의 비율은 두 해 모두 같았다.

**해설**

2010년과 2019년간의 라디오 선호도 격차는 같은 기간 TV 선호도 격차보다 더 컸으므로 ③은 도표의 내용과 일치하지 않는다.

**어휘**

preference 선호(도)   media 매체(단수: medium)   account for 차지하다,
설명하다   take up 차지하다   decrease 감소하다   period 기간

## 25 ④

92% 고2 03월 모의고사 변형

땅파기쥐과는 미국의 서쪽 절반에 걸쳐 서식하고 있는 여러 종을 포함한다. 그들은 땅이 부드럽고 파기 쉬운 서식지를 선호하고 대부분의 시간을 지하에서 보낸다. 일곱 마리나 되는 새끼들이 봄에 태어난다. 일단 새끼들이 젖을 떼면, 자신의 굴을 파고 혼자 살기 시작한다. 다 자란 땅다람쥐는 6인치에서 13인치가 되며 무게가 1파운드까지 나간다. 그들의 몸은, 짧고 굵은 꼬리를 제외하고 털로 덮여 있다. 땅다람쥐는 땅을 파는 동안에 마주치는 뿌리와 식물의 다른 부분을 먹는다.

글의 후반부에 그것의 몸은, 짧고 굵은 꼬리를 제외하고 털로 덮여 있다고 했으므로, 글의 내용과 일치하지 않는 것은 ④이다.

species 종, 종류   range 서식하다, 분포하다   prefer 선호하다   habitat 서식지
young (동물의) 새끼들   mature 다 자란, 성숙한   encounter 마주치다

## 26 ④
고2 11월 모의고사 변형

### 스키 & 스노보드 캠프

■ 기간 1주: 1월 3일–1월 8일
　　　2주: 1월 10일–1월 15일
■ 시간 눈 위에서의 교육은 매일 오전 9시에 시작하여 오후 5시에 끝납니다. 스키/스노보드 및 헬멧을 대여하려면 오전 8시 30분까지 도착해야 합니다.
■ 캠프참가자 캠프는 14–18세가 참가 가능합니다.
■ 요금 등록비는 주당 230달러입니다.
　(장비 대여 및 리프트 이용권은 불포함)
■ 등록 등록은 온라인 또는 전화 717–123–0001로 해야 합니다.

글의 후반부에 등록비에 장비 대여 및 리프트 이용권이 불포함이라고 했으므로, 글의 내용과 일치하지 않는 것은 ④이다.

session 기간   rent 대여하다   available 가능한   registration 등록
fee 요금, 비용   equipment 장비

## 27 ④
고2 11월 모의고사 변형

### 제15회 연례 녹색 청소년 토론회

제15회 연례 녹색 청소년 토론회는 지역 지도자들과 함께 환경 문제에 대해 토론할 기회를 제공할 것입니다. 이 토론회는 오직 Bradford 시의 고등학생들만 참여할 수 있습니다.
• 장소: 시청 회관
• 일시: 2019년 12월 19일 토요일 오후 1시부터 오후 6시까지
• 특별 연설:
　–시장 Jim Ross
　–환경운동가 Todd Keith
사전 등록은 필수입니다.
더 많은 정보를 원한다면,
www.greenyouthforum.org를 방문하세요.

글의 후반부에 시장의 특별 연설이 있다고 했으므로, 글의 내용과 일치하는 것은 ④이다.

annual 연례의, 매년의   opportunity 기회   local 지역의   featured speech
특별 연설   environmentalist 환경운동가   pre-registration 사전 등록

## 28 ⑤
고2 11월 모의고사 변형

토론은 언어 그 자체만큼이나 오래되었고 인간의 역사 내내 많은 형태들을 취해 왔다. 고대 로마에서 원로원에서의 토론은 시민 사회의 경영에 있어서 중요했다. 그리스에서는 정책 변화에 대한 옹호자들이 아테네 시민 배심원단 앞에서 일상적으로 자신들의 주장을 설명하곤 했다. 인도에서 토론은 종교적인 논란을 해결하는 데 사용되었고 인도의 왕들은 승리자들에게 상을 주면서 대규모 토론 대회를 후원했다. 중국은 자국만의 오래된 토론 전통을 가지고 있다. 2세기가 시작되면서, 도교와 유교의 학자들은 관객들 앞에서 철학적인 문제를 토론했던 '청담

(淸談)'이라고 알려진 관행에 참여했다.

⑤ 뒷문장이 완전하기 때문에 두 개의 절을 연결하기 위해 관계사 which는 where로 고치는 것이 적절하다.
① 문장의 주어는 debate이고 고대 로마시대이므로 과거인 was는 옳다.
② '일상적으로'의 뜻인 부사 routinely는 적절하다.
③ 「be used to 동사원형」: '~하는데 사용되다'라는 의미로 적절하다.
④ '~하면서'의 의미로 prizes라는 목적어를 동반하였으므로 능동 분사구문 offering은 적절하다.

debating 토론   Senate 원로원   advocate 옹호자   policy 정책   routinely
일상적으로   make one's case 자기 주장이 정당함을 입증하다   jury 배심원
settle 해결하다   religious 종교적인   controversy 논란   philosophical
철학적인

## 29 ②
고2 03월 모의고사 변형

가족 간의 갈등을 다루는 데 가장 좋은 방법 중 하나를 당신은 아는가? 'I'm sorry.'라는 두 단어이다. 몇몇 사람들은 그것이 약함이나 패배를 의미한다고 생각한다. 전혀 그렇지 않다. 사실, 정확하게 반대이다. 갈등을 덜어 주는 또 다른 좋은 방법은 말다툼이다. 바다는 폭풍 후에 훨씬 더 잔잔해진다. 말다툼은 또 다른 이점을 갖고 있다. 화가 날 때, 입 밖에 내지 않은 진실이 일반적으로 나오게 된다. 그것들은 특히 그 순간에 약간 감정을 상하게 할 수도 있다. 그러나 끝에 가서는 서로를 조금 더 잘 알게 된다. 마지막으로 아이들 간 갈등의 대부분은 자연스러운 것이다. 그것들이 자주 발생하더라도, 그것들은 우리 모두에게 일반적이기 때문에 현명한 부모는 지나치게 걱정하지 않는다.

(A) I'm sorry가 몇몇 사람들은 패배를 의미한다고 생각하지만 전혀 그렇지 않다고 했으므로 opposite(반대의)가 적절하다. *same: 같은
(B) 말다툼 후에는 서로를 더 잘 알게 된다고 했으므로 말다툼은 긍정적인 부분이 있다. 따라서 advantage(이점)가 적절하다. *disadvantage: 단점
(C) 아이들 간의 갈등은 자주 발생하더라도 일반적이라고 했으므로 natural(자연스러운)이 적절하다. *risky: 위험한

tension 갈등, 긴장 상태   imply 의미하다, 암시하다   weakness 약함   defeat
패배   relieve (고통, 부담 따위를) 덜다   calm 잔잔한   unspoken 입 밖에 내지
않은

## 30 ④
고2 11월 모의고사 변형

어느 봄날 뉴욕의 센트럴 파크에서, 풍선을 파는 사람이 그(자신)의 풍선을 팔려고 애쓰느라 바빴다. 사람들의 관심을 얻기 위해 때때로 그는 밝은 색상의 풍선을 풀어 놓고 그것을 하늘로 올라가도록 두곤 했다. 화창한 그날 오후에, 어린 흑인 소년이 그에게 다가왔다. 그 소년은 숫기가 없었고 낮은 자아상을 가지고 있었다. 그는 그 남자를 바라보고 있다가 그에게 말했다. "아저씨, 만약 아저씨가 검은색 풍선을 놓아주면 그것도 (하늘로) 올라갈까요?" 풍선을 파는 사람은 그가 묻고 있는 바를 알았다. "얘야." 그는 설명했다. "풍선이 무슨 색인지는 중요하지 않단다. 그것을 떠오르게 하는 것은 바깥에 있는 것이 아니거든. 그것을 (하늘로) 올라가게 하는 것은 바로 안에 들어 있는 것이란다."

①, ②, ③, ⑤는 풍선을 파는 사람을 가리키지만, ④는 흑인소년을 가리킨다.

attention 주목   from time to time 때때로   release 놓아주다   approach
다가가다   self-image 자아상   sweetheart (사랑을 담아 부르는 호칭) 얘야, 꼬마야

## 31 ④

새로운 한 연구는 식사도구가 우리의 음식에 대한 경험에 영향을 미친다고 시사한다. 한 연구는 사람들이 가벼운 스푼으로 먹을 때 요거트가 더 진하고 비싸다고 인식한다는 것을 보여줬다. 이는 그러한 스푼이 그들의 기대에 맞춰지기 때문이다. 사람들은 또한 검정색 스푼보다 흰색 스푼으로 먹을 때 요거트가 더 달콤하다고 생각했다. 다양한 종류의 치즈를 가지고 한 마지막 실험에서, 연구자들은 사람들이 포크, 스푼 대신 칼로 치즈를 맛볼 때 치즈가 더 짜다고 여겼다는 것을 발견했다. 이것은 아마도 치즈가 더 숙성되고, 그래서 더 짠 맛이 났던 치즈가게에서 치즈를 맛보기 위해 칼을 사용했던 것을 사람들에게 상기시켰기 때문일지도 모른다.

**해설**

스푼의 무게, 색깔, 치즈를 위한 칼 등 식사도구가 음식에 대한 경험에 영향을 미친다는 내용의 글이다. 그러므로 빈칸에 들어갈 말로 가장 적절한 것은 ④ utensils(식사도구)이다.
① 연령　② 장소　③ 성별　⑤ 재료

**어휘**

perceive 인식하다　dense 밀도가 높은, 진한　match 맞추다 부응하다 expectation 기대　remind 상기시키다　aged 숙성된　gender 성별 utensil 식사도구　ingredient 재료

## 32 ⑤

기후 변화는 인류에게 있어 가장 중요한 장소인 우리의 밥상(정찬용 접시)에 영향을 미칠지도 모른다. 우리는 왜 기후 변화에 신경 써야 하는가? 최근에 세계 인구가 70억을 넘어섰기 때문에 늘어나고 있는 인류를 먹이는 것이 인류에게 가장 큰 난제이다. 그것이 바로 기후 변화가 농업을 망칠 수도 있다는 위협이 두려운 이유이다. 한 국제 모임은 정책 담당자들이 농업이 기후변화에 대한 보다 중요한 지구적 조치의 한 부분임을 확실히 할 것을 촉구했다. "전 세계의 농업은 늘어나는 인구를 먹일 수 있는 더 많은 음식을 생산해야 한다. 그러나 과학적 평가는 기후변화를 농업 생산량과 식량 확보에 미치는 큰 위협으로 지적하고 있다."고 그들은 전하였다.

**해설**

세계 인구가 70억을 넘었고 인류를 먹이는 것이 가장 큰 난제인데 기후 변화로 인해 농업 생산량과 식량 확보에 영향을 줄 수 있다는 내용의 글이다. 그러므로 빈칸에 들어갈 말로 가장 적절한 것은 ⑤ the dinner plate(밥상)이다.
① 우리의 물 공급　② 가스 탱크　③ 오존층　④ 정부

**어휘**

population 인구　humanity 인류　threat 위협　mess 망치다　urge 촉구하다 policymaker 정책 담당자　vital 중요한　assessment 평가　security 안전, 확보　supply 공급

## 33 ⑤

당신은 지금 막 완벽한 동네에 있는 완벽한 집을 발견했다. 물론 당신은 몹시 기쁘겠지만, "분에 넘치는 욕심은 부리지 마라." 만약 당신이 쓰는 지출과 비교하여 충분한 수입을 벌어들이지 못한다면 당신은 매달 집세를 내는 것으로 스트레스를 받게 될 것이다. 집을 사기전에, 당신은 먼저 매달 내야할 주택 융자금과 재산세와 같은 주택비를 계산해 볼 필요가 있다. 이 통합된 주택비는 총 수입의 28%를 넘어선 안 된다. 두 번째로, 자동차 할부금, 신용카드 대금 같은 다른 빚들도 모두 계산해 봐야 한다. 당신의 수입 대비 빚의 비율이 36%를 초과해서는 안 된다. 따라서, 만약 다른 부분에 많은 빚 부담을 가지고 있다면, 당신은 주택 융자금을 낮게 조정해야 한다.

**해설**

사고 싶은 집이 있더라도 구입 전에 꼭 감당할 만큼의 수입과 지출을 비교, 계산해야 한다는 내용의 글이다. 그러므로 빈칸에 들어갈 말로 가장 적절한 것은 ⑤ Don't

bite off more than you can chew(분에 넘치는 욕심은 부리지 마라)이다.
① 경험은 최고의 선생님이다
② 백지장도 맞들면 낫다
③ 시간은 사람을 기다리지 않는다
④ 대우받고 싶은 대로 다른 사람을 대우하라

**어휘**

income 수입　expenses 지출　figure out 계산하다　monthly 매달의 mortgage 주택 융자금　property 재산　combined 통합된, 결합된　debt 빚　loan 할부금, 대출금　ratio 비율　exceed 초과하다　load 부담, 짐　adjust 조정하다

## 34 ①

지난 몇 년 동안, 대중 매체들은 우리에게 소금과 지방의 함유량이 높고 섬유질이 적은 우리의 전통적인 식단의 위험들에 대해서 경고해 왔다. 대중매체들은 또한 화학 첨가물로 가득한 가공 식품들의 위험들에 대해 사람들을 교육하기 시작했다. (A) 그 결과, 소비자들은 더 건강에 좋은 음식을 요구하기 시작했고, 제조업자들은 그들의 제품 중 몇몇을 바꾸기 시작했다. 많은 식품들이 저지방, 저염분의 형태로 이용가능하게 만들어졌다. (B) 게다가, 식료품 산업은 천연제품을 생산하기 시작했다. 당연히, 외식 산업은 소비자들을 샐러드바, 삶은 생선과 찐 야채로 소비자들을 끌어들이면서, 더 건강한 식품으로의 이러한 변화에 반응했다.

**해설**

(A) 빈칸 앞에는 대중 매체들이 가공식품의 위험에 대해 경고해왔다는 내용이 나오고, 빈칸 뒤에는 소비자들뿐 아니라 제조업자들도 건강에 좋은 음식에 대한 관심도가 높아졌다는 내용이 나온다. 앞에 언급된 이유로, 뒤에 그러한 결과가 이어졌다는 내용이 와야 한다. 따라서, 빈칸에 들어갈 말로 가장 적절한 것은 As a result(그 결과)이다.
(B) 빈칸 앞에는 많은 식품들이 저지방, 저염분 등 건강에 좋은 형태로 만들어졌다는 내용이 나오고, 빈칸 뒤에는 심지어 식료품 산업에서는 천연제품을 생산하기 시작했다는 내용이 나온다. 앞에 내용과 비슷한 맥락의 확장된 내용이 이어지므로, 빈칸에 들어갈 말로 가장 적절한 것은 Moreover(게다가)이다.
② 대조적으로 – 게다가　　③ 즉 – 그렇지 않으면
④ 그럼에도 불구하고 – 마찬가지로　⑤ 결과적으로 – 반대로

**어휘**

warn 경고하다　diet 식단, 음식　fiber 섬유질　processed 가공된 chemical additives 화학 첨가물　consumer 소비자　manufacturer 제조업자 available 이용 가능한　low-fat 저지방　low-sodium 저염분의 not surprisingly 당연히　switch 변화　steamed 찐

## 35 ③

"이름을 짓는 것은 존재를 생겨나게 하는 것, 즉 무(無)에서 불러내는 것이다."라고 프랑스 철학자 Georges Gusdorf는 썼다. 말은 여러분이 세상을 인식하는 방식을 만들어 내는 수단을 여러분에게 제공해준다. 여러분은 의심할 여지 없이 Isaac Newton 경이 중력을 발견했다는 것을 과학 수업에서 배웠다. 그가 그것을 발견했다기보다는 '범주화했다'고 말하는 것이 더 정확할 것이다. 몇몇 과학적 발견들은 인류 역사에서 끔찍한 재난을 초래했다. 그의 '중력'이라는 단어의 사용은 우리에게 인식 범주를 제공해주었다. 즉, 우리가 우주로 날아가지 못하도록 막는 지구의 인력에 관해 우리는 이제 대화를 나눈다. 말은 다른 사람들에게 우리의 창조물과 발견을 전달하는 상징적인 수단을 우리에게 제공해준다.

**해설**

말은 세상을 인식하는 방식을 만들어 내는 수단이라는 것이 글의 요지이다. 그런데, 몇몇 과학적 발견들은 흔히 인류 역사에서 끔찍한 재난을 초래했다는 진술은 관련이 없는 내용이므로, 글의 전체 흐름과 관계가 없는 것은 ③이다.

**어휘**

call into 생겨나게 하다　existence 존재　nothingness 무, 없음 philosopher 철학자　perceive 인식하다　undoubtedly 의심할 여지 없이

gravity 중력  accurate 정확한  label (라벨을 붙여) 범주화하다  disaster 재난
symbolic 상징적인

## 36 ⑤
79% 고2 11월 모의고사 변형

단 하나의 계획을 모든 것에 적용하는 것은 비효율적이고 우스꽝스러울 수 있다. 아마도 여러분은 농부에게서 지불받은 돈을 잃어버려서 어머니에게 혼이 나는 게으른 아들에 관한 이야기를 기억할 것이다. (C) "다음에 일한 대가를 받을 때는, 반드시 그것을 네 주머니에 넣어서 집에 가져와라."라고 어머니는 말한다. 그러나 다음날 그 소년은 낙농업 농부에게 일하러 가지만 그는 돈 대신에 우유 한 통으로 지불해준다. (B) 어머니를 화나게 만들지 않기 위해, 그 소년은 충실하게 우유를 자신의 주머니에 쏟아붓는다. 비록 그의 어머니의 계획은 훌륭했으나 그것은 알맞은 상황에 쓰일 때만 효과가 있을 수 있다. 똑같은 개념이 여러분의 학습 계획에도 적용된다. (A) 예를 들어, 목표가 교과서를 공부하는 것이라면 완전한 문장으로 필기를 하는 것은 맞다. 그러나 여러분이 강의 필기를 위해 똑같은 계획을 사용한다면, 여러분은 너무나 속도가 느려서 선생님이 말한 것을 자주 놓칠 것이다. 비결은 여러분의 목표에 맞는 계획을 찾는 것이다.

**해설**
단 한 가지의 계획을 모든 것에 적용하는 것의 비효율성에 관한 예시로 민담이 소개되는 주어진 글 다음에, (C) 소년의 어머니가 소년에게 지시해주는 내용이 이어지고, (B) 소년이 대가로 받은 우유를 지시대로 주머니에 쏟아붓는 이야기를 통해 상황에 맞는 계획의 적용이 중요하다는 진술이 나온 후, (A) 마찬가지로 학습 계획에도 이 개념이 적용돼야 한다는 흐름으로 글이 이어지는 것이 글의 순서로 가장 적절하다.

**어휘**
apply 적용하다  inefficient 비효율적인  comical 우스꽝스러운  scold 혼내다
lecture 강의  dutifully 충실하게  pours ~ into ~ ~에 붓다  circumstance 상황  dairy 낙농업의, 유제품의

## 37 ③
77% 고2 11월 모의고사 변형

독일의 산업 디자이너인 Dieter Rams는 거의 모든 것이 소음(불필요한 것)이라고 생각한다. 그는 극소수만이 본질적이라고 믿는다. 그가 하는 일은 그가 본질에 도달할 때까지 그 불필요한 것을 걸러내는 것이다. (B) 예를 들어, 그가 한 회사에서 디자이너였을 때 그는 레코드플레이어를 만들도록 요청받았다. 그 당시 기본 디자인은 턴테이블을 단단한 나무 덮개로 가리는 것이었다. (C) 대신에 그는 불필요한 것을 제거하고 위에 투명한 플라스틱 덮개가 있고 그 외에는 아무것도 없는 레코드플레이어를 디자인했다. 그때가 그런 디자인이 사용된 처음이었는데, 그것이 매우 혁신적이어서 사람들은 그것이 회사를 파산시킬지도 모른다고 걱정했다. (A) 항상 그러하듯이 불필요한 것을 제거하는 것은 용기가 필요했다. 60년대까지 이 디자인은 점점 더 인기를 얻기 시작했다. 시간이 지나면서, 대부분의 레코드플레이들이 그 디자인을 따랐다.

**해설**
Dieter Rams가 하는 일은 본질에 도달하기 위해 불필요한 것을 걸러내는 것이라는 주어진 글 다음에, (B) 구체적인 사례로 레코드플레이어를 공동 제작해 달라는 요청을 받았다는 내용이 이어지고, (C) 불필요한 부분을 제거한 제품을 디자인했는데, (A) 이것이 인기를 얻게 되었다는 내용으로 글이 이어지는 것이 자연스럽다.

**어휘**
industrial 산업의  essential 본질적  filter 거르다, 여과하다  essence 본질
courage 용기  eliminate 제거하다  solid 단단한  wooden lid 나무 덮개
useless 불필요한  revolutionary 혁신적인  bankrupt 파산 시키다

## 38 ②
28% 고1 11월 모의고사 변형

상어에 대한 두려움은 풀장에서 수영하는 많은 사람들이 바닷물을 시도해보지 못하게 해왔다. 상어 공격을 다룬 1975년의 블록버스터 영화 'Jaws'는 바다 수영이 그 큰 물고기(상어)에게 맡겨져야 한다는 생생한 장면을 제공했다. 하지만, 상어에 의해 공격을 받을 실질적인 가능성은 아주 낮다. 당신은 해변을 오가는 운전을 하는 동안 더 큰 위험을 무릅쓰게 된다. International Shark Attack File에 따르면 상어 공격의 적은 횟수는 이 커다란 물고기들이 본래 사람을 먹이로 하지 않는다는 것을 보여준다. 대부분의 상어 공격은 단순히 잘못된 정체파악 때문이다. 2007년도에 인간에 대한 상어 공격이 전 세계적으로 71건 있었고 단 한명의 사망자만 있었다고 보고되었는데, 이는 벌에 쏘이는 것과 뱀에 물리는 것에 의한 2007년도의 사망률보다 상당히 더 낮았다.

**해설**
주어진 문장은 상어에 의해 공격을 받을 실질적인 가능성이 아주 낮다는 내용이므로 상어 공격을 다룬 영화 'Jaws' 문장 다음에, 그러나 상어의 공격에 대한 위험보다 해변을 오가는 운전을 하는 동안 더 큰 위험을 무릅쓰게 된다는 문장 앞인 ②에 들어가는 것이 가장 적절하다.

**어휘**
attack 공격; 공격하다  feature (특별히) 다루다; 특징, 특집기사, 이목구비  vivid
생생한  feed on ~을 먹이로 하다  by nature 본래  due to ~때문인  identity
정체파악, 동일함  significantly 상당히  death rate 사망률

## 39 ⑤
00% 고2 03월 모의고사 변형

영국의 음반회사 직원들이 어떻게 전통음악과 국제적인 음악에 대해 흥미를 증가시킬까에 대해 논의했고, 그들은 두 개의 형식을 모두 나타낼 수 있는 보편적인 이름을 만들기로 결심했다. 제안들 중에는 'Tropical Music'이 포함되었지만 이는 온화한 기후 지역의 음악을 배제하는 것 같았다. 그들은 'Ethnic Music'은 그것이 너무 학문적이고 지루하게 들린다고 거부했다. 'Roots Music'이라는 용어는 비전통적인 음악을 배제한다고 여겨졌고, 반면에 'International Pop'이라는 용어는 더 전통적인 음악들을 배제했다. 마침내 'World Music'이 선택되었다. 그것이 가장 많은 것을 포함하고 가장 적은 것을 배제하는 것 같았다. 그들은 모든 그들의 국제적인 음반들에 그 음반들이 'World Music'라는 것을 나타내 주는 스티커를 붙이기로 합의했다.

**해설**
주어진 문장은 World Music이 가장 많은 것을 포함하고 가장 적은 것을 배제하는 것 같았다는 채택된 이유를 설명하고 있기 때문에, 마침내 World Music이 선택되었다는 결론 뒤인 ⑤에 들어가는 것이 가장 적절하다.

**어휘**
include 포함하다  exclude 배제하다  traditional 전통적인  international
국제적인  identify 나타내다, 식별하다, 확인하다  suggestion 제안  temperate
온화한  reject 거부하다  ethnic 민족의  academic 학문적인  monotonous
지루한  nontraditional 비전통적인

## 40 ①
77% 고2 11월 모의고사 변형

심리학자 Sibylle Escalona는 128명의 유아들과 그 엄마들의 놀이 행동에 관한 연구를 실행했다. 그녀의 주요한 발견은 혼자서 노는 아기들의 감각운동 놀이의 지속시간이 상호작용할 어른이 있었던 아이들보다 더 짧다는 것이었다. 엄마들은 노련한 사회적 감독자처럼 보였다. 그들은 놀이 활동을 아이들의 즉각적인 필요에 맞추는 경향이 있었다. 예를 들어 엄마들은 아이들이 흥미를 잃는 것처럼 보일 때는 변화를 주거나 놀이의 강도를 높이기도 했다. 그 결과, 엄마들은 다양한 놀이 활동에 대한 아이들의 흥미를 유지할 수 있었으며 그로 인해 아이들의 주의 집중 시간도 늘릴 수 있었다.

→ 한 연구에서 엄마가 수행한 안내하는 역할은 유아들이 어른에 대한 접촉이 제한적이었던 유아들보다 더 오래 그들의 놀이 활동에 집중하도록 도왔다는 것이 발견되었다.

놀이 활동을 안내해 주는 엄마와 함께할 때 아이들이 놀이 활동에 더 오래 집중했다는 내용의 글이므로, (A)는 guiding(안내하는)이, (B)는 attentive(집중하는)가 들어가는 것이 가장 적절하다.

② 안내하는 – 무관심한　　　③ 창조하는 – 제한된
④ 희생하는 – 민감한　　　⑤ 희생하는 – 중독된

**carry out** 수행하다　**behavior** 행동　**infant** 유아　**span** 지속시간　**interact** 상호작용하다　**skilled** 노련한, 능숙한　**adapt** 맞추다, 조정하다　**immediate** 즉각적인　**variation** 변화　**intensity** 강도　**sustain** 유지하다, 지속하다　**thereby** 그로 인해

## [41~42]

　　부모와 소아과 의사는 아기들이 걷기 전에 기어야 한다는 데 동의한다. 하지만 새로운 연구는 우리가 이러한 생각을 바라보는 방식을 바꿀지 모른다. 인류학자 David Tracer에 따르면, 파푸아 뉴기니의 Au 족의 아기들은 기는 단계를 거치지 않는다. 대신에 그들의 부모들은 아기가 걸을 수 있을 때까지 아기를 안고 있었다. Tracer는 사실 기지 않는 것이 완전히 정상적인 것일지도 모른다고 주장한다. 113쌍의 Au 족 모자를 관찰하면서, Tracer는 아기들이 12개월의 나이까지 86%의 시간을 아기 띠에 똑바로 세워져 안겨 있다는 사실을 발견했다. 그러나 Au 족 만이 아이들을 기지 않게 하는 것은 아니다.

　　기어 다니는 것이 설사를 유발할 가능성을 증가시킨다는 사실을 나타내 주는 방글라데시 아이들에 대한 연구가 있다. Tracer는 아이를 안는 것이 바닥 병균에 노출되는 것을 줄여 준다는 의견을 제시했다. 그러므로 그는 기는 단계는 인간이 흙보다는 훨씬 더 위생적인, 바닥이 있는 집에 살기 시작하면서 나타난 최신 발명이라고 주장했다.

## 41 ③

아기들이 걷기 전에 기어야 한다고 일반적으로 생각하지만, 기는 단계가 굳이 필요한 것은 아닐 수도 있으며 심지어 그로인해 아기들을 병균에 취약한 상황에 놓이게 할 수도 있다는 것이 글의 주된 내용이므로, 이 글의 제목으로 가장 적절한 것은 ③ Crawling: Is It Really Necessary?(기는 것: 과연 정말 필요한가?)이다.

① 걷기의 신비
② 엄마, 저를 혼자 내버려 두지 마세요!
④ 아기 돌보기를 위한 최신 발명품들
⑤ 아기 기르기의 어려움

## 42 ①

Au족은 아기들을 12개월의 나이까지 기는 단계 없이 아기 띠에 똑바로 세워져 안겨있다는 사례와 함께 안기는 것이 더 위생적이다는 내용의 글이므로, 빈칸에 들어갈 말로 가장 적절한 것은 ① carrying(안는 것)이다.

② 두드리기　　　③ 목욕하기
④ 모유 수유하기　　　⑤ 예방 접종하기

**crawl** 기다　**anthropologist** 인류학자　**go through** 겪다　**observation** 관찰　**upright** 똑바로 선　**sling** 슬링, 아기 띠　**keep A from -ing** A가 -ing하는 것을 막다　**diarrhea** 설사　**propose** 제안하다　**exposure** 노출　**germ** 균　**emerge** 나타나다　**hygienic** 위생적인　**pat** 쓰다듬다　**breast-feed** 수유하다　**vaccinate** 예방주사를 접종하다

## [43~45]

(A) Bill은 10살이고 야구를 좋아하지만, 그는 신체장애로 고통을 받았다. 그의 아버지 John은 그를 보호하고 싶어서 뒷마당에서 그와 캐치볼을 했으며 어떠한 동네 시합도 피했다. 어느 날, John이 Bill에게 캐치

볼을 하기를 원하는지 물었지만, Bill은 고개를 떨구며 아니라고 대답했다.

(D) John은 왜 Bill이 아니라고 말했는지 궁금했고, 그가 물었을 때 Bill은 "저는 팀에서 경기하고 싶어요, 아빠. 왜 제가 다른 아이들과 시합을 하도록 해 주지 않는 건가요?"라며 울기 시작했다. John은 Bill이 다른 아이들한테 놀림당할 것을 우려하긴 했지만, 그는 위험을 감수하기로 결심했고, 그래서 Bill을 그날 저녁 동네 야구장으로 데려갔다. 그들이 경기장에 도착했을 때, 경기가 막 시작하려고 했다. John은 코치에게 Bill에 대해 이야기했고, 코치는 Bill에게 경기를 하도록 초대했다.

(C) 코치의 제안에 Bill은 매우 흥분했고 그는 서둘러 야구 장비를 착용했다. 동네 야구팀의 대부분의 아이들은 학교에서 본 적이 있어서 Bill을 알아봤지만, 상대편의 어느 누구도 그를 알지는 못했다. 그러나, 그들은 그가 몸을 움직이는 방식으로 그가 다르다는 것을 알 수는 있었다. Bill이 쉽게 할 수 있도록, 투수는 좀 더 가깝게 다가서서 공을 부드럽게 던졌고 그가 공을 칠 수 있을 때까지 계속 던졌다.

(B) Bill이 마침내 일곱 번의 스윙 후에 공을 쳤을 때, 공이 멀리 나가지는 않았지만 Bill을 아는 아이들이 "뛰어, Bill! 뛰어!"라고 소리치기 시작했다. 모두가 환호했고, 마침내 그가 득점했을 때 그의 얼굴은 상기되었다. "제가 해냈어요, 아빠! 해냈다고요!"라고 그는 외쳤다. 그가 기뻐하는 아들을 포옹했을 때 John의 볼에는 눈물이 흘러 내렸다.

## 43 ⑤

캐치볼을 하자는 아버지의 제안을 Bill이 거절한 상황이 나오는 (A) 다음에, Bill의 거절 이유를 알게 된 아버지가 그를 동네 야구장으로 데려가 코치와 이야기를 나누는 상황인 (D)가 이어지고, 코치의 제안으로 Bill이 경기에 참여하여 공을 치는 (C)가 이어진 다음에, 마지막으로 Bill이 득점하는 (B)로 이어지는 것이 글의 순서로 가장 적절하다.

## 44 ⑤

(a), (b), (c), (d)는 Bill을 가리키지만, (e)는 John을 가리킨다.

## 45 ③

(C)의 전반부에서 상대편 팀 선수들은 Bill을 알지 못했다고 했으므로 Bill에 관한 내용과 일치하지 않는 것은 ③이다.

**physical** 신체적인　**disability** 장애　**protect** 보호하다　**yell** 소리치다　**cheer** 환호하다　**glow** 반짝이다, 상기되다　**joyful** 기뻐하는　**suggestion** 제안　**put on** 입다　**gear** 장비　**recognize** 인지하다, 알아보다　**pitcher** 투수　**tease** 괴롭히다

| 18 ② | 19 ③ | 20 ④ | 21 ④ | 22 ① | 23 ④ |
|---|---|---|---|---|---|
| 24 ⑤ | 25 ⑤ | 26 ② | 27 ⑤ | 28 ③ | 29 ① |
| 30 ④ | 31 ② | 32 ④ | 33 ⑤ | 34 ④ | 35 ③ |
| 36 ② | 37 ④ | 38 ④ | 39 ④ | 40 ④ | 41 ③ |
| 42 ① | 43 ④ | 44 ② | 45 ④ | | |

## 18 ②

90% 고2 11월 모의고사 변형

친애하는 Peter에게

고심 끝에, 작년 한 해 동안 Townsville Citizens Association과 제 자신의 견해가 분명히 달라졌다는 결론을 내리게 되었습니다. 제가 더 이상 조직의 목표와 임무를 고려하면 유용한 회원이 될 수 없음을 느끼고 있습니다. 그래서 많은 생각 끝에 유감스럽게도 제가 Townsville Citizens Association의 회원 탈퇴를 하고자 함을 알리기 위해 이 편지를 씁니다. 비록 제가 더 이상 회원이 아닐지라도 저는 여전히 이 조직의 성공이 계속되기를 진심으로 바라고 있음을 당신이 알아주시기 바랍니다.

귀하를 존경하는 Norman Smith

**해설**

속해 있는 조직과 자신의 견해가 달라져서 탈퇴하고자 함을 알리고 있다. 그러므로 이 글의 목적으로 가장 적절한 것은 ②이다.

**어휘**

consideration 고심, 고려 conclude 결론을 내리다
no longer 더 이상 ~가 아닌 considering ~을 고려하면
mission 임무 organization 조직 regretfully 유감스럽게도
resign 탈퇴하다, 그만두다 sincerely 진심으로

## 19 ③

76% 고2 06월 모의고사 변형

최근 내가 직장으로 자전거를 타고 가는 동안, 타이어에 바람이 빠졌었다. 그래서 지나가는 자전거를 탄 사람에게 펌프를 빌렸지만 튜브가 쓸모없음을 알게 되었다. 그때 누군가 나에게 소리치는 것을 들었다. "무슨 일이죠?" 나는 돌아서 또 다른 자전거를 탄 사람을 보았다. 그에게 나의 상황을 설명하자, 그는 응답했다. "당신을 위해서 제가 튜브를 사 오죠." 난 그에게 돈을 주었고 그는 그의 길을 갔다. 20분도 지나지 않아 나의 구세주는 돌아왔다. 하지만 그가 사온 튜브는 맞지 않았다. 그는 기꺼이 또 다른 이동을 위해 돌아섰다(다시 한 번 갔다). 30분 후 그는 모든 부품을 챙겨서 돌아왔으며, 곧 나는 출발할 수 있게 되었다. 그날 이후, 나는 내가 진 빚을 갚기 위해서 어려움에 처한 다른 자전거를 탄 사람들을 살펴보고 있다.

**해설**

자전거를 타고 출근을 하다가 바퀴에 바람이 빠져 좌절했으나, 자전거를 타고 가는 사람의 도움으로 고마움을 느껴 자신도 어려움에 처한 다른 자전거를 탄 사람들을 살펴본다는 내용으로, 'I'의 심경변화로 가장 적절한 것은 ① frustrated → grateful(좌절한 → 고마워하는)이다.

② 걱정하는 → 화난 ③ 부끄러운 → 자랑스러운
④ 부러운 → 만족한 ⑤ 편안한 → 두려워하는

**어휘**

recently 최근에 flat tire 바람 빠진 타이어 useless 쓸모없는
situation 상황 reply 응답하다 savior 구세주 fit 맞다, 적합하다
willingly 기꺼이 kit (도구장비) 세트 in trouble 어려움에 처한 repay 되갚다
debt 빚 ashamed 부끄러운 grateful 고마워하는 envious 부러운
terrified 두려워하는

## 20 ④

91% 고2 11월 모의고사 변형

오늘이 지상에서의 당신의 마지막 날이라고 상상해 보라. 이제, 당신이 성취한 모든 것들, 자랑스럽게 느끼는 모든 것들, 그리고 당신을 행복하게 만든 모든 것들의 목록을 직접 만들어라. 당신의 차가 목록에 있는가? 당신의 월급이 목록에 있는가? 아니다. 목록에 있는 것들은 만족스러운 삶의 근본 요소들이다. 즉, 친구들과 가족과의 관계, 당신의 삶의 즐거운 사건들이다. 우리 중 많은 사람은 그 반대가 진실인 것처럼 하루하루를 살아간다. 진정으로 중요한 것을 아는 대신, 성공이 실제로 의미하는 것이 무엇인지 의문을 제기하지 않고 우리는 성공을 갈망한다. 당신의 삶에서 진정으로 중요한 것이 무엇인지를 기억하라.

**해설**

우리는 성공이란 무엇인지, 우리에게 진정으로 중요한 것이 무엇인지 제대로 인식하지 못한 채 성공을 갈망한다는 내용으로, 필자가 주장하는 바로 가장 적절한 것은 ④이다.

**어휘**

accomplish 성취하다 salary 월급 fundamental 근본적인 element 요소
opposite 반대 desire 갈망하다 matter 중요하다

## 21 ④

86% 고2 11월 모의고사 변형

연구들은 학생들의 수행에 대한 서술적 피드백이 아이들의 성취를 신장시키는 것에 있어서 등급보다 더 효과적이라는 것을 보여준다. 초등학교에서, 주된 평가 방식이 등급으로 바뀌자마자 학생들과 부모들은 손해를 보기 시작한다. 교사들이 "이 과제물에 있어서 너의 생각을 계획하고 너의 중심 주장을 표현하는 것은 잘했지만 본문 단락들이 그 주장에 의해 제기된 의문점을 다루지 않고 있다."와 같은 정보를 어떤 과제물의 초안에 대해 제공할 때, 그 학생들은 그들의 강점들과 약점들에 대해 말한 정보와 그들의 수행을 향상시키는 방법에 대한 유용한 조언을 주는 정보를 얻는다. 이런 방식으로 정보를 제공하는 피드백은 학생의 수행을 향상시킨다.

**해설**

학생들의 강점과 약점에 대한 정보를 서술적 피드백으로 줌으로써 수행을 향상시킨다는 내용이므로, 이 글의 요지로 가장 적절한 것은 ④이다.

**어휘**

narrative 서술적인 performance 수행 effective 효과적인 boost
신장시키다 evaluation 평가 lose out 손해보다 argument 주장 strength
강점 weakness 약점 informational 정보의, 정보를 제공하는

## 22 ①

78% 고2 06월 모의고사 변형

인공 습지는 넘쳐 흘러나오는 오수를 거르고 처리하는 돈이 적게 드는 방법을 제공한다. 예를 들어, California는 값비싼 오수 공장을 업그레이드할 필요가 있었다. 대신에 그 도시는 65헥타르의 쓰레기더미를 단순하고 비용이 적게 드는 쓰레기 처리 시설로서의 역할을 하는 연못과 늪으로 바꿨다. California는 수백만 달러를 아꼈고 환경도 개선했다. 늪은 야생 동물의 서식지가 되었다. 결국 정화된 물은 인공적인 습지로부터 Humboldt만으로 흘러가고, 그곳에서 수중생물들이 번창하게 된다. 모든 이렇게 만들어진 습지들은 인간과 야생 생물에 유용할 수 있다.

**해설**

습지를 이용해서 오수 정화를 함으로써 비용도 절감하고 시민들의 휴양지도 제공하는 등 습지를 이용해서 오수를 처리할 때 생기는 혜택에 관한 글이므로, 이 글의 주제로 적절한 것은 ① benefits of artificial wetlands for filtering sewage(오수 정화를 위한 인공 습지의 이점)이다.

② 불법 쓰레기 투척의 환경적 영향
③ 새로운 해양 종의 습지로의 도입
④ 습지에서의 야생생물 보존의 중요성
⑤ 오수 공장 개조의 어려움

**어휘**

artificial 인공적인   wetland 습지   filter 거르다   outflowing 넘쳐 흘러나오는
sewer plant 오수 공장   facility 시설   purified 정화된   flourish 번창하다
remodel 개조하다, 리모델링하다

## 23 ④

　우리와 같은 두 발 동물들이 단거리 경주에서 많은 네 발 동물들을 따라잡을 방법은 없다. 그러나 최근에 몇몇 인류학자들은 인류가 마라톤 달리기를 위해 만들어진 것 같은 방식으로 진화해왔다고 시사하고 있다. 연구진들은 우리의 긴 다리와 짧은 팔을 아프리카 사바나 지대의 초기 수렵채집 생활방식에 필요했던 달리기에 적합한 것으로 지적하고 있다. 좀 더 구체적으로, 과학자들은 걷기에는 거의 사용되지 않지만 달리기에는 필수적인 다리 근육의 중요성에 대해 말한다. 이러한 특성들은 인간의 몸이 전체적으로 다른 동물들에 비해 상대적으로 장거리 달리기에 적합하다는 것을 보여준다.

**해설**

인간은 장거리 달리기에 좀 더 적합한 몸의 구조를 가지고 있다는 것이 글의 주된 내용이므로, 이 글의 제목으로 가장 적절한 것은 ④ Why Are Humans Good Long-Distance Runners?(인간은 왜 훌륭한 장거리 달리기 선수인가?)이다.
① 동물 달리기 속도의 한계
② 당신의 마라톤 근육을 만드는 방법
③ 인간은 100미터를 얼마나 빠르게 달릴 수 있을까?
⑤ 달리기를 위한 지구력 훈련의 기본적인 방법들

**어휘**

catch up with 따라잡다   sprint 단거리 경주   anthropologist 인류학자
evolve 진화하다   hunter-gatherer 수렵 채집자   essential 필수적인
characteristic 특징   comparatively 상대적으로   endurance 장거리, 지구력,
인내   limitation 한계, 제한

## 24 ⑤

　위 그래프는 2010년과 2019년에 어떻게 한국 사람들이 그들 자신의 사회적 지위를 인식하는가를 보여준다. 전반적으로 각각의 해에 자신들은 중산층에 속해 있다고 믿는 사람들이 다른 두 계층에 속해 있다고 생각한 사람들보다 더 많았다. 스스로를 중산층으로 믿고 있는 사람들의 퍼센트가 2010년 53에서 2019년에 52.8로 줄었다. 다른 한편으로 그들이 하층에 속한다고 생각하는 사람들의 숫자는 2019년에 9년 전에 비해서 0.6% 올라 45.3%로 상승했다. 한편 상류층에 대한 숫자는 2019년에 1.9%로 하락했고 이것은 2010년보다 0.4% 하락한 것이다. 2010년에서 2019년의 상류층의 감소율은 중산층의 감소율의 3배(→ 2배)이다.

**해설**

상류층이 0.4% 감소했고 중산층은 0.2% 감소했기 때문에 상류층이 2배 감소했으므로 ⑤가 도표의 내용과 일치하지 않는다.

**어휘**

perceive 인식하다   social status 사회적 지위   general 전반적인   belong
속하다   middle class 중산층   on the other hand 반면에   meanwhile 한편에
figure 숫자

## 25 ⑤

　Gunnison 터널은 서부 Colorado 일부 지역에 물을 공급하기 위해 설계되었다. 완공 당시에, 그것은 세계에서 가장 긴 관개 터널이었다. 공사 기간 중에 작업자들은 많은 어려움에 직면했다. 연약한 지반은 작업자 여섯 명의 목숨을 앗아간 갑작스런 붕괴를 초래하였다. 이러한 어려움들에도 불구하고, 터널 작업자들은 한 달 만에 449피트의 화강암 사이로 길을 냄으로써 상당한 진전을 이루었다. William Howard Taft 대통령이 1909년 9월 23일에 개통식을 주재했고, 첫 방류 스위치를 눌렀다. 완공된 터널은 현재도 가동 중이다.

**해설**

글의 후반부에 완공된 터널은 현재도 가동 중이라고 했으므로, 글의 내용과 일치하지 않는 것은 ⑤이다.

**어휘**

supply 공급하다   completion 완공, 완성   irrigation 관개, 물을 끌어들임
encounter 직면하다   construction 공사   collapse 붕괴   progress 진전
cut through ~의 사이로 길을 내다   release 내보내다   in operation 가동 중인,
사용 중인

## 26 ②

### Youth 도서관 자원봉사 프로그램

Youth 도서관의 자원봉사 활동은 보람 있고 값진 경험입니다.
최소 요건
- 15세 미만의 지원자는 봉사 활동 지원서에 부모님의 서명을 받아야 합니다.
- 자원봉사자는 4월부터 6월까지 활동해야 합니다.
　(2개월간 의무적으로 참여해야 합니다.)
선발 과정과 자원봉사자 훈련
- 선발 과정은 3~4일 소요됩니다.
- 선발된 자원봉사자들은 업무를 시작하기 전, 자원봉사 진행자에 의해 진행되는 이틀간의 훈련 시간에 참여해야합니다.
지원서는 도서관 웹사이트 www.youthlibrary.org에서 내려 받을 수 있습니다.

**해설**

글의 중반부에 자원봉사자는 4월부터 6월까지 활동해야 하며 2개월간 의무적으로 참여해야 한다고 했으므로, 글의 내용과 일치하지 않는 것은 ②이다.

**어휘**

volunteer 자원봉사하다   rewarding 보람 있는   valuable 값진, 가치 있는
minimum 최소한의   requirement 요건, 자격, 요구   applicant 지원자   sign
서명하다   application 지원서   commitment 책무, 의무, 서약   selection 선발,
선정   session 시간, 기간   coordinator 진행자, 조정자

## 27 ⑤

### 베토벤 음악 아카데미 피아노 캠프

저희 피아노 캠프는 피아노를 재미있고 긍정적인 환경에서 소개합니다. 프로그램은 (피아노) 경험이 거의 없거나 전혀 없는 아이들을 위한 것입니다.
캠프는 둘 다 월요일부터 목요일, 8시부터 정오까지 운영되며 캠프 축하 공연이 금요일에 있습니다.
캠프 날짜와 그룹
6월 8일~11일: 7~10세, 4~5명의 소그룹
6월 15일~18일: 11~14세, 5~7명의 소그룹
120달러의 수강료에 포함된 사항:
• 10시간의 피아노 수업
• 다양한 방법으로 배우는 노래들
• 미술 공예
• 건강에 좋은 간식
등록 시 수강료를 완불할 경우 5달러의 할인을 받을 것입니다.
더 많은 정보를 원한다면 www.beethovenmusic.com을 방문하세요.

**해설**

글의 후반부에 등록 시 수강료를 완불할 경우 5달러의 할인을 받는다고 했으므로, 글의 내용과 일치하는 것은 ⑤이다.

**어휘**

academy 학원, 학회   positive 긍정적인   environment 환경   run 운영되다,
계속되다   celebration 축하   performance 공연   tuition 수강료, 수업료
arts and crafts 미술 공예   fee 수강료, 요금   registration 등록   discount 할인

## 28 ③

언어는 인간을 다른 동물과 구분하는 주요한 특징 중 하나이다. 많은 동물들이 소리, 냄새, 그리고 다른 화학물질, 또는 움직임을 통해 실제로 서로 의사소통을 한다. 게다가, 몇몇 동물들은 인간과 의사소통을 하기 위해 손짓을 사용하도록 가르침을 받아왔다. 하지만 인간 언어의 복잡성, 특별한 감정과 생각을 전달하는 그것의 능력은 인간과 다른 동물들 사이의 차이를 만든다. 여러 가지 면에서 언어는 문화의 본질이다. 그것은 다른 문화 집단들이 구별되게 하는 단 하나의 가장 보편적인 변수를 제공한다. 언어는 우리가 환경에 대하여 생각하고, 이름을 붙이는 방식을 형성하도록 돕는다.

**해설**

③ the complexity of human language and its ability to convey specific emotions and ideas가 주어이므로 making 은 동사인 make 로 고쳐 써야한다.
① 동사 communicate를 강조하기 위해 do를 사용하는 것은 옳다.
② '가르침을 받아왔다'라는 의미의 현재완료 수동태가 와야 하므로 have been taught는 적절하다.
④ 선행사는 the single most common variable이며 사물이기 때문에 관계대명사 which를 사용하였고, 문장의 맨 끝에 있던 by가 이동을 하여 'by which' 가 되었으므로 적절하다.
⑤ think 와 병렬구조를 이루기 때문에 name은 적절하다.

**어휘**

feature 특징  distinguish 구별하다  indeed 실제로, 정말  chemicals 화학물질  furthermore 게다가  complexity 복잡성  convey 전달하다  essence 본질  variable 변수  identify 구별하다, 확인하다

## 29 ①

우리가 태어나기도 전에 우리는 다른 사람들과 비교되었다. 우리 삶의 남은 기간 동안, 우리는 다른 사람들과 비교되고, 우리들의 고유성을 축하해주기보다, 비교는 보통 누가 더 강한지, 더 똑똑한지, 혹은 더 아름다운지를 강조한다. "그는 내가 가진 것보다 더 많은 돈을 가지고 있다." 또는 "그녀는 나보다 더 예뻐 보인다."와 같은 비교는 우리의 자아 존중감을 낮추기 쉽다. 당신을 당신으로 보이게 만드는 독특한 속성들에 집중하라. 당신 자신의 가치를 당신과 남을 비교하는 것에 의해 판단하는 것을 피하라. 건강하고 긍정적인 자아 개념은 다른 사람들의 판단에 의해서가 아니라, 당신이 자신 안에서 인식하는 진정한 가치에 의해 발달된다.

**해설**

(A) 다른 사람과 비교되면서 자신의 독특한 속성에 대해 축하받지 못한다는 내용이므로 celebrating(축하하다)이 적절하다. *neglect: 무시하다
(B) 타인이 자신보다 낫다는 비교는 자존감을 낮추는 언행이다. 따라서 deflate(낮추다)가 적절하다. *inflate: 올리다
(C) 자신의 독특한 속성들에 집중하여 긍정적인 자아 개념을 형성하라는 내용이다. 따라서 Avoid(피하다)가 적절하다. *Consider: 고려하다

**어휘**

uniqueness 고유성, 독특함  comparison 비교  self-worth 자아 존중감, 자부심  attribute 속성  self-concept 자아 개념  neglect 무시하다  deflate 낮추다, 기를 꺾다  inflate 올리다, 부풀리다

## 30 ④

Vaigyanik 박사는 큰 바지와 더러운 가운을 입고 있는 보기 드문 과학자이다. 그러나 그는 여러분이 생각하는 것보다 더 과학적이다. 비가 억수처럼 내리고 있던 어느 날, 그는 친구들 중 한 명인 Manchala 박사를 방문하고 싶어 했다. 하지만 집안에 이용할 수 있는 우산도 우비도 없었다. 그러나 Vaigyanik 박사에게는 아이디어가 있었다. 그는 몇 벌의 낡은 옷을 꺼내서 우비의 형태로 그것들을 꿰맸다. 그가 그것을 입었을 때, 하인에게 솔로 그것에 페인트를 칠하도록 요청했다. 그는 문을

칠하듯이 우비에 페인트칠을 했다! 그런 다음 Vaigyanik 박사는 얼마 동안 히터 앞에서 있다가 밖으로 나갔다. 거리에서 그가 어떤 모습이었겠는지 상상할 수 있을 것이다!

**해설**

①, ②, ⑤는 Vaigyanik 박사를 가리키지만, ④는 그의 하인을 가리킨다.

**어휘**

rare 드문  trouser 바지  rain cats and dogs 비가 억수처럼 내리다  neither A nor B A와 B 둘 다 아닌  available 이용할 수 있는  sew 꿰매다  servant 하인

## 31 ②

오늘날 우리는 흔히 기억하는 것이 거의 없는 것처럼 보인다. 내가 일어나서 맨 먼저 하는 일은 나의 일일 계획표를 체크하는 것이다. 그것은 나의 일정을 기억해 주기 때문에 나는 기억할 필요가 없다. 내가 차에 올라타면, GPS 장치를 사용한다. 그것의 기억이 나의 것(기억)을 대신한다. 일하기 위해 자리에 앉으면 나는 나의 인터뷰들에 대한 내용을 담고 있는 노트북을 연다. 이제 인터넷 덕분에, 검색을 위해 완전한 문장을 치는 것이 아니라 몇몇 단어만 쓰면 된다. 예전에, 나는 전화를 걸기 위해서 일곱 개의 버튼을 눌러야 해서, 친한 친구들과 가족의 전화번호들을 기억해낼 수 있었다. 오늘날 나는 내가 네 개 이상의 전화번호들을 외우고 있는지 잘 모르겠다. 우리의 장치들이 그러한 것들을 기억할 필요를 없앤다.

**해설**

오늘날 사람들이 일상적으로 사용하는 장치(계획표, GPS, 인터넷, 휴대폰 등)들로 인해 기억할 필요가 없다는 내용의 글이다. 그러므로 빈칸에 들어갈 말로 가장 적절한 것은 ② eliminate(없애다)이다.
① 창조하다  ③ 촉진하다  ④ 단결시키다  ⑤ 과대평가하다

**어휘**

schedule 일정  content 내용  type 타자를 치다  make a telephone call 전화를 걸다  recall 상기시키다, 떠올리다  by heart 외워서  gadget 장치

## 32 ④

소비자 교육은 중요하다. 그들이 무엇을 사는지에 따라, 제품이 어떻게 만들어지며 어떻게 팔리는지에 대해 소비자가 큰 영향력을 가지고 있다. 이러한 힘은, 사람들이 특정 식품을 사는 것을 거부할 때, 캠페인 활동과 불매운동을 통해 종종 나타나게 된다. 예를 들어, 수천 마리의 돌고래가 참치 잡이 그물에 걸려 죽곤 했지만, 소비자의 압력이 이러한 관행을 바꾸는 데 도움을 주었다. 돌고래를 해치지 않고 포획된 참치에게 '돌고래 친화적인' 제품 상표를 붙였더니, 소비자들이 다른 참치제품을 구매하지 않게 되었다. 이것은 많은 회사들로 하여금 그들의 참치 포획 방법을 바꾸도록 강요하였다. 결과적으로, 돌고래의 죽음이 1990년과 2000년 사이에 80% 이상 줄어들게 되었다.

**해설**

돌고래를 해치는 참치 잡이 제품들을 불매한 소비자들의 행동으로 인해 많은 참치 제품의 회사들이 참치포획 방법을 바꾸는 등 소비자들의 영향력에 대한 글이므로 빈칸에 들어갈 말로 가장 적절한 것은 ④ consumer pressure(소비자의 압력)이다.
① 식량 부족  ② 해양 온도  ③ 동물적 본능  ⑤ 현대 기술

**어휘**

consumer 소비자  boycott 불매운동  refuse 거절하다  practice 관행  method 방법  shortage 부족  instinct 본능

## 33 ⑤

누구나 자신만의 두려움을 가지고 있다. 대부분의 두려움은 무해하지만 만약 그것이 당신이 즐기고 성공하는 것을 막는다면 두려움을 멈추는 방법을 배우기 시작해야 한다. 이런 식으로 당신은 스스로를 더 용

감하게 만들 수 있다. 여기에 한 가지 비결이 있다. 만약 당신을 <u>무섭게 만드는 것에 자신을 점차적으로 덜 예민하게 만든다면</u> 당신은 공포증을 효과적으로 극복할 수 있다. 예를 들어, 만약 당신이 바퀴벌레를 두려워한다면 바퀴벌레 사진을 응시하기 시작하고 바퀴벌레가 나오는 영화를 보는 것은 좋은 생각이다. 그런 다음, 당신은 마루에서 죽은 바퀴벌레들을 쓸어 낼 수 있게 되고, 결국 실제로 바퀴벌레를 죽이기 전에 기어 다니는 바퀴벌레를 볼 수 있게 된다. 이 과정은 실패나 거절에 대한 두려움보다는 '사물과 동물에 대한 두려움'에 더 효과적이다.

**[해설]**

바퀴벌레에 대한 두려움을 없애기 위해 조금씩 바퀴벌레를 직접 보는 횟수를 늘려 스스로를 용감하게 만든다는 글이므로 빈칸에 들어갈 말로 가장 적절한 것은 ⑤ gradually make yourself less sensitive to what scares you(무섭게 만드는 것에 자신을 점차적으로 덜 예민하게 만든다면)이다.
① 당신의 현재의 일에 집중적으로 초점을 맞춘다면
② 당신의 어린 시절로부터 행복한 기억을 상기시킨다면
③ 웹에서 상담가에게 조언을 구한다면
④ 당신의 두려웠던 경험들을 친구들과 공유한다면

**[어휘]**

harmless 무해한  prevent A from -ing A가 -ing하는 것을 막다  overcome 극복하다  phobia 공포증  (cock)roach 바퀴벌레  sweep 쓸다  eventually 결국  crawl 기어가다  failure 실패  rejection 거절  intensively 집중적으로  counselor 상담가  sensitive 민감한

## 34 ④

거의 모든 문화에서, 다채롭고 생생한 언어로 전달되는 속담은 구성원들이 따라야 할 중요한 일련의 가치들을 제공해 준다. 문화에 상관없이 모든 사람은 공통되는 경험을 공유하기 때문에, 많은 같은 속담이 전 세계에서 나타난다. 예를 들어, 거의 모든 문화에서 절약과 근면은 강조된다. 따라서 독일에는 "푼돈을 존중하지 않는 사람은 큰돈을 가질 자격이 없다."라는 속담이 있다. 미국에서, 사람들은 "1 페니를 절약하면 1 페니를 번 것이다."라고 종종 듣는다. 마찬가지로, 침묵이 높이 평가되는 일본과 중국에서는, "꽥꽥거리는 오리가 가장 먼저 총을 맞는다."라는 일본 속담이 있고, "천둥이 요란하면 비가 거의 내리지 않는다."는 중국 속담을 발견할 수 있다.

**[해설]**

(A) 문화에 상관없이 전 세계적으로 같은 속담이 있다는 내용이 나온 뒤, 빈칸 뒤에 독일과 미국의 절약, 근면에 관련된 속담이 이어진다. 그러므로 빈칸에 들어갈 말로 가장 적절한 것은 For instance(예를 들어)이다.
(B) 미국의 절약 관련 속담의 내용이 나온 뒤, 빈칸 뒤에 침묵에 관련된 일본과 중국의 속담이 이어진다. 그러므로 빈칸에 들어갈 말로 가장 적절한 것은 Similarly(마찬가지로)이다.
① 대조적으로 – 그러므로    ② 대조적으로 – 그렇지 않으면
③ 그럼에도 불구하고 – 마찬가지로    ⑤ 예를 들어 – 그러므로

**[어휘]**

proverb 속담  vivid 생생한  regardless of ~에 상관없이  emphasize 강조하다  worthy ~을 받을만한, 자격이 있는  earn 벌다  silence 침묵  quacking 꽥꽥거리는  thunder 천둥

## 35 ③

호감을 주거나 다른 사람들을 설득하는 가장 쉬운 방법 중 하나는 칭찬을 많이 해 주는 것이다. 중요한 것은 당신 자신의 자기중심적인 생각들을 제쳐 두고 다른 사람들에게 진정으로 관심을 갖는 것이다. 당신이 사람들에게 일 또는 성공에 대해 진심 어린 칭찬을 한다면, 당신은 그들에게 귀중한 선물을 준 것이다. <u>하지만 지나치게 비싼 선물은 사람을 불편하게 느끼게 할 수 있다.</u> 당신은 그들이 가치 있고, 중요하다고 느끼게 만든다. 사람들이 이런 식으로 느낄 때, 그들의 자긍심은 상승하고,

그들은 자기 자신을 더 좋아하고, 이 때문에 그들은 당신이 호감이 가는 사람이라는 것을 알게 된다.

**[해설]**

다른 사람에게 호감을 주는 방법으로 그 사람에 대한 인식을 발달시켜 칭찬하는 것이 중요하다는 글의 요지이다. 그런데, 지나치게 비싼 선물이 다른 사람들을 불편하게 할 수 있다는 진술은 관련이 없는 내용이므로, 글의 전체 흐름과 관계가 없는 것은 ③이다.

**[어휘]**

impress 호감을 주다, 깊은 인상을 주다  persuade 설득하다  praise 칭찬하다  self-centered 자기 중심적인  put aside 제쳐놓다  heartfelt 진심 어린  valuable 귀중한  uncomfortable 불편한  self-esteem 자긍심, 자부심  likeable 호감이 가는

## 36 ②

우리는 습관의 동물이다. 내가 이 오래된 표현을 들어온 오랜 기간 동안, 나는 어떤 사람도 그것에 이의를 제기하는 것을 들어본 적이 없다. 아마도 그 말에는 많은 진실이 담겨 있기 때문이다. (B) 사실 우리는 대부분의 사람들이 깨닫고 있는 것보다도 훨씬 더 습관의 결과물이다. 어떤 심리학자들은 우리의 행동의 95%까지 습관을 통해 형성된다고 믿는다. (A) 누군가는 이 의견에 대해 논쟁을 할지도 모르지만, 나는 우리의 습관이 우리에게 영향을 미친다는 이 사실에 누군가가 동의하지 않을 것이라는 것에 의문을 품는다. 그것들의 대부분은 순수하고 아무 생각 없이 시작된다. 처음에 그것들은 일종의 눈에 보이지 않는 실을 만든다. (C) 하지만 반복을 통해서 그 실은 끈으로 꼬여지고 이후에는 밧줄이 된다. 우리가 어떤 행동을 반복할 때마다 우리는 그것을 강화한다. 그 밧줄은 사슬이 된다. 결국, 우리는 우리의 습관이 된다.

**[해설]**

우리는 습관의 동물이라는 주어진 문장 다음에 습관의 영향력을 보여주는 (B), 습관이 시작되는 처음의 모습 (A), 습관이라는 하나의 실이 뭉쳐져서 강해지는 (C)로 이어지는 것이 글의 순서로 가장 적절하다.

**[어휘]**

habit 습관  dispute 이의를 제기하다  doubt 의문을 품다, 의심하다  innocently 순수하게  unintentionally 아무 생각 없이  invisible 눈에 보이지 않는  thread 실  behavior 행동  repetition 반복  strengthen 강화하다

## 37 ④

여기에 한 가지 매력적인 사회 실험이 있다. 뉴욕시에서 무작위로 백 명의 사람들을 선택해서 그들 각자에게 그들의 모든 친구를 열거해보라고 요청하면, 당신은 그들의 평균적인 친구의 수를 알 수 있다. 그런 다음, 그들의 친구들에게 그들이 얼마나 많은 친구가 있는지를 물어보라. (C) 여러분은 후자의 평균적인 친구의 수가 더 많다는 것을 알게 될 것이다. Purdue 대학의 사회학자 Scott Feld는 이러한 명백한 모순에 관심을 집중시켰다. (A) 여러분이 인기 있는 사람들을 더 알고 인기 없는 사람들을 덜 아는 경향이 있기 때문에, 묻고 있는 질문에 편견이 있다. (B) 그것은 또한 왜 여러분의 동네 체육관에 있는 사람들이 여러분보다 몸매가 더 나은 경향이 있는가에 대한 이유인데, 이는 여러분이 (체육관에) 거의 나오지 않는, 비교적 몸매가 안 좋은 사람들을 만나지 않기 때문이다.

**[해설]**

백 명의 사람들에게 모든 친구를 열거해보라는 실험의 도입부분인 주어진 글이 나온 후에, 그들보다 그들의 친구들의 친구 수가 더 많다는 모순의 글인 (C)가 나오고, 인기 있는 사람들은 더 알고 인기 없는 사람들은 덜 아는 질문 자체에 편견이 있다는 (A)가 이어지고, 그런 이유로 체육관에는 비교적 몸매가 좋은 사람들이 나오기 때문에 당신보다 체육관에 있는 사람들이 몸매가 더 나아 보인다는 내용의 (B)가 이어지는 것이 글의 순서로 가장 적절하다.

## 38 ④

남성 미용 제품의 인기가 크게 상승해왔다. 전 세계의 남성들은 화장품에서 성형 수술에 이르는 모든 것에 수십억 달러의 돈을 쓰고 있다. 전문가들은 남성들이 그들의 외모를 사회적 성공의 중요한 요소로 간주한다고 말한다. 나아가 전문가들은 다양한 나라의 그런 사례에서 남성들의 미용 관리 역사를 찾아보았다. 예를 들면, 금발로 염색을 하는 것은 고대 로마 남성들 사이에서는 흔한 전통이었는데, 이는 그들이 금발이 그들을 더 젊어 보이게 한다고 믿었기 때문이었다. 마찬가지로 고대 이집트 남성들은 정기적으로 몸의 털을 깎았고 피부에 다양한 화장품을 발랐다. 우리는 외모가 과거에 남성들에게 중요했으며 현재의 남성들에게도 확실히 그렇다고 말할 수 있다.

**해설**

주어진 문장은 금발로 염색을 하는 것은 고대 로마 남성들 사이에서는 흔한 전통이었는데, 이는 금발이 그들을 더 젊어 보이게 한다고 믿었기 때문이었다는 내용이므로 다양한 나라에서의 남성 미용 관리 역사를 찾아보았다는 문장 다음에, 그리고 비슷하게 고대 이집트 남성들의 미용 관리 내용이 나온 문장 앞인 ④에 들어가는 것이 가장 적절하다.

## 39 ④

우리 행성에서의 삶의 현실은 생산적인 자원은 제한되어 있는 반면에 상품과 서비스에 대한 인간의 욕망은 무한하다. 당신은 새로운 옷이나 비싼 보트 또는 스위스 알프스에서의 휴가를 가지고 싶은가? 당신은 바다를 향한 집 현관으로 새 차를 몰고 가는 것을 꿈꾸고 있을 수도 있다. 우리들 대부분은 이 모든 것들을 갖길 원할 것이다. 하지만, 우리는 이용 가능한 시간의 제약을 포함해서 자원의 부족으로 제한받고 있다. 우리는 원하는 만큼 모든 것을 가질 수 없기 때문에 대안들 중에서 선택해야만 한다. 공짜 점심은 없다: 한 가지를 한다는 것은 우리가 다른 기회를 희생하도록 만든다.

**해설**

주어진 문장은 우리가 이용 가능한 시간의 제약을 포함해서 자원의 부족으로 제한받고 있다는 내용이므로 우리는 모든 것을 갖길 원한다는 문장 다음에, 그러나 우리는 원하는 만큼 모든 것을 가질 수 없기 때문에 선택해야만 한다는 문장 앞인 ④에 들어가는 것이 가장 적절하다.

## 40 ④

때로 아이들은 그들이 할 수 있는 것보다 더 하고 싶어 한다. 예를 들어 5살 난 아들이 아버지와 함께 산행을 갔다. 어느 시점에 그 아이가 아버지에게 '어른들'이 하는 것처럼 무거운 배낭을 메게 해 달라고 요청했다. 말없이 아버지는 그의 배낭을 벗어 아들에게 건네주었다. 그러나 아들은 곧 그것이 자기가 메기에는 너무 무겁다는 것을 발견했다. 아들은 단순히 아버지에게 외쳤다. "아빠, 가방이 제겐 너무 무거워요." 그런 후에 그는 산길을 행복하게 올라갔다. 안전한 방법으로 아버지는 아

들이 정말로 너무 작다는 것을 (아들이) 경험적으로 발견할 수 있도록 했다. 그는 또한 아들과 있을 수 있는 논쟁을 피했다.

→ 갈등 없이 당신의 아이들이 자신들의 <u>한계</u>를 알게 하는 한 방법은 <u>경험</u>을 통해서이다.

**해설**

아이가 무거운 배낭을 메기엔 자신이 작다는 것을 스스로 알게끔 경험하도록 해주었다는 것이 글의 요지이므로 빈칸 (A)에는 limitations(한계)와 (B)에는 experience(경험)가 들어가는 것이 가장 적절하다.
① 흥미-협력
② 흥미-경험
③ 한계-논의
⑤ 책임-논의

## [41~42]

당신이 두려움을 느낄 때, 당신은 어떻게 자신을 안정시키는가? 한 가지 방법은 생존을 위해 우리의 반사작용이 빨라야 했다는 것을 이해하는 것이다. 호흡은 <u>안정</u>의 열쇠이다. '맞서 싸울 수 없으면 도망가야 하는 반응'은 행동을 준비해야 하는 근육에 어떻게 하면 빠르고 효율적으로 산소를 전달하느냐에 달려 있다. 이 아드레날린이 분출하는 동안 당신의 심장 박동수는 증가하고, 당신의 혈관은 혈액 공급을 통제하고, 당신은 땀이 나기 시작한다. 실재하거나 인식된 위험은 당신의 신체를 글자 그대로 혹사 상태로 몰고 간다. 그래서 당신은 호흡을 조절할 필요가 있다. 좀 더 이완된 상태가 되기 위해서는 square 호흡을 실시해야 한다. 이것은 넷을 셀 때까지 숨을 들이 쉰 다음 넷을 셀 때까지 숨을 참고 그 다음 넷을 셀 때까지 숨을 내 쉬고 다시 넷을 셀 때까지 숨을 멈춘다. 연습과 함께, 당신은 간격을 점차 늘여 나갈 수 있고 훨씬 더 천천히 할 수 있다. Square 호흡은 자신감을 형성하는 데 좋을 뿐만 아니라 긴장 이완에도 좋다.

## 41 ③

**해설**

두려움을 느낄 때 호흡을 조절하면 안정시킬 수 있다는 내용의 글이다. 따라서 이 글의 제목으로 가장 적절한 것은 ③ How to Relieve Tension by Breathing Control(호흡을 조절함으로써 긴장감을 완화하는 방법)이다.
① 작은 공원에서 걷는 즐거움
② 상사와 협상하는 효과적인 방법
④ 특별한 호흡: 장수의 길
⑤ 느린 호흡으로 인한 유전적 변화

## 42 ①

**해설**

square 호흡을 통해 안정을 찾을 수 있다는 내용의 글이므로, 빈칸에 들어갈 말로 가장 적절한 것은 ① calmness(안정)이다.
② 운동               ③ 애정
④ 숙면               ⑤ 빠름

## [43~45]

(A) David와 Mark는 비록 그 사회의 서로 다른 경제적 계층에 속해 있었지만 학교에서 가장 친한 친구였다. David의 부모님은 지역 병원의 의사였고 그들의 직업에서 매우 성공했었다. 반면 Mark의 아버지는 그 지역 직물 공장의 노동자였고, 겉으로 보기에 제한된 재원은 <u>그</u>의 성장기에 정신적 성장에 영향을 주었다. 하지만 David와 Mark는 학급에서 가장 총명한 학생들이었고 일등 자리를 놓고 서로 경쟁하곤 했었다.

(D) 그 시절 동안 <u>그</u>는 비록 가끔은 자신의 힘겨운 운명에 대해 의구심을 갖곤 했지만 결코 그의 가난을 걱정하지 않았다. 그들은 졸업할 때 헤어졌고 다른 도시의 대학으로 진학했고 서로 연락이 끊겼다.

(B) 십년 후에 David는 그의 부모님이 근무했던 병원의 수석 외과의가 되었다. 어느 날, David는 독특하고 복잡한 심장 수술을 위한 전문가의 도움을 찾아야만 했다. <u>그</u>의 직원들은 이 복잡한 질병에 대해 연구를 했던, 보스턴에 있는 의사 한 명을 초대하기로 결정했다.

(C) 그 의사가 실제로 도착했을 때 David는 그를 만났다. David는 <u>그</u>가 소중한 유년 시절 친구인 Mark임을 알아차리고 깜짝 놀랐다. 그것은 향수를 불러일으킨 순간이었다. 그들은 자신들의 성장기와 그들이 서로 어떻게 경쟁했었는지를 회상했다. 하지만, 이 시점에서 Mark는 <u>그</u>의 가난했던 유년 시절을 결코 떠올리지 않았고 그가 떠올린 모든 것은 그들이 함께 보냈던 행복한 시절이었다.

### 43 ④

85% 고2 09월 모의고사 변형

**해설**

David와 Mark는 서로 다른 경제적 계층에 속해 있었지만, 선의의 경쟁을 하던 친구 사이였다는 주어진 글 다음에, 서로 다른 도시의 대학으로 진학하여 연락이 끊겼다는 내용의 (D)가 이어지고, 외과 의사가 된 David이 복잡한 심장 수술 전문의의 도움을 받아야 했다는 내용의 (B)가 이어진 후, 보스턴에서 온 전문의는 바로 유년 시절 친구였던 Mark였다는 내용의 (C)가 이어지는 것이 글의 순서로 가장 적절하다.

### 44 ②

76% 고2 09월 모의고사 변형

**해설**

(a), (c), (d), (e)는 Mark를 가리키지만, (b)는 David를 가리킨다.

### 45 ④

77% 고2 09월 모의고사 변형

**해설**

(A)의 후반부에서 David와 Mark는 일등 자리를 놓고 서로 경쟁하곤 했었다고 했으므로, 윗글의 내용과 일치하지 않은 것은 ④이다.

**어휘**

career 직업  textile 직물  seemingly 겉으로 보기에  mental 정신적
makeup 성장, 구성  compete with ~와 경쟁하다  senior 수석  surgeon
외과의사  seek 찾다, 추구하다  surgery 수술  scout 초청하다  nostalgic
향수를 불러일으키는  recollect 회상하다  poverty 가난  fate 운명

---

| | | | | | |
|---|---|---|---|---|---|
| 18 ⑤ | 19 ④ | 20 ④ | 21 ⑤ | 22 ④ | 23 ① |
| 24 ③ | 25 ⑤ | 26 ④ | 27 ③ | 28 ③ | 29 ② |
| 30 ③ | 31 ① | 32 ③ | 33 ② | 34 ④ | 35 ④ |
| 36 ④ | 37 ④ | 38 ② | 39 ④ | 40 ④ | 41 ③ |
| 42 ② | 43 ② | 44 ① | 45 ⑤ | | |

### 18 ⑤

90% 고2 06월 모의고사 변형

만약 당신이 주로 구내식당에서 식사를 한다면, 당신은 당신이 먹는 음식이 오는 곳에 대해 얼마나 많은 통제권을 가질 수 있는가? 대부분의 구내식당 식품은 식당 뒤에 있는 큰 냉장 트럭에서 오는 것 같다. 그 냉동 튀김과 햄버거의 박스 너머에 있는 어떤 농장이라도 멀리 떨어져 있어 상상하기도 힘들다. 점점 많은 대학에서, 학생들은 지역 식품을 먹는 사람이 되자고 목소리를 높이고 있다. 많은 다른 대학들은 음식 서비스가 지역 식품을 제공하도록 요청하기 시작했는데, 그 이유는 그들이 지역 농업 경제와 농장에서부터 식탁까지 수천 마일을 이동하는 식품들의 환경 비용에 대해 염려하기 때문이다. 그리고 이제는 우리 차례다!

**해설**

많은 다른 대학과 학생들이 지역 경제와 환경 비용 때문에 지역 식품을 소비하자는 운동을 시작하고 있다는 것을 소개하면서, 마지막에 '이제는 우리 차례다'라는 말을 하고 있다. 그러므로 이 글의 목적으로 가장 적절한 것은 ⑤이다.

**어휘**

most 대부분; 대부분의  control 통제(권)  freezer truck 냉장트럭  frozen
냉동의, 얼려진  speak up 목소리를 내다, 목소리를 높이다  be concerned
about ~을 염려하다, ~을 걱정하다  turn 차례, 순서; 돌리다, 바꾸다

### 19 ④

90% 고2 11월 모의고사 변형

어제, 나는 학교 가기 전에 방 청소를 하고 싶어서 일찍 일어났다. 나는 책상을 정리하기 시작했는데, 그때 현관문의 노크 소리를 들었다. 누가 거기에 있기에는 너무 이른 아침이었다. 나는 그게 누굴까 궁금했다. 부모님께서 아직 주무시고 있었기 때문에 그들은 나가보지 않으셨다. 그래서 내가 알아보려고 아래층으로 향했다. 문 앞에서 나는 "누구세요?"하고 물었다. 그 사람은 대답했다, "나야! 문 열어라, 애야." 그것은 내가 아주 잘 아는 목소리였다. "할머니! 여기 계신 것이 믿기지 않아요!" 나는 문을 확 열면서 소리를 질렀다. 그녀가 그 자리에 서 계신 것을 보는 것은 예상치 못한 기쁨이었다. 나는 그녀를 많은 포옹과 키스로 환영했다.

**해설**

이 글은 이른 아침 갑작스러운 할머니의 방문이 예상치 못한 기쁨이었다는 내용이다. 따라서 'I'의 심경으로 가장 적절한 것은 ④ surprised and pleased(놀랍고 기쁜)이다.
① 슬프고 우울한  ② 안심되고 자랑스러운
③ 무섭고 공포에 질린  ⑤ 부끄럽고 당황스러운

**어휘**

organize 정리하다, 조직하다  since ~하기 때문에, ~한 이래로  investigate
알아보다, 조사하다  reply 대답하다  recognize 알아차리다  unexpected
예상치 못한  delight 기쁨, 환희  plenty of 많은  relieved 안심되는, 안심하는
ashamed 부끄러운

### 20 ④

89% 고2 09월 모의고사 변형

너무 많은 사람들이 종착역 병(destination disease)으로 고생한다.

그들은 어느 정도의 수준에 이르고, 학위를 받고, 그들이 꿈꾸던 집을 구매하게 되고, 그러고 나서는 그저 그곳에 머무른다. 연구는 고등학교 졸업자의 50%가 (졸업 이후에) 또 다른 책 한 권 전체를 결코 읽지 않는다는 것을 보여준다. 한 가지 이유는 그들이 배움을 그들이 학교에서 하는 것이라 여기기 때문일지도 모른다. 그것(배움)은 그저 당신이 삶의 방식 대신에 어느 기간의 시간 동안 하는 무언가라는 것이다. 우리는 우리 모두가 학교에 있을 때 배웠다고 생각한다. 우리 선생님들, 코치들, 부모님들이 우리를 가르쳤다. 우리는 우리가 학교에 다니던 시기에 배웠다고 기대되었다. 하지만, 어떤 사람들은 일단 그들이 어떤 수준의 교육을 끝마치면 "나는 학교를 마쳤어. 나는 좋은 직업을 얻었어."라고 생각하는 경향이 있다. 그러나, 승리자들은 결코 배움을 멈추지 않는다. 당신들의 나이가 얼마인지 관계없이, 당신들은 꾸준히 배우고, 여러분의 기술을 향상시키고, 여러분이 하는 일을 더 잘 해내야 한다.

**해설**

종착역 병(destination disease)이라는 증상을 설명함으로써 학교에서 모든 배움을 끝냈다고 생각하는 것은 잘못된 것이라고 지적하는 내용의 지문이다. 그러므로 필자가 주장하는 바로 가장 적절한 것은 ④이다.

**어휘**

suffer from ~으로 고생하다  certain 어떤, 확실한  degree (대학의) 학위, 정도, ~도  graduate 졸업생; 졸업하다  entire 전체의, 완전한  instead of ~ 대신에  be expected to ~한다고 기대되다  tend to ~하는 경향이 있다  be done with ~을 끝내다  no matter how 얼마나 ~하는지에 상관없이

## 21 ⑤

86% 고2 06월 모의고사 변형

TV 앞에서 (빈둥거리며) 아무것도 하지 않는 것이 당신이 가장 좋아하는 일상의 습관이라면, 그것이 당신을 이른 죽음으로 이끌 것이다. 이는 호주의 연구자들이 거의 9,000명을 평균 6년 동안 추적 조사를 한 후에 밝혀낸 것이다. 그들이 과체중이든 아니든 상관없이, 매일 4시간 이상 TV를 본 실험대상자들은 하루에 2시간 이내로 TV를 보는 사람들과 비교해서 조기 사망의 확률이 46% 더 높았다. "TV 자체는 문제가 아니다."라고 연구 저자인 David Dustan은 말한다. 대신, 그 위험은 앉아 있는 것에서 온다. 그 앉아 있는 행위는 많은 활동들을 대체해 버리는데, 심지어 당신이 TV를 보고 있지 않을 때 자연스럽게 일어나는 가장 경미한 종류(의 활동)도 포함한다. "너무 많이 앉아 있는 것이 그야말로 당신에게 나쁜 것이다."라고 Dustan은 말한다.

**해설**

실험을 통해 장시간 TV를 보면서 앉아 있는 것이 건강을 악화시켜 죽음에 이를 수도 있게 한다는 것을 밝혀냈다는 내용의 지문이다. 그러므로 글의 요지로 가장 적절한 것은 ⑤이다.

**어휘**

nearly 거의  an average of 평균 ~인  whether or not ~인지 아닌지 (여부)  subject 실험대상자, 피실험자  premature 조기의, 조숙한  compared with ~과 비교해서  fewer than ~ 미만의  take the place of ~을 대체하다, ~을 대신하다  including ~을 포함해서  occur 일어나다, 발생하다

## 22 ④

81% 고2 06월 모의고사 변형

New Orleans로의 방문은 우리에게 사람들이 얼마나 민감하게 가격 신호에 반응할 수 있는지를 말해준다. New Orleans는 세금을 피하기 위해서 "낙타 등" 주택이라는 독특한 건축양식을 보여준다. 19세기 후반에, 주택들은 정면에 있는 층수에 근거하여 세금이 부과되어서 낙타 등 디자인은 앞쪽에는 1개 층을, 뒤쪽에는 더 많은 층수를 가지고 있었다. 그것은 매력적으로 보이지만, 주택으로서는 실용적인 디자인이 아니어서 그 밖의 다른 곳에서는 인기를 끌지 못했다. 영국에도 비슷한 이야기가 있는데, 그곳(영국)은 정책에 대응한 어두컴컴한 집들로 가득 차 있었다. 1696년부터 1851년까지의 기간 동안에, 정부는 사람들에게 그들의 주택이 소유한 창문의 수에 따라 세금을 물렸던 것이다.

**해설**

New Orleans와 영국의 사례를 통해서 사람들이 가격신호, 즉 정부의 주택에 대한 세금정책에 따라 그 세금을 덜 물기 위해서 집의 구조를 바꾸어 왔다는 내용의 지문이다. 따라서 글의 주제로 가장 적절한 것은 ④ styles of houses influenced by the tax system(세금제도에 의해 영향을 받는 주택의 양식)이다.
① 전통적 주택을 복원하려는 노력들
② 친환경 재료로 지어지는 주택들
③ 기후가 건축양식에 미치는 영향
⑤ 건축에 있어 독창성의 중요성

**어휘**

sensitively 민감하게  react to ~에 반응하다  signal 신호, 징후  architectural 건축의, 건축에 대한  based on ~에 근거하여  charming 매력적인  practical 실용적인, 실제적인  in response to ~에 대응해서  restore 복원시키다  originality 독창성

## 23 ①

83% 고2 11월 모의고사 변형

경쟁은 세상을 굴러가게 만든다. 그것은 진화의 엔진이며 민주주의의 기반이다. 그것은 혁신을 일으키며, 세계 시장을 이끌고, 주머니에 돈을 넣어준다. 그러나, 경쟁이 악의 원천이라고 주장했던 사람들이 있다. 그들은 경쟁을 파괴성을 기초하여 바라본다: 그들은 그것이 건설적인 활동이라고 믿지 않는다. 그들은 경쟁이 협력과 존중 같은 더 친사회적인 행동들을 몰살시킨다고 주장한다. 경쟁이 협력의 정반대라는 생각은 뭔가 중요한 점을 놓치고 있다. 경쟁하기 위해서는, 양쪽 상대 모두 규칙에 협력해야 한다. 즉, 경쟁을 지배하는 협력에 대한 서로 간의 합의가 있다는 것이다. 게다가, 경쟁은 보통 팀과 팀 사이에서도 존재한다. 효과적으로 경쟁하기 위해서 각 팀의 개인은 팀 구성원들과 협력해야 할 필요가 있다. 다시 말해서, 건강한 경쟁은 협력 없이는 일어날 수 없다.

**해설**

어떤 사람들은 경쟁이 친사회적인 행동들을 없애버린다고 주장하지만, 경쟁은 사실상 협력의 또 다른 형태라는 내용의 지문이다. 따라서 글의 제목으로 가장 적절한 것은 ① Competition: Another Form of Cooperation(경쟁: 협력의 또 다른 형태)이다.
② 당신은 협력적 동반자의 준비가 되어 있는가?
③ 경쟁에 있어 서로 간의 존중은 전혀 없다
④ 경쟁과 협력을 조화롭게 하는 방법
⑤ 적극적인 대화를 통해 협력을 달성하라

**어휘**

competition 경쟁  evolution 진화, 발전  foundation 기반, 기초, 근본  democracy 민주주의  innovation 혁신  destructiveness 파괴성  constructive 건설적인  cooperation 협력, 협동  opposite (정)반대  govern 지배하다, 통치하다  commonly 보통, 일반적으로  individual 개인; 개인의  effectively 효과적으로, 효율적으로  collaborative 협력적인  mutual 서로간의, 상호적인

## 24 ③

87% 고2 11월 모의고사 변형

위 그래프는 네 개의 다른 연령 집단 중에서 U.S. 인구 비율과 신문 독자 비율을 비교한다. 네 개의 연령 집단 중에서 18-24 연령 집단은 인구 비율과 신문 독자 비율 둘 다 가장 낮은 비율을 차지한다. 45-64 연령 집단과 비교하면, 25-44 연령 집단은 인구 비율에서 1% 더 많지만 신문 독자비율에서는 16% 더 적다. 인구 비율과 신문 독자 비율 둘 다 가장 큰 비율을 나타내는 연령 집단은 65-plus 집단이다. 가장 연령이 낮은 집단과 가장 연령이 높은 집단 사이의 신문 독자 비율의 차이는 32%이다. 두 개의 가장 낮은 연령의 집단들은 신문 구독 비율보다 인구 비율이 더 큰 반면, 두 개의 가장 연령이 높은 집단들은 인구 비율보다 신문 구독 비율이 더 크다.

**해설**

신문 독자 비율은 65-plus 연령 집단이 가장 크지만 인구 비율은 25-44 연령 집단

이 가장 크므로 도표의 내용과 일치하지 않는 것은 ③이다.

[어휘]
above 위의, 위에 있는  compare 비교하다, 비유하다  readership 독자(층)
among ~사이에  of ~중에서, ~의  account for ~을 차지하다, ~을 설명하다
compared to ~과 비교되어  less 더 적은; 더 적음  while ~하는 반면에, ~하는
동안에

## 25 ⑤
88% 고2 03월 모의고사 변형

티크는 가장 값진 열대 지방의 경재(활엽수에서 얻은 단단한 목재)
중 하나이다. 그것은 인도, 태국, 베트남이 원산지이다. 그것은 매년 건
기를 필요로 하는 낙엽수 종이어서 진정한 열대 우림에서는 발견되지
않는다. 티크의 목재는 특히 매력적인데, 금색이나 붉은색이 도는 갈색
을 가지고 있다. 티크는 선박 제조와 고급 가구를 위한 귀중한 목재가
될 정도로 매우 단단하다. 티크를 벌목하는 데 하나의 문제는 목재의 밀
도가 매우 높아 처음에 그것을 베어 건조하지 않으면 물에 가라앉는다
는 것이다. 그것(목재)이 먼저 건조되지 않으면 목재는 강에 띄워 보내
숲 밖으로 운반될 수 없다.

[해설]
글의 후반부에 티크 목재는 물에 뜨지 않기 때문에 건조 이후 강에 띄워 운반되어야
한다고 했으므로, 글의 내용과 일치하지 않는 것은 ⑤이다.

[어휘]
prized 값진, 높이 평가받는  hardwood 경재(활엽수에서 얻은 단단한 목재)  be
native to ~ 태생이다, ~ 출신이다  species 종, 품종  require ~을 (반드시)
필요로 하다  annual 매년의, 일 년마다의  rainforest (열대) 우림  particularly
특히  attractive 매력적인  dense 밀도가 높은  sink 가라앉다

## 26 ④
88% 고2 03월 모의고사 변형

### 2019 River 고등학교 졸업반 무도회

**날짜:** 2019년 5월 16일 토요일
**시간:** 오후 7시부터 10시까지
저녁식사는 오후 7시 45분에 제공됩니다.

**표 판매**
5월 1일~5월 2일 50달러 (온라인 www.rhs.ac)
5월 3일~5월 9일 75달러 (오프라인에서만 구매)
* 가격에 입장료, 저녁 식사, 음료, 춤, 오락이 포함됩니다.
* 오프라인 구매는 학생 회관에서 가능합니다.

**규칙**
• 각 학생은 최대 3장의 표를 구매할 수 있습니다.
• 무도회 참석자는 오후 7시까지 도착해야 합니다.
• 무도회에서 나가는 사람은 다시 입장할 수 없습니다.

[해설]
안내문의 후반부에 한 학생당 최대 3장을 구매할 수 있다고 했으므로, 글의 내용과
일치하지 않는 것은 ④이다.

[어휘]
serve (음식을) 나르다  include 포함하다  admission 입장(료)  beverage
음료  entertainment 오락  available 이용할 수 있는  be allowed to ~하는
것이 허락되다  purchase 구매하다; 구매  a maximum of 최대 ~  participant
참석자

## 27 ③
86% 고2 11월 모의고사 변형

### 2019 일산화탄소 (CO) 포스터 대회
San Diego Clean Environment
Commission (SCEC)에 의해 후원됩니다.

중학교 학생들은 독성이 있는 일산화탄소의 위험에 대해 사람들에게
경고할 포스터를 창작하도록 초대됩니다.

◆ 대회 규칙들:
• 신청서는 부모나 후견인에 의해 작성되고 포스터와 함께 제출되어야
합니다. 당신은 이 양식을 www.scec.org/COpostercontest에서 찾
을 수 있습니다.
• 모든 제출물들은 2019년 11월 25일까지 사서함 201911 Campo,
San Diego, CA 91323에 우편으로 보내져야 합니다.
• SCEC는 직접 제출은 허용하지 않습니다.
• 모든 포스터는 SCEC에 의해 심사될 것입니다.
• 당선 포스터들은 웹 사이트에 게시될 것입니다.
◆ 선택할 주제들:
• 일산화탄소 중독을 막기 위해 당신이 취할 수 있는 방법들
• 일산화탄소 노출과 증상들을 인식하는 방법

[해설]
안내문의 중반부에 모든 제출물은 우편으로 보내져야 한다고 했으므로, 글의 내용
과 일치하는 것은 ③이다.

[어휘]
poisonous 독성이 있는  application form 신청서  fill out (신청서 등을)
작성하다  guardian 후견인, 보호자  along with ~과 함께  entry 제출물, 출품작,
응시  accept 허용하다, 수락하다  submission 제출  recognize 인식하다
exposure 노출  symptom 증상

## 28 ③
59% 고2 03월 모의고사 변형

어떤 경우에는, 두 개의 종이 서로에게 매우 의존적이어서 한 종이
멸종하면 다른 한 종도 역시 그럴 것이다(멸종할 것이다). 이것이 현재
멸종해 버린 도도새에 의존했던 나무에게 거의 일어날 뻔 했다. 그것들
(도도새)은 한때 인도양에 위치한 열대섬 Mauritius에 살았다. 그러나
도도새는 19세기 후반부에 멸종되었다. 그 이유는 그들이 인간과 다른
동물들에 의해 과도하게 사냥되었기 때문이다. 그것들이 사라진 이후
에, Calvaria 나무는 싹 틔우기를 곧 멈추었다. 과학자들은 Calvaria 나
무의 씨앗이 싹 틔우기 위해서는 먼저 도도새에 의해 소화(섭취되고 배
설)될 필요가 있다고 최종적으로 결론지었다.

[해설]
③ locate는 '~에 위치시키다' 는 타동사이기 때문에 '인도양에 있다'라는 의미가
되기 위해서는 과거분사인 located로 고쳐 써야한다.
① 「so ~ that 주어 + 동사」, '매우 ~해서 ~인 결과가 되다'라는 구문이므로 접속
사 that은 적절하다.
② 선행사를 trees로 하여 주격 관계대명사 that과 함께 동사로 쓰인 relied는 올
바른 표현이다.
④ disappear(사라지다)는 자동사이고, '사라지다, 없어지다' 등의 해석이 가능하
지만 수동태로는 쓰이지 않으므로 올바르게 사용되었다.
⑤ to sprout는 '싹 틔우기 위해'의 의미로 문장 속에서 부사적 용법으로 바르게 쓰
였다.

[어휘]
species 종, 품종  dependent on ~에 의존하는  extinct 멸종된  as well 역시,
또한  nearly 거의  rely on ~에 의존하다  tropical 열대의  located in ~에
위치한  conclude 결론내리다  digest 소화하다

## 29 ②
80% 고2 03월 모의고사 변형

오해는 결코 논쟁에 의해 끝나지 않고 상대방의 견해를 알고자 하는
공감적인 욕구에 의해 끝난다는 것을 기억하는 것이 중요하다. 여기에
하나의 예가 있다. Pat Duffy는 General Motors를 위해 자동차를 팔고
있었다. 만일 사려는 사람이 자신이 팔고 있는 차에 대해 긍정적인(→
부정적인) 말을 하면, Pat은 그 고객에게 화를 내곤 했다. 그는 그 고객
의 말을 되받아치고 많은 말싸움에서 이기곤 했지만, 많은 차를 팔지는
못했다. 마침내, 그는 고객들을 다루는 법을 배웠는데, 이것이 그 방법
이다. 고객이 "이 GM 자동차는 좋지 않아요! 저는 차라리 포드 자동차
를 사겠어요."라고 말하면, Pat은, 논쟁하는 대신에, "포드 자동차는 좋

50 맨처음 수능 영어 완성

고, 그것은 훌륭한 회사입니다."라고 말했다. 이것은 그 고객이 (더 이상) 말을 하지 못하게 만들었다. 이제는 포드 자동차에 대해 논쟁하며 시간을 낭비하지 않게 되어, Pat은 그 주제에서 벗어나 자신이 판매하는 GM 자동차에 집중할 수 있었다.

**해설**

지문의 문맥 속에서 Pat이 화가 난 것은 부정적인 말을 들었기 때문이라 추론할 수 있다. 그러므로 ②의 positive(긍정적인)를 negative(부정적인)와 같은 단어로 고쳐 써야한다.

**어휘**

argument 말싸움, 논쟁 sympathetic 공감하는 desire 욕구, 욕망 view 의견, 경치; 보다 comment 말, 의견 get upset at ~에게 화를 내다 used to ~하곤 했다 talk back 말을 되받아치다 handle 다루다 would rather 차라리 ~하겠다 instead of ~대신에 speechless 할 말이 없는 get off ~에서 벗어나다 subject 주제, 과목 concentrate on ~에 집중하다

## 30 ③

88% 고2 11월 모의고사 변형

Bruce Adolphe는 뉴욕시의 Juilliard School에서 Yo-Yo Ma를 처음 만났다. 당시 Ma는 겨우 15살이었지만 그는 이미 유명한 연주자였다. 심지어 7살 때, 그는 백악관에서 연주하기도 했었다. 한편, Adolphe는 그의 첫 번째 첼로 곡을 막 완성한 유망한 젊은 작곡가였다. 그는 그의 작곡 초안을 Juilliard의 한 강사에게 보여주었는데, 그(강사)는 그에게 어느 부분 하나가 연주하기 불가능하다고 말해주었다. 하지만, Adolphe 가 그 악보를 수정하기 전에, Ma가 그 곡을 그의 기숙사 방에서 연주해 보기로 했다. 그는 그의 친구의 곡 전체를 즉석에서 읽고, 끝까지 연주해나갔다. 그리고 그 불가능한 화음 부분이 나왔을 때, 그는 어떻게든 그것을 연주할 방법을 찾았고 그의 활은 거침없이 네 개의 모든 현을 가로질렀다(연주해 냈다).

**해설**

①, ②, ④, ⑤는 Yo-Yo Ma를 가리키지만, ③은 Bruce Adolphe를 가리킨다.

**어휘**

performer 연주자 meanwhile 한편, 그러는 동안에 promising 촉망받는, 유망한 composition 작곡, 작품 correct 수정하다, 고치다; 옳은 dorm 기숙사 whole 전체의, 완전한 chord 화음 bow (현악기의) 활 string (현악기의) 현, 줄

## 31 ①

71% 고2 03월 모의고사 변형

농부와 비교하여, 수렵 채집인은 더 여유로운 삶을 영위했다. 생존해 있는 수렵 채집인 집단과 함께 시간을 보낸 현대의 인류학자들은, 식량 채집은 수렵 채집인의 시간 중 작은 부분을 겨우 차지한다고 보고한다. 이것은 농사를 통하여 동일한 양의 식량을 생산하는 데 요구될 것보다 훨씬 더 적은 양이다. 예를 들어, 칼라하리 사막의 !Kung 부시먼족(키 작은 수렵 민족)은 식량을 모으느라 보통 1주에 12시간에서 19시간을 소비하고, 탄자니아의 Hazda 유목민은 14시간 미만을 소비한다. 그것은 여가 활동, 사교활동 등을 위한 많은 자유 시간이 남게 해준다. 한 부시먼은 "세상에 그렇게 많은 mongongo 열매가 있는데, 왜 우리가 재배해야 하죠?"라고 말했다. 사실상 수렵 채집인은 일주일에 이틀을 일하고 5일의 주말을 보내는 것이다.

**해설**

현대 인류학자들의 보고에 따르면 현재 생존해 있는 수렵 채집인 집단은 식량을 생산하는데 쓰는 시간이 적기 때문에 나머지 시간들은 자유 시간들로 활용한다는 내용의 지문이다. 그러므로 빈칸에 들어갈 말로 가장 적절한 것은 ① leisurely(여유로운)이다.

② 체계적인 ③ 위험한 ④ 스트레스가 많은 ⑤ 고립된

**어휘**

compared with ~와 비교하여 hunter-gatherer 수렵 채집인 modern 현대의 surviving 생존해 있는 account for ~을 차지하다 proportion 비율 less 더 적은 quantity 양 typically 일반적으로, 전형적으로 fewer than ~ 미만으로 socializing 사교활동 and so on 기타 등등 actually 사실상, 실제로 leisurely 여유로운, 여가의 isolated 고립된, 외로운

## 32 ③

73% 고2 03월 모의고사 변형

Walter Debner는 Minnesota에서 옛날식 식료품점을 운영하고 있었는데, 자신의 사업을 번창시킬 수 있는 방법을 찾고 있었다. 그는 한때 가방 없이 가게에 들어선 사람들이 가방을 가지고 온 사람들보다 훨씬 더 적은 식품을 산다는 것을 주목했다. 왜일까? 왜냐하면 그들은 단지 식료품을 들고 갈 수 없었기 때문이었다. 그래서 그는 사람들이 한 번에 더 많은 구매를 할 수 있도록 도와줄 방법을 고안하기 시작했다. 그가 적합한 해결책을 개발하는 데에 4년이 걸렸다: 그것은 비싸지 않고, 사용하기 쉽고, 많은 식료품을 담기에 충분히 튼튼한 쇼핑백이었다. 그 쇼핑백은 튼튼함을 위해 내부에 끈이 달린 종이 가방으로 구성되어 있었고, 그것은 소비자들의 (가방에) 담아갈 수 있는 양을 증가시켰다. 그는 자신의 제품에 특허를 냈고, 일 년에 백만 개 이상의 쇼핑백을 팔았다.

**해설**

Walter Debner는 자신의 식료품점에서 사람들이 물건을 더 사게 할 수 있는 방법을 생각하다가 결국, 끈이 달린 튼튼한 쇼핑백을 만들어 큰 성공을 거두었다는 내용의 지문이다. 따라서 빈칸에 들어갈 말로 가장 적절한 것은 ③ carrying capacity(담아갈 수 있는 양)이다.

① 이윤 폭 ② 재정적 혜택 ④ 신체적 힘 ⑤ 끊임없는 불평

**어휘**

boost 번창시키다, 상승시키다 notice 주목하다, 눈치 채다 a lot (비교급에 쓰여서) 훨씬 those who ~하는 사람들 devise 고안하다 at one time 한번에 inexpensive 값싼, 저렴한 consist of ~으로 구성되다 cord 줄, 전기선 patent 특허를 내다; 특허 profit margin 이윤 폭 financial 재정적인, 금융의 capacity 용량, 능력 physical 신체적인, 물리적인 constant 끊임없는

## 33 ②

74% 고2 09월 모의고사 변형

길거리에 있는 아무에게나 지렁이가 생태계에 좋은지 물어보라. 당신은 의심의 여지 없이 즉각적인 "네"라는 대답을 들을 것이다. 왜인지 질문받으면 그들은 "지렁이가 토양을 섞어 주고 비옥하게 해줍니다."와 같은 말을 할 것이다. 그것은 우리가 유년시절부터 배웠을 기본 생태학 개념이다. 하지만, 겉보기에는 이로울 것 같은 생물체의 침입에 관한 최근의 연구가 그러한 믿음에 진지하게 이의를 제기했다. Minnesota 대학의 연구원들은 외래종 지렁이가 침범하였을 때 일어나는 토착 경목 숲 생태계의 극적인 변화들을 보고하였다. 이러한 변화들은 토종 하층 식물종과 나무 묘목의 유실, 토양 구조의 변화, 그리고 영양 유효성의 감소를 포함했다. 또한, 외래종 지렁이에 의한 변화들이 작은 포유류, 조류, 양서류 개체 수에 영향을 미치는 일련의 다른 산림 변화로 이어질지 모른다는 대단히 흥미로운 증거가 나타나고 있다. 이러한 결과들은 외래종 지렁이들이 생태계의 안정성을 위협한다는 것을 암시한다.

**해설**

사람들은 대부분 지렁이가 생태계에 이롭다고 생각하지만 Minnesota 대학의 연구원들이 외래종 지렁이가 토착 경목 숲 속에서 해를 끼친다는 것을 보고한다는 내용의 지문이므로, 글의 빈칸에 들어갈 가장 적절한 것은 ② threaten the stability of ecosystem(생태계의 안정성을 위협한다)이다.

① 앞으로뿐만 아니라 뒤로도 움직인다

③ 경목 숲에서 토양을 분해한다

④ 봄에 활동의 최고조에 이른다

⑤ 다른 어떤 종보다 토양을 더 비옥하게 한다

**어휘**

recent 최근의 invasion 침입 seemingly 겉보기에는 creature 생물체, 피조물 exotic 외래의, 이국적인 invade 침입하다 include 포함하다 decline 감소하다, 하락하다 availability 유효성, 이용 가능성 fascinating 대단히

흥미 있는, 매력 있는  **evidence** 증거  **emerge** 나타나다, 드러나다  **affect** 영향을 미치다  **amphibian** 양서류  **threaten** 위협하다  **stability** 안정성  **decompose** 분해하다  **fertile** 비옥한, 풍부한, 다산의

## 34 ④
[80%] 고2 06월 모의고사 변형

어업은 가장 명백한 바다에 기초를 둔 경제 활동이다. 많은 해안 지역에 사는 사람들은 어업으로 먹고 살고, 물고기와 조개류들이 그들의 주식을 구성한다. 사실, 전 세계적으로 약 십억의 사람들이 그들의 동물성 단백질의 주요 공급원으로 물고기에 의존한다. 경제활동으로서의 어업의 관점에서, 세계 어업의 가장 큰 부분은 상업적인 어업이다. 소비자들은 다양한 해산물을 식료품점, 식당, 그리고 마을 시장에서 사는 데 익숙하다. 하지만, 공급은 무한하지 않다. 세계의 인구가 증가하면서, 수산물에 대한 수요가 물고기 개체에 강한 압박을 준다. 전 세계 바다에서의 어획량이 2003년 8100만 톤에서 2010년 1억 4800만 톤으로 늘어났다.

**해설**

(A) 어업으로 먹고 사는 사람들을 구체적으로 숫자를 들어 부연 설명을 했다. 따라서 in fact(사실)가 적절하다.
(B) 사람들이 손쉽게 수산물을 먹고 있지만 다음 문장에서는 공급이 무한하지 않다고 했기 때문에 however(하지만, 그러나)가 적절하다.
① 대신에 – 마찬가지로　②　대신에 – 하지만
③ 사실 – 마찬가지로　⑤　예를 들어 – 게다가

**어휘**

**obvious** 명백한  **shellfish** 조개류  **make up** 구성하다, 차지하다  **rely on** ~에 의존하다  **protein** 단백질  **in terms of** ~의 관점에서, ~에 대해서  **commercial** 상업적인, 상업의  **be used to** (동)명사 ~에 익숙하다  **a variety of** 다양한  **supply** 공급; 공급하다  **increase** 증가하다; 증가  **demand** 수요; 요구하다

## 35 ④
[78%] 고2 11월 모의고사 변형

단순히 학습된 사실은 인공 팔과 다리, 틀니, 혹은 밀랍 코와 같이 우리에게 달라붙어 있다. 반면, 우리 자신의 사고를 통해 습득된 사실은 본래의 팔과 다리와 같다; 즉, 그것만이 정말로 우리의 것이다. 사고하는 사람과 단지 학식이 있는 사람 사이의 차이가 이것에 기초한다. 스스로 생각하는 사고하는 사람의 지적인 얻음은, 따라서, 완벽한 색의 조화를 이루어 선명하게 두드러지는 아름다운 그림과 같다. 그림을 그릴 때 색깔은 우리의 감정에 중요한 영향력이 되므로, 우리가 미술을 감상하는 방식에 있어서 큰 역할을 한다. 하지만, 단지 학식이 있는 사람의 지적인 습득은, 밝은 색들로 가득 차 있지만 조화가 없는 큰 팔레트와 같다.

**해설**

단순히 학습된 사실은 조화롭지 못하게 습득되는 것이라면 사고를 통해 얻어진 지식은 완벽하게 조화를 이루어 개인에게 기억되어 돋보여진다는 내용의 지문이다. 그림을 그릴 때 색의 역할에 대한 내용인 ④는 글의 전체 흐름과 관계가 없다.

**어휘**

**merely** 단순히, 그저, 단지  **stick to** ~에 붙어있다  **artificial** 인공의  **limb** 팔과 다리, 사지  **wax** 밀랍, 왁스  **on the other hand** 반면에  **acquire** 얻다, 습득하다  **alone** ~만으로; 혼자서  **belong to** ~의 것이다, ~에 속하다  **be based on** ~에 기초하다  **intellectual** 지적인  **stand out** 두드러지다  **major** 큰, 주요한  **emotion** 감정, 정서  **appreciate** 감상하다

## 36 ④
[68%] 고2 03월 모의고사 변형

몇몇 사람에게는 성공에 아이러니(역설)가 있다. 대단한 성공을 이뤄낸 많은 사람이 그것(성공)을 항상 느끼는 것은 아니다. (C) 예를 들면, 목표를 달성한 사람들은 흔히 그것(목표)에 따라오는 고독에 대해 이야기한다. 그 이유는 성공과 성취가 같은 것이 아니기 때문이다. 하지만 우리는 너무 자주 한쪽을 다른 쪽이라 혼동한다. (A) 성취는 목표처럼 여러분이 도달하거나 달성하는 어떤 것이다. 그것은 우리가 보고, 분명

히 정의내리며, 측정할 수 있는 어떤 것이다. 그것은 여러분이 원하는 것을 추구하고 얻을 때 자연스럽게 온다. (B) 그에 반해서, 성공은 느낌이나 어떤 존재의 상태이다. 우리는 이런 '어떠한 존재' 상태를 넌지시 나타내기 위하여 'be' 동사를 사용하여 "그녀는 성공적이라고 느낀다. 그녀는 성공적이다."라고 말한다.

**해설**

성공에는 아이러니가 있다는 주어진 글 다음에, 성공과 성취가 같은 것이 아닌데도 우리는 자주 그것들을 혼동한다는 (C)가 이어지고, 성취는 우리가 분명히 파악할 수 있는 것이라는 (A)가 온 후, 성공은 느낌이나 어떤 존재의 상태이며 be 동사와 함께 '성공적이다' 표현을 사용한다는 내용인 (B)가 이어지는 것이 글의 순서로 가장 적절하다.

**어휘**

**achieve** 성취하다 이룩하다  **attain** 달성하다, 얻다  **clearly** 분명히, 명확하게  **define** 정의하다, 규정하다  **pursue** 추구하다  **obtain** 얻다  **in contrast** 그에 반해서, 그와 반대로  **state** 상태  **being** 존재  **successful** 성공적인  **suggest** 넌지시 나타내다, 암시하다  **mistake ~ for ...** ~을 …로 오인[혼동]하다

## 37 ②
[60%] 고2 09월 모의고사 변형

1997년 4월, 미국 식약청은 치약제조업자들이 자발적인 안전지침을 지키지 않고 있다고 선언했다. 그래서 모든 치약 튜브는 끔찍하게 들리는 경고문을 담고 있다. (B) 그것들은 이런 것과 같았다: "6세 이하의 아이들의 손이 닿지 않는 곳에 두시오. 만약 양치질을 위해 사용되는 양 이상을 삼킨다면, 그 즉시 의학적인 도움을 얻거나 독극물 관리 센터로 연락하시오." (A) 그 새로운 경고문이 실린 다음 몇 달 안에, 치약회사 고객센터들은 걱정하는 부모로부터 온 수백 개의 질문을 처리했다. 독극물 관리 센터들 또한 부모들에게 같은 말을 해야만 했다, "당신의 아이는 괜찮습니다. 그리고 구토를 할 수도 하지 않을 수도 있습니다." (C) 사실, 의사에게 진찰을 받는 유일한 이유는 구토가 너무 심각해져서 탈수증이 문제가 되는 경우이다. 당신은 맛있는 치약을 양껏 먹을 수 있고, 설사보다 더 심각한 어느 것도 일어날 리가 없다.

**해설**

미국 식약청에 의해서 모든 치약 튜브에 끔찍한 경고문이 들어 있다는 주어진 글 다음에, 그 경고문의 내용을 이야기한 (B)가 이어지고, 경고문 때문에 치약회사 고객센터와 독극물 관리 센터의 분주함을 설명한 (A)가 온 후, 실제로는 치약을 먹었을 경우 설사정도의 위험만 있다고 하는 (C)가 이어지는 것이 글의 순서로 가장 적절하다.

**어휘**

**Food and Drug Administration** 식약청  **announce** 선언하다, 발표하다  **voluntary** 자발적인  **guideline** 지침, 안내서  **consumer lines** 소비자 고객센터  **deal with** 처리하다, 다루다  **poison control center** 독극물 관리 센터  **vomit** 토하다  **keep out of the reach of** ~의 손에 닿지 않게 하다  **contact** 연락하다  **in fact** 사실, 실제로

## 38 ②
[69%] 고2 11월 모의고사 변형

석기 시대 동안, 우리 조상의 연장들은 부싯돌, 나무, 뼈로 만들어졌다. 이러한 종류의 연장을 가지고 무언가를 만들려고 해 봤던 사람이면 누구나 그러한 것들이 얼마나 제한적인가를 알 수 있다. 당신이 나무 조각 하나를 치면, 그것은 금이 가거나 부러져 버린다. 하지만 금속은 망치로 두드려 모양이 만들어질 수 있기 때문에 이러한 다른 재료들과는 기본적으로 다르다. 그뿐만이 아니라, 그것들은 당신이 때리면 더 강해지기도 한다. 즉, 당신은 단지 망치로 두드리는 것만으로도 날을 단단하게 할 수 있다. 그리고 당신은 단지 금속을 불에 넣고 열을 가함으로써 그 과정을 거꾸로 할 수도 있는데, 이는 그것을 더 물러지게 할 것이다. 이러한 특성을 발견한 최초의 사람들이 오래전에 그 재료(금속)를 발견했다. 그것은 반복적으로 사용될 수 있었고 거의 바위처럼 단단하지 않으면 플라스틱처럼 작용했다. 다시 말하면, 그들은 도구, 특히 도끼와 면도칼과 같은 자르는 도구를 위한 완벽한 재료를 발견했던 것이다.

오래전에 도구를 만들어 사용한 사람들에 의해서 금속의 성질이 발견되었다는 내용의 글이다. 따라서 나무 재료가 약하다는 문장 다음에, 금속 재료의 장점을 부연 설명한 문장 앞인 ②에 들어가는 것이 가장 적절하다.

**어휘**

basically 기본적으로  shape 모양  ancestor 조상  limiting 제한적인  either A or B A나 B 둘 중의 하나인  not only A but also B A 뿐만 아니라 B 역시  reverse 거꾸로 하다, 뒤바꾸다  property 성질, 속성, 재산  repeatedly 계속, 반복해서  razor 면도날

## 39 ④ 68% 고2 11월 모의고사 변형

심리학자들은 자동차를 운전하는 사람들이 자신의 영역과 대하여 자신들의 평상시 사회적 행동과는 종종 완전히 다른 방식으로 반응한다는 것을 언급해왔다. 자동차는 때때로 그 사람의 개인 공간의 크기에 큰 영향을 미치는 것처럼 보인다. 어떤 경우에는, 그들의 영역이 정상적인 크기의 최대 열 배까지 확장되어서, 운전자는 자신의 자동차의 앞과 뒤로 9에서 10미터 구역까지 권리를 가진다고 느낀다. 다른 운전자가 그의 앞에 끼어들 때, 그는 비록 어떠한 위험이 관련되어 있지는 않지만, 생리적인 변화를 겪게 되어 화가 나고 자제력을 잃게 될 수도 있다. 이것을 동일한 사람이 승강기에 들어가려고 하고 다른 사람이 그의 개인 영역을 침범하면서 그의 앞에 끼어드는 상황과 비교해 보아라. 그런 상황들에서 그의 반응은 보통 미안해하고, 그는 다른 사람이 먼저 갈 수 있도록 허락한다. 이것은 확 트인 도로에서 다른 운전자가 자신의 앞에 끼어들 때 발생하는 것과는 현저히 다른 것이다.

**해설**

운전할 때는 개인 공간을 넓게 인식하고 자신의 앞에 끼어드는 사람들에게 화를 낸다는 문장 다음에, 승강기에서는 반대로 다른 사람이 먼저 갈 수 있게 허용한다는 문장 앞인 ④에 들어가는 것이 가장 적절하다.

**어휘**

compare 비교하다, 비유하다  territory 영역, 영토  psychologist 심리학자  note 언급하다  react 반응하다  completely 완전히, 전적으로  unlike ~과 다른; ~과 달리  claim 주장, 권리; 주장하다  go through ~을 겪다 ~을 경험하다  physiological 생리적인  out of control 자제력을 잃은, 통제할 수 없는  even if 비록 ~한다 할지라도  involved 관련된, 포함된  apologetic 미안해하는, 사과하는  remarkably 현저히, 매우

## 40 ② 72% 고2 11월 모의고사 변형

타인의 견해와 어려움은 바이러스처럼 확산될 수 있다. 다른 사람과 이야기할 때 부정적이고 비생산적인 태도를 취해서 당신 스스로에게 피해를 주지마라. 만일 당신이 슬픔에 빠진 친구나 갑작스러운 어려움을 겪고 있는 동료를 만나면, 그 불운에 압도당하지 않도록 주의하라. 사건 그 자체와 그것들(사건)에 대한 당신의 해석을 구별해야 할 것을 기억해라. 스스로에게 상기시켜라, "이 사람을 아프게 하는 것은 일어난 사건 그 자체가 아니라 그나 그녀가 그냥 받아들인 반응인 것이다." 거리를 두고 감상적인 반응을 피함으로써 우리는 상대방을 잘 대할 수 있다. 그럼에도 불구하고, 당신이 우울해 하거나, 상처 받았거나, 좌절감을 느끼는 누군가와 이야기할 때에는, 그 사람에게 친절을 베풀고, 공감적인 듣기를 제공하라(공감적인 태도로 들어주어라); 다만 당신마저 낙담해서는 절대 안 된다.
→ 당신의 친구를 위로할 때, 그들의 안 좋은 감정이 당신에게 영향을 미칠 수 있기 때문에 그들의 불운으로부터 심리적인 거리를 두도록 노력하라.

**해설**

힘든 일을 겪고 있는 사람을 대할 때에는 그들의 이야기를 잘 들어주되 그 불운에 자신마저 압도되어서는 안 된다는 내용의 글이다. 따라서 (A)에는 distance(거리)와 (B)에는 influence(영향을 미치다)가 들어가는 것이 가장 적절하다

① 회피 – 지시하다     ③ 이익 – 실망시키다
④ 동기 – 고통을 가하다     ⑤ 자극 – 양육하다

**어휘**

damage 피해를 주다  adopt ~을 취하다, 받아들이다  negative 부정적인  unproductive 비생산적인  encounter (우연히) 만나다  sorrowful 슬퍼하는  misfortune 불운, 불행  interpretation 해석  keep a distance 거리를 유지하다  sentimental 감상적인, 감정을 동반하는  depressed 우울한  frustrated 좌절하는, 실망한  provide 제공하다  pull down ~을 낙담시키다  distress 고통을 가하다

## [41~42]

우리는 친구들에게 우리가 산 새 옷의 구매에 대해 말하고 가족들에게 우리가 지역신문에 보낸 글을 보여준다. 우리의 생각, 의견 그리고 경험을 공유하려는 이런 욕구는 소셜 미디어와 온라인상의 소셜 네트워크가 매우 인기를 끌게 된 이유이다. 사람들은 그들이 좋아하는 것을 블로그에 올리고, 그들이 점심으로 먹은 것에 대해 페이스북에 게시하고, 그들이 왜 현 정부를 싫어하는지에 대해 트위터에 올린다. 실제로, 연구에서 사람들이 말하는 것 중 40% 이상이 그들의 사적인 경험이나 인간관계임을 밝혀낸다. 마찬가지로, 트위터에 올린 게시물의 대략 절반이 '나'에 초점이 맞춰진 것이고, 사람들이 지금 무엇을 하고 있는지와 그들에게 일어난 일을 다루고 있다. 왜 사람들은 자기 자신의 태도와 경험에 대해 그렇게 많이 얘기할까?

그것은 단순한 허영심 이상이다; 즉, 우리는 실제로 그것이 재미있다고 깨닫도록 되어 있다. Harvard 대학의 신경과학자인 Jason Mitchell과 Diana Tamir는 자신에 대한 정보를 드러내는 것이 본능적으로 보상을 준다고(기분이 좋게 한다고) 밝혀냈다. 한 연구에서 Mitchell과 Tamir는 피실험자들을 뇌 판독장치에 연결시키고 그들에게 그들 자신의 의견과 태도("나는 스노보드 타는 것을 좋아해") 또는 다른 사람의 의견과 태도("그는 강아지를 좋아해")를 공유하도록 요청했다. 그들은 개인적인 의견을 공유하는 것이 음식이나 돈과 같은 보상에 반응하는 동일한 두뇌회로를 활성화시킨다고 밝혀냈다. 그러므로 당신이 이번 주에 한 일에 대해서 말하는 것은 진한 초콜릿 케이크를 맛있게 한 입 베어 먹는 것만큼이나 기분 좋은 일일 것이다.

## 41 ③ 79% 고2 09월 모의고사 변형

**해설**

사람들이 여러 매개물을 통해 자신의 태도와 경험에 대해 말하고 공유하려 하는 이유는 단지 허영심 때문만이 아니라, 뇌에서 물질적 보상을 받을 때와 같은 두뇌회로를 활성화시킨다는 것이 실험으로 증명되었다는 내용의 글이다. 그러므로 글의 제목으로 가장 적절한 것은 ③ Why We Share Ourselves with Others(우리가 다른 사람들과 스스로를 공유하는 이유)이다.
① 우리의 뇌가 맛에 반응하는 방법     ② 개인의 블로그 유지 전략
④ 인터넷 사용의 중독적인 측면     ⑤ 소셜 네트워크 서비스의 위험

## 42 ② 51% 고2 09월 모의고사 변형

**해설**

자신에 대한 정보를 드러내는 것이 본능적으로 보상을 준다고(기분이 좋게 한다고) 실험에서 밝혀냈다고 하는 것이 문맥상 자연스럽다. 따라서 빈칸에 들어갈 말로 가장 적절한 것은 ② disclosing(드러내는 것)이다.
① 모으는 것     ③ 분석하는 것     ④ 보호하는 것     ⑤ 인정하는 것

**어휘**

purchase 구매; 구매하다  local 그 지역의, 그 지역에 해당하는  desire 욕구, 욕망  share 공유하다  preference 좋아하는 것, 선호  status 상황, 지위, 신분  similarly 마찬가지로, 유사하게  showing off 자랑, 으스대기  be designed to ~하기로 고안되다, ~하기로 계획되다  pleasurable 즐거운  hook ~ up to ... ~을 ...에 연결하다  activate 활성화시키다, 활발하게 하다  circuit 회로  respond to ~에 대응하다  reward 보상  addictive 중독의  analyze 분석하다  acknowledge 인정하다

## [43~45]

(A) 어느 날, 집집마다 돌아다니며 물건을 팔아 학비를 버는 가난한 소년이었던 Howard Kelly는, 수중에 겨우 10센트짜리 동전 한 닢이 남았다는 것을 알았고 배가 고팠다. 그는 다음 집에 가서 식사 한 끼를 부탁해 보기로 했다. 그러나 그는 사랑스러운 젊은 여인인 Grace가 문을 열자, 그만 용기를 잃었다. 그는 식사 대신 물 한 잔을 부탁했을 뿐이었다.

(C) 그녀는 그가 배고파 보인다는 것을 알아차리고, 그래서 그에게 커다란 우유 한 컵을 가져다주었다. 그는 그것을 천천히 마시고 물었다, "얼마를 드려야 할까요?" "전혀 낼 필요가 없어요. 우리 어머니께서는 어떤 경우에도 친절한 행동에 대해 어떤 대가도 받지 말라고 우리에게 가르치셨어요."라고 그녀가 대답했다. "그렇다면 진심으로 감사드립니다."라고 그가 말했다. 그 집을 떠나면서 그는 육체적으로 더 강해졌음을 느꼈을 뿐만 아니라, 인간에 대한 믿음도 더 강해졌다.

(B) 몇 년이 흐른 후, Grace는 매우 아파서 그녀의 의사는 당황했다. 그는 결국은 그녀를 대도시로 보냈고, 그곳에서 의사들은 그녀의 희귀한 질병을 연구하기 위해 전문의들을 소집했다. Dr. Howard Kelly도 그 중의 한 명이었다. 그가 그녀의 고향 이름을 들었을 때, 범상치 않은 빛이 그의 눈을 채웠다. 즉시 그는 일어나 병원의 복도를 따라갔다. 의사 가운을 입은 채로, 그는 그녀를 보기 위해 들어갔다. 그는 그녀를 곧장 알아보았다. 그는 그녀의 생명을 구할 것을 결심하며 진찰실로 다시 돌아왔다. 그날 이후로 그는 그 환자에 특별한 관심을 기울였다.

(D) 오랜 투병 끝에, (병과의) 싸움은 승리로 끝났다. Dr. Kelly는 원무과에 Grace의 최종 치료비 청구서를 자신에게 보내줄 것을 요청했다. 그는 그것을 들여다보았고, 무엇인가를 가장자리에 쓰고, 그 청구서를 그녀의 병실로 보냈다. 그녀는 그것(청구서)을 열어 보기가 두려웠는데, 치료비를 지불하려면 자신의 남은 생애 전체가 다 걸릴 것이라고 확신했기 때문이었다. 마침내 그녀는 (그 청구서를) 들여다보았는데, 청구서 가장자리의 무언가가 그녀의 주목을 끌었다. 그녀는 다음과 같은 글을 읽기 시작했다. "우유 한 잔으로 모두 지불되었음. Dr. Howard Kelly."

## 43 ②

[해설]

가난한 소년이었던 Howard Kelly가 돌아다니던 집에서 Grace를 보고 식사 한 끼 대신에 물 한 잔을 부탁했다는 주어진 글 다음에 Grace의 우유 한 컵 대접에 인간에 대한 신뢰가 생겼다는 내용의 (C)가 이어지고, 의사가 되어 희귀한 병에 걸린 Grace를 다시 만나 특별한 관심을 기울였다는 내용의 (B)가 온 후, Grace의 치료가 끝나고 치료비를 예전 우유 한 컵으로 대신하겠다는 내용인 (D)가 이어지는 것이 글의 순서로 가장 적절하다.

[78%] 고2 06월 모의고사 변형

## 44 ①

[해설]

(b), (c), (d), (e)는 나중에 의사가 된 Howard Kelly를 가리키지만, (a)는 Grace가 위독한 것을 처음 발견한 의사를 가리킨다.

[72%] 고2 06월 모의고사 변형

## 45 ⑤

[해설]

(D)의 후반부에서, Grace의 치료비 청구서 전액에 대한 언급만 되어 있으므로, Howard Kelly에 관한 내용으로 적절하지 않은 것은 ⑤이다.

[68%] 고2 06월 모의고사 변형

[어휘]

pay for school 학비를 내다  dime 10센트 동전  lose one's nerve 용기(배짱)를 잃다  call in 소집하다, 불러들이다  specialists 전문의, 전문가  rare 희귀한, 드문  immediately 즉시, 당장  ward 병동  consultation room 진찰실  determined to ~하기로 결심한  appreciate 감사히 여기다  with all one's heart 진심으로, 마음에서 우러나와서  physically 신체적으로, 눈에 보이기에  faith 신념, 믿음  humanity 인간, 인간성, 인류애  struggle 투병, 투쟁  edge 가장자리  the rest 나머지

---

# 제10회 독해 모의고사
본문 p.98

| 18 ① | 19 ④ | 20 ② | 21 ① | 22 ② | 23 ③ |
| 24 ③ | 25 ③ | 26 ⑤ | 27 ④ | 28 ④ | 29 ③ |
| 30 ④ | 31 ④ | 32 ④ | 33 ③ | 34 ② | 35 ④ |
| 36 ③ | 37 ⑤ | 38 ④ | 39 ② | 40 ① | 41 ③ |
| 42 ④ | 43 ① | 44 ⑤ | 45 ⑤ | | |

## 18 ①

[89%] 고2 11월 모의고사 변형

Smalltown 교통 당국 관리자
친애하는 Allen씨께

Lakeview Apartment Complex를 대표하여, 저는 주민에게 편의를 제공하기 위해 16번 노선에 버스정류장을 추가해 주신 것에 대해 Smalltown 교통 당국에 감사드리고 싶습니다. 우리의 요구를 받아 들여 주신 덕분에, 버스 회사가 매일 오전 10시와 오후 3시 사이에 시내로 나가고, 오전 11시부터 오후 4시까지 Smalltown에서 우리 아파트 단지 정문으로 돌아오는 서비스를 시작할 것입니다. 우리는 자유롭게 쇼핑과 오락거리를 즐기러 시내로 갈 수 있는 기회를 주셔서 매우 감사드리며, 최대한으로 그 버스 서비스를 지원할 계획입니다(이용하도록 하겠습니다).
Ron Miller 드림

[해설]

교통당국의 버스 정류장 추가 설치에 감사하는 내용의 글이므로 이 글의 목적으로 가장 적절한 것은 ①이다.

[어휘]

transit 운송  authority 당국  request 요구, 요청  leave for ~로 떠나다  appreciate 감사하다  independently 자유롭게

## 19 ④

[58%] 고2 03월 모의고사 변형

6개의 구멍이 탄광의 다른 구역에 뚫렸다. 그들은 산소 감지기와 카메라, 그리고 마이크를 PVC관을 통해 모든 구멍으로 내려 보내서 모든 가능성 있는 지역에서 그 사람들을 찾고 있었다. 산소 수치가 잘못 측정되었고, 결국 위험할 정도로 낮다고 판단하였다. 갇혀 있는 광부들을 구해 주려고 애쓰던 세 명의 구조요원들도 광산의 벽이 폭발하면서 깔려서 또한 숨졌다. 그들은 그 광부들이 살아있다는 어떤 신호도 보고나 듣지 못하였고, 여섯 명 모두 실종되었고 죽은 것으로 생각되었다. 결국 모든 구조 활동이 중단되었다. 그들은 이제 드릴과 무선기기의 전원을 껐다.

[해설]

탄광 매몰 사고에 관한 글로 구조 활동 동안 세 명의 희생자가 발생했고, 매몰된 여섯 명 모두 죽은 것으로 간주하여 구조 활동을 포기하였다는 내용이므로 이 글의 분위기로 가장 적절한 것은 ④ tragic and discouraging(비참하고 실망스러운)이다.

① 기묘하고 이상한    ② 조용하고 평화로운
③ 무섭고 불가사의한    ⑤ 단조롭고 지루한

[어휘]

hole 구멍  abandon 그만두다, 포기하다  unplug 플러그를 뽑다  wireless sets 무선 기기

## 20 ②

[88%] 고2 03월 모의고사 변형

The Pumpkin Plan의 작가인 Mike Michalowicz는 코미디언들이 최고의 대중 연설가라고 주장한다. 예를 들어, 코미디언들은 청중들의 주의를 한 시간 이상 끌어야 하고, 공연을 하는 동안 휴식도 갖지 못하

고, 청중들과 질의응답에 의존할 수도 없다. 그들은 또한 관중들을 끊임없이 웃길 것이라고 기대된다. 그리고 그들은 심지어 발표를 위한 소프트웨어 프로그램조차 사용하지 않는데, 왜냐하면 그들은 청중들이 화면을 보려고 애쓰는 것이 아니라 자신들을 바라보기를 원하기 때문이다. 이러한 사실들은 당신이 공연을 잘하는 무대 위의 코미디언이 되어야 한다는 뜻은 아니다. 당신은 심지어 농담할 필요도 없다. 그러나 당신의 발표 기술을 향상시키기 위해서는 코미디언이 사용하는 테크닉을 관찰하고, 당신의 연설에 그것을 활용하라.

**해설**

코미디언들이 최고의 연설가라는 평가를 받고 있으며, 연설을 잘하기 위해서는 그들의 테크닉을 관찰하고 활용하라는 내용의 글이므로 필자의 주장으로는 ②가 적절하다.

**어휘**

attention 관심  presentation 발표, 연설, 공연  constantly 항상, 끊임없이
improve 개선하다

## 21 ①

우리는 각자가 세 살이 될 즈음에 부엌일을 돕기 시작했다. 우리는 그 나이 때 주방에서 그다지 도움이 되지 않아 우리의 엄마를 여러 번 곤경에 빠뜨렸을 거라는 확신이 든다. 그러나, 엄마는 요리가 좋은 학습 도구라고 생각했기 때문에, 그녀는 우리가 저지른 모든 실수들을 참아냈다. 물론, 우리는 배워야 할 것에 대해서 전혀 관심이 없었다. 우리는 그저 부엌일을 재밋거리로만 생각했으며, 지금도 여전히 그렇다. 우리는 시행착오를 통해서 요리를 배웠다. 우리가 얼마나 많이 달걀을 바닥에 떨어뜨리고, 부엌을 밀가루로 뒤덮고, 스토브 위에서 (음식을) 끓어 넘치게 했는지 당신에게 말 해줄 수 없다. 요점은, 만약 할 만한 실수가 있다면 우리는 실수를 해 왔다. 그러나, 엄마가 항상 말하는 것처럼, 실수는 최고의 선생님이다. 그러한 실수를 통해서, 우리는 효과가 있는 것과 효과가 분명히 없는 것을 배워 왔다.

**해설**

부엌일에 도움이 되지 않지만, 아이들이 부엌에서 저지르는 실수를 엄마가 모두 참아내는 까닭은 실수를 통해 아이들이 배우는 것이 있기 때문이라는 내용의 글이므로, 이 글의 요지로 가장 적절한 것은 ①이다.

**어휘**

mess 난장판  stuff 재료  trial and error 시행착오  flour 가루, 밀가루

## 22 ②

이상을 가지는 것과 지킬 규칙을 만드는 것 사이에는 중요한 차이가 있다. 이상은 우리가 달성한다면 자랑스러울, 완벽한 기준일 것이다. 이러한 이상은 당신에게 지침을 제공하지만 그것은 일상적 기준이 아니어야 한다. 이상을 (일상적인) 규칙으로 만드는 것은 자기 스스로에게 함정을 파는 것이다. 만약 당신이 지속적으로 그 함정에 빠진다면 당신은 스스로에게 너무 실망하여 계속하기가 점점 어려워진다. 그 규칙은 명확하게 될 필요가 있고, 그러한 것이 당신이 원하는 것이라면 당신을 이상으로 향하도록 해야 하지만, 그것이 당신의 자부심을 약화시키지 않으려면 그것은 또한 현실적이어야 한다. 그것이 완벽함을 목표로 하기보다는 당신이 할 수 있는 최선을 다하는 것이 더 타당한 이유이다.

**해설**

이상과 삶에서 지키며 살아갈 규칙 사이에는 차이가 존재하므로 그 규칙을 이상적이기보다는 현실적으로 만드는 것이 더 타당하다는 내용의 글이므로, 이 글의 주제로 가장 적절한 것은 ② 지켜야 할 규칙은 현실적일 필요가 있는 이유(why rules to live by need to be realistic)이다.
① 현실적인 목표를 설정하는 것의 어려움
③ 완벽주의자들의 공통된 특징들
④ 자존감이 우리의 관계에 영향을 끼치는 방식
⑤ 삶에서 구체적인 목표의 부정적인 영향

**어휘**

achieve 달성하다, 이루다  dig 파다  weaken 약화시키다  self-esteem 자부심
reasonable 이치에 맞는, 타당한  characteristic 특색, 특성  perfection 완벽

## 23 ③

Oslo 대학교의 Anne Mangen은 컴퓨터 스크린으로 읽는 독자들의 수행 능력을 종이로 읽는 독자들과 비교해서 연구했다. 그녀의 연구는 컴퓨터 스크린으로 읽는 것이 간단한 단어 찾기와 텍스트 훑어보기와 같은 다양한 전략들을 포함한다는 것을 보여주었다. 그러한 다른 전략들은 모두 똑같은 텍스트를 종이로 읽는 것과는 대조적으로 더 좋지 않은 독해력을 야기한다. 게다가, 하이퍼텍스트라는 스크린의 부가적인 특징이 있다. 무엇보다도, 하이퍼텍스트 연결은 여러분에 의해 만들어진 것이 아니고, 그것이 여러분의 고유한 개념적 틀 속에 반드시 자리 잡고 있는 것은 아닐 것이다. 그러므로 그것은 여러분 자신에게 맞는 속도로 여러분이 읽고 있는 것을 이해하는 데 도움이 되지 않을 수도 있고 심지어 여러분을 산만하게 만들 수도 있다.

**해설**

컴퓨터 스크린으로 독서를 하는 것과 종이를 통해 독서를 하는 것을 비교하는 내용의 글로, 동일한 텍스트를 읽더라도 컴퓨터 스크린을 통해 읽는 것이 덜 효과적이라는 내용의 글이므로 이 글의 제목으로 가장 적절한 것은 ③ 스크린으로 읽는 것은 그렇게 효과적이지 않다(Reading on the Screen Is Not That Effective)이다.
① E-books가 여러분의 읽기 속도를 향상시킨다
② 읽기 기술을 가르치는 것의 중요성
④ 어린이들의 읽기 습관과 기술의 사용
⑤ E-books: 종이 책에 대한 경제적인 대안

**어휘**

performance 수행, 성취  strategy 전략  scan 훑어 보다  in contrast
to ~와는 대조적으로  additional 부가적인, 추가적인  feature 특징, 특색
connection 연결  conceptual 개념적  frame 틀, 골격  distract 산만하게
만들다

## 24 ③

이 막대그래프는 2001년과 2011년에 다양한 디지털기기를 사용한 12세 이상의 미국인들의 비율을 보여준다. 두 해 사이에 가장 적은 변화는 TV에서의 단 2% 증가였다. 그러나 2001년에서 2011년까지 온라인 비디오의 사용은 두 배 이상이 되었다. 2001년에는 아무도 스마트폰을 사용하지 않았지만 2011년에 이 기기는 빠르게 성장하여 12세 이상의 미국인들 중 3분의 2 이상이 그것을 사용하게 되었다. 점진적인 감소를 보여준 유일한 기기는 라디오로, 93%에서 87%였다. 광역 인터넷망 사용자는 2001년에 20%에서 시작하여 2011년에 74%로 세배 이상이 되었다.

**해설**

스마트폰의 사용자는 2001년 0%에서 2011년 30%로 성장하였으므로, 12세 이상 미국인의 3분의 2 이상이 스마트폰을 사용한다는 ③은 도표의 내용과 일치하지 않는다.

**어휘**

percentage 비율  various 다양한  least 가장 적은  gradual 점진적인
decline 감소, 하락  triple 3배로[3중으로] 하다[되다]

## 25 ③

매년 전 세계에서 수천 명의 관광객을 끄는 지역인 Meteora는 그리스 중부에 자리 잡고 있다. Meteora는 높은 바위 위에 지어진 수도원으로 유명하다. 이름 그 자체는 '공중에 매달려 있다'는 의미이다. 과거에는 더 많은 수도원이 있었지만 지금은 단지 여섯 곳만 남아 있다. 이곳의 기후는 더운 여름부터 쌀쌀한 겨울에 이르기까지 다양하고, 이 지역은 일 년 내내 비가 내린다. 관광객들은 이곳에서 수도원 방문, 걷기, 동굴

탐험을 즐길 수 있다. 이 지역에 이르는 가장 좋은 방법은 아테네에서 버스를 타는 것이다. 근처의 관광 명소로는 올림포스 산, 카스토리아, 테살로니키를 비롯하여 더 많은 곳이 있다.

**해설**

글의 중반부에 Meteora는 일 년 내내 비가 내린다고 하였으므로, 글의 내용과 일치하지 않는 것은 ③이다.

**어휘**

hang 매달다   remain 남다, 남아있다   vary 다양하다, 다르다   tourist attractions 관광명소

## 26 ⑤

### Public Speaking Workshop

• 날짜: 11월 20일, 금요일
• 시간: 오전 9시부터 오후 1시 30분까지
• 장소: PI Business School(PBS)
• 참가비: 95달러 / 45달러 (PBS 학생이 아닌 경우 / PBS 학생인 경우)

**과정 관련**
■ 여러분은 발표 그리고/또는 강연의 준비 및 전달에 실질적인 도움을 받을 것입니다.
■ 여러분은 카메라로 녹화될 것이고, 여러분은 일대일 피드백을 받게 됩니다. 여러분은 여러분의 발표 녹화 영상이 담겨있는 메모리 스틱을 받을 것입니다.

**과정 후**
■ 참가자는 요청 시 PBS로부터 참가증을 받을 수 있습니다.

**강연자**
■ Barbara Moynihan은 최고의 학습 및 개발 코치입니다. 그녀는 15년이 넘게 교육을 제공하고 있습니다.

※ www.pbs.com에서 온라인 등록을 하세요.
※ 여러분은 워크숍 당일 전에 반드시 참가비 전액을 지불해야 합니다.

**해설**

안내문의 마지막에 워크숍날짜 이전에 전체 비용을 지불하여야 한다고 하였으므로 안내문의 내용과 일치하지 않는 것은 ⑤이다.

**어휘**

practical 실용적인, 실질적인   certificate 증명서   attendance 출석

## 27 ④

### 여학생 과학 캠프. 주간 캠프

Chicago 대학에서, 우리는 낮 동안에만 진행되는 특별한 과학 캠프를 제공합니다. 이러한 프로그램은 오전 9시부터 오후 5시까지 수업이 있는 편리한 5일간의 일정으로 구성됩니다. 주간 캠프에 참가하는 학생들은 숙박형 캠프에서 제공하는 단축 프로그램에 참가하게 됨을 주목해 주세요.

• 날짜: 7월 4일~7월 8일
• 장소: Michigan Science Hall
• 학년: 9학년~11학년
• 참가비: 795달러
• 여학생들은 각자 오전 수업이나 오후 수업에 집중적으로 수강할 과학 전공을 선택해야 합니다.
– 초급: 해양 과학, 공학, 물리학
– 중급: 천문학, 해양 생물학, 화학
• 예약: 참가자들은 5월 31일까지는 예약해야 합니다.

**해설**

글의 후반부에 중급 과정에는 천문학, 해양 생물학, 화학이 있다고 했으므로, 글의 내용과 일치하는 것은 ④이다.

**어휘**

daytime 주간의, 낮 동안에   convenient 편리한, 간편한   shortened 단축된
major 전공   marine 바다의, 해양의   astronomy 천문학   engineering 공학
chemistry 화학   reservation 예약

## 28 ④

Jack Welch는 미국 최고의 비즈니스 리더 중 한 사람으로 생각된다. 상징적이면서 실제적인 제스처로 Welch는 구식의 GE(General Electric)사의 Blue Books를 불태우는 의식을 지시했다. Blue Books는 GE의 관리자들이 조직에서 과업을 어떻게 해내야 할지를 말해주는 여러 권의 경영 훈련 매뉴얼들이었다. 이 훈련 교재들이 약 15년 동안 사용되지 않았다는 사실에도 불구하고, 그것들은 여전히 GE 관리자들의 행동에 지대한 영향을 주고 있었다. 관리자들이 직접 매일의 경영 난제들에 대한 해답을 만들 필요성을 언급하면서, Welch는 조직 문화에서 Blue Books를 제거함으로써 낡은 제도를 제거했다. 이제 GE의 관리자들은 먼지투성이의 낡은 책에서 해결책을 찾기보다는 그들 자신의 해결책을 스스로 찾을 수 있도록 배우고 있다.

**해설**

④ 과거분사 Cited로 시작하는 분사구문은, 주절의 주어(Welch)와 능동의 관계이므로 Citing으로 고쳐 써야 옳다.
① 선행사 gesture를 수식하는 주격관계대명사 that을 쓴 것은 적절하다.
② get이 이끄는 5형식 문장의 보어로 tasks와 수동의 관계이므로 과거분사 done을 쓴 것은 적절하다.
③ 과거 시점 이전에 15년 동안 사용되어 왔다는 의미이므로 과거완료를 사용한 것은 적절하다.
⑤ 전치사 than 다음에 동명사를 사용한 것은 적절하다.

**어휘**

symbolic 상징적인   ceremony 의식   old-fashioned 구식의   cite 언급하다, 인용하다   challenge 난제, 어려운 일   clear 제거하다   look up 찾아보다   dusty 먼지투성이의

## 29 ③

만약 당신이 병에 여섯 마리의 벌과 똑같은 수의 파리를 넣고 병의 바닥이 창문 쪽을 향한 채로 수평으로 눕혀둔다면, 당신은 벌들이 탈진하여 죽을 때까지 유리를 통해 출구를 찾으려는 노력을 계속하는 것을 알게 될 것이다. 그러나 파리들은 반대쪽에 있는 병목을 통해 이내 병을 탈출하게 될 것이다. 벌들의 빛에 대한 사랑, 즉 그들의 지능이 바로 이 실험에서 그들의 실패를 초래하는 것이다. 그들은 분명히 모든 갇힌 공간에서의 출구는 빛이 가장 밝게 빛나는 곳에 있음이 틀림없다고 생각한다. 그래서 그들은 계속해서 이 논리적인 행동을 지나치게 되풀이한다. 반면에, 파리들은 논리에는 개의치 않는다. 그들은 빛의 부름을 무시한 채, 여기저기로 심하게 펄럭이며 날아다니다가 마침내 그들에게 자유를 회복시켜 주는 출구를 발견하게 된다.

**해설**

(A) 벌들은 빛이 가장 밝은 쪽을 출구로 생각하고 막혀 있는 병의 바닥으로 나가려는 노력을 탈진할 때까지 continue(계속하다)가 적절하다. *delay: 미루다
(B) 실험에서 벌들은 밝은 곳에 출구가 있다고 생각하여 막힌 바닥 쪽을 향해 날아간다고 하였으므로, failure(실패)가 적절하다. *success: 성공
(C) 파리들이 빨리 탈출할 수 있는 이유는 논리에 개의치 않고 여기저기 날아다니기 때문이라고 하였으므로, discovering(발견하다)이 적절하다. *ignore: 무시하다

**어휘**

lay ~을 놓다, 두다   horizontally 수평으로   exit 출구   delay 미루다, 연기하다
exhaustion 탈진   opposite 반대쪽의   obviously 명백히, 분명히   logical 논리적인   careless 부주의한, 무관심한   neglect 무시하다, 게을리하다   ignore 무시하다   liberty 자유

## 30 ④

내 아들은 16살이 되었을 때 그의 운전면허증을 취득하기로 결심했다. 나는 매일 밤마다 아들에게 운전 연습을 시키기 위해 함께 나가야 했다. 나는 언제나 초조해져서는 그에게 소리를 질러댔다. 마침내 아들의 운전면허 시험 날이 되었다. 몇 시간 뒤, 내 아들은 면허증을 가지고 돌아왔다! 나는 그에게 운전시험이 어땠는지 물었다. 아들은 운전면허 시험관이 좋았다고 대답했다. 그는 내 아들이 시험을 치르는 동안 더 편하게 해주려고 그가 해 줄 것이 있는지 묻기까지 했다. 그래서 내 아들은 이렇게 대답했다. "제가 신호등에 가까이 갔을 때, 우리가 마치 죽기라도 할 거처럼 막 소리를 지르세요. 그러면 제 아버지가 차에 있는 것처럼 느낄 거예요."

**해설**

①, ②, ③, ⑤는 아들을 가리키고, ④는 운전면허 시험관을 지칭한다.

**어휘**

nervous 초조한 relaxed 긴장이 완화된, 편한 come close to ~에 가까이 가다
practice 연습; 연습하다 even 심지어 shout 소리치다 traffic light 신호등

## 31 ④

어느 누구도 어떤 일에 대해 당신의 마음이 느끼는 방식대로 경험할 수 없다. 어느 누구도 당신이 하는 것과 아주 똑같이 인생을 보기 위해 당신이 사용하는 렌즈를 통하여 볼 수는 없다. 이러한 개성을 받아들여라. 또한 그것을 존중하고 칭송하라. 그것을 성급하게 포기하지 마라. 남들과 어울리고, 그들을 기쁘게 하려는 욕망으로 당신은 친절한 사람인 척 할지도 모른다. 당신은 심지어 당신이 실제로 믿지 않는 것을 믿는 척하거나, 당신의 실제 모습과 다른 방식으로 행동할 수 있다. 당신이 이렇게 할 때, 실제 당신의 모습을 잃는다. 세상도 당신을 잃게 된다. 건강하고, 행복하며, 분별 있는 사람이 되려고 애써라. 그다음 당신의 동료 여행자들(인생을 함께 하는 사람들)과 함께 당신의 자리를 지키면서, 당신의 본모습을 기다리고 있는 세상에 보여주어라.

**해설**

누구도 자신과 똑같이 경험하고 느낄 수는 없으므로, 남들과 잘 어울리려는 욕망으로 자신의 모습과는 다른 행동을 하기보다는 실제 자신의 모습대로 행동하라는 내용의 글이므로 빈칸에 들어갈 말로 ④ 개성(individuality)이 가장 적절하다.
① 유사성 ② 인내 ③ 관대함 ⑤ 칭찬

**어휘**

respect 존중하다 fit in ~와 어울리다 pretend ~인 체하다
reasonable 분별 있는, 합리적인

## 32 ④

기억 상실 진단 후에 발생하는 한 가지 반응은 일이 잘되어가지 않을 때 스스로를 비난하는 경향이다. 여기에 좋은 예가 하나 있다. 60대 중반의 여성인 Jane은 최근에 아들의 전화를 받았는데, 아들은 그녀에게 곧 있을 의사 선생님 방문을 위한 버스 승차권을 구매해 놓으라고 당부했다. 이틀 후에 아들은 Jane에게 전화를 걸어 그녀가 버스 승차권을 구매했는지 물었다. 그녀는 약간의 죄책감을 가지고 "오 저런, 미안하지만 그것을 까맣게 잊어버렸구나."라고 말했다. 아들의 반응은 "음, 엄마, 제가 단지 이틀 전에 그것을 해 놓으라고 당부드렸잖아요."였다. Jane은 자신에게 화가 나고 아들이 당부했던 것을 잊지 "말았어야 했다"라고 혼잣말을 하면서 대화를 끝냈다. 그러나 그녀의 건망증은 그녀의 잘못이 아니었다. 그녀는 기억 상실을 통제할 수 없었다.

**해설**

기억상실의 진단을 받은 Jane은 아들의 요청을 잊은 것에 대해 죄책감을 가지고 있었다고 하였으므로 빈칸에 들어가기에 가장 적절한 것은 ④ 자신을 비난하다(blame yourself)이다.
① 신체적 활동을 피하다 ② 현실로부터 탈출하다
③ 남들을 의심하다 ⑤ 도움을 요청하다

**어휘**

diagnosis 진단 tendency 경향 guilt 죄책감 conversation 대화
forgetfulness 건망증 fault 잘못 physical 신체적인 suspect 의심하다
blame 비난하다

## 33 ④

사람들은 그들이 다른 사람들에게 있다고 설명한 어떤 특성을 자신들이 가지고 있다고 인식된다는 흥미로운 현상이 있다. 다른 사람들에게 당신의 수학 교수님이 게으르다고 말하는 것은 그들로 하여금 당신이 게으르다고 생각하게 만드는 결과를 초래한다. 이런 것은 또한 반대로도 일어난다. 당신의 친구에 대한 긍정적인 특성을 설명하는 것은 당신 또한 그런 특성을 가지고 있는 것으로 생각되도록 할 수 있다. 몇 가지 실험들은 사람들이 성격적인 특성들을 논리적 이유 없이 무의식적으로 전달자들과 연관시킨다는 것을 보여 주었다. 그래서 동료에 대해서 험담할 때 조심하라. 그렇지 않으면, 당신은 당신이 묘사한 대로 보일 수 있다. 그리고 만약 당신이 더욱 매력적으로 보이기를 원한다면, 아마 당신은 다른 사람들에게 말할 때 바로 그 단어를 당신의 어휘에 더할 수 있을 것이다. 더 나아가, 아마도 당신의 부정적인 생각을 혼자만 가지고 있는 것이 좋을 것이다. 속담에 있는 것처럼 "당신이 좋게 말할 수 없다면, 어떤 말도 하지 마라."

**해설**

당신이 다른 사람들의 성격을 묘사하는 것을 듣는 사람은 당신도 또한 그러한 성격을 가지고 있다고 생각하는 경향이 있다는 내용의 글이므로 빈칸에는 ④ 당신이 좋게 말할 수 없다면, 어떤 말도 하지 마라(If you can't say anything nice, don't say anything at all)가 들어가는 것이 가장 적절하다.
① 실천이 말보다 낫다
② 가장 적은 것으로 만족하는 사람이 가장 부유한 사람이다
③ 허물이 있다면, 버리기를 두려워하지 마라
⑤ 한 개의 화살은 쉽게 부러지지만, 화살 열 개의 한 묶음은 그렇지 않다

**어휘**

phenomenon 현상 trait (성격상의) 특성 property 성질, 특성 personality
성격, 개성 mindlessly 아무 생각 없이 gossip 험담하다

## 34 ②

심리학자들은 서양과 중국의 사고방식을 구별하는 강력한 차이점, 즉 각각의 문화가 사회적 사건을 설명하는 방식에 주목해 왔다. 예를 들어, 당신이 부주의하게 빨간 교통신호를 지나쳐 운전하는 사람을 본다고 가정해 보라. 서양인들은 그가 다른 사람들의 안전에 대해 신경을 대체로 안 쓴다고 생각하며 그를 비난할 가능성이 더 많다. 그에 반해서 중국인을 포함한 동아시아인들은 그 운전자가 긴급한 상황 중에 있기 때문에 빨리 운전할 수밖에 없었을 것이라고 믿을 가능성이 더 높다. 아마도 그는 누군가를 병원으로 옮기고 있거나 아픈 아이를 태워오기 위해 학교로 가는 중일지도 모른다. 다시 말하자면, 그 사람은 무책임해서가 아니라 그 상황에 대응하고 있기 때문에 나쁘게 행동하고 있는 것이다.

**해설**

(A) 서양과 중국의 사고방식의 차이점에 대한 구체적 사례가 이어지므로 주어진 빈칸에는 for example(예를 들어)이 적절하다.
(B) 동아시아인들은 빨리 운전하는 사람에게 급한 상황에 있을 것이라고 생각한다는 내용에 대한 재진술이 이어지고 있으므로 주어진 빈칸에는 In other words(다시 말하자면)가 적절하다.
① 예를 들어 - 게다가 ③ 그러나 - 그럼에도 불구하고
④ 그러나 - 결과적으로 ⑤ 대신에 - 마찬가지로

**어휘**

separate 구별하다, 분리하다 carelessly 부주의하게 criticize 비난하다
in contrast 그에 반해서, 반면에 emergency 긴급 상황 respond 응답하다,
반응하다 irresponsible 무책임한

## 35 ④

포유류와 조류 둘 다 시끄러운 동물이다. 그것들은 소리로 자신들을 드러내고 소통을 하지만, 조류가 그것에 훨씬 더 능숙하다. 많은 포유류가 각기 다른 물체에 대해 각기 다른 소리를 내지만, 조류가 낼 수 있는 유의미한 소리의 범위에 필적할 수 있는 포유류는 거의 없다. 인간을 제외하고는 포유류는 대체로 노래하지 못하며, 그것들이 그렇게 하려 한다는 증거도 거의 없다. 몇몇 포유류가 큰 소리로 울부짖기는 하지만, 인간과 아마도 고래를 제외하고는 노래하는 포유류는 거의 없다. 몇몇 포유류는 사는 장소, 돌아다니는 방식, 먹는 것에 있어서 서로 다르다. 하지만 많은 조류는 노래로 유명하며, 가장 멋진 명금(고운 소리로 우는 새) 중의 일부는 우리가 가장 흔하게 마주치는 것들이다.

**해설**

소리를 통해 자신의 존재를 드러내고 의사소통을 하는 포유류와 조류를 비교·설명하는 내용의 글이므로 포유류의 종류를 구별하고 있는 ④의 내용은 글의 전체 내용과는 관계가 없다.

**어휘**

mammal 포유류, 포유동물   object 물체   match ~에 필적하다
range 범위   melodious 노래하는, 가락이 아름다운   evidence 증거
be famous for ~로 유명하다   songster 명금(고운 소리로 우는 새), 가수
encounter 마주치다

## 36 ③

1775년 태풍 Lengkieki가 적도 부근의 섬, Pingelap을 강타하였고, 이 섬의 거주민 가운데 약 2%만이 살아남았다. 이러한 상황에서는 그 어떠한 희귀한 유전적 특성도 확산될 수 있다. (B) 한 가지가 그랬다. 완전 색맹 유전자가 이 섬의 통치자의 DNA 안에 숨겨져 있었다. 하지만 그와 다른 생존자들이 자손을 낳고, 그 자손들이 친척들과 결혼하고 또 자손을 낳으면서 섬에서 그 유전자를 가지고 있는 사람의 비율은 섬 바깥세상보다 훨씬 높아졌다. (C) Pingelap 섬에서는 1820년대에 처음으로 색맹인 아이들이 나타났다. 이들이 성장하면서 색깔을 볼 수 없게 되었다는 점이 명백해졌다. Pingelap 사람들은 그들의 색맹을 maksun이라 부르기 시작했는데, 그것은 "보지 못한다"는 것을 의미했다. (A) 한 가지 흥미로운 것은 maksun을 지니고 있는 사람들이 어둠속에서 헤엄치는 물고기의 희미한 회색빛을 보는 데 특히 능숙해서, 밤낚시에 재주가 있는 것으로 판명된 점이다.

**해설**

유전적 특성이 확산될 조건이 만들어진 적도 부근의 Pingelap 섬에 대한 내용에 이어 한 가지 희귀한 유전적 특성이 확산되었다는 실제 사례가 언급된 (B)가 이어지고, 색맹을 maksun이라고 부르는 내용이 진술된 (C)가 이어진 다음에, maksun을 지닌 사람들의 특성을 설명하는 (A)로 이어지는 것이 적절하다.

**어휘**

equator 적도   resident 거주민   rare 희귀한   genetic 유전적인   faint 희미한
flash 반짝임, 섬광   color blindness 색맹   ruler 지배자, 통치자   reproduce 자손을 낳다

## 37 ⑤

집에 들어서자마자, 나는 거실의 창문틀을 돋보기로 유심히 살펴보았다. 나는 누군가가 그 창문으로 침입했다는 것을 바로 알 수 있었다. (C) 왜냐하면 나는 누군가가 집안으로 들어서면서 생긴 젖은 발자국의 윤곽을 구별할 수 있었기 때문이다. 그러고 나서 무슨 일이 일어났는지에 추측하기 시작하였다. (B) 한 남자가 창문 밖에서 기다리고 있었다. 누군가가 그에게 보석을 갖다 주었다. 또 다른 남자가 이 장면을 지켜보고 있었다. 그는 도둑을 쫓아갔고, 그와 몸싸움을 했다. (A) 그들은 서로 왕관을 잡아당겼고, 그들의 합쳐진 힘이 한 사람의 힘만으로는 낼 수 없는 손상을 입혔다. 그는 왕관을 가지고 집으로 돌아왔지만 그것의 일부분은 도둑의 손에 남게 되었다.

**해설**

다른 사람이 집을 침입했다는 것을 알았다는 주어진 문장 다음에 그런 사실을 알 수 있었던 이유를 설명하는 (C)가 이어지고, 도둑과 도둑을 쫓는 사람을 추론하는 내용이 있는 (B)가 온 다음에, 두 사람의 다툼으로 왕관에 손상이 생겼다는 내용의 (A)가 이어지는 것이 가장 자연스럽다.

**어휘**

examine 조사[검토]하다   frame 틀   crown 왕관   jewel 보석   scene 장면
pursue 뒤쫓다, 추구하다   struggle 싸우다, 투쟁하다   distinguish 구별하다, 식별하다   outline 윤곽

## 38 ④

다른 종류의 지식이 있다. 어떤 것은 특정한 일이나 주제와 관련된 영역 특수 지식이다. 예를 들어 유격수가 2루와 3루 사이에서 경기를 한다는 것을 아는 것은 야구의 영역에 한정된다. 반면에 어떤 지식은 일반적이다. 즉, 그것은 많은 다른 상황에 적용된다. 예를 들어, 읽거나 컴퓨터를 사용하는 방법에 관한 일반적 지식은 학교의 안팎 둘 다에서 유용하다. 물론, 일반적 (지식)과 영역 특수 지식 사이에 절대적인 경계는 없다. 당신이 처음 읽는 방법을 배웠을 때 당신은 철자들의 소리에 관한 특정한 사실들을 배웠을 것이다. 그때는, 철자 소리에 관한 지식은 읽기 영역에 한정되었다. 하지만 이제 당신은 소리에 관한 지식과 읽는 능력 모두를 좀 더 일반적인 방식들로 사용할 수 있다.

**해설**

읽기를 처음 배웠을 때 철자의 소리에 대한 특정한 사실들을 배웠다는 내용의 주어진 문장은 철자의 소리에 관한 내용이 언급되고 있는 내용이 시작되는 앞인 ④에 들어가는 것이 가장 적절하다.

**어휘**

letter 철자   domain-specific knowledge 영역 특수 지식   task 일, 업무
shortstop 유격수   apply 적용되다   absolute 절대적인

## 39 ②

수 세기 동안, 사람들은 바다를 무한정한 식량 공급원으로 여겼다. 그러나 전 세계 어장의 76%가 최근에 무분별한 해양 자원 개발과 남획으로 시달리고 있다. 매년 마다 수십억 마리의 불필요한 어류와 다른 동물들이 이런 비효율적이고 불법적이고 파괴적인 수산업의 관행 때문에 죽어간다. 어떻게 우리는 이 귀중한 자원을 보존할 수 있을까? 우리가 해양 식품을 적절하게 소비하고, 환경에 대해 작은 피해를 야기하는 수산업에서 나온 식품만을 선택하고 소비함으로써 이 자원을 보호할 수 있다. 지금 수많은 안내서들이 우리가 먹을 수 있는 해양 식품의 종류와 바다에서 개체군의 감소로 인해 피해야할 해양 식품을 알려 주고 있다. 소비자로서의 당신의 선택이 건강한 바다를 만들기 위해서 더 많은 수산업이 관행을 바꿀 수 있도록 촉진할 수 있다.

**해설**

해양 자원의 보존을 위해서 무분별한 채집과 남획을 지양하고 소비자로서 의식 있는 소비를 하자는 내용의 글로, 주어진 글 속에 있는 these inefficient, illegal, and destructive fishing practices(이런 비효율적이고 불법적이고 파괴적인 수산업 관행)은 본문에서 thoughtless ocean resource development and over-fishing(무분별한 해양 자원 개발과 남획)을 지칭하는 내용이므로, ②에 들어가는 것이 가장 적절하다.

**어휘**

inefficient 비효율적인   destructive 파괴적인   practice 관행   fishery 수산업
thoughtless 분별없는, 무분별한   properly 적절하게   declining 감소하는

## 40 ①

내가 8학년이었을 때, 우리는 지리 시간에 경도와 위도를 공부하고 있었다. 일주일 동안 매일 우리는 쪽지 시험을 보았고, 나는 경도와 위도를 혼동했다. 나는 집에 가서 거의 울 뻔했는데, 왜냐하면 너무나 창

피해서 그 말들을 구별할 수 없었기 때문이었다. 나는 그 단어들을 바라보고 바라보다가, 마침내 무엇을 해야 할지를 갑자기 알게 되었다. 나는 나 자신에게 만약 네가 longitude(경도)에서 'n'을 보면, 그것은 너에게 'north (북쪽)'라는 어휘를 떠올리게 할 것이라고 말했다. 따라서, 경도선은 북에서 남으로 간다고 기억하는 것이 쉬울 것이다. 그것은 효과가 있었고, 나는 다음 쪽지 시험에서, 그리고 다음번에서, 그리고 시험에서도 그것들을 모두 맞히었다.

→ 위 이야기는 여러분이 배우는 것을 이미 알고 있는 것과 관련지어 생각하는 것이 학습 내용을 외우는 데 도움이 된다는 것을 시사한다.

**해설**

단어를 혼동하는 화자가 longitude라는 단어 속의 n에서 북쪽을 연상하여 단어의 개념을 이해하게 되었다는 내용의 글이므로 요약문의 빈칸 (A)에는 associating(관련지어 생각하는)이 빈칸 (B)에는 memorize(외우다)가 적절하다.

② 관련지어 생각하는 것 – 출판하다
③ 제시하는 것 – 출판하다
④ 대체하는 것 – 평가하다
⑤ 대체하는 것 – 외우다

**어휘**

longitude 경도  latitude 위도  geography 지리(학)  confused 혼동하는  embarrassed 창피한, 난처해하는  stare 바라보다  associate 관련지어 생각하다, 연상하다  replace 대체하다  evaluate 평가하다

[41~42]

소음 공해는 많은 형태를 가질 수 있다. 글쓰기에서 반갑지 않은 소음의 주요 원인 중의 하나는 실제로 소리를 내지는 않지만, 그것은 매우 시끄러울 수 있다. 이메일이나 다른 글을 모두 대문자로 타이핑하는 것은 독자에게 여러분의 메시지를 '소리 지르는' 것이라고 여러분은 자주 들었을지도 모른다. 아마도 이것은 모든 글자의 크기 그 자체가 그것의 중요성을 강조하기 때문에 그런 것 같다. 그러나 더 큰 것이 반드시 더 좋은 것은 아니고, 똑같은 것이 글쓰기에도 적용된다.

모두 대문자로 된 글을 읽으려고 노력하는 것의 진정한 문제점은 그것이 (읽기가) 어렵다는 것이다. 여러분이 어떤 생각을 강조하거나 경고를 표현하기를 원할 때는 한 줄이나 두 줄, 아마도 짧은 문단까지는 괜찮다. 하지만 에세이 전체를 모두 대문자로 쓴다면, 그것은 독자를 짜증나게 한다. 우리는 초등학교 시절에 대문자와 소문자로 읽는 법을 배웠다. 성인으로서, 우리는 이런 관행을 지속하고, 우리가 읽는 주요 신문, 교과서, 정기 간행물과 잡지도 또한 마찬가지이다. 게다가, 단어를 모두 대문자로 타이핑하는 것은 주요한 정보를 본문의 나머지 부분, 뒷받침하는 이차적인 세부 사항과 구별하기 어렵게 만든다. 무엇이 가장 중요한가? 무엇이 그렇지 않은가? 모두 대문자로 타이핑하는 것은 작가가 독자를 무시한다는 것을 흔히 나타낸다.

**41** ③    71% 고2 03월 모의고사 변형

**해설**

매우 시끄러운 목소리로 말을 하는 경우에 발생하는 소음공해와 같은 현상이 글쓰기에서도 느껴질 수 있는 경우의 예로, 모든 것을 대문자로 쓰는 경우를 들어 설명하고 있는 글이다. 강조를 하기 위해 한두 문장 정도를 대문자로 쓰는 것을 제외하고는 글을 쓸 때 대문자와 소문자를 구별해야 한다는 내용의 글이므로 이 글의 제목으로는 ③ 모두 대문자로 글을 쓰는 것의 문제점(Problems with Writing in All Capitals)이 가장 적절하다.

① 정확한 타이핑의 중요성
② 필체를 향상시키는 방법
④ 주제를 고를 때 해야 할 것과 하지 말아야 할 것
⑤ 말하기와 쓰기의 서로 다른 기술

**42** ④    55% 고2 03월 모의고사 변형

**해설**

글에서 한두 문장 정도를 대문자로 표현하여 자기 생각을 강조하는 것은 허용되지만, 모두 대문자로 쓰는 것은 마치 소리를 지르는 것과 같은 느낌을 받도록 하는 것이라고 하였으므로, 주어진 빈칸에 들어가기에 가장 적절한 것은 ④ 무시하다 (disregards)이다.

① 반영하다    ② 즐겁게 하다    ③ 평가하다    ⑤ 이해하다

**어휘**

pollution 공해  form 형태  major 주요한  source 원인, 근원  unwelcome 반갑지 않은  actually 실제로  capital 대문자의; 대문자  emphasize 강조하다  apply to ~에 적용되다  annoy 짜증나게 하다  elementary school 초등학교  practice 관행  journal 정기 간행물  magazine 잡지  primary 주요한  supporting 뒷받침하는  secondary 이차적인, 부차적인  detail 세부 사항  accurate 정확한  handwriting 필체, 필적  dos and don'ts 할 것과 하지 말아야 할 것, 관례

[43~45]

(A) 나의 아버지는 대하기에 편안한 사람은 아니었지만 나를 사랑하셨고 나의 교육에 지대한 관심을 가지셨다는 것을 나는 알고 있었다. 아버지는 군대식 교육이 나에게 도움이 될 것이라고 믿고 계셨다. 그래서 1947년 10월에 나는 Georgia Military Academy에서 5학년에 다니고 있었다. 그러나 내가 거친 학생들과 힘든 시간을 보내는 것을 보시고 그는 곧 나를 불쌍하게 여겨 그 다음 해에 나를 Georgia 주 동부의 어느 공립학교에 전학시키셨다.

(B) 나는 엄격한 군대식 학교 환경에서 벗어난 것이 매우 좋았고 야외와 자연에서 좀 더 많은 자유 시간을 보낼 수 있다는 점을 즐겼다. 그러나 그 시기에 더 좋았던 점은 아버지가 그의 새로운 돛단배를 관리하도록 고용한 21살의 흑인이 왔다는 것이었다. 그의 이름은 Jimmy Brown이었다. 내가 그를 처음 만난 날, 나는 그가 내 인생에서 가장 중요한 사람 중의 한 사람이 될 거라는 것을 전혀 알지 못했다.

(D) 아버지는 돛단배를 구매했을 때 그 배를 관리할 누군가를 고용할 생각이 없었다. 그러나 곧 그는 새로운 배와 관련해서 해야 할 일이 매우 많으리라는 것을 깨닫게 되었고 몇몇 친구분들이 Jimmy를 재주 있는 잡역부라고 추천하자 그를 고용하기로 결정하셨다. 머지않아, Jimmy는 아버지의 친구분들이 그에 대해 옳았다는 것을 증명하였다. 아버지는 그를 더욱더 많이 신뢰하셨고 내가 Jimmy와 많은 시간을 보내도록 허락하셨다.

(C) 우리가 함께 보낸 시간 덕분에, 우리는 정말로 좋은 친구가 되었다. 결국, 그는 나에게 제2의 아버지와 같이 되었다. 내 아버지는 나의 교육에 그의 관심을 항상 보이면서 나에게 많은 것을 가르쳐주셨다. 그러나 Jimmy는 나에게 자연에 대해 훨씬 더 많은 것을 가르쳐주었다. 나는 그와 함께 보낸 매 순간을 사랑했고 그는 나의 최고의 친구 중의 하나가 되었다. 그와의 진실한 우정 덕분에 나는 아무런 편견 없이 성장했다.

**43** ①    78% 고2 11월 모의고사 변형

**해설**

아버지가 필자를 군대식 교육학교에서 Georgia주 동부의 공립학교로 전학을 시켰다는 내용의 주어진 글 (A) 다음에, 자연에서 좀 더 많은 여가를 보낼 수 있었다는 내용의 (B)가 이어지고, 아버지가 배를 구입하면서 일손이 필요해서 Jimmy를 고용했다는 내용의 (D)가 이어진 후, 필자가 Jimmy로부터 자연에 대해 많은 것을 배우며 편견 없이 성장했다는 내용의 (C)가 이어지는 것이 자연스럽다.

**44** ⑤    82% 고2 11월 모의고사 변형

**해설**

(e)는 Jimmy Brown을 가리키고 (a),(b),(c),(d)는 필자의 아버지를 가리킨다.

# 45 ⑤

[00%] 고2 11월 모의고사 변형

**해설**

(D)의 후반부에 필자의 아버지는 Jimmy를 더 많이 신뢰했고, 필자와 함께 많은 시간을 보내도록 허락했다고 하였으므로, 글의 내용과 일치하지 않는 것은 ⑤이다.

**어휘**

military 군대의   attend ~에 출석하다   tough 힘든, 어려운   pity 동정
transfer 옮기다, 전학시키다   eastern 동쪽의   the following year 다음 해
strict 엄격한   arrival 도착, 등장   hire 고용하다   sailboat 돛단배   sincere
진실한   prejudice 편견   recommend 추천하다   handyman 잡역부, 기술자

MEMO

MEMO

MEMO

맨처음
수능영어

독해 모의고사
10회

수능 영어를 향한 가벼운 발걸음

# 맨처음 수능 영어

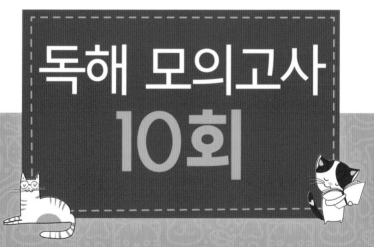

독해 모의고사 10회

이연홍 서재교
김한나 이건희

Workbook

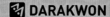

DARAKWON

수능 영어를 향한 가벼운 발걸음

# 맨처음 수능 영어

독해 모의고사
10회

# Workbook

# 18

**A** 우리말은 영어로, 영어는 우리말로 쓰시오.

1 Whom It May Concern      _____

2 resident      _____

3 on one's own      _____

4 향상시키다      _____

5 능력      _____

6 노선, 경로      _____

**B** 괄호 안의 주어진 단어를 바르게 배열하시오.

1 I can (you, some, riders, very grateful, promise).
→ _____

2 I (from, hearing, forward, look, to) you soon.
→ _____

**C** 다음 빈칸에 들어갈 알맞은 단어를 적으시오.

1 여기의 주민들 중 편안하게 느끼는 사람은 거의 없습니다.
Very _____ of the residents here feel
_____.

2 가장 가까운 버스 정류장은 아파트 단지로부터 0.5마일 내려간 곳에 있습니다.
The closest bus stop is _____ \_\_\_\_ _____
below the apartment _____.

**D** 다음 괄호 안의 주어진 단어를 활용하여 문장을 완성하시오.

1 우리는 마을을 다닐 수 있는 능력을 향상시키는 것을 도울 수 있습니다. (to, their, get around) 11단어
→ _____
_____

2 우리는 15번 버스 노선이 변경될 수 있을지 문의합니다. (asking, if, the, could, change) 12단어
→ _____
_____

# 19

**A** 우리말은 영어로, 영어는 우리말로 쓰시오.

1 beloved      _____

2 rush      _____

3 be about to      _____

4 오두막      _____

5 포옹하다      _____

6 기념하다      _____

**B** 괄호 안의 주어진 단어를 바르게 배열하시오.

1 I hugged him (was, celebrating, I, like, birthday, my).
→ _____

2 (for, the, waiting, bus, While), I wanted to listen to music.
→ _____

**C** 다음 빈칸에 들어갈 알맞은 단어를 적으시오.

1 나는 상심하여 버스로 돌아왔다.
I came back to the bus with a(n) _____
_____.

2 그는 버스에 올라타서 나에게 다가왔다.
He _____ \_\_\_\_\_ the bus and _____ me.

**D** 다음 괄호 안의 주어진 단어를 활용하여 문장을 완성하시오.

1 나는 관리자에게 그것이 (누군가 습득해서) 가져다 주어졌는지 물었다. (the, if, hand in) 10단어
→ _____
_____

2 그는 청소하는 여자 분이 소파 아래에서 그것을 찾았다고 말했다. (had found, the) 11단어
→ _____
_____

# 20

**A 우리말은 영어로, 영어는 우리말로 쓰시오.**

1 destroy     _____

2 sociologist     _____

3 long-term     _____

4 ~에 집착하다     _____

5 재현하다, 다시 만들다     _____

6 열정     _____

**B 괄호 안의 주어진 단어를 바르게 배열하시오.**

1 The best way to make sure long-term happiness is (to, stick, to, your first love, not)
→ _____

2 They don't try to recreate the strong passion (once, shared, they, a past lover, with).
→ _____

**C 다음 빈칸에 들어갈 알맞은 단어를 적으시오.**

1 젊은 시절의 사랑에 대한 행복이 비현실적인 기준이 될 수 있다.
The happiness of young love can become a(n) _____ _____.

2 연인 관계에 대해 더 현실적인 관점을 가지고 있는 사람들은 더 성공적인 장기적인 연인 관계를 갖는 경향이 있다.
People with a more _____ _____ of relationships _____ _____ have more successful long-term ones.

**D 다음 괄호 안의 주어진 단어를 활용하여 문장을 완성하시오.**

1 여러분은 절대로 첫사랑을 잊지 못한다고 말한다.
(It, said, that, never, your) 10단어
→ _____
_____

2 그것의 기억들이 평생 동안 당신의 연인 관계를 망칠 수 있다.
(destroy, relationships, life) 9단어
→ _____
_____

# 21

**A 우리말은 영어로, 영어는 우리말로 쓰시오.**

1 conflict-free     _____

2 relatively     _____

3 immunize     _____

4 주입하다     _____

5 항체     _____

6 가능케 하다     _____

**B 괄호 안의 주어진 단어를 바르게 배열하시오.**

1 The body (stimulated, to, develop, is) the antibodies.
→ _____

2 They (deal, help, to, partners, with) major conflicts when they arise.
→ _____

**C 다음 빈칸에 들어갈 알맞은 단어를 적으시오.**

1 갈등을 백신의 한 형태로 생각해라.
_____ ____ conflicts _____ a type of vaccine.

2 갈등은 피할 수 없을 뿐만 아니라, 실제로 중요하다.
Conflict is _____ _____ unavoidable _____ _____ actually important.

**D 다음 괄호 안의 주어진 단어를 활용하여 문장을 완성하시오.**

1 커플이 함께하는 동안 갈등은 존재한다.
(While, the, there) 8단어
→ _____
_____

2 완벽한 조화가 우리가 추구해야만 하는 기준으로 여겨진다.
(considered, the, should, seek) 9단어
→ _____
_____

# 22

**A 우리말은 영어로, 영어는 우리말로 쓰시오.**

1  various　　_____

2  resistance　　_____

3  supervise　　_____

4  예방하다　　_____

5  소아과　　_____

6  자문 위원회　　_____

**B 괄호 안의 주어진 단어를 바르게 배열하시오.**

1  Kids don't gain (weights, lifting, from, the, same, muscle) that a teen or adult would.

→ _____

2  (have, who, weight-train, Kids) healthier bone density, body composition, and resistance to injury.

→ _____

**C 다음 빈칸에 들어갈 알맞은 단어를 적으시오.**

1  보상들이 위험들을 능가한다.

The _____ _____ the _____.

2  아이들은 역기 운동을 시작했을 때, 30~40%의 근력 향상을 보인다.

Kids show a 30-to-40 percent _____ _____ when they start _____.

**D 다음 괄호 안의 주어진 단어를 활용하여 문장을 완성하시오.**

1  여섯 살 정도의 어린 아이들이 근력 운동으로부터 이익을 얻어왔다. (as ~ as, have, benefit from) 10단어

→ _____

_____

2  부상의 위험은 부모들이 아이들에 대해 걱정하는 한 가지 이유이다. (the, of, one, about) 11단어

→ _____

_____

# 23

**A 우리말은 영어로, 영어는 우리말로 쓰시오.**

1  reduce　　_____

2  significant　　_____

3  presence　　_____

4  분위기　　_____

5  건강　　_____

6  기관, 조직　　_____

**B 괄호 안의 주어진 단어를 바르게 배열하시오.**

1  During workdays, stress levels decreased for workers (their, brought in, who, dogs).

→ _____

2  The presence of pets may (available, cheap wellness solution, easily, serve as, a).

→ _____

**C 다음 빈칸에 들어갈 알맞은 단어를 적으시오.**

1  애완동물들은 또한 직장에서도 이점이 될 수 있다.

Pets can also be a(n) _____ in the _____.

2  애완동물 주인들이 더 낮은 혈압과 감소된 심장병 위험 그리고 더 낮은 수준의 스트레스를 가지고 있다.

Pet owners have lower _____ _____, a reduced risk of _____ _____, and lower _____ _____ _____.

**D 다음 괄호 안의 주어진 단어를 활용하여 문장을 완성하시오.**

1  직장인들은 업계 기준치보다 더 높은 직업 만족도를 가졌다. (have, higher, than, norm) 8단어

→ _____

_____

2  사무실에 개를 데리고 있는 것은 전체적인 분위기에 긍정적인 영향을 끼쳤다. (have, the, effect, the, general) 14단어

→ _____

_____

# 24

**A** 우리말은 영어로, 영어는 우리말로 쓰시오.

1  sales _____

2  region _____

3  decrease _____

4  약간 _____

5  순위; 순위를 차지하다 _____

6  인기 _____

**B** 괄호 안의 주어진 단어를 바르게 배열하시오.

1  Hybrid car sales (in, the, other, regions, increased, slightly).

→ _____

2  Hybrid car sales in these three regions (strongest, the USA, in, were, the).

→ _____

**C** 다음 빈칸에 들어갈 알맞은 단어를 적으시오.

1  이것에도 불구하고 하이브리드 자동차 판매량 순위는 그 두 해 동안 똑같았다.

_____ this, the sales ranks of hybrid cars _____ _____ _____ for both years.

2  하이브리드 자동차는 아시아에서 갑자기 인기가 증가하여, 판매량이 처음으로 미국을 뛰어넘었다.

Hybrid cars suddenly _____ in _____ in Asia, _____ the USA in sales.

**D** 다음 괄호 안의 주어진 단어를 활용하여 문장을 완성하시오.

1  위의 막대그래프는 연도별 하이브리드 자동차의 총 판매량을 보여준다. (the, the, total, number, of) 12단어

→ _____
_____

2  그다음 해에 하이브리드 자동차 판매가 아시아에서는 계속 증가했다. (the, following, continue, increase) 11단어

→ _____
_____

# 25

**A** 우리말은 영어로, 영어는 우리말로 쓰시오.

1  recognize _____

2  bill _____

3  shallow _____

4  먹이다; 먹이 _____

5  이동하다, 이주하다 _____

6  표면 _____

**B** 괄호 안의 주어진 단어를 바르게 배열하시오.

1  American coots (in, wetlands, build, floating nests) or shallow lakes.

→ _____

2  When (themselves, try, to, they, launch), they have to run along the surface of the water for a while.

→ _____

**C** 다음 빈칸에 들어갈 알맞은 단어를 적으시오.

1  그것들은 비행에서 이륙하는 것을 잘하지 못한다.

They _____ not very _____ _____ _____ _____ in flight.

2  그것들은 그들의 삶의 대부분을 탁 트인 물 위에서 떠다니며 지낸다.

They _____ much of their lives _____ on _____ _____.

**D** 다음 괄호 안의 주어진 단어를 활용하여 문장을 완성하시오.

1  그것들은 곤충과 식물과 같은 다양한 먹이를 먹는다. (a variety of, such as) 11단어

→ _____
_____

2  암컷은 갈색 점들이 있는 밝은색 알을 9개에서 12개 낳는다. (the, to, that, light, with) 13단어

→ _____
_____

## 26

**A** 우리말은 영어로, 영어는 우리말로 쓰시오.

1 encourage _____

2 due date _____

3 individual _____

4 증진하다, 판촉하다 _____

5 제출하다 _____

6 취급 설명서 _____


**B** 괄호 안의 주어진 단어를 바르게 배열하시오.

1 (Ideas, Your, Toy-Making, Share).

→ _____

2 Your own handmade toy & an instruction manual (it, on, how, to, make).

→ _____


**C** 다음 빈칸에 들어갈 알맞은 단어를 적으시오.

1 Ecotoy가 제1회 장난감 제작 대회를 주최합니다.

Ecotoy _____ _____ its first toy-making _____.

2 이 대회는 장난감 제작의 즐거움을 되찾는 것을 목적으로 합니다.

The contest _____ _____ _____ _____ the joy of toy-making.


**D** 다음 괄호 안의 주어진 단어를 활용하여 문장을 완성하시오.

1 수상자들은 11월 9일에 발표될 것입니다.

(will, announce, on) 7단어

→ _____

_____

2 우리는 모든 수상자들에게 www.stationery.com에서 사용할 수 있는 50달러짜리 쿠폰을 보내드릴 것입니다. (all, a, that, at) 14단어

→ _____

_____


## 27

**A** 우리말은 영어로, 영어는 우리말로 쓰시오.

1 purchase _____

2 holder _____

3 community _____

4 개최하다 _____

5 전시회; 보여주다 _____

6 입장(료), 입학, 시인 _____


**B** 괄호 안의 주어진 단어를 바르게 배열하시오.

1 Heywood is (community museum, a, with, five halls).

→ _____

2 The museum (exhibits, hosts, new, many) and special events during the summer.

→ _____


**C** 다음 빈칸에 들어갈 알맞은 단어를 적으시오.

1 일주일 내내 열려 있음

• _____ 7 days ____ _____

2 상품 구매 시 멤버십 카드 소지자들에게 10% 할인

• 10% discount _____ _____ only for _____ _____ _____


**D** 다음 괄호 안의 주어진 단어를 활용하여 문장을 완성하시오.

1 12세 이하 아동: 무료 (&, under, charge) 8단어

→ _____

_____

2 3일 이내에 무제한 방문을 위한 티켓을 구매하세요. (one, an unlimited number of, within, a three-day period) 13단어

→ _____

_____

## 28

**A** 우리말은 영어로, 영어는 우리말로 쓰시오.

1 beneficial _____

2 root crop _____

3 weed _____

4 참여하다 _____

5 즐거움, 오락 _____

6 목적 _____

**B** 괄호 안의 주어진 단어를 바르게 배열하시오.

1 This is a method (that, has, used, been) for a long time.

→ _____

2 People usually foraged for food in any place (be, food, could, found, where).

→ _____

**C** 다음 빈칸에 들어갈 알맞은 단어를 적으시오.

1 이제는 식량을 찾아다니는 것이 증가하는 추세가 되었다.

Now, foraging has become a(n) _____ _____.

2 식량을 찾아다니는 것은 야생의 식량 자원을 탐색하는 수단이다.

Foraging is a(n) _____ of searching for wild _____ _____.

**D** 다음 괄호 안의 주어진 단어를 활용하여 문장을 완성하시오.

1 사람들은 식량을 찾아다니는 것에 느리지만 확실하게 친숙해지고 있다. (surely, get, with, foraging) 9단어

→ _____
_____

2 점점 더 많은 사람들이 그것이 매우 성취감을 주고 유익하다고 생각한다. (more, find, it, very) 10단어

→ _____
_____

## 29

**A** 우리말은 영어로, 영어는 우리말로 쓰시오.

1 defend _____

2 dismiss _____

3 findings _____

4 추론 _____

5 결론, 결말 _____

6 피실험자, 주제 _____

**B** 괄호 안의 주어진 단어를 바르게 배열하시오.

1 If we find (to, a single reason, the claim, doubt), we can dismiss it.

→ _____

2 When subjects are told that (them, gave, a low score, an intelligence test), they choose to read the articles.

→ _____

**C** 다음 빈칸에 들어갈 알맞은 단어를 적으시오.

1 그리고 나서 우리는 정반대의 증거를 탐색한다.

Then, we search for _____ _____.

2 '동기화된 추론'은 사람들이 그들이 바라는 결론들에 도달하기 위해 사용하는 많은 요령을 보여준다.

"Motivated reasoning" shows the many tricks people use to _____ their _____ _____.

**D** 다음 괄호 안의 주어진 단어를 활용하여 문장을 완성하시오.

1 그들은 지능검사의 타당도를 비판하는 기사들을 읽기로 선택한다. (choose, articles, the, validity) 11단어

→ _____
_____

2 과도한 카페인 섭취는 유방암의 위험과 연관이 있다. (heavy, be linked with, a, of) 11단어

→ _____
_____

## 30

**A 우리말은 영어로, 영어는 우리말로 쓰시오.**

1 steal   _____

2 bracelet   _____

3 be troubled by   _____

4 죄책감   _____

5 조용히   _____

6 찢다   _____

**B 괄호 안의 주어진 단어를 바르게 배열하시오.**

1 Gandhi handed (his father, to, the letter).

  → _____

2 He (kept, father's, his, tears, always) in his heart.

  → _____

**C 다음 빈칸에 들어갈 알맞은 단어를 적으시오.**

1 그의 아버지는 편지를 읽고는 그 편지를 그의 눈물로 적셨다.

His father _____ the letter and _____ it with his _____.

2 아버지의 행동을 통해서, 간디는 그가 용서받았음을 알았다.

_____ his father's action, Gandhi knew he _____ _____.

**D 다음 괄호 안의 주어진 단어를 활용하여 문장을 완성하시오.**

1 그는 아버지께 그를 벌해 달라고 요청하는 편지를 썼다. (a, ask, his) 10단어

  → _____

_____

2 그는 아버지께 자신이 했던 것을 말씀드리기로 결심했다. (decide, his, have) 10단어

  → _____

_____

## 31

**A 우리말은 영어로, 영어는 우리말로 쓰시오.**

1 association   _____

2 intensity   _____

3 judgement   _____

4 인식, 지각   _____

5 식용 색소   _____

6 질감   _____

**B 괄호 안의 주어진 단어를 바르게 배열하시오.**

1 The thickening agent influences (food, of, the, the, flavor).

  → _____

2 Judgements about flavor are often influenced by predictions (the appearance, the food, based on, of).

  → _____

**C 다음 빈칸에 들어갈 알맞은 단어를 적으시오.**

1 색의 강도 또한 맛의 인식에 영향을 준다.

Color intensity also _____ _____ _____.

2 딸기 맛이 나는 음식들은 빨간색일 것으로 기대된다.

Strawberry-flavored foods _____ _____ ____ _____ red.

**D 다음 괄호 안의 주어진 단어를 활용하여 문장을 완성하시오.**

1 더 걸쭉한 음식(상품)은 맛이 더 풍부하다고 인식될 수 있다. (A, product, may, perceive, as) 9단어

  → _____

_____

2 그것들이 녹색으로 칠해진다면 그 맛을 딸기로 알아보기 어려울 것이다. (If, it, difficult, would, identify, the, as) 15단어

  → _____

# 32

**A** 우리말은 영어로, 영어는 우리말로 쓰시오.

1 worth   _____

2 cost   _____

3 according to   _____

4 틀림없이, 확실히   _____

5 파괴적인   _____

6 힘, 군대; 강요하다   _____

**B** 괄호 안의 주어진 단어를 바르게 배열하시오.

1 The losers focus on (they, don't, what, want).

→ _____

2 If I kick this goal, it (the Super Bowl, will, in, us, put).

→ _____

**C** 다음 빈칸에 들어갈 알맞은 단어를 적으시오.

1 그것은 모든 사람에게 3만 달러 상당의 금액을 안겨 줄 거야

It will _____ _____ thirty thousand dollars to every man.

2 우리의 인생에서 가장 파괴적인 힘은 상상력의 부정적인 사용이다.

The most destructive force in our lives is the _____ _____ of our _____.

**D** 다음 괄호 안의 주어진 단어를 활용하여 문장을 완성하시오.

1 승자들은 자신들이 얻고자 싶어 하는 것에 집중한다. (the, focus, want, get) 9단어

→ _____
_____

2 네가 할 수 있다고 생각하건 할 수 없다고 생각하건 간에, 네가 옳다. (Whether, or, right) 13단어

→ _____
_____

# 33

**A** 우리말은 영어로, 영어는 우리말로 쓰시오.

1 theory   _____

2 subject   _____

3 form   _____

4 구체적인   _____

5 추상적인   _____

6 개념   _____

**B** 괄호 안의 주어진 단어를 바르게 배열하시오.

1 These coffee cups (were, owned, anyone, by, not).

→ _____

2 People were offered tokens (could, exchanged, be, which) for coffee cups.

→ _____

**C** 다음 빈칸에 들어갈 알맞은 단어를 적으시오.

1 그들은 심지어 그들의 커피잔을 간직하는 것을 선호할 것이라고 말했다.

They said _____ they would _____ _____ _____ their coffee cups.

2 그들의 소유권이 분명하게 확립되어있다면 사람들은 물건을 더 가치 있게 여긴다.

People _____ an object more if their ownership _____ clearly _____.

**D** 다음 괄호 안의 주어진 단어를 활용하여 문장을 완성하시오.

1 그것은 물건들만 적용되는 것처럼 보인다. (seem, apply only) 7단어

→ _____
_____

2 사람들은 커피 잔들의 가치를 평가하도록 요청 받았다. (ask, evaluate, the) 10단어

→ _____
_____

# 34

**A** 우리말은 영어로, 영어는 우리말로 쓰시오.

1  arrange _____

2  interpret _____

3  nonlanguage _____

4  어조, 톤 _____

5  보여주다; 전시회 _____

6  얼굴의 _____

**B** 괄호 안의 주어진 단어를 바르게 배열하시오.

1  We can tell someone (person, love, that, we) in a sad, happy, or soft voice.

→ _____

2  If a friend tells you that he or she likes you, you can (ways, interpret, different, that, in).

→ _____

**C** 다음 빈칸에 들어갈 알맞은 단어를 적으시오.

1  당신은 그 또는 그녀의 의도를 의심할 것이다.
You would _____ his or her _____.

2  사람들은 단어에서 발견되는 의미를 통하여 의사소통하는 것에 크게 의존한다.
Humans _____ heavily _____ _____ through the meaning _____ in words.

**D** 다음 괄호 안의 주어진 단어를 활용하여 문장을 완성하시오.

1  당신은 아마도 그 감정을 믿을 가능성이 크다.
(most, likely, believe, that) 7단어

→ _____

_____

2  이것은 '혼합된 신호들'이 매우 혼란스러울 수 있는 이유이다.
(why, can, so) 9단어

→ _____

_____

# 35

**A** 우리말은 영어로, 영어는 우리말로 쓰시오.

1  response _____

2  threatening _____

3  behavior _____

4  무의식적인 _____

5  차단하다 _____

6  인식하다, 지각하다 _____

**B** 괄호 안의 주어진 단어를 바르게 배열하시오.

1  We found ourselves (a, in, situation, threatening).

→ _____

2  (older, we, grew, As), this hiding behavior became more sophisticated.

→ _____

**C** 다음 빈칸에 들어갈 알맞은 단어를 적으시오.

1  아이였을 때, 우리는 가구 같은 단단한 물체나 엄마의 치마 뒤로 숨었다.
As children, we _____ behind _____ objects _____ _____ furniture or our mother's skirt.

2  성인이 되면, 우리는 무의식적 방법으로 한쪽 팔이나 양팔을 가슴 위로 접는다.
_____ adults, we _____ one or both arms _____ the chest in a(n) _____ way.

**D** 다음 괄호 안의 주어진 단어를 활용하여 문장을 완성하시오.

1  장벽 뒤로 숨는 것은 정상적인 반응이다.
(hide, a, a normal) 8단어

→ _____

_____

2  여성이 팔을 장벽들로 이용하는 것이 남성들보다 덜 눈에 띈다.
(Women's use, noticeable) 10단어

→ _____

_____

# 36

**A 우리말은 영어로, 영어는 우리말로 쓰시오.**

1 wedding ceremony _____

2 bake _____

3 crumble _____

4 달려가다, 급히 가다 _____

5 궁핍한, 어려운 _____

6 대체품, 교체선수 _____

**B 괄호 안의 주어진 단어를 바르게 배열하시오.**

1 This change in ceremony (feeling, left, needy, wedding guests).

→ _____

2 Young girls rushed to pick up the grains (actually, that, touched, the bride, had).

→ _____

**C 다음 빈칸에 들어갈 알맞은 단어를 적으시오.**

1 초기 로마시대 이래로, 일부 곡식은 결혼식과 연관이 있었다.

_____ early Roman times, some grain _____ _____ _____ with wedding ceremonies.

2 밀은 더 이상 신부들에게 던져지지 않았으나, 대신에 작은 케이크로 구워졌다.

Wheat was _____ _____ tossed at brides but was _____ baked into small cakes.

**D 다음 괄호 안의 주어진 단어를 활용하여 문장을 완성하시오.**

1 밀은 신부의 손에 쥐어져 있거나 목 주위에 둘러져 있었다. (be carried in, the, wear around, her) 12단어

→ _____

_____

2 그 신부가 그 교회를 떠날 때, 밀의 낟알들이 그녀에게 던져졌다. (as, the, grain, toss at) 13단어

→ _____

_____

# 37

**A 우리말은 영어로, 영어는 우리말로 쓰시오.**

1 predator _____

2 expose _____

3 presence _____

4 초기의 _____

5 포획하다 _____

6 전통적으로 _____

**B 괄호 안의 주어진 단어를 바르게 배열하시오.**

1 In some cases, fish exposed to these chemicals (do, hide, appear, to).

→ _____

2 Fathead minnows (have, attacked, that, been) release chemicals from specialized cells in the skin.

→ _____

**C 다음 빈칸에 들어갈 알맞은 단어를 적으시오.**

1 이러한 종류의 관찰은 이러한 전통적인 관점에 의문을 갖는다.

Observations of this sort _____ this _____ _____.

2 그것들은 최초의 공격자를 방해할 수도 있는 추가 공격자들을 유인하고 있는 것일지도 모른다.

They might be attracting _____ _____ that may _____ _____ the initial attacker.

**D 다음 괄호 안의 주어진 단어를 활용하여 문장을 완성하시오.**

1 이러한 화학물질들은 경고 신호들로 여겨져 왔다. (have, consider, signals) 7단어

→ _____

_____

2 다친 물고기는 다른 물고기들에게 이익이 되기 위해 이런 특별한 화학물질을 분비하지 않는다. (Injured, release, others) 11단어

→ _____

_____

## 38

**A 우리말은 영어로, 영어는 우리말로 쓰시오.**

1 purpose       _____

2 in one sense       _____

3 punish       _____

4 잘못       _____

5 원인, 대의; 야기하다       _____

6 변동, 변화; 이동하다       _____

**B 괄호 안의 주어진 단어를 바르게 배열하시오.**

1 The reason for the tsunami was (our faults, punish, us, for, to).

→ _____

2 Events have causes, and (cause, the, the, always, before, comes, event).

→ _____

**C 다음 빈칸에 들어갈 알맞은 단어를 적으시오.**

1 여기서 '이유'란 '과거의 원인'을 의미한다.

Here "_____" means "_____ _____."

2 지진은 지각판의 변동들 때문에 발생한다.

Earthquakes happen _____ ____ _____ in the Earth's plates.

**D 다음 괄호 안의 주어진 단어를 활용하여 문장을 완성하시오.**

1 모든 일은 어떤 이유가 있어서 일어난다. (happen, a reason) 5단어

→ _____

_____

2 사람들이 이런 종류의 터무니없는 말에 얼마나 자주 의존하는 지는 놀랍다. (It, surprising, depend on, nonsense) 12단어

→ _____

_____

## 39

**A 우리말은 영어로, 영어는 우리말로 쓰시오.**

1 relieved       _____

2 patrol       _____

3 fierce       _____

4 (날씨가) 개다, 개간하다       _____

5 피난처       _____

6 접하다; 국경       _____

**B 괄호 안의 주어진 단어를 바르게 배열하시오.**

1 A young soldier (showed, to, the map, the officer).

→ _____

2 They (back, their, made, way) to the base camp.

→ _____

**C 다음 빈칸에 들어갈 알맞은 단어를 적으시오.**

1 지도를 본 후, 군인들은 눈보라가 끝나기를 기다렸다.

After _____ it, the soldiers _____ _____ the storm.

2 헝가리 군 정찰대는 거센 눈보라에 갇혔다.

A Hungarian military patrol _____ _____ _____ a fierce snowstorm.

**D 다음 괄호 안의 주어진 단어를 활용하여 문장을 완성하시오.**

1 그들의 지휘관은 그들이 어떻게 빠져나올 수 있었는지를 물었다. (ask, make one's way out) 10단어

→ _____

_____

2 그는 그것이 Pyrenees 산맥의 지도라는 것을 알고서 놀랐다. (shocked, a, of, the Pyrenees Mountains) 14단어

→ _____

_____

## 40

**A** 우리말은 영어로, 영어는 우리말로 쓰시오.

1 weight-loss _____
2 participant _____
3 randomly _____
4 서약, 공약 _____
5 분리하다; 분리된 _____
6 게시하다, 전시하다; 전시 _____

**B** 괄호 안의 주어진 단어를 바르게 배열하시오.

1 (public commitment, The effect, of, long-term) was clear.
   → _____

2 All of the participants (were, into, separated, randomly) three groups.
   → _____

**C** 다음 빈칸에 들어갈 알맞은 단어를 적으시오.

1 단기 집단은 평균 96%의 성과를 거두었다.
   The _____ group _____ an average of 96% success.

2 211명의 여성들이 16주 체중 감량 프로그램에 등록했다.
   211 women _____ _____ _____ a sixteen-week weight-loss program.

**D** 다음 괄호 안의 주어진 단어를 활용하여 문장을 완성하시오.

1 서약 비공개 집단의 사람들은 카드들을 작성하지 않았다. (those, the no-public-commitment) 10단어
   → _____
   _____

2 장기 집단은 대략 102% 정도까지 그들의 목표들을 초과하였다. (The, exceed, goals, about) 9단어
   → _____
   _____

## 41~42

**A** 우리말은 영어로, 영어는 우리말로 쓰시오.

1 psychologist _____
2 conduct _____
3 analyze _____
4 평가하다; 속도, 비율, 요금 _____
5 평가, 등급, 청취[시청]율 _____
6 한계; 제한하다 _____

**B** 괄호 안의 주어진 단어를 바르게 배열하시오.

1 People were asked to rated (they, satisfied, how, were) with the relationship.
   → _____

2 (the, To, understand, matter), several psychologists conducted a study.
   → _____

**C** 다음 빈칸에 들어갈 알맞은 단어를 적으시오.

1 사실, 그 결과들은 반대였다.
   In fact, the _____ were _____.

2 과도한 생각을 통해서 우리가 발견할 수 있는 것에는 극심한 한계들이 있다.
   There are _____ _____ to what we can discover through _____.

**D** 다음 괄호 안의 주어진 단어를 활용하여 문장을 완성하시오.

1 우리의 삶을 더 나아지게 만들기 위해 우리 중 많은 사람은 우리 자신을 성찰한다. (Many of, of, reflect on) 11단어
   → _____
   _____

2 너무 많은 분석은 그들이 실제로 어떻게 느끼고 있는지에 대해 사람들을 혼란스럽게 할 수 있다. (Too much, about, how, really) 11단어
   → _____
   _____

## 43~45

**A** 우리말은 영어로, 영어는 우리말로 쓰시오.

1 community _____

2 take part in _____

3 by far _____

4 용기 _____

5 결심한, 단호한 _____

6 동료, 또래 _____

**B** 괄호 안의 주어진 단어를 바르게 배열하시오.

1 Divers from all over the city came (part, take, to, the contest, in).

→ _____

2 His dive (have, been, not, the cleanest, may), but it was the riskiest by far.

→ _____

**C** 다음 빈칸에 들어갈 알맞은 단어를 적으시오.

1 Jonathan은 고개를 가로 지으면서 걸어 나갔다.

Jonathan _____ _____ _____ his head.

2 결선에서 다이빙에 대한 생각이 Jonathan에게 떠올랐다.

Thoughts of the final dive _____ _____ Jonathan's _____.

**D** 다음 괄호 안의 주어진 단어를 활용하여 문장을 완성하시오.

1 그들은 우승자가 발표되기를 기다렸다.
(wait for, the, announce) 8단어

→ _____

_____

2 모든 다이빙 선수들이 누가 경쟁하기 위해 남았는지 논의하려고 모여 들었다. (All, gather around, discuss, leave) 12단어

→ _____

_____

If you are not willing to learn, no one can help you. If you are determined to learn, no one can stop you.

# 18

**A** 우리말은 영어로, 영어는 우리말로 쓰시오.

1 satisfaction _____

2 serve as _____

3 vice president _____

4 예측 불가능한 _____

5 ~을 받을만하다 _____

6 당분간, 잠시 동안 _____

**B** 괄호 안의 주어진 단어를 바르게 배열하시오.

1 I simply don't feel (can, and, energy, give, I, the, time).

 → _____

2 It brings me great satisfaction (serve, a board member, as, to).

 → _____

**C** 다음 빈칸에 들어갈 알맞은 단어를 적으시오.

1 저는 이사회 일반 위원을 계속하기를 기대합니다.

 I _____ _____ _____ _____ a regular board member.

2 이사회가 저를 부회장으로 추천하는 것이 적절하다고 생각해 주셔서 영광입니다.

 I'm _____ that the board has _____ _____ to recommend me for vice president.

**D** 다음 괄호 안의 주어진 단어를 활용하여 문장을 완성하시오.

1 저의 예측 불가능한 업무 일정 때문에 저는 그 추천을 거절해야만 합니다. (Because of, must, decline, the) 11단어

 → _____

 _____

2 저의 거절을 나머지 이사회 위원들께 전해 주시기 바랍니다. (Please, regrets, the) 10단어

 → _____

 _____

# 19

**A** 우리말은 영어로, 영어는 우리말로 쓰시오.

1 make one's way _____

2 mention _____

3 special honor _____

4 인정, 인식 _____

5 실현하다, 이행하다 _____

6 황홀해하는 _____

**B** 괄호 안의 주어진 단어를 바르게 배열하시오.

1 She stood up from her seat and (to, way, stage, the, her, made).

 → _____

2 This special recognition would (help, continue, to, her, fulfilling) her dream.

 → _____

**C** 다음 빈칸에 들어갈 알맞은 단어를 적으시오.

1 Amy는 다섯 명의 최우수 의대 졸업생 중 한 명으로 언급되어 황홀해했다.

 Amy felt _____ for _____ _____ _____ one of the top five medical graduates.

2 Dr. Wilkinson이 다섯 명의 최우수 의대 졸업생 각자에게 금메달을 달아 주고 있었다.

 Dr. Wilkinson was _____ ____ _____ _____ on each of the top five medical graduates.

**D** 다음 괄호 안의 주어진 단어를 활용하여 문장을 완성하시오.

1 그는 그녀에게 그녀의 성취에 대해 축하해 주었다. (congratulate ~ on, accomplishment) 6단어

 → _____

 _____

2 Amy는 자신의 학문적 성과에 만족하며 자신의 자리로 돌아갔다. (walk back to, satisfied with, performance) 11단어

 → _____

 _____

## 20

**A** 우리말은 영어로, 영어는 우리말로 쓰시오.

1 make faces    _____

2 object    _____

3 depend on    _____

4 비단 같은    _____

5 한 번에    _____

6 지퍼를 열다    _____

**B** 괄호 안의 주어진 단어를 바르게 배열하시오.

1 Don't just (you, say, felt, happy).

   → _____

2 (yourself, Show, jumping, down) the steps four at a time.

   → _____

**C** 다음 빈칸에 들어갈 알맞은 단어를 적으시오.

1 당신이 말하는 것보다 더 많은 것을 보여줘라.

   Show _____ _____ you tell.

2 그녀의 비단 같은 갈색 머리끝을 부드러운 바람이 어떻게 스치는지 보여줘라.

   Show _____ the _____ wind touches the _____ of her _____ brown hair.

**D** 다음 괄호 안의 주어진 단어를 활용하여 문장을 완성하시오.

1 독자가 볼 수 있도록 하기 위해 단어들을 사용하라. (words, the reader, see) 7단어

   → _____

   _____

2 독자가 Laura의 아름다운 머리카락에 대해 추측하게 내버려 두지 마라. (leave, the, guess about) 9단어

   → _____

   _____

## 21

**A** 우리말은 영어로, 영어는 우리말로 쓰시오.

1 break    _____

2 complete    _____

3 in return    _____

4 해결책, 용액    _____

5 알아차리다; 공지    _____

6 부드럽게    _____

**B** 괄호 안의 주어진 단어를 바르게 배열하시오.

1 The feelings (reward, are, themselves, enough).

   → _____

2 You (have, for, someone, something, done) without expecting anything.

   → _____

**C** 다음 빈칸에 들어갈 알맞은 단어를 적으시오.

1 그것은 이웃의 잔디를 깎는 것 일 수도 있다.

   It can be _____ your neighbor's _____.

2 당신이 호의를 베풀었을 때, 따스함을 느낄 수 있는지를 보아라.

   When you complete your _____, _____ \_\_\_\_ you can feel the warmth.

**D** 다음 괄호 안의 주어진 단어를 활용하여 문장을 완성하시오.

1 사려 깊은 무엇인가를 생각할 수 있는지 알아봐라. (See if, think of) 8단어

   → _____

   _____

2 해결책은 이러한 생각들을 알아차리고 그것들을 부드럽게 버리는 것이다. (The, to, thoughts, dismiss) 12단어

   → _____

   _____

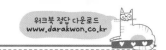
# 22

**A** 우리말은 영어로, 영어는 우리말로 쓰시오.

1 ancestor _____

2 response _____

3 things _____

4 거친, 귀에 거슬리는 _____

5 대하다, 다루다 _____

6 방식, (pl.) 예절 _____

**B** 괄호 안의 주어진 단어를 바르게 배열하시오.

1 While this served your ancestors well, it is less helpful today (are, you, unless, attacked) physically.

→ _____

2 The more something causes your heart to race, (to, is, the, important, more, step back, it) before speaking.

→ _____

**C** 다음 빈칸에 들어갈 알맞은 단어를 적으시오.

1 기술은 성급한 반응으로 상황을 악화시키는 것을 훨씬 더 쉽게 만든다.

Technology _____ _____ much _____ _____ _____ a situation with a quick response.

2 당신이 스트레스의 근원과 직면할 때 당신은 즉각적인 반응을 보이며 반격할 수도 있다.

When you _____ a(n) _____ of stress, you may _____ _____ by reacting immediately.

**D** 다음 괄호 안의 주어진 단어를 활용하여 문장을 완성하시오.

1 이것은 당신에게 상황을 충분히 생각하는 시간을 줄 것이다. (think things through) 9단어

→ _____
_____

2 나는 사람들에게 너무 성급하게 반응한 것에 대해 죄책감을 느껴왔다. (have, guilty of, respond) 10단어

→ _____
_____

# 23

**A** 우리말은 영어로, 영어는 우리말로 쓰시오.

1 infection _____

2 run _____

3 value _____

4 유리, 이점 _____

5 만연한 _____

6 가난 _____

**B** 괄호 안의 주어진 단어를 바르게 배열하시오.

1 It would become (improve, to, contagious, enough) education.

→ _____

2 She also (advantages, to, give, expected, it) to children with fewer chances.

→ _____

**C** 다음 빈칸에 들어갈 알맞은 단어를 적으시오.

1 그녀는 3~5세의 어린이들을 목표로 삼았다.

She _____ children _____ three and five.

2 그녀가 하고 싶었던 것은 학습 전염병을 만드는 것이었다.

_____ she wanted to do was to create a(n) _____ _____.

**D** 다음 괄호 안의 주어진 단어를 활용하여 문장을 완성하시오.

1 그녀가 퍼뜨리기를 원했던 '바이러스'는 읽고 쓰는 능력이었다. (The, spread, literacy) 8단어

→ _____
_____

2 그녀의 목표는 긍정적인 학습 가치를 모든 어린이들에게 퍼뜨리는 것이었다. (to, learning values, all) 11단어

→ _____
_____

## 24

**A** 우리말은 영어로, 영어는 우리말로 쓰시오.

1  amount        _____
2  achieve       _____
3  remarkable    _____
4  증가; 증가하다   _____
5  감소; 감소하다   _____
6  생산          _____

**B** 괄호 안의 주어진 단어를 바르게 배열하시오.

1  Malaysia (decrease, small, showed, a) in 2010 from 2004.

→ _____

2  Indonesia (remarkable, most, increase, the, achieved) during this period.

→ _____

**C** 다음 빈칸에 들어갈 알맞은 단어를 적으시오.

1  말레이시아가 2010년에 약간의 감소를 보였듯이 인도의 생산 또한 감소했다.
   _____ Malaysia did in 2010, India's _____ also _____.

2  위의 도표는 2004년과 2010년 상위 5개 국가에서 생산된 고무의 총 생산량을 보여준다.
   The _____ chart shows the total amounts of _____ _____ in 2004 and 2010.

**D** 다음 괄호 안의 주어진 단어를 활용하여 문장을 완성하시오.

1  태국이 두 해 모두 가장 많이 고무를 생산한 국가였다.
   (the largest producer, in, both) 10단어

   → _____
   _____

2  베트남은 5개 국가 중 가장 적은 양의 고무를 생산했다.
   (the least amount of, the, countries) 11단어

   → _____
   _____

## 25

**A** 우리말은 영어로, 영어는 우리말로 쓰시오.

1  perform       _____
2  harbor        _____
3  award         _____
4  맨발의         _____
5  아주 작은       _____
6  청중          _____

**B** 괄호 안의 주어진 단어를 바르게 배열하시오.

1  She (sailors' restaurants, performing, at, began) and on ships.

→ _____

2  She (came, the, to, back, stage) and won a Grammy Award in 2003.

→ _____

**C** 다음 빈칸에 들어갈 알맞은 단어를 적으시오.

1  Cesaria Evora는 70세에 모국에서 죽었다.
   Cesaria Evora died in her _____ _____ at the _____ of 70.

2  그녀는 항상 신발을 신지 않고 공연을 했기 때문에 '맨발의 디바'로 알려졌다.
   She _____ _____ _____ the "Barefoot Diva" because she always _____ without shoes.

**D** 다음 괄호 안의 주어진 단어를 활용하여 문장을 완성하시오.

1  그녀는 생계를 유지할 수가 없어서 음악을 포기했다.
   (give up, unable, make a living) 12단어

   → _____
   _____

2  Cesaria Evora는 그녀의 아버지가 돌아가신 후에 고아원에서 길러졌다. (raise, an orphanage, die) 11단어

   → _____
   _____

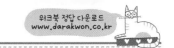

# 26

**A** 우리말은 영어로, 영어는 우리말로 쓰시오.

1 parking _____

2 admission _____

3 rate _____

4 장군, 일반; 일반의 _____

5 ~당, ~마다 _____

6 반값의 _____

**B** 괄호 안의 주어진 단어를 바르게 배열하시오.

1 (an admission ticket, without, The parking fee) is $2.50/hour.

→ _____

2 (groups, more, Adult, of, or, ten) are $12 per person.

→ _____

**C** 다음 빈칸에 들어갈 알맞은 단어를 적으시오.

1 현재의 학생증 지참한 학생과 노인(65세 이상)은 10달러
$10 students with _____ _____ and _____ (65+)

2 'Friday Nights' 입장료는 성인은 반값, 18세 이하는 무료입니다.

_____ during *Friday Nights* is _____ for adults, _____ for ages 18 and under.

**D** 다음 괄호 안의 주어진 단어를 활용하여 문장을 완성하시오.

1 매달 첫째 일요일은 입장료가 무료입니다.
(the first, every) 9단어

→ _____

_____

2 입장권이 있으면 주차 요금은 시간당 1달러입니다.
(The, $1/hour, an admission ticket, just) 10단어

→ _____

_____

# 27

**A** 우리말은 영어로, 영어는 우리말로 쓰시오.

1 require _____

2 explore _____

3 tourist attraction _____

4 운영 시간 _____

5 포함하다 _____

6 유효한 _____

**B** 괄호 안의 주어진 단어를 바르게 배열하시오.

1 Ticket (is, valid, hours, for, 24) from the first time of use.

→ _____

2 You can get on and off (any, the, 20, of, stops, at) to explore tourist attractions in Carmel.

→ _____

**C** 다음 빈칸에 들어갈 알맞은 단어를 적으시오.

1 화요일부터 일요일까지, 월요일에는 휴업
Tue. _____ Sun.; _____ on Mondays

2 관광 명소 입장료는 포함되지 않습니다.
Admission to _____ is not _____.

**D** 다음 괄호 안의 주어진 단어를 활용하여 문장을 완성하시오.

1 사전 예약이 필요합니다. (require) 4단어

→ _____

_____

2 Sunshine Bus Tour는 Carmel의 가장 인기 있는 지역들을 즐기는 가장 쉬운 방법입니다!
(the, easy, to, popular, areas) 13단어

→ _____

_____

## 28

**A** 우리말은 영어로, 영어는 우리말로 쓰시오.

1 present _____

2 critical _____

3 motivate _____

4 낙심한 _____

5 노력 _____

6 욕구, 욕망; 바라다 _____

**B** 괄호 안의 주어진 단어를 바르게 배열하시오.

1 This includes (the decision, self-motivated, to, be).

→ _____

2 How do I (do, motivate, sports, to, my child) or to continue in sports?

→ _____

**C** 다음 빈칸에 들어갈 알맞은 단어를 적으시오.

1 그들은 또한 다른 사람들부터의 제안들을 환영한다.

They also _____ _____ from others.

2 이기적인 사람들은 고마워하는 사람들만큼 건전한 결정들을 내리지 못한다.

_____ people do not _____ healthy _____ _____ _____ _____ do grateful people.

**D** 다음 괄호 안의 주어진 단어를 활용하여 문장을 완성하시오.

1 고마워하는 사람들은 건전한 결정을 내리는 경향이 있다. (be likely to, decisions) 8단어

→ _____
_____

2 고마워하는 사람으로서 사는 아이들과 어른들은 스스로를 동기 유발시킬 수 있다. (Kids, who, able, motivate, themselves) 13단어

→ _____
_____

## 29

**A** 우리말은 영어로, 영어는 우리말로 쓰시오.

1 willing _____

2 free of _____

3 dye _____

4 ~하게 만들다, 강요하다 _____

5 섭취하다 _____

6 자신이 없는, 불안정한 _____

**B** 괄호 안의 주어진 단어를 바르게 배열하시오.

1 The study found (to, willing, pay, are, consumers) a premium.

→ _____

2 A food labeled "free" of a food dye will (some, compel, to, consumers, buy) that product.

→ _____

**C** 다음 빈칸에 들어갈 알맞은 단어를 적으시오.

1 훨씬 더 많은 사람들이 그 상품을 구매할 것이다.

Even _____ people will buy that _____.

2 소비자들이 성분들에 대한 더 많은 정보를 얻을 때, 그들은 자신의 결정에 대해 더 확신한다.

When they get more information about _____, _____ are more _____ about their decisions.

**D** 다음 괄호 안의 주어진 단어를 활용하여 문장을 완성하시오.

1 라벨들이 '정보를 얻을 수 있는' 곳이 되고 있다. (becoming, the, "go to") 7단어

→ _____
_____

2 소비자들은 특히 잠재적으로 유해한 성분들에 대한 더 많은 정보를 필요로 한다. (need, especially, for, the, harmful) 10단어

→ _____
_____

# 30

**A** 우리말은 영어로, 영어는 우리말로 쓰시오.

1 somehow _____
2 intellect _____
3 precious _____
4 이따금 _____
5 대답, 반응 _____
6 생각하다, 고려하다 _____

**B** 괄호 안의 주어진 단어를 바르게 배열하시오.

1 The responses (drive, her, would, crazy).

→ _____

2 Ms. Ashley (to, encourage, to, her students, used, drink) glass after glass of milk.

→ _____

**C** 다음 빈칸에 들어갈 알맞은 단어를 적으시오.

1 그녀는 우유가 사람의 지능을 향상시킨다는 생각을 펼쳤다.
She had _____ the idea that milk _____ one's _____.

2 그녀는 Ashley 선생님이 그렇게 (대답)했던 이유를 생각해보는 것은 흥미롭다고 생각한다.
She _____ ____ _____ to consider why Ms. Ashley did so.

**D** 다음 괄호 안의 주어진 단어를 활용하여 문장을 완성하시오.

1 지능보다 더 소중한 것은 없었다. (There, nothing, more ~ than, precious) 7단어

→ _____
_____

2 지능은 Tom이 수학시간에 한 농담이란다. (the joke, make) 9단어

→ _____
_____

# 31

**A** 우리말은 영어로, 영어는 우리말로 쓰시오.

1 pour _____
2 cotton _____
3 rely on _____
4 행동하다, 실연하다 _____
5 관대함 _____
6 보답으로 _____

**B** 괄호 안의 주어진 단어를 바르게 배열하시오.

1 You wake up and (juice, oranges, from, yourself, pour) grown in Florida.

→ _____

2 Over breakfast, you (a news program, watch, broadcast, New York, from).

→ _____

**C** 다음 빈칸에 들어갈 알맞은 단어를 적으시오.

1 여러분들에게 제품과 서비스를 제공하는 사람들은 관대함으로 행동하는 것이 아니다.
Those people providing you _____ _____ _____ are not _____ _____ ____ generosity.

2 여러분은 Georgia에서 재배된 목화로 만들어지고 태국의 공장에서 바느질된 옷을 입는다.
You get dressed in clothes _____ ____ cotton _____ in Georgia and _____ in factories in Thailand.

**D** 다음 괄호 안의 주어진 단어를 활용하여 문장을 완성하시오.

1 여러분은 많은 사람들에게 의존하는데, 그들 중 대부분은 당신이 알지 못한다. (rely on, most, whom) 12단어

→ _____
_____

2 이러한 상호의존은 사람들이 서로 교역하기 때문에 가능하다. (Such, trade with, one another) 10단어

→ _____
_____

## 32

**A** 우리말은 영어로, 영어는 우리말로 쓰시오.

1 be eager to _____
2 fair _____
3 perhaps _____
4 그릇, 사발 _____
5 불행 _____
6 과정; 처리하다 _____

**B** 괄호 안의 주어진 단어를 바르게 배열하시오.

1 Why would you (give, to, people, a hand, other)?
→ _____

2 The ice cream vendor's misfortune would (them, mean, customers, more, for).
→ _____

**C** 다음 빈칸에 들어갈 알맞은 단어를 적으시오.

1 Hamwi는 와플을 말아 올려 꼭대기에 한 숟가락의 아이스크림을 놓았다.
Hamwi _____ _____ a waffle and put _____ _____ _____ ice cream on top.

2 인근의 아이스크림 상인이 그의 고객들에게 줄 아이스크림을 제공할 그릇이 동난 것이었다.
A nearby ice cream _____ had _____ _____ _____ bowls to _____ to his customers.

**D** 다음 괄호 안의 주어진 단어를 활용하여 문장을 완성하시오.

1 그는 자신의 이웃을 도왔으며, 많은 돈을 벌었다. (make a fortune) 8단어
→ _____
_____

2 만약 Ernest Hamwi가 그런 마음가짐을 가지고 있었더라면, 그는 거리의 상인으로 죽었을지도 모른다. (If, take, that attitude, might, end one's days, a) 17단어
→ _____
_____

## 33

**A** 우리말은 영어로, 영어는 우리말로 쓰시오.

1 philosophy _____
2 concept _____
3 attempt _____
4 주장, 권리; 주장하다 _____
5 확고한, 고체의; 고체 _____
6 토대, 재단 _____

**B** 괄호 안의 주어진 단어를 바르게 배열하시오.

1 It is (to, an attempt, reasons, present) in support of one's claims.
→ _____

2 A good philosopher is one (the best arguments, to, able, who, is, create) based on a solid foundation.
→ _____

**C** 다음 빈칸에 들어갈 알맞은 단어를 적으시오.

1 사람들은 자신의 의견을 어떤 종류의 증거로 뒷받침할 필요는 없다고 느낀다.
They don't feel they have to _____ their _____ with any kind of _____.

2 논증의 개념을 이해하는 가장 좋은 방법은 그것을 의견과 대조하는 것이다.
The best way to understand the _____ of a(n) _____ is to _____ it _____ an opinion.

**D** 다음 괄호 안의 주어진 단어를 활용하여 문장을 완성하시오.

1 사람들의 의견들은 거의 언제나 자신의 감정에 기초한다. (almost always, based upon, feelings) 9단어
→ _____
_____

2 논증은 자신의 주장이 사실이라는 것을 다른 사람에게 확신시키도록 만들어진다. (An, make, others, that, one's, claims) 12단어
→ _____
_____

## 34

**A 우리말은 영어로, 영어는 우리말로 쓰시오.**

1 particularly     _____

2 insight     _____

3 interpretation     _____

4 단서     _____

5 혼란, 혼동     _____

6 관찰     _____

**B 괄호 안의 주어진 단어를 바르게 배열하시오.**

1 Observation should always (handled, be, with, caution).

→ _____

2 Observing a child's play (seen, to, be, provide, can) rich insights into a child's inner world.

→ _____

**C 다음 빈칸에 들어갈 알맞은 단어를 적으시오.**

1 놀이의 기능은 복잡하고 완전히 이해되지 않는다.

The _____ of play are _____ and not fully _____.

2 아동이 놀이를 통해 무엇을 전달하려는 지에 관해 성급하게 결론을 내리는 것은 현명하지 못할 것이다.

It would be _____ to _____ _____ _____ about what a child is _____ through it.

**D 다음 괄호 안의 주어진 단어를 활용하여 문장을 완성하시오.**

1 관찰은 아동을 이해하는 가치 있는 도구이다.
(a, valuable, to, a, child) 9단어

→ _____

_____

2 당신이 관찰한 것에 대한 해석은 신중하게 되어야 한다.
(of, what, have observed, make) 10단어

→ _____

_____

## 35

**A 우리말은 영어로, 영어는 우리말로 쓰시오.**

1 manufacture     _____

2 wheat     _____

3 beverage     _____

4 소비하다     _____

5 함유량, 내용; 만족하는     _____

6 다르다, 다양하다     _____

**B 괄호 안의 주어진 단어를 바르게 배열하시오.**

1 About 265 gallons of water (needed, to, produce, is) two pounds of wheat.

→ _____

2 The water (is, that, in, embedded, our food) and manufactured products is called "virtual water."

→ _____

**C 다음 빈칸에 들어갈 알맞은 단어를 적으시오.**

1 매일 인간은 많은 가상의 물을 소비한다.

Every day, humans _____ _____ _____ virtual water.

2 가상의 물은 또한 유제품, 수프, 음료, 그리고 액체로 된 약에도 존재한다.

Virtual water is also _____ in _____ _____, soups, beverages, and _____ medicines.

**D 다음 괄호 안의 주어진 단어를 활용하여 문장을 완성하시오.**

1 이 2파운드의 밀의 가상의 물은 265갤런이다.
(of, these two pounds, of) 12단어

→ _____

_____

2 가상의 물의 함유량은 제품에 따라 다르다.
(The, vary, according to, products) 9단어

→ _____

_____

## 36

**A** 우리말은 영어로, 영어는 우리말로 쓰시오.

1 incredibly _____

2 compute _____

3 batting average _____

4 인지하다, 감지하다 _____

5 ~와 대조적인 _____

6 현상 _____

**B** 괄호 안의 주어진 단어를 바르게 배열하시오.

1 When they are doing well in their sport,
(incredibly, the target, of, the size, looks, large).
→ _____

2 They found the players with better batting
averages (than, as, the ball size, perceived, larger)
those with poorer ones.
→ _____

**C** 다음 빈칸에 들어갈 알맞은 단어를 적으시오.

1 그들은 소프트볼의 크기를 가장 잘 보여주는 원을 가리키라고
요청했다.
They _____ them to _____ the circle best
_____ the size of a softball.

2 그들은 또한 그들이 막 끝낸 게임으로부터 그들의 '통계'를
수집했다.
They also _____ their " _____ "
from the game they had just _____ .

**D** 다음 괄호 안의 주어진 단어를 활용하여 문장을 완성하시오.

1 그들은 그 선수들에게 다양한 원들이 있는 포스터를 보게
했다. (have, look at, a, with, a variety of) 13단어
→ _____
_____

2 이러한 현상을 시험하기 위해, 그들의 게임이 끝난 직후의
남녀 소프트볼 선수들을 모집했다. (To, recruited,
immediately, games) 12단어
→ _____
_____

## 37

**A** 우리말은 영어로, 영어는 우리말로 쓰시오.

1 surface _____

2 atmosphere _____

3 physiological _____

4 신경과민 _____

5 작은 _____

6 민감한 _____

**B** 괄호 안의 주어진 단어를 바르게 배열하시오.

1 We blink (reasons, psychological, as well, for).
→ _____

2 Nervousness, loud noises, and stress affect (the
number of, blink, times, we).
→ _____

**C** 다음 빈칸에 들어갈 알맞은 단어를 적으시오.

1 이것은 눈이 공기 중에 존재하는 먼지를 견뎌야 한다는 것을
의미한다.
This means the eye has to _____ the dust
_____ in the _____ .

2 눈을 뜨면, 전체 표면의 1/10이 공기에 노출된다.
When the eyes are open, _____ of the total
surface area is _____ to the _____ .

**D** 다음 괄호 안의 주어진 단어를 활용하여 문장을 완성하시오.

1 눈 깜박거림은 눈을 보호하는 자동적인 행위다.
(an, that, the eye) 9단어
→ _____
_____

2 우리가 눈을 깜박거릴 때, 눈물막은 눈을 덮는다.
(a film of tears, the eyes) 10단어
→ _____
_____

# 38

**A** 우리말은 영어로, 영어는 우리말로 쓰시오.

1  path _____

2  flat _____

3  head straight _____

4  서서히, 점차 _____

5  항공사 _____

6  배치하다, 준비하다 _____

**B** 괄호 안의 주어진 단어를 바르게 배열하시오.

1  Imagine that you want to (Madrid, to, New York, from, travel).

→ _____

2  If you did that, you would (traveling, 3,707 miles, Madrid, after, arrive in).

→ _____

**C** 다음 빈칸에 들어갈 알맞은 단어를 적으시오.

1  만약 당신이 대권 항로를 따라간다면, 3,605 마일에 거기에 도착할 수 있다.

You can get there in 3,605 miles _____ you follow the _____ _____.

2  이 두 경로 사이의 거리 차이는 지구의 곡선표면 때문이다.

The difference in distance between the two routes is _____ _____ the Earth's _____ _____.

**D** 다음 괄호 안의 주어진 단어를 활용하여 문장을 완성하시오.

1  만약 지구가 평평하다면, 가장 짧은 경로는 똑바로 동쪽을 향하는 것일 것이다. (If, the Earth, the, short, to, head, straight) 14단어

→ _____

_____

2  항공사들은 이것을 알고 있으며, 그들의 조종사들이 대권 항로를 따라가도록 배치한다. (arrange for, great-circle routes) 12단어

→ _____

_____

# 39

**A** 우리말은 영어로, 영어는 우리말로 쓰시오.

1  native _____

2  statement _____

3  endangered _____

4  조상 _____

5  항생제 _____

6  안정성 _____

**B** 괄호 안의 주어진 단어를 바르게 배열하시오.

1  (this, Why, is, happening)?

→ _____

2  Other groups of humans have (Americans, varied, bacteria, than, more).

→ _____

**C** 다음 빈칸에 들어갈 알맞은 단어를 적으시오.

1  일반 미국 성인은 그들의 장 속에 약 1,200개의 다른 종의 박테리아를 갖고 있다.

The _____ American adult has about 1,200 different _____ of bacteria in his or her _____.

2  과도하게 가공 처리된 식단, 항생제 과용, 그리고 완전히 깨끗한 집들이 박테리아의 건강과 안정성을 위협하고 있다.

Our _____ _____ diets, _____ of antibiotics, and completely clean homes are _____ the health and _____ of the bacteria.

**D** 다음 괄호 안의 주어진 단어를 활용하여 문장을 완성하시오.

1  명백히 우리의 장 속에 박테리아의 부족은 없다. (Clearly, there, no, shortage, in, gut) 10단어

→ _____

_____

2  우리 장 속의 박테리아는 멸종 위기종 목록에 속한다. (gut bacteria, belong, on, the) 9단어

→ _____

_____

## 40

**A** 우리말은 영어로, 영어는 우리말로 쓰시오.

1 additional _____

2 rating _____

3 individual _____

4 경우, 행사 _____

5 기간 _____

6 탐나는, 바람직한 _____

**B** 괄호 안의 주어진 단어를 바르게 배열하시오.

1 (four, of, the, records, One) would not be available.

→ _____

2 The subjects listened to the four records again (second, their, and, ratings, made).

→ _____

**C** 다음 빈칸에 들어갈 알맞은 단어를 적으시오.

1 제외된 음반은 세 번째로 좋다고 평가되었던 것이었다.

The _____ record was the one that _____ _____ _____ third best.

2 피실험자들은 그들이 음반을 얼마나 좋아했는지 평가해 달라는 요청을 받았다.

Subjects _____ _____ _____ _____ how much they liked.

**D** 다음 괄호 안의 주어진 단어를 활용하여 문장을 완성하시오.

1 제외된 음반들에 대한 평가가 상당히 높아졌다.
(The, ratings, the, significantly) 8단어

→ _____
_____

2 피실험자가 가질 수 없는 음반은 더 탐나는 것이 되었다.
(The, that, a, subject, have, became) 11단어

→ _____
_____

## 41~42

**A** 우리말은 영어로, 영어는 우리말로 쓰시오.

1 aim _____

2 inner strength _____

3 experiment _____

4 고립 _____

5 봉(인)하다 _____

6 계산 _____

**B** 괄호 안의 주어진 단어를 바르게 배열하시오.

1 She (judged, to, have, was) inner strength and stamina.

→ _____

2 She was to live (four, more, than, for, months) as part of an experiment.

→ _____

**C** 다음 빈칸에 들어갈 알맞은 단어를 적으시오.

1 간단히 말해서, 그녀의 체내 시계가 고장 났었다.

In short, her _____ _____ had gotten _____ _____ _____.

2 그녀는 22시간에서 24시간 동안 잠을 자다가 갑자기 30시간까지 활동하는 경향이 있었다.

She _____ _____ sleep for 22 to 24 hours and then _____ _____ activity for up to 30 hours.

**D** 다음 괄호 안의 주어진 단어를 활용하여 문장을 완성하시오.

1 약 4개월 후, 그녀는 예정대로 지상으로 돌아왔다.
(about, return, aboveground) 9단어

→ _____
_____

2 Follini의 지하 체류 동안, 그녀의 시간 감각이 더 길어진 것처럼 보였다. (stay, seem, sense of time) 12단어

→ _____
_____

## 43~45

**A** 우리말은 영어로, 영어는 우리말로 쓰시오.

1 recital _____

2 close a deal _____

3 prime minister _____

4 굶주리다 _____

5 불행히도 _____

6 고귀한; 귀족 _____

**B** 괄호 안의 주어진 단어를 바르게 배열하시오.

1 There were more than 1.5 million (starving, his country, in, people).

→ _____

2 A deal was closed, and the student began (to, the concert, a success, make, working).

→ _____

**C** 다음 빈칸에 들어갈 알맞은 단어를 적으시오.

1 그 학생은 놀라서 그에게 진심으로 감사했다.

The student was _____ and _____ him _____.

2 그는 돈을 마련하기 위해 캠퍼스에서 음악 콘서트를 열기로 결심했다.

He decided to _____ a music concert on campus to _____ _____.

**D** 다음 괄호 안의 주어진 단어를 활용하여 문장을 완성하시오.

1 당신은 한 학생이 대학을 졸업하도록 도와 주셨습니다.
(make it through) 8단어

→ _____

_____

2 한 대학생이 자신의 학비를 지불하려고 고군분투하고 있었다.
(a, struggling, school fees) 10단어

→ _____

_____

MEMO

Education is the most powerful weapon
we can use to change the world.
– Nelson Mandela

# 18

**A 우리말은 영어로, 영어는 우리말로 쓰시오.**

1 approach _____
2 grand _____
3 adventure _____
4 소포, 포장물 _____
5 완전한; 완료하다 _____
6 비상(사태) _____

**B 괄호 안의 주어진 단어를 바르게 배열하시오.**

1 We're (a bit, anxious, about, getting) the grand adventure.
→ _____

2 (hold, The post office, will, mail, our), and we've canceled the newspaper.
→ _____

**C 다음 빈칸에 들어갈 알맞은 단어를 적으시오.**

1 여전히 배달될지도 모르는 소포나 전단지를 살펴봐 주세요.
Please _____ _____ any package or _____ that might still _____ _____.

2 당신과 Harold가 저희 집을 지켜 봐주시는 데 대해 정말 감사하게 생각할 것입니다.
We would really _____ you and Harold _____ _____ _____ _____ our house.

**D 다음 괄호 안의 주어진 단어를 활용하여 문장을 완성하시오.**

1 저희가 돌아오면 저희 집에 초대할 것을 약속드립니다.
(an, to, when, return) 10단어
→ _____

2 저는 우리의 전체 여행 일정 복사본을 첨부했습니다.
(have attached, a, complete itinerary) 9단어
→ _____

# 19

**A 우리말은 영어로, 영어는 우리말로 쓰시오.**

1 hydroelectric dam _____
2 hasten _____
3 trail _____
4 가능성 _____
5 (구내) 식당 _____
6 정말로, 사실 _____

**B 괄호 안의 주어진 단어를 바르게 배열하시오.**

1 There would be restrooms, (could, we, where, wash).
→ _____

2 At the lake's western end (a big, stands, dam, hydroelectric).
→ _____

**C 다음 빈칸에 들어갈 알맞은 단어를 적으시오.**

1 자동판매기는 비어 있었고 플러그는 뽑혀 있었다.
The _____ _____ was empty and _____.

2 방문객 안내소가 정말로 있었지만, 그곳은 닫혀 있었다.
There was _____ a(n) _____ _____, but it was _____.

**D 다음 괄호 안의 주어진 단어를 활용하여 문장을 완성하시오.**

1 우리는 거기에 방문객 안내소가 있을 것이라고 기대했다.
(that, there, would, there) 10단어
→ _____

2 우리는 수도꼭지를 발견하고 그것을 돌려보았으나, 물이 끊겨 있었다. (find, a tap, the, shut off) 14단어
→ _____

# 20

**A** 우리말은 영어로, 영어는 우리말로 쓰시오.

1 real estate _____

2 constant _____

3 wrinkle _____

4 은퇴 _____

5 투자 _____

6 꾸준한 _____

**B** 괄호 안의 주어진 단어를 바르게 배열하시오.

1 You could accept (a high return, for, a high-risk investment).

→ _____

2 You need investments that (with, you, a steady income, provide).

→ _____

**C** 다음 빈칸에 들어갈 알맞은 단어를 적으시오.

1 당신은 은퇴를 향해 가고 있다.

Maybe you are _____ _____ _____.

2 투자가가 살펴봐야 하는 우선 사항은 거울 속에 있다.

The first place a(n) _____ should _____ _____ in the mirror.

**D** 다음 괄호 안의 주어진 단어를 활용하여 문장을 완성하시오.

1 이것은 신입생 철학 시험의 질문처럼 들릴 수도 있다. (may, a question, on, a, exam) 11단어

→ _____

_____

2 당신이 아파트에 산다면 당신이 소를 사는 것은 어리석은 일일 것이다. (would, foolish, to, if, an) 14단어

→ _____

_____

# 21

**A** 우리말은 영어로, 영어는 우리말로 쓰시오.

1 weight-control _____

2 dropout _____

3 maintenance _____

4 현저하게, 상당히 _____

5 언급하다, 주목하다 _____

6 과체중의 _____

**B** 괄호 안의 주어진 단어를 바르게 배열하시오.

1 (included, were, not, They) in the program.

→ _____

2 They noted that overweight patients (less, partners, weight, lost, overweight, with).

→ _____

**C** 다음 빈칸에 들어갈 알맞은 단어를 적으시오.

1 환자 배우자의 체중이 체중 감량에 중대한 영향을 미칠 수 있다.

The body weight of a patient's _____ can _____ _____ major _____ _____ the amount of weight lost.

2 정상 체중의 배우자를 가진 과체중 환자들이 상당히 더 많은 몸무게 감량을 했다.

_____ patients with normal-weight partners _____ _____ more _____.

**D** 다음 괄호 안의 주어진 단어를 활용하여 문장을 완성하시오.

1 체중을 감량했던 배우자를 가진 환자들에서 성공이 더 컸다. (in, whose, also, lose weight) 12단어

→ _____

_____

2 그 환자의 배우자가 그 프로그램에 포함되었을 때 중도 탈락률이 감소했다. (reduce, the, spouse, include) 13단어

→ _____

# 22

**A 우리말은 영어로, 영어는 우리말로 쓰시오.**

1 bet _____

2 pile _____

3 ironically _____

4 훑어보다 _____

5 효과적인 _____

6 만지다, 다루다 _____

**B 괄호 안의 주어진 단어를 바르게 배열하시오.**

1 Consumers replace that paper right (it, where, found, they).

→ _____

2 The second one is therefore (it, the, one, cleaner, above, than).

→ _____

**C 다음 빈칸에 들어갈 알맞은 단어를 적으시오.**

1 당신은 위에 있는 신문을 들어 올리고 그것의 밑에 있는 신문을 빼낸다.

You _____ _____ the top newspaper and _____ _____ the one _____ it.

2 우리는 위에서 두 번째에 있는 신문은 수많은 손가락 끝에 의해 만져지지 않았다고 생각한다.

We imagine that the second one from the top _____ _____ _____ by _____ fingertips.

**D 다음 괄호 안의 주어진 단어를 활용하여 문장을 완성하시오.**

1 그들은 결국 똑같은 신문을 만지게 된다.
(end up -ing, thumb through) 8단어

→ _____

_____

2 당신은 72%의 사람들이 똑같은 것을 한다는 것을 알고 있었는가? (Did, that, the) 11단어

→ _____

_____

# 23

**A 우리말은 영어로, 영어는 우리말로 쓰시오.**

1 heartwarming _____

2 sailor _____

3 human being _____

4 익사하다 _____

5 해안가 _____

6 정반대의; 반대 _____

**B 괄호 안의 주어진 단어를 바르게 배열하시오.**

1 (to, attractive, It, is, conclude) that dolphins must really like human beings.

→ _____

2 A heartwarming news story tells of a shipwrecked sailor (drown, about, who, to, was).

→ _____

**C 다음 빈칸에 들어갈 알맞은 단어를 적으시오.**

1 돌고래가 실제로 도움이 되려고 했던 것일까?

Are they actually _____ _____ _____ helpful?

2 그 선원들이 살아서 우리에게 그들의 사악한 돌고래 경험에 대해 말해 주지 않았다.

The sailors didn't _____ _____ _____ us about their evil-dolphin experiences.

**D 다음 괄호 안의 주어진 단어를 활용하여 문장을 완성하시오.**

1 갑자기 돌고래 한 마리가 그의 쪽으로 불쑥 나타났다.
(pop up, at, his) 7단어

→ _____

_____

2 우리는 난파된 선원들의 정반대의 경우를 알아야 한다.
(should, know about, cases, of) 9단어

→ _____

_____

# 24

**A** 우리말은 영어로, 영어는 우리말로 쓰시오.

1 fuel     _____

2 nuclear     _____

3 fossil     _____

4 재생에너지     _____

5 구성하다, 차지하다     _____

6 핵의; 핵무기     _____

**B** 괄호 안의 주어진 단어를 바르게 배열하시오.

1 The rate of hydropower reaches 3.2 percent, which is (that, biofuels, higher, of, than).
→ _____

2 The percentage of fossil fuels is the largest, which is (that, as, four times, about, high, as) of renewables.
→ _____

**C** 다음 빈칸에 들어갈 알맞은 단어를 적으시오.

1 재생에너지는 세계 에너지 소비의 19%를 차지한다.
The Renewables _____ _____ 19 percent of global energy _____.

2 바이오 연료의 비율은 0.6%인데, 이것은 핵에너지의 비율만큼 크다.
The _____ of biofuels is 0.6 percent, which is _____ _____ _____ _____ nuclear energy.

**D** 다음 괄호 안의 주어진 단어를 활용하여 문장을 완성하시오.

1 위 차트는 2019년에 소비된 세계 에너지 비율을 보여 준다. (The, the, which, consume) 14단어
→ _____
_____

2 전통적 바이오매스는 수력전기보다 더 큰 세계 에너지 자원이다. (Traditional biomass, a, bigger, hydropower) 10단어
→ _____
_____

# 25

**A** 우리말은 영어로, 영어는 우리말로 쓰시오.

1 length     _____

2 poisonous     _____

3 defensive     _____

4 사회적인     _____

5 천적     _____

6 벌레     _____

**B** 괄호 안의 주어진 단어를 바르게 배열하시오.

1 They do not (to, hunt, their, use, poison).
→ _____

2 They (know, that, to, seem) they are not threatened by predators.
→ _____

**C** 다음 빈칸에 들어갈 알맞은 단어를 적으시오.

1 그것들은 낮에 활동적이다.
They are _____ _____ the _____.

2 그것들은 긴 혀를 사용하여, 곤충을 사냥한다.
They hunt insects _____ _____ their long _____.

**D** 다음 괄호 안의 주어진 단어를 활용하여 문장을 완성하시오.

1 그것들은 지구상에서 가장 독성이 강한 동물로 여겨진다. (consider, the, poisonous, the Earth) 10단어
→ _____
_____

2 황금독화살 개구리들은 더 큰 동물들로부터 숨으려 하지 않는다. (Golden poison frogs, try, from, large) 11단어
→ _____
_____

## 26

**A** 우리말은 영어로, 영어는 우리말로 쓰시오.

1 instructor             _____

2 field trip              _____

3 sign up for           _____

4 전문가                _____

5 자격요건, 필요(한 것)    _____

6 등록                  _____

**B** 괄호 안의 주어진 단어를 바르게 배열하시오.

1 For more info, (at, Ruby@jsnty.com, us, email).

→ _____

2 Instructors plan field trips and (invite, professionals, their experience, share, to).

→ _____

**C** 다음 빈칸에 들어갈 알맞은 단어를 적으시오.

1 여름 디자인 캠프는 일련의 체험 중심의 디자인 프로그램입니다.

The Summer Design Camp is ____ _____ ____ _____ design programs.

2 참여하려면 학생들은 반드시 디자인 프로젝트에 관한 사전 경험이 있어야 합니다.

To _____, students must have _____ _____ in design projects.

**D** 다음 괄호 안의 주어진 단어를 활용하여 문장을 완성하시오.

1 그 프로그램은 학생 작품 전시로 끝납니다.
(end, an, works) 9단어

→ _____
_____

2 학생들은 반드시 우리의 프로그램에 미리 등록해야 합니다.
(must, in advance) 9단어

→ _____
_____

## 27

**A** 우리말은 영어로, 영어는 우리말로 쓰시오.

1 rent                 _____

2 fee                  _____

3 educational          _____

4 다루다, 취재하다, 덮다    _____

5 권리                 _____

6 연락하다, 접촉하다      _____

**B** 괄호 안의 주어진 단어를 바르게 배열하시오.

1 We also (for, bicycles, have, rent).

→ _____

2 (more, For, information), please contact us.

→ _____

**C** 다음 빈칸에 들어갈 알맞은 단어를 적으시오.

1 최초 15명은 무료 헬멧을 받습니다.

The _____ 15 people get a(n) _____ _____.

2 다루는 주제: 도로 규칙, 자전거 타는 사람의 권리, 빠른 기초 점검, 주행로 선택

Topics _____: Rules of the Road, Cyclists' _____, ABC Quick Check, _____ _____.

**D** 다음 괄호 안의 주어진 단어를 활용하여 문장을 완성하시오.

1 교육 자료와 간식이 포함됩니다.
(materials, snacks, include) 6단어

→ _____
_____

2 저희는 여러분 자신의 자전거를 가져오는 것을 권장합니다.
(encourage, your, own) 8단어

→ _____
_____

## 28

**A** 우리말은 영어로, 영어는 우리말로 쓰시오.

1 identify _____

2 excite _____

3 librarian _____

4 지역의; 지역민 _____

5 부분, 단면 _____

6 결국 ~으로 드러나다 _____

**B** 괄호 안의 주어진 단어를 바르게 배열하시오.

1 It (turns, love, them, out, kids, our), too.
   → _____

2 This is where we parents (do, better, a, need, job, to).
   → _____

**C** 다음 빈칸에 들어갈 알맞은 단어를 적으시오.

1 여러분이 아이였을 때 좋아했던 책들을 회상해 보라.
   _____ _____ _____ the books you _____ when you were a child.

2 책을 읽지 않는 아이들의 가장 큰 불만은 그들에게 흥미를 끄는 어떤 읽을 것도 그들이 찾을 수 없다는 것이다.
   The biggest _____ of kids who don't read is that they can't find _____ to read that _____ them.

**D** 다음 괄호 안의 주어진 단어를 활용하여 문장을 완성하시오.

1 나의 남편과 나는 Beverly Cleary의 책들을 즐겼다. (enjoy, by) 9단어
   → _____
   _____

2 어린이 담당 사서는 여러분에게 익숙하지 않은 새로운 자료를 선택할 수 있도록 도울 수 있다. (The, choose, material, that, familiar) 15단어
   → _____
   _____

## 29

**A** 우리말은 영어로, 영어는 우리말로 쓰시오.

1 traumatic _____

2 rescue worker _____

3 do good _____

4 방해하다, 중단시키다 _____

5 주의를 돌리다, 산만하게 하다 _____

6 회상하다 _____

**B** 괄호 안의 주어진 단어를 바르게 배열하시오.

1 But (do, any, it, did, good)?
   → _____

2 People often (from, thinking, distract, themselves) about pleasant events right after they occur.
   → _____

**C** 다음 빈칸에 들어갈 알맞은 단어를 적으시오.

1 이것이 미래의 정신 건강 문제들을 예방할 것이다.
   This would _____ _____ _____ _____ in the future.

2 한 연구는 그 보고하는 과정이 거의 이점이 없었다는 것을 보여준다.
   A(n) _____ shows that the debriefing process had _____ _____.

**D** 다음 괄호 안의 주어진 단어를 활용하여 문장을 완성하시오.

1 상담자들은 구조대원들이 정신적 외상을 다루는 데 도움을 주려갔다. (rescue, deal with, the trauma) 10단어
   → _____
   _____

2 사람들이 우울할 때, 자신들의 문제를 회상하는 것은 상황을 악화시킨다. (depressed, recalling, things) 10단어
   → _____
   _____

# 30

**A** 우리말은 영어로, 영어는 우리말로 쓰시오.

1  bottle       _____

2  tough       _____

3  feed       _____

4  좌절된, 욕구 불만의    _____

5  (고개를) 돌리다    _____

6  우연히 ~하다    _____

**B** 괄호 안의 주어진 단어를 바르게 배열하시오.

1  She (gets, frustrated, more, and, more).

→ _____

2  When Sophie (happens, the table, look, to, at) for another reason, she notices the bottle on it.

→ _____

**C** 다음 빈칸에 들어갈 알맞은 단어를 적으시오.

1  6개월 된 Angela는 자신의 (어린이용) 높은 의자에 앉아있다.

_____ Angela is sitting in her _____
_____ _____ lunch.

2  그녀는 엄마의 음식으로 가득 찬 숟가락에서 고개를 돌리고, 막 울 것처럼 소리를 낸다.

She _____ _____ _____ her mother's spoonfuls and _____ _____ _____ she is about to cry.

**D** 다음 괄호 안의 주어진 단어를 활용하여 문장을 완성하시오.

1  Sophie는 Angela가 무엇을 원하는지 전혀 모르고 있다. (clueless, about, what) 7단어

→ _____

_____

2  그녀의 엄마가 그녀에게 음식을 먹일 때, 그녀는 그것을 바라본다. (look at, as, feed) 9단어

→ _____

_____

# 31

**A** 우리말은 영어로, 영어는 우리말로 쓰시오.

1  fragile       _____

2  minority       _____

3  humanity       _____

4  안정성, 일관성    _____

5  변화    _____

6  생태학적인    _____

**B** 괄호 안의 주어진 단어를 바르게 배열하시오.

1  You (try, beat, don't, to, back) the changes.

→ _____

2  The founding population of our direct ancestors is not thought (than, larger, to, been, have) 2,000 individuals.

→ _____

**C** 다음 빈칸에 들어갈 알맞은 단어를 적으시오.

1  Richard Potts에 의하면 한 가지 방법밖에 없다.

There is only one _____, _____ _____ Richard Potts.

2  단지 한두 개의 생태학적인 환경 속에서 살아남는 방식을 배우는 대신에, 우리는 전 세계를 점령했다.

Instead of learning _____ _____ _____ in just one or two ecological environments, we _____ _____ the entire globe.

**D** 다음 괄호 안의 주어진 단어를 활용하여 문장을 완성하시오.

1  인류(You)는 안정성을 포기한다. (give up on) 5단어

→ _____

_____

2  인류(You)는 주어진 서식지 안에서의 일관성에 대해 신경 쓰지 않기 시작했다. (not, care about, consistency, a, given) 11단어

→ _____

_____

# 32

**A 우리말은 영어로, 영어는 우리말로 쓰시오.**

1  ethical _____

2  immediate _____

3  consequence _____

4  상호작용 _____

5  검토하다, 검사하다 _____

6  행동 방침 _____

**B 괄호 안의 주어진 단어를 바르게 배열하시오.**

1  Ethical decision-making (requires, look, us, beyond, to) the immediate moment.

→ _____

2  Only by imagining what we would feel in the situation (how, we, feel, they, can, understand).

→ _____

**C 다음 빈칸에 들어갈 알맞은 단어를 적으시오.**

1  우리는 타인들이 무엇을 느끼는지를 경험할 수 없다.

We can't experience _____ _____ _____.

2  도덕적 상상은 연극의 가상 예행연습이다.

Moral imagination is a(n) _____ _____ _____.

**D 다음 괄호 안의 주어진 단어를 활용하여 문장을 완성하시오.**

1  공감 능력은 도덕적 상상에 매우 중요하다.
(The, capacity, to) 9단어

→ _____

_____

2  도덕적 상상은 다양한 결과들을 그려보는 것에 관한 것이다.
(picture, various, outcomes) 7단어

→ _____

_____

# 33

**A 우리말은 영어로, 영어는 우리말로 쓰시오.**

1  term paper _____

2  allocate _____

3  engage in _____

4  엄격한 _____

5  계획, 배열 _____

6  이미 결정된 _____

**B 괄호 안의 주어진 단어를 바르게 배열하시오.**

1  Some study guides (calendars, out, detailed, support, filling).

→ _____

2  Following such a schedule (feel, lead, would, to, you) that your whole life is predetermined.

→ _____

**C 다음 빈칸에 들어갈 알맞은 단어를 적으시오.**

1  중요한 날짜들을 기록하는 의도된 목적을 위해서 달력을 사용해라.

Use calendars for their _____ _____ to record _____ _____.

2  학생들은 그런 일정을 따르는 것을 꺼릴 뿐만 아니라, 인간이 그렇게 엄격한 계획을 시도하는 것은 바람직하지 않다.

_____ _____ _____ students _____ _____ to follow such schedules, ____ is undesirable _____ humans _____ attempt such strict arrangements.

**D 다음 괄호 안의 주어진 단어를 활용하여 문장을 완성하시오.**

1  달력들이 당신의 삶을 통제하도록 하지 마라.
(let, regulate) 6단어

→ _____

_____

2  나는 이런 접근법이 심각한 실수라고 느낀다.
(feel, that, a, serious) 9단어

→ _____

_____

## 34

**A 우리말은 영어로, 영어는 우리말로 쓰시오.**

1 equipment _____

2 properly _____

3 average _____

4 건강관리 _____

5 결과적으로 ~가 되다 _____

6 해결(책), 용해 _____

**B 괄호 안의 주어진 단어를 바르게 배열하시오.**

1 (items, Using, disposable, medical) is the best solution now.

→ _____

2 (at hospitals, problems, Infections, serious, create) for the healthcare industry.

→ _____

**C 다음 빈칸에 들어갈 알맞은 단어를 적으시오.**

1 의료센터들이 이러한 증가하고 있는 건강 안전 문제와 싸우는 것은 매우 중요하다.

_____ is very important _____ medical centers _____ fight this growing _____ _____.

2 감염들을 통제하기 위한 노력으로, 병원들은 일회용 의료장비와 의료제품에 의존하고 있다.

In an effort to _____ _____, hospitals are _____ _____ disposable _____ _____ and products.

**D 다음 괄호 안의 주어진 단어를 활용하여 문장을 완성하시오.**

1 그것은 직원과 환자의 안전을 보장해 준다. (ensure, to, staff) 7단어

→ _____

_____

2 이런 의료품들을 사용하는 것은 감염과 질병을 적절히 통제한다. (Using, infections, diseases) 9단어

→ _____

_____

## 35

**A 우리말은 영어로, 영어는 우리말로 쓰시오.**

1 direct _____

2 damaging _____

3 misunderstand _____

4 노출 _____

5 부정적인 _____

6 피부, 가죽 _____

**B 괄호 안의 주어진 단어를 바르게 배열하시오.**

1 (damaging, Sunlight, more, is) at this special time.

→ _____

2 More people (looking, in, at, interested, are) the sun during this time.

→ _____

**C 다음 빈칸에 들어갈 알맞은 단어를 적으시오.**

1 직접적인 태양 빛의 밝기와 자외선은 눈에 손상을 준다.

The _____ and the _____ _____ of direct sunlight are _____ to the eyes.

2 완전히 노출된 태양을 바라보는 것은 달의 일부가 그것을 가렸을 때보다 더 해롭다.

Looking at the _____ sun is more _____ than when part of the moon _____ it.

**D 다음 괄호 안의 주어진 단어를 활용하여 문장을 완성하시오.**

1 태양이 하늘 높이 있을 때 태양을 쳐다보는 것은 해롭다. (Looking at, it, high, harmful) 13단어

→ _____

_____

2 사람들은 일식이 일어날 때 태양을 바라보지 말도록 주의를 받는다. (warn, not, at the time of, a solar eclipse) 16단어

→ _____

_____

# 36

**A** 우리말은 영어로, 영어는 우리말로 쓰시오.

1 process   _____

2 clue   _____

3 take place   _____

4 근거, 이유; 추론하다   _____

5 사실   _____

6 증거   _____

**B** 괄호 안의 주어진 단어를 바르게 배열하시오.

1 To be a better reader, (be, more, Sherlock Holmes, like).

→ _____

2 You (look, need, to, clues, for) and then draw conclusions.

→ _____

**C** 다음 빈칸에 들어갈 알맞은 단어를 적으시오.

1 좋은 결론들은 좋은 관찰들로부터 나온다.

Good _____ come from good _____.

2 추론들은 근거, 사실, 증거에 근거한 결론들이다.

_____ are conclusions _____ _____ reasons, facts, or evidence.

**D** 다음 괄호 안의 주어진 단어를 활용하여 문장을 완성하시오.

1 똑같은 종류의 과정이 읽기에서도 일어난다.
(The, take place, in) 9단어

→ _____

_____

2 탐정은 그러한 단서들에 근거하여 결론을 도출해야 한다.
(The, must, conclusions, based on) 9단어

→ _____

_____

# 37

**A** 우리말은 영어로, 영어는 우리말로 쓰시오.

1 considering   _____

2 hesitate   _____

3 deeply   _____

4 ~에도 불구하고   _____

5 친숙함   _____

6 느긋하게   _____

**B** 괄호 안의 주어진 단어를 바르게 배열하시오.

1 With a second reading, (the repeated experience, back, brings, the initial emotions).

→ _____

2 Revisiting a place can also (people, help, better understand) both the place and themselves.

→ _____

**C** 다음 빈칸에 들어갈 알맞은 단어를 적으시오.

1 그와 동일한 효과가 익숙한 휴가지에서 보일 수 있다.

The same _____ can be seen with _____ _____ _____.

2 책을 여러 번 읽는 습관은 사람들이 그 책들과 감정적으로 연결하도록 북돋는다.

The habit of reading books many times _____ people ____ _____ them _____.

**D** 다음 괄호 안의 주어진 단어를 활용하여 문장을 완성하시오.

1 그 이점들을 고려하면, 재소비를 시도하는 것을 주저하지 말라.
(Considering, benefits, reconsuming, a try) 10단어

→ _____

_____

2 그 이야기들에 대한 그들의 친숙함에도 불구하고, 다시 읽기는 새로운 이해를 가져온다. (Despite, rereading, renewed, understanding) 10단어

→ _____

_____

## 38

**A 우리말은 영어로, 영어는 우리말로 쓰시오.**

1 piecework   _____

2 burden   _____

3 bribe   _____

4 부패시키다; 부패한   _____

5 선행, 선   _____

6 논의 되고 있는   _____

**B 괄호 안의 주어진 단어를 바르게 배열하시오.**

1 They will (notes, piecework, thank-you, regard, as).

→ _____

2 A friend of mine ($1, to, pay, children, used, his) each time they wrote a thank you note.

→ _____

**C 다음 빈칸에 들어갈 알맞은 단어를 적으시오.**

1 단기적으로 그것은 생산(성과)을 증가시킨다.

It _____ production _____ _____ _____ _____.

2 그 아이들은 결국 감사 편지들의 진정한 핵심을 배우게 될 것이다.

The children will _____ learn the real _____ of _____ _____.

**D 다음 괄호 안의 주어진 단어를 활용하여 문장을 완성하시오.**

1 이 방법은 장기적으로 효과가 있을 수도 있고 없을 수도 있다. (method, may, work, in the long run) 11단어

→ _____

_____

2 그 뇌물들은 그들이 감사의 미덕을 배우는 것을 더 힘들게 할 것이다. (may, make, it, for, the, virtue) 14단어

→ _____

_____

## 39

**A 우리말은 영어로, 영어는 우리말로 쓰시오.**

1 unluckily   _____

2 competitor   _____

3 prove   _____

4 결국   _____

5 베다   _____

6 나이테   _____

**B 괄호 안의 주어진 단어를 바르게 배열하시오.**

1 The wreath (was, tree, made, one, from).

→ _____

2 (The wreaths, the marathon winners, for) were going to be special.

→ _____

**C 다음 빈칸에 들어갈 알맞은 단어를 적으시오.**

1 모든 메달 수상자는 그들의 메달과 함께 월계관을 받았다.

Every _____ _____ was given an olive wreath _____ _____ their medal.

2 그 둘 모두는 그들의 나무가 고대 올림픽 시대로 거슬러 올라간다고 주장했다.

Both _____ their tree _____ _____ _____ the time of the ancient Olympics.

**D 다음 괄호 안의 주어진 단어를 활용하여 문장을 완성하시오.**

1 다른 마을 출신의 두 경쟁자가 있었다. (There, villages) 7단어

→ _____

_____

2 그들 중 누구도 그 나무를 기꺼이 베려고 하지 않았다! (Neither, willing, cut ~ down) 10단어

→ _____

_____

# 40

**A** 우리말은 영어로, 영어는 우리말로 쓰시오.

1 experiment _____
2 examine _____
3 briefly _____
4 결과; 결과로 ~가 되다 _____
5 검토, 조사 _____
6 구매; 구매하다 _____

**B** 괄호 안의 주어진 단어를 바르게 배열하시오.

1 A researcher (to, surveyed, if, see) they still liked their choices.
   → _____

2 (the results, researcher, replicated, Another) in a real situation with a study set.
   → _____

**C** 다음 빈칸에 들어갈 알맞은 단어를 적으시오.

1 자신의 선택을 의식적으로 검토하라고 말을 들은 사람들은 가장 덜 만족했다.
   People who were told to _____ _____ their choices were _____ happy.

2 덜 의식적인 검토 후 서재용 가구를 선택했던 사람들은 더 만족했다.
   The people who had made their selections of a(n) _____ _____ after a(n) _____ conscious _____ were happier.

**D** 다음 괄호 안의 주어진 단어를 활용하여 문장을 완성하시오.

1 가구 선택은 가장 심리적으로 힘든 선택 중 하나이다. (one of the most, demanding, choices) 10단어
   → _____
   _____

2 그 포스터를 간단히 보고나서 나중에 선택한 사람들이 가장 만족했다. (who, briefly, and then, choose) 13단어
   → _____
   _____

# 41~42

**A** 우리말은 영어로, 영어는 우리말로 쓰시오.

1 cave _____
2 scratch _____
3 seek out _____
4 창작품, 창조 _____
5 가치 있는 _____
6 적용 가능한 _____

**B** 괄호 안의 주어진 단어를 바르게 배열하시오.

1 (taking, What, place, was) in that cave?
   → _____

2 The woman joins her friends around the fire and (story, tell, begins, an, amazing, to).
   → _____

**C** 다음 빈칸에 들어갈 알맞은 단어를 적으시오.

1 그들의 반응에 고무된 그녀는 자신의 작품에 자부심을 느낀다.
   The woman _____ by their responses, _____ _____ _____ her work.

2 만약 나무가 숲에서 넘어지고 아무도 그것을 듣지 못한다면, 여전히 소리가 있는 것일까?
   _____ a tree falls in the forest and _____ _____ hears it, _____ _____ still a sound?

**D** 다음 괄호 안의 주어진 단어를 활용하여 문장을 완성하시오.

1 그들은 그 여자의 말과 그림에 영감을 받는다. (inspire, words, pictures) 9단어
   → _____
   _____

2 창의적인 사람들은 관객을 찾아냈고, 오늘날 우리도 다르지 않다. (have, seek out, an, today.) 12단어
   → _____
   _____

# 43~45

**A** 우리말은 영어로, 영어는 우리말로 쓰시오.

1 fundraiser     _____

2 corporation     _____

3 earn     _____

4 본[선례]을 따르다     _____

5 회의     _____

6 마음속으로는, 내심     _____

**B** 괄호 안의 주어진 단어를 바르게 배열하시오.

1 She said (return, would, she, check, the).

   → _____

2 She wondered (how, ask, could, she) these needy people to give.

   → _____

**C** 다음 빈칸에 들어갈 알맞은 단어를 적으시오.

1 안에는 5만 달러의 수표가 있었는데, 그것은 가장 큰 단독 기부금이었다.

Inside was a(n) _____ for $50,000, _____ was the largest _____ _____.

2 그의 회사가 나쁜 평판을 가지고 있었기 때문에, 그녀는 그를 만나는 것에 긴장하고 있었다.

She was _____ about meeting him because his company had a(n) _____ _____.

**D** 다음 괄호 안의 주어진 단어를 활용하여 문장을 완성하시오.

1 비가 내리고 있었고 지붕은 비가 새고 있었다.
(It, raining, the, leaking) 8단어

   → _____

_____

2 그녀는 이야기를 했고, 그는 그녀에게 봉투 하나를 건네주었다.
(give one's talk, present ~ with) 11단어

   → _____

_____

*Do what is right, not what is easy.*

# 18

**A** 우리말은 영어로, 영어는 우리말로 쓰시오.

1 short story　　＿＿＿＿＿＿＿＿＿＿＿

2 entry fee　　＿＿＿＿＿＿＿＿＿＿＿

3 fiction　　＿＿＿＿＿＿＿＿＿＿＿

4 받아들이다, 수락하다　　＿＿＿＿＿＿＿＿＿＿＿

5 ～을 전문으로 하다　　＿＿＿＿＿＿＿＿＿＿＿

6 출판　　＿＿＿＿＿＿＿＿＿＿＿

**B** 괄호 안의 주어진 단어를 바르게 배열하시오.

1 There is no entry fee, and (any genre, is, fiction, in, accepted).

→ ＿＿＿＿＿＿＿＿＿＿＿＿＿＿＿

2 Writers over thirteen from all countries (are, enter, encouraged, to) the contest.

→ ＿＿＿＿＿＿＿＿＿＿＿＿＿＿＿

**C** 다음 빈칸에 들어갈 알맞은 단어를 적으시오.

1 New York Times의 베스트셀러 작가인 David Farland가 심사위원이 될 것입니다.

New York Times ＿＿＿＿＿＿ ＿＿＿＿＿ David Farland will be the ＿＿＿＿＿.

2 The East India Press는 다양한 형태의 서적 출판을 전문적으로 합니다.

The East India Press ＿＿＿＿＿＿ ＿＿＿＿ the publishing of books in ＿＿＿＿＿＿ ＿＿＿＿＿＿.

**D** 다음 괄호 안의 주어진 단어를 활용하여 문장을 완성하시오.

1 이 대회는 East India Press에 의해 후원받습니다. (The contest, sponsor, the) 9단어

→ ＿＿＿＿＿＿＿＿＿＿＿＿＿＿＿
＿＿＿＿＿＿＿＿＿＿＿＿＿＿＿

2 여러분은 2019년 3월 1일까지 여러분의 이야기를 제출해야 합니다. (should, submit, by) 9단어

→ ＿＿＿＿＿＿＿＿＿＿＿＿＿＿＿
＿＿＿＿＿＿＿＿＿＿＿＿＿＿＿

# 19

**A** 우리말은 영어로, 영어는 우리말로 쓰시오.

1 fade　　＿＿＿＿＿＿＿＿＿＿＿

2 brilliant　　＿＿＿＿＿＿＿＿＿＿＿

3 leap　　＿＿＿＿＿＿＿＿＿＿＿

4 달리다, 돌진하다　　＿＿＿＿＿＿＿＿＿＿＿

5 찬란함, 탁월　　＿＿＿＿＿＿＿＿＿＿＿

6 ～을 환하게 밝히다　　＿＿＿＿＿＿＿＿＿＿＿

**B** 괄호 안의 주어진 단어를 바르게 배열하시오.

1 Ester awoke one morning (a pouring April shower, of, the sound, to).

→ ＿＿＿＿＿＿＿＿＿＿＿＿＿＿＿

2 She followed her daughter to the window (where, could, the rainbow, see, she).

→ ＿＿＿＿＿＿＿＿＿＿＿＿＿＿＿

**C** 다음 빈칸에 들어갈 알맞은 단어를 적으시오.

1 Ester는 기뻐서 침대에서 뛰쳐나왔다.

Ester ＿＿＿＿＿＿ ＿＿＿＿ her bed ＿＿＿＿＿ ＿＿＿＿＿＿.

2 찬란하게 휘어진 둥근 모양의 색들이 하늘을 가로질렀다.

A(n) ＿＿＿＿＿＿ ＿＿＿＿＿＿ ＿＿＿＿＿ of colors ＿＿＿＿＿＿ the sky.

**D** 다음 괄호 안의 주어진 단어를 활용하여 문장을 완성하시오.

1 그것은 Ester가 지금껏 본 첫 무지개였다.
(It ~ that, the, had, ever) 10단어

→ ＿＿＿＿＿＿＿＿＿＿＿＿＿＿＿
＿＿＿＿＿＿＿＿＿＿＿＿＿＿＿

2 그녀는 비가 서서히 사라지기 시작하는 것을 보았다.
(the rain, beginning, to) 8단어

→ ＿＿＿＿＿＿＿＿＿＿＿＿＿＿＿
＿＿＿＿＿＿＿＿＿＿＿＿＿＿＿

## 20

**A** 우리말은 영어로, 영어는 우리말로 쓰시오.

1 assess _____

2 settle for _____

3 suboptimal _____

4 평가하다 _____

5 끊임없이 _____

6 최적화하다 _____

**B** 괄호 안의 주어진 단어를 바르게 배열하시오.

1 (think, It, makes, to, sense) about how often you do.

→ _____

2 They stay in positions for a long time, (for, situations, settling, suboptimal).

→ _____

**C** 다음 빈칸에 들어갈 알맞은 단어를 적으시오.

1 대부분의 사람들은 자신의 역할을 충분히 자주 평가하지 않는다.

_____ people don't _____ their roles _____ _____.

2 그들은 자신들이 있기를 희망했던 곳으로부터 결국 멀리 떨어진 곳에 있다.

They've _____ _____ far from _____ they had _____ _____ _____.

**D** 다음 괄호 안의 주어진 단어를 활용하여 문장을 완성하시오.

1 어떤 사람들은 매일 또는 매주 자신의 인생을 재조정한다. (readjust, their lives) 8단어

→ _____

2 당신은 일들이 잘되어 가고 있는 위치에 있는 자신을 발견할 가능성 있다. (be likely to, yourself, where, things, going well) 14단어

→ _____

## 21

**A** 우리말은 영어로, 영어는 우리말로 쓰시오.

1 praise _____

2 unexpected _____

3 a range of _____

4 모든, 전체의 _____

5 보통의 _____

6 관심, 주의 _____

**B** 괄호 안의 주어진 단어를 바르게 배열하시오.

1 How did (this, feel, toward, you, person)?

→ _____

2 Think about times in your life (when, singled, out, have, been, you) by somebody.

→ _____

**C** 다음 빈칸에 들어갈 알맞은 단어를 적으시오.

1 사람들은 특별하게 느끼고 싶어 한다. 이것은 인간의 일반적인 욕구이다.

People want to feel _____; it's a normal _____ _____.

2 아마도 이 사람은 당신을 칭찬했거나, 예상 밖의 선물을 주었을 것이다.

Maybe this person _____ you, or gave you a(n) _____ _____.

**D** 다음 괄호 안의 주어진 단어를 활용하여 문장을 완성하시오.

1 나는 이런 종류의 관심에 감사해하지 않는 사람을 만난 적이 없다. (never, met, a, who, this kind) 13단어

→ _____

2 아마 다른 사람들도 당신이 느낀 것과 똑같은 방식으로 느끼길 원할 것이다. (Probably, others, the, way) 10단어

→ _____

# 22

**A** 우리말은 영어로, 영어는 우리말로 쓰시오.

1 explode   _____

2 account   _____

3 accuracy   _____

4 증인석   _____

5 범죄   _____

6 무죄의, 순진한   _____

**B** 괄호 안의 주어진 단어를 바르게 배열하시오.

1 (errors, had, significant, Half) in their answers.

  → _____

2 It shows that people (mistakes, make, the witness stand, on).

  → _____

**C** 다음 빈칸에 들어갈 알맞은 단어를 적으시오.

1 그 학생들 중 25%는 그들이 어디에 있었는지에 대해서 완전히 다른 설명들을 했다.

  25 percent of the students _____ _____ _____ _____ of where they were.

2 이러한 재소자들 중 75%가 잘못된 목격자 진술에 기초하여 유죄로 선고되었었다.

  Seventy-five percent of those prisoners had been _____ _____ _____ _____ _____ _____ mistaken eyewitness accounts.

**D** 다음 괄호 안의 주어진 단어를 활용하여 문장을 완성하시오.

1 2년 반 후, 그는 그들에게 똑같은 질문을 했다. (a half, later, the) 12단어

  → _____

  _____

2 201명의 재소자들이 DNA 증거에 기초하여 무죄라고 밝혀졌다. (prove, innocent, on the basis of) 11단어

  → _____

  _____

# 23

**A** 우리말은 영어로, 영어는 우리말로 쓰시오.

1 thick   _____

2 serve   _____

3 beneath   _____

4 관심, 주의   _____

5 선로, 길, 자국; 추적하다   _____

6 뻗다   _____

**B** 괄호 안의 주어진 단어를 바르게 배열하시오.

1 We can stretch out (help, hands, our, others, to).

  → _____

2 They are self-centered and (themselves, on, keep, attention, to, try).

  → _____

**C** 다음 빈칸에 들어갈 알맞은 단어를 적으시오.

1 인도네시아에 upas라고 불리는 나무가 있다.

  _____ _____ a tree in Indonesia _____ the upas.

2 나는 균형을 잃지 않고서 멀리 걸을 수 없었다.

  I couldn't walk far _____ _____ my _____.

**D** 다음 괄호 안의 주어진 단어를 활용하여 문장을 완성하시오.

1 나는 그와 같은 몇몇 사람들을 알고 있다. (some, that) 6단어

  → _____

  _____

2 나는 철도의 선로 위를 걷는 동안 균형을 잡아보려고 한 기억이 난다. (try, while, on, a) 11단어

  → _____

  _____

# 24

**A** 우리말은 영어로, 영어는 우리말로 쓰시오.

1 male _____

2 female _____

3 be followed by _____

4 성인 _____

5 실업률 _____

6 초과하다 _____

**B** 괄호 안의 주어진 단어를 바르게 배열하시오.

1 (country, them, no, among, was, There) which had an unemployment rate higher than seven percent.

→ _____

2 The male adult unemployment rate in Sweden was (two times, than, that, higher, over) in Iceland.

→ _____

**C** 다음 빈칸에 들어갈 알맞은 단어를 적으시오.

1 위의 그래프는 성인 남성과 여성의 실업률을 보여준다.
The _____ graph shows the male and female _____ _____ _____.

2 성인 남성과 여성의 실업률은 모두 핀란드에서 가장 높았다.
_____ the male _____ female adult unemployment rates were _____ in Finland.

**D** 다음 괄호 안의 주어진 단어를 활용하여 문장을 완성하시오.

1 노르웨이는 가장 낮은 성인 남성과 여성 실업률을 가지고 있었다. (have, the lowest, rates) 10단어

→ _____
_____

2 성인 여성 실업률은 성인 남성 실업률을 초과했다.
(The, adult unemployment rate, exceed) 11단어

→ _____
_____

# 25

**A** 우리말은 영어로, 영어는 우리말로 쓰시오.

1 contamination _____

2 swell up _____

3 dip _____

4 뜨다 _____

5 걸어 내다 _____

6 특성, 재산 _____

**B** 괄호 안의 주어진 단어를 바르게 배열하시오.

1 It swells up like a sponge (dipped, when, into, water).

→ _____

2 (clean, intended, is, to, It) contamination in our waterways.

→ _____

**C** 다음 빈칸에 들어갈 알맞은 단어를 적으시오.

1 이것은 그것이 더 많은 오염물질들을 흡수할 수 있다는 것을 뜻한다.
This means it can _____ _____ _____.

2 매우 유용한 특성을 가진 것 외에도, Obsorb는 사용하기에 저렴하다.
_____ _____ _____ having very helpful properties, Obsorb is _____ to use.

**D** 다음 괄호 안의 주어진 단어를 활용하여 문장을 완성하시오.

1 Obsorb는 활성 유리로 이루어진 물질이다.
(a, that, be comprised of, active) 10단어

→ _____
_____

2 그것이 스펀지들과 비슷해보일지라도, 그것은 물을 흡수하지는 않는다. (Though, seem, absorb) 11단어

→ _____
_____

# 26

**A** 우리말은 영어로, 영어는 우리말로 쓰시오.

1 growth _____

2 apply _____

3 discovery _____

4 졸업하다 _____

5 ~에 따라 _____

6 등록하다 _____

**B** 괄호 안의 주어진 단어를 바르게 배열하시오.

1 It is open to high school students (2019, who, graduate, will, in).

→ _____

2 (of, experience, You'll, summer, a) challenge, discovery, and growth.

→ _____

**C** 다음 빈칸에 들어갈 알맞은 단어를 적으시오.

1 당신은 무엇을 기대할 수 있나요?

_____ can you _____?

2 당신이 얼마나 많은 강좌에 등록하는지에 따라 920달러에서 1,140달러까지 지불할 것입니다.

You'll pay from $920 to $1,140 _____ _____ how many classes you _____ _____.

**D** 다음 괄호 안의 주어진 단어를 활용하여 문장을 완성하시오.

1 이 프로그램은 고등학생에게 열려 있습니다. (open) 8단어

→ _____

_____

2 당신은 세계에서 가장 큰 대학 도서관에서 연구를 할 것입니다. (do research, the, largest, the) 11단어

→ _____

_____

# 27

**A** 우리말은 영어로, 영어는 우리말로 쓰시오.

1 show off _____

2 creativity _____

3 costume _____

4 참가자 _____

5 받아들이다 _____

6 상품권 _____

**B** 괄호 안의 주어진 단어를 바르게 배열하시오.

1 (handed, be, Photos, must, in) by October 25.

→ _____

2 Show off your creativity (a DIY Halloween costume, by, creating).

→ _____

**C** 다음 빈칸에 들어갈 알맞은 단어를 적으시오.

1 참가자당 단 한 개의 출품작

Only _____ _____ _____ _____

2 우리는 당신이 만든 의상을 입고 있는 자신의 사진 한 장만을 받을 것입니다.

We will _____ only one photo of you _____ the _____ you made.

**D** 다음 괄호 안의 주어진 단어를 활용하여 문장을 완성하시오.

1 참가자는 Wisconsin 주에 거주해야 합니다. (Contestants, must, the) 8단어

→ _____

_____

2 우리의 패션 디자이너들이 최종 수상자들을 결정할 것입니다. (decide on, the) 9단어

→ _____

_____

## 28

**A 우리말은 영어로, 영어는 우리말로 쓰시오.**

1 misguided     _____

2 false     _____

3 praise     _____

4 성취     _____

5 기쁘게 하다     _____

6 박수치다     _____

**B 괄호 안의 주어진 단어를 바르게 배열하시오.**

1 The focus of her excitement moves (from, enjoying, learning itself) to pleasing you.

→ _____

2 If you always reward a child for her accomplishments, she starts to (getting, on, the reward, more, focus).

→ _____

**C 다음 빈칸에 들어갈 알맞은 단어를 적으시오.**

1 "나는 네가 매우 자랑스러워"라는 칭찬에 무엇이 잘못되었을까?

What could be wrong with the _____ "I'm so _____ \_\_\_\_ you"?

2 보상이 긍정적으로 들릴지라도, 그것들은 종종 부정적인 결과를 야기한다.

Although rewards _____ _____, they can often _____ _____ _____.

**D 다음 괄호 안의 주어진 단어를 활용하여 문장을 완성하시오.**

1 그의 모든 성취에 보상하는 것도 실수이다.
(it, also, a, all of, accomplishments) 11단어

→ _____

_____

2 이유는 그것들이 배움의 즐거움을 감소시킬 수 있다는 것이다.
(the, that, the love) 11단어

→ _____

_____

## 29

**A 우리말은 영어로, 영어는 우리말로 쓰시오.**

1 finding     _____

2 reasonable     _____

3 logical     _____

4 도움     _____

5 방해, 간섭     _____

6 빠른     _____

**B 괄호 안의 주어진 단어를 바르게 배열하시오.**

1 Antonio Damasio studied people (who, perfectly, every way, in, were, normal) except for brain injuries.

→ _____

2 (the common belief, This finding, contradicts) that decision making is the heart of reasonable, logical thought.

→ _____

**C 다음 빈칸에 들어갈 알맞은 단어를 적으시오.**

1 정서적 체계는 여러분의 의사 결정에 매우 중요한 도움을 준다.

The _____ _____ provides very important _____ to your decision making.

2 그들은 어디에 살고, 무엇을 먹고, 어떤 제품을 사서 사용할지는 결정할 수가 없었다.

They couldn't _____ where to live, what to eat, and _____ _____ \_\_\_\_\_ _____ \_\_\_\_\_ \_\_\_\_\_.

**D 다음 괄호 안의 주어진 단어를 활용하여 문장을 완성하시오.**

1 느낌과 감정은 매일의 의사 결정에 중요하다.
(for, decision making) 9단어

→ _____

_____

2 그들은 효과적으로 결정을 내리거나 기능할 수 없었다.
(unable, make decisions, effectively) 9단어

→ _____

_____

# 30

**A** 우리말은 영어로, 영어는 우리말로 쓰시오.

1  main entrance _____

2  security guard _____

3  promote _____

4  똑바로, 곧은 _____

5  할 말을 잃은 _____

6  긁다, 새기다 _____

**B** 괄호 안의 주어진 단어를 바르게 배열하시오.

1  The security guard (left, standing, was).

→ _____

2  The security guard (boss, looked, straight, in, the eyes, his).

→ _____

**C** 다음 빈칸에 들어갈 알맞은 단어를 적으시오.

1  신분증 없이 당신을 들여보내 드릴 수 없습니다.

I cannot _____ you _____ without _____.

2  그는 꼼짝하지 않는 경비원을 다시 쳐다보고 턱을 긁적였다.

He _____ _____ _____ at the _____ security guard and _____ his chin.

**D** 다음 괄호 안의 주어진 단어를 활용하여 문장을 완성하시오.

1  그는 그의 주머니들을 더듬었으나 허사였다.
(feel, to no avail) 7단어

→ _____

2  늘 그렇듯이, 그는 정문으로 가는 계단을 걸어 올라갔다.
(As, the stairs, to, the) 11단어

→ _____

# 31

**A** 우리말은 영어로, 영어는 우리말로 쓰시오.

1  decade _____

2  recognize _____

3  portrait _____

4  (마우스를) 드래그 하다, 끌다 _____

5  방향, 길 _____

6  위성 _____

**B** 괄호 안의 주어진 단어를 바르게 배열하시오.

1  The old map was (of, piece, paper, a, fixed).

→ _____

2  (questions, ask, You, can, even) about restaurants and directions.

→ _____

**C** 다음 빈칸에 들어갈 알맞은 단어를 적으시오.

1  당신은 당신이 가고 싶은 곳으로 그것을 드래그 할 수 있고, 바라는 대로 확대할 수도 있다.

You can drag it where you want to go, you can _____ _____ _____ _____ _____.

2  지도는 고정되고 정형화된 지구의 자세한 모습에서 역동적이고 상호작용적인 대화까지 이르렀다.

A map has gone from a(n) _____, _____ _____ of the Earth to a(n) _____, _____ _____.

**D** 다음 괄호 안의 주어진 단어를 활용하여 문장을 완성하시오.

1  변한 것은 지도 그 자체는 아니다.
(It ~ that, the, itself, has) 8단어

→ _____

2  새 지도는 그것을 사용하는 모든 사람들에게 다르다.
(The, for, everyone, who) 10단어

→ _____

## 32

**A** 우리말은 영어로, 영어는 우리말로 쓰시오.

1 in turn         _____

2 endurance       _____

3 stride           _____

4 유지하다, 주장하다   _____

5 자세             _____

6 합, 합계         _____

**B** 괄호 안의 주어진 단어를 바르게 배열하시오.

1 Your improved flexibility (will, muscles, your, make, stronger).

→ _____

2 Running will improve your endurance (or, lifting, a yoga class, while, weights, during).

→ _____

**C** 다음 빈칸에 들어갈 알맞은 단어를 적으시오.

1 그 늘어난 유연성은 당신이 더 부드럽고 더 빠르게 달릴 수 있도록 해 준다.
The _____ _____ _____ you \_\_\_\_\_ \_\_\_\_\_ smoother and faster.

2 역기 들기는 근력을 강하게 하고, 그것이 당신을 더 강한 달리기 선수로 만들어 줄 것이다.
Lifting weights _____ _____ _____, _____ will make you a stronger runner.

**D** 다음 괄호 안의 주어진 단어를 활용하여 문장을 완성하시오.

1 전체의 이득은 그것의 부분들의 합보다 훨씬 더 크다.
(The, benefit, much, great, the) 12단어

→ _____

_____

2 달리기, 요가, 그리고 역기 들기가 어떻게 서로 상호 보완하는지 생각해 보라. (Consider, complement, one another) 10단어

→ _____

_____

## 33

**A** 우리말은 영어로, 영어는 우리말로 쓰시오.

1 humid          _____

2 moisture        _____

3 overall          _____

4 언어학자        _____

5 발달하다, 번창하다   _____

6 구조            _____

**B** 괄호 안의 주어진 단어를 바르게 배열하시오.

1 (tones, Those, with, complex) occur less frequently in dry areas.

→ _____

2 (tonal languages, Only, complex, 1 in 30) flourished in dry areas.

→ _____

**C** 다음 빈칸에 들어갈 알맞은 단어를 적으시오.

1 오페라 가수와 건조한 공기는 잘 어울리지 않는다.
Opera singers and dry air _____ \_\_\_\_\_ _____.

2 공기 중 수분의 양이 음조에 영향을 미친다.
The amount of _____ in the air _____ _____ _____.

**D** 다음 괄호 안의 주어진 단어를 활용하여 문장을 완성하시오.

1 언어의 구조는 그것의 환경과 관계없다.
(The, be independent of) 9단어

→ _____

_____

2 최고의 가수들은 자신들이 적절한 음조를 얻도록 돕기 위해서 습한 환경을 필요로 한다. (The, require, settings, them, achieve, the, right) 13단어

→ _____

# 34

**A** 우리말은 영어로, 영어는 우리말로 쓰시오.

1 obtain _____

2 approval _____

3 possession _____

4 부채, 빚 _____

5 통제할 수 없다 _____

6 장애, 무질서 _____

**B** 괄호 안의 주어진 단어를 바르게 배열하시오.

1 We obtain others' approval (buying, by, possessions).

→ _____

2 Shopping is no longer just (the things, get, a necessity, to).

→ _____

**C** 다음 빈칸에 들어갈 알맞은 단어를 적으시오.

1 무절제한 쇼핑은 삶을 망칠 수 있는 심각한 장애이다.
Compulsive shopping is a(n) _____ _____ that can _____ lives.

2 대부분의 사람들은 여전히 그들의 수입에 맞게 그럭저럭 살아간다.
Most people still _____ _____ live _____ _____ _____.

**D** 다음 괄호 안의 주어진 단어를 활용하여 문장을 완성하시오.

1 쇼핑은 여가활동이 되었다. (has, a) 6단어

→ _____

2 미국 성인 인구의 8에서 10%는 무절제한 쇼핑객일 수도 있다. (the, American, may, compulsive) 13단어

→ _____

# 35

**A** 우리말은 영어로, 영어는 우리말로 쓰시오.

1 appropriate _____

2 interaction _____

3 prize _____

4 해석하다 _____

5 (노력 등을) 기울이다, 바치다 _____

6 불충분한, 부적당한 _____

**B** 괄호 안의 주어진 단어를 바르게 배열하시오.

1 Responding too quickly (having, interpreted, as, devoted, is) inadequate attention.

→ _____

2 Asians and many Native American cultures (as, silence, an important and appropriate part, view) of social interaction.

→ _____

**C** 다음 빈칸에 들어갈 알맞은 단어를 적으시오.

1 그것은 청자가 화자의 말을 들었다는 것을 보여준다.
It _____ that the listener has heard the _____ _____.

2 그러한 초기의 침묵은 화자에 대한 청자의 존중을 전달한다.
Such _____ _____ _____ the listener's _____ for the speaker.

**D** 다음 괄호 안의 주어진 단어를 활용하여 문장을 완성하시오.

1 침묵은 분열과 분리를 유발한다. (cause) 5단어

→ _____

2 침묵은 화자가 말한 것을 알게 되고 검토해 볼 시간으로 간주된다. (view ~ as, a time, what, has) 15단어

→ _____

## 36

**A** 우리말은 영어로, 영어는 우리말로 쓰시오.

1 density _____

2 method _____

3 species _____

4 부피, 양, 권 _____

5 주변의 _____

6 부력 _____

**B** 괄호 안의 주어진 단어를 바르게 배열하시오.

1 To rise, a fish (density, reduce, overall, its, must).

→ _____

2 They (moving, all their lives, along, spend) the ocean floor.

→ _____

**C** 다음 빈칸에 들어갈 알맞은 단어를 적으시오.

1 부레가 완전히 팽창되었을 때, 물고기는 수면으로 떠밀려 올라온다.

When the bladder is fully _____, the fish ____ _____ to the _____.

2 물고기는 더 큰 부피를 갖지만, 그것의 무게는 크게 증가하지 않는다.

The fish has a greater _____, but its _____ is not greatly _____.

**D** 다음 괄호 안의 주어진 단어를 활용하여 문장을 완성하시오.

1 물고기는 주변의 물에서 모은 산소로 자신의 부레를 채운다. (A, bladder, oxygen, collect, the) 12단어

→ _____
_____

2 대부분의 물고기는 이런 방법을 사용하면서 부상(浮上)하지만 모두 그런 것은 아니다. (rise, using, method, all, do) 10단어

→ _____
_____

## 37

**A** 우리말은 영어로, 영어는 우리말로 쓰시오.

1 tell _____

2 hard-boiled _____

3 instantly _____

4 날것의 _____

5 유동체; 유동체의 _____

6 고형의, 고체의 _____

**B** 괄호 안의 주어진 단어를 바르게 배열하시오.

1 When you take your finger away, (continue, the raw egg, spin, will, to) for a few more seconds.

→ _____

2 How (you, the, can, difference, tell, between) a hard-boiled egg and a raw egg without breaking them?

→ _____

**C** 다음 빈칸에 들어갈 알맞은 단어를 적으시오.

1 날달걀은 내부가 유동체인 반면, 완숙으로 삶은 달걀은 고형이다.

The raw egg is _____ inside _____ the hard-boiled egg is _____.

2 당신은 날달걀이 더 천천히 돌고, 그것은 흔들릴 것을 또한 알아차릴 것이다.

You will also _____ the raw egg will _____ more slowly, and it will _____.

**D** 다음 괄호 안의 주어진 단어를 활용하여 문장을 완성하시오.

1 당신은 완숙으로 삶은 달걀이 매우 쉽게 도는 것을 발견할 것이다. (find, the hard-boiled, spin, so) 9단어

→ _____
_____

2 그것들이 도는 것을 멈추기 위해 달걀 위에 당신의 손가락을 잠시 올려라. (Put, briefly, the eggs, stop, spinning) 11단어

→ _____
_____

# 38

**A 우리말은 영어로, 영어는 우리말로 쓰시오.**

1 common _____

2 normally _____

3 order _____

4 보상하다; 보상 _____

5 특정한 _____

6 (우연히) ~하다 _____

**B 괄호 안의 주어진 단어를 바르게 배열하시오.**

1 You first (your, and reward, puppy, give, an order) only when he follows it.

→ _____

2 If you (to, train, want, sit down, him, to), you just have to wait until he happens to do so.

→ _____

**C 다음 빈칸에 들어갈 알맞은 단어를 적으시오.**

1 당신의 강아지가 앉자마자, 당신은 그에게 "앉아"라고 명령한다.

_____ _____ _____ your puppy sits down, you give him the _____, "Sit down."

2 당신은 우선 당신의 개가 당신이 원하는 행동을 할 때까지 기다려야 한다.

You first have to wait _____ your dog _____ the _____ you want.

**D 다음 괄호 안의 주어진 단어를 활용하여 문장을 완성하시오.**

1 내가 나의 강아지를 훈련시키기 위해 사용하는 기법은 행동 포착이라고 불린다. (The, behavior capture) 12단어

→ _____

_____

2 특정한 행동이 일어나기를 기다리면서, 당신의 강아지의 활동들을 관찰하라. (watch, waiting, a, particular, occur) 11단어

→ _____

_____

# 39

**A 우리말은 영어로, 영어는 우리말로 쓰시오.**

1 introduce _____

2 huge _____

3 perspective _____

4 대량 운송 _____

5 기회 _____

6 그렇지 않으면 _____

**B 괄호 안의 주어진 단어를 바르게 배열하시오.**

1 Perhaps (would, have, seen, they, opportunities) that they otherwise missed.

→ _____

2 (had, if, themselves, What, defined, they) as being in the mass transportation business?

→ _____

**C 다음 빈칸에 들어갈 알맞은 단어를 적으시오.**

1 이러한 편협한 관점은 그들의 의사결정에 영향을 끼쳤다.

This _____ _____ _____ their decision-making.

2 모든 큰 철도회사들은 결국 파산했다.

All those big railroad companies _____ _____ _____ _____ _____.

**D 다음 괄호 안의 주어진 단어를 활용하여 문장을 완성하시오.**

1 그들은 선로와 엔진에 그들의 모든 돈을 투자했다. (all, tracks and engines) 9단어

→ _____

_____

2 그들은 그들이 '무엇'을 하는지에 집착하게 되었다. (become, obsessed, WHAT, did) 7단어

→ _____

_____

## 40

**A** 우리말은 영어로, 영어는 우리말로 쓰시오.

1 aspect _____
2 medieval _____
3 nevertheless _____
4 지표 _____
5 형성하다; 모양 _____
6 빈번한 _____

**B** 괄호 안의 주어진 단어를 바르게 배열하시오.

1 It (be, together, could, used, with) other social and cultural indicators.

→ _____

2 It (some, mirror, does, degree, to) the German attitude towards getting up early.

→ _____

**C** 다음 빈칸에 들어갈 알맞은 단어를 적으시오.

1 '국민성'에 관한 어떠한 고정된 결론들도 도출되어서는 안 된다.

No fixed _____ about a(n) "_____ _____" should be _____.

2 그것들(속담)이 몇몇 상상화된 국민성을 보여주는 것으로 생각하는 것은 어리석을 것이다.

_____ would be _____ _____ _____ _____ them _____ showing some imagined national character.

**D** 다음 괄호 안의 주어진 단어를 활용하여 문장을 완성하시오.

1 우리는 속담들을 바라보는 경우에는 주의해야 한다. (must, when, look at) 8단어

→ _____
_____

2 특정 속담들의 빈번한 사용은 한 국가에 관한 일반적인 개념을 형성하기 쉽다. (The, certain, be likely to, a, concepts, form, nation) 15단어

→ _____
_____

## 41~42

**A** 우리말은 영어로, 영어는 우리말로 쓰시오.

1 supervisor _____
2 come across _____
3 firm _____
4 접근법; 접근하다 _____
5 제대로, 적절히 _____
6 부상, 상처 _____

**B** 괄호 안의 주어진 단어를 바르게 배열하시오.

1 He (to, a different approach, decided, try).

→ _____

2 (causes, that, criticism, The anger) can not correct the situation.

→ _____

**C** 다음 빈칸에 들어갈 알맞은 단어를 적으시오.

1 그가 떠난 직후 그 작업자들은 자신들의 안전모를 벗곤 했다.

_____ _____ he left, the workers _____ _____ their hats.

2 그 결과는 화를 내지 않고 증가된 규정의 수용이었다.

The result was _____ _____ of the _____ with no anger.

**D** 다음 괄호 안의 주어진 단어를 활용하여 문장을 완성하시오.

1 그는 그 안전모들이 불편한지 또는 제대로 잘 맞지 않는지 물어보았다. (if, fit, properly) 12단어

→ _____
_____

2 그의 책무 중 하나는 작업자들이 자신들의 안전모를 착용하는지 확인하는 것이다. (responsibilities, see if, their) 13단어

→ _____
_____

# 43~45

**A** 우리말은 영어로, 영어는 우리말로 쓰시오.

1 set out        _____

2 pledge        _____

3 intend        _____

4 친환경적이 되다        _____

5 확신하는, 신념 있는        _____

6 고도로, 매우, 높이        _____

**B** 괄호 안의 주어진 단어를 바르게 배열하시오.

1 The scouts (a pledge card, the resident, handed).

   → _____

2 (not, been, Those, visited, who, had) showed a 3-percent increase in recycling.

   → _____

**C** 다음 빈칸에 들어갈 알맞은 단어를 적으시오.

1 연구자들은 비밀리에 주민들의 재활용 활동을 관찰하였다.

The researchers _____ _____ the recycling behavior of the _____.

2 그들은 스카우트 단원들에게 영문을 모르는 참여자의 문을 두드리도록 요청하였다.

They _____ the scouts _____ _____ _____ the door of a(n) _____ _____.

**D** 다음 괄호 안의 주어진 단어를 활용하여 문장을 완성하시오.

1 문이 열렸을 때 그들은 그들의 준비된 연설을 시작했다. (the, launch into, their, prepared) 10단어

   → _____

   _____

2 그 연구원들은 주민들을 만나기 위해 스카우트 단원들을 보냈다. (send ~ out, the scouts, the residents) 10단어

   → _____

   _____

MEMO

The man who asks a question is
a fool for a minute, the man
who does not ask is a fool for life.
– Confucius

# 18

**A** 우리말은 영어로, 영어는 우리말로 쓰시오.

1 recent _____

2 air pollution _____

3 effect _____

4 ~에도 불구하고 _____

5 인상 _____

6 ~와 반대로 _____

**B** 괄호 안의 주어진 단어를 바르게 배열하시오.

1 Some people may (feel, Fresno, is, unlivable, that).

　→ _____

2 (to, contrary, left, the impression, by) some writers, we Fresnans are not all suffering in some hellhole.

　→ _____

**C** 다음 빈칸에 들어갈 알맞은 단어를 적으시오.

1 공기 오염에 관한 귀사의 최근 기사는 본질적으로 맞습니다.
　Your recent article about air pollution was
　_____ _____.

2 나는 은퇴 연령이 훨씬 지났지만 아직까지 어떠한 안 좋은 영향도 겪고 있지 않습니다.
　I have not suffered any bad effects _____
　_____ _____ _____ retirement age.

**D** 다음 괄호 안의 주어진 단어를 활용하여 문장을 완성하시오.

1 이는 사실과 다릅니다. (it, far) 6단어

　→ _____
　_____

2 나는 약 15년 동안 당신의 잡지를 읽어왔습니다.
　(about) 9단어

　→ _____
　_____

# 19

**A** 우리말은 영어로, 영어는 우리말로 쓰시오.

1 hesitate _____

2 edge _____

3 cliff _____

4 도달하다, (뛰어)내리다 _____

5 (말에) 박차를 가하다 _____

6 고삐 _____

**B** 괄호 안의 주어진 단어를 바르게 배열하시오.

1 He (flew, head, over, the, horse's) and over the edge of the cliff.

　→ _____

2 Kenny took his horse back and began to move (the, cliff, toward, it, again).

　→ _____

**C** 다음 빈칸에 들어갈 알맞은 단어를 적으시오.

1 말에 박차를 가하여 마음껏 달리게 했다.
　He allowed his horse _____ _____ _____
　_____ _____.

2 말은 주저하다가 시키는 대로 했다.
　The horse hesitated and then _____ _____
　_____ _____ _____.

**D** 다음 괄호 안의 주어진 단어를 활용하여 문장을 완성하시오.

1 그는 절벽 다른 쪽에 도달했다. (land) 9단어

　→ _____
　_____

2 다행히 그는 아직 그 고삐들을 쥐고 있었다. (hold) 7단어

　→ _____
　_____

# 20

**A** 우리말은 영어로, 영어는 우리말로 쓰시오.

1 achieve     _____

2 manner     _____

3 positive     _____

4 완료된, 완전한     _____

5 결과     _____

6 비교하다     _____

**B** 괄호 안의 주어진 단어를 바르게 배열하시오.

1 They will understand (able, everything, achieve, to, were, they) in the negotiations.

  → _____

2 People who set high expectations tend to get more in negotiations (goals, set, low, than, those, who).

  → _____

**C** 다음 빈칸에 들어갈 알맞은 단어를 적으시오.

1 그들은 협상에서 얻지 못한 것에 초점을 두고 실패한 것처럼 느낀다.

They _____ _____ _____ they didn't get from the _____ and feel like they failed.

2 협상이 끝났을 때, 그들은 자신의 최종 결과를 처음의 기대치와 비교한다.

When the _____ _____ _____, they compare their final _____ to their first _____.

**D** 다음 괄호 안의 주어진 단어를 활용하여 문장을 완성하시오.

1 그들은 대부분 그들의 결과에 대한 만족도가 낮다. (less) 8단어

  → _____
_____

2 그들은 좀 더 긍정적인 방법으로 그들의 결과를 바라봐야 한다. (view, manner) 10단어

  → _____
_____

# 21

**A** 우리말은 영어로, 영어는 우리말로 쓰시오.

1 in oneself     _____

2 state     _____

3 root     _____

4 선택사항     _____

5 하루를 휴가 내다     _____

6 진술     _____

**B** 괄호 안의 주어진 단어를 바르게 배열하시오.

1 A better statement would be, "I have (no, work, to, to, get, way) today."

  → _____

2 The reason (clearly, to, root, the, state) problem is that your goal is not to "fix my car."

  → _____

**C** 다음 빈칸에 들어갈 알맞은 단어를 적으시오.

1 만약 당신이 차를 두 대 가지고 있다면 그 자체로 그것은 문제가 아니다.

That is not a problem _____ _____ if you have two cars.

2 문제의 명확한 진술은 당신이 그 문제를 해결하는 명확한 선택사항을 떠올리는 데 도움을 줄 것이다.

A clear statement of the problem will help you _____ _____ _____ clear options of _____ _____ _____ it.

**D** 다음 괄호 안의 주어진 단어를 활용하여 문장을 완성하시오.

1 그것은 출근하는 것이다. (get) 6단어

  → _____
_____

2 이런 방식으로 그 문제를 진술하는 것은 다른 선택사항들을 열어준다. (state, up) 10단어

  → _____
_____

## 22

**A** 우리말은 영어로, 영어는 우리말로 쓰시오.

1 sufficient     _____

2 typically     _____

3 ensure     _____

4 대체물     _____

5 유지하다     _____

6 섭취, 흡입     _____

**B** 괄호 안의 주어진 단어를 바르게 배열하시오.

1 Schools are in (improve, unique, to, place, a) healthy dietary behaviors.

→ _____

2 Proper hydration may improve (are, cognitive, which, functions) important for learning.

→ _____

**C** 다음 빈칸에 들어갈 알맞은 단어를 적으시오.

1 학생들은 일반적으로 매일 학교에서 최소 6시간을 보내고 있다.

Students _____ spend _____ _____ 6 hours at school each day.

2 학생들에게 안전한 무료 식수를 보장하는 것이 과당 음료의 건강한 대체물을 학생들에게 제공하는 것이다.

Ensuring that students can drink safe, free water gives them a _____ _____ _____ sugared beverages.

**D** 다음 괄호 안의 주어진 단어를 활용하여 문장을 완성하시오.

1 물을 마시는 것은 건강을 유지시키는 것을 도울 수 있다. (to, good) 8단어

→ _____

2 깨끗하고 무료인 물을 제공하는 것은 건강에 좋지 않은 칼로리들의 섭취를 줄이는 데 도움을 준다. (free, to) 11단어

→ _____

## 23

**A** 우리말은 영어로, 영어는 우리말로 쓰시오.

1 complex     _____

2 remain     _____

3 remarkable     _____

4 습득하다     _____

5 친척     _____

6 만나는, 접촉[연락]하는     _____

**B** 괄호 안의 주어진 단어를 바르게 배열하시오.

1 He has many teachers—almost everyone (in, he, contact, comes, with, whom) in his day-to-day life.

→ _____

2 In the case of the mother tongue, the child gets (chance, for, in, this, enough, practice) his daily environment.

→ _____

**C** 다음 빈칸에 들어갈 알맞은 단어를 적으시오.

1 만약 그가 모국어로 자신을 표현할 수 없다면, 그의 기본적인 욕구 중 일부가 계속 충족되지 않을지도 모른다.

If he cannot express _____ in his mother tongue, some of his basic needs may _____ _____.

2 아마 가장 주목할 만한 것은 아동은 자신이 매우 복잡한 기호를 학습하고 있다는 사실을 의식하지 않고 언어를 연습한다는 것이다.

What is perhaps the _____ _____ thing is _____ the child practices the language without _____ _____ he is learning a very complex code.

**D** 다음 괄호 안의 주어진 단어를 활용하여 문장을 완성하시오.

1 언어 기술은 연습을 통해서 습득될 수 있다. (acquire) 7단어

→ _____

2 그는 언어를 배우려는 가장 강한 동기부여를 가진다. (learn) 9단어

→ _____

## 24

**A** 우리말은 영어로, 영어는 우리말로 쓰시오.

1 rank _____

2 followed by _____

3 except for _____

4 ~와 비교하여 _____

5 두 배가 되다 _____

6 평균; 평균의 _____

**B** 괄호 안의 주어진 단어를 바르게 배열하시오.

1 (that, Compared, to, of) 2017, the viewing time of videos on tablets had more than doubled in 2018.

→ _____

2 Smartphones were the least-used device with a weekly average video viewing time (than, hour, of, less, in, an) both 2017 and 2018.

→ _____

**C** 다음 빈칸에 들어갈 알맞은 단어를 적으시오.

1 TV에 연결하는 기기들은 두 해 모두 2위를 차지했고, PC 비디오가 그 다음이었다.

TV-connected devices _____ second in both years, _____ _____ PC video.

2 TV를 제외하고 나머지 네 가지 기기들은 2017년부터 2018년까지 늘어난 시청 시간을 보였다.

_____ _____ TV, _____ _____ four devices showed increased viewing time from 2017 to 2018.

**D** 다음 괄호 안의 주어진 단어를 활용하여 문장을 완성하시오.

1 위 도표는 주간 평균 비디오 시청 시간을 보여 준다. (above) 10단어

→ _____

_____

2 TV의 평균 비디오 시청 시간은 1,600분이 넘었다. (viewing) 12단어

→ _____

_____

## 25

**A** 우리말은 영어로, 영어는 우리말로 쓰시오.

1 servant _____

2 volunteer _____

3 communicate _____

4 전기, 일대기 _____

5 시도 _____

6 북극 (지방) _____

**B** 괄호 안의 주어진 단어를 바르게 배열하시오.

1 When Peary planned a trip to Greenland, Matthew (to, volunteered, go, along).

→ _____

2 Matthew and Peary finally became (men, to, reach, first, the) the North Pole.

→ _____

**C** 다음 빈칸에 들어갈 알맞은 단어를 적으시오.

1 그의 아버지가 돌아가신 후 그는 11세에 Washington D.C.로 갔다.

After his father died, he went to Washington, D.C. _____ _____ _____ _____ eleven.

2 그들은 그에게 눈으로 집을 짓고 썰매 개를 훈련하면서 북극 지방에서 생존하는 방법을 가르쳐주었다.

They taught him _____ _____ _____ in the Arctic _____ _____ snow houses and _____ _____ sled dogs.

**D** 다음 괄호 안의 주어진 단어를 활용하여 문장을 완성하시오.

1 얼마 지나지 않아 그는 선원이 되기로 결심했다. (long) 8단어

→ _____

_____

2 Matthew는 Inuit 사람들과 의사소통할 수 있었다. (able) 8단어

→ _____

_____

## 26

**A** 우리말은 영어로, 영어는 우리말로 쓰시오.

1 seed _____

2 take place _____

3 extra _____

4 시범, 시위 _____

5 전문가 _____

6 수확하다; 수확 _____

**B** 괄호 안의 주어진 단어를 바르게 배열하시오.

1 Talks (experts, gardening, with, on) harvesting and storing seeds.

→ _____

2 It's an event (who, those, for, want, exchange, to) their extra seeds for others.

→ _____

**C** 다음 빈칸에 들어갈 알맞은 단어를 적으시오.

1 등록인원은 80명으로 제한

A _____ _____ of 80 participants

2 Seedy Sunday는 2012년 이후로 매년 개최되고 있는 씨앗 교환 행사입니다.

Seedy Sunday is a seed-exchange event that _____ _____ _____ every year _____ 2012.

**D** 다음 괄호 안의 주어진 단어를 활용하여 문장을 완성하시오.

1 씨앗 교환만이 아닙니다! (just) 4단어

→ _____

_____

2 교환할 씨앗들 가져오기 (to) 5단어

→ _____

_____

## 27

**A** 우리말은 영어로, 영어는 우리말로 쓰시오.

1 provide _____

2 per _____

3 admission _____

4 자세한 사항 _____

5 동반하다 _____

6 유아, 아장아장 걷는 아이 _____

**B** 괄호 안의 주어진 단어를 바르게 배열하시오.

1 It's a chance to meet new friends and (have, for, to, everyone) fun!

→ _____

2 Children from 0-4 years of age are welcome (long, as, are, they, accompanied, as) by an adult!

→ _____

**C** 다음 빈칸에 들어갈 알맞은 단어를 적으시오.

1 자세한 사항은 Crayden Junior School 020-8660-7400로 문의하십시오.

_____ _____ _____, please call Crayden Junior School at 020-8660-7400.

2 생각을 전달하고 경험을 공유할 수 있는 강사들도 특별히 초대했습니다.

We also have specially invited teachers, who can _____ _____ ideas and _____ experiences.

**D** 다음 괄호 안의 주어진 단어를 활용하여 문장을 완성하시오.

1 저희는 여러분을 만나기를 고대합니다. (looking) 6단어

→ _____

2 할인은 세 명 이상의 아동들에게 모두 제공됩니다. (for, together) 10단어

→ _____

_____

# 28

**A** 우리말은 영어로, 영어는 우리말로 쓰시오.

1 suppose _____

2 professional _____

3 goods _____

4 감추다, (완전히) 덮다 _____

5 감동적인, 감동시키는 _____

6 걸작 _____

**B** 괄호 안의 주어진 단어를 바르게 배열하시오.

1 Most people agree the bought wedding letter has (real, one, value, than, less, a).

→ _____

2 If you purchased a moving masterpiece on the Internet, you (probably, would, it, cover, up)!

→ _____

**C** 다음 빈칸에 들어갈 알맞은 단어를 적으시오.

1 나중에 그가 스스로 편지를 쓴 것이 아니라 온라인에서 그것을 샀다는 것을 알게 된다.
You later realize he hadn't written the letter _____ _____ _____ it online.

2 보수를 받은 전문가에 의해 쓰였기 때문에 그 편지가 처음보다 의미가 덜하다는 것인가?
Would the letter mean less than it was at first because it _____ _____ _____ _____ a paid professional?

**D** 다음 괄호 안의 주어진 단어를 활용하여 문장을 완성하시오.

1 결혼 편지들은 구매될 수 있는 상품이다.
(goods, that) 8단어

→ _____
_____

2 그것들을 사고파는 것은 그것들의 가치를 깎아내린다.
(reduce) 7단어

→ _____
_____

# 29

**A** 우리말은 영어로, 영어는 우리말로 쓰시오.

1 species _____

2 stimuli _____

3 broaden _____

4 좁히다; 좁은 _____

5 먹이 _____

6 돌진 _____

**B** 괄호 안의 주어진 단어를 바르게 배열하시오.

1 Their alarm calls convey very specific (the, information, about, predator).

→ _____

2 Eventually, the (this, call, of, alarm, use) will happen when an eagle appears in the sky above.

→ _____

**C** 다음 빈칸에 들어갈 알맞은 단어를 적으시오.

1 이 단계에서, 그 신호는 어떤 커다란 비행 물체에 대한 반응으로 단지 위쪽의 잠재적 위험에 대한 것이다.
At this stage, the call is just a possible-danger-above signal _____ _____ _____ _____ a large flying object.

2 그 신호를 듣자마자 집단의 구성원들은 위협적인 존재의 위치를 찾기 위해 하늘을 유심히 살필 것이다.
_____ _____ _____ _____, the members of the group will scan the sky to locate the threat.

**D** 다음 괄호 안의 주어진 단어를 활용하여 문장을 완성하시오.

1 신호를 유발하는 자극의 범위가 좁아진다.
(that, make) 10단어

→ _____
_____

2 어떤 종들은 잠재적 포식자에 대한 정보를 공유하는 경계 신호를 사용한다. (calls) 11단어

→ _____
_____

## 30

**A 우리말은 영어로, 영어는 우리말로 쓰시오.**

1 return policy _____

2 receipt _____

3 set up _____

4 ~하자마자 _____

5 문법 _____

6 졸업생 _____

**B 괄호 안의 주어진 단어를 바르게 배열하시오.**

1 He was excited because he (the, half, speakers, had, bought, at) price.

→ _____

2 He asked, "Did the seller tell you (his, going, to, be, store, where, is) tomorrow?"

→ _____

**C 다음 빈칸에 들어갈 알맞은 단어를 적으시오.**

1 그가 집에 도착하자마자 그는 스피커 설치를 도와달라고 Simon을 불렀다.

_____ _____ _____ he arrived home, he called Simon to _____ _____ _____ the speakers.

2 Simon은 미소를 지었고 그가 영수증을 받았는지와 환불 정책에 대해 들었는지를 물었다.

Simon smiled and asked him _____ _____ _____ _____ _____ _____ and heard the _____ policy.

**D 다음 괄호 안의 주어진 단어를 활용하여 문장을 완성하시오.**

1 Simon은 문법에 능숙하지 않은 고등학교 졸업생이었다. (who, good) 12단어

→ _____
_____

2 Robert는 Simon의 이메일에 있는 오류들을 찾는 것을 즐겼다. (find) 8단어

→ _____
_____

## 31

**A 우리말은 영어로, 영어는 우리말로 쓰시오.**

1 get away _____

2 evil _____

3 cruelty _____

4 좌절 _____

5 무서운 _____

6 성공한, 성공적인 _____

**B 괄호 안의 주어진 단어를 바르게 배열하시오.**

1 They didn't realize he failed (he, succeeded, more, than).

→ _____

2 He went hungry (ten, of, times, nine, out) because his prey got away.

→ _____

**C 다음 빈칸에 들어갈 알맞은 단어를 적으시오.**

1 사람들이 (늑대의) 죽이고 싶어 하는 욕망이라고 여겼던 것은 사실은 (굳은) 결의였다.

_____ _____ _____ _____ a thirst for killing was really determination.

2 마침내 그가 의지력으로 열 번 만에 성공했을 때 비로소 주린 배를 채웠다.

He finally _____ the _____ _____ through his force of will, he got over his _____.

**D 다음 괄호 안의 주어진 단어를 활용하여 문장을 완성하시오.**

1 그는 뭔가를 잡을 때까지 계속 시도를 했다. (until) 7단어

→ _____
_____

2 그는 어려움이 있더라도 결코 포기하지 않았다. (even, with) 7단어

→ _____
_____

# 32

**A** 우리말은 영어로, 영어는 우리말로 쓰시오.

1 attempt    _____

2 creature    _____

3 custom    _____

4 정체성    _____

5 재정적인    _____

6 세대의    _____

**B** 괄호 안의 주어진 단어를 바르게 배열하시오.

1 It is (continue, to, hard) over great distances of time and place.

→ _____

2 We just cannot get excited about (the, of, people, saving, livelihoods) we have never met.

→ _____

**C** 다음 빈칸에 들어갈 알맞은 단어를 적으시오.

1 이러한 일을 할 수 있는 우리의 능력은 상상적 몰입(개입)에 달려있다.

But our capacity to do this _____ _____ an _____ _____.

2 이러한 '다른 사람들'과의 바로 그 거리가 그들을 도우려는 어떤 시도를 방해한다.

_____ _____ _____ of these "other people" _____ any attempt to help them.

**D** 다음 괄호 안의 주어진 단어를 활용하여 문장을 완성하시오.

1 인간은 매우 사회적인 창조물(동물)이다. (deeply) `5단어`

→ _____
_____

2 환경론자들은 우리에게 지구를 구할 필요에 대해 말한다. (need, planet) `11단어`

→ _____
_____

# 33

**A** 우리말은 영어로, 영어는 우리말로 쓰시오.

1 violation    _____

2 intention    _____

3 competition    _____

4 무능    _____

5 계약하다    _____

6 낭비하는    _____

**B** 괄호 안의 주어진 단어를 바르게 배열하시오.

1 This is the result of (silversmith's, to, a, satisfy, inability) his customer.

→ _____

2 (In, to, be, wasteful, not, order), the sheriff decided to award trophies to the first, second, and third place winners.

→ _____

**C** 다음 빈칸에 들어갈 알맞은 단어를 적으시오.

1 두 번째 것 또한 적절하지 않았고 그는 은세공인에게 세 번째 시도를 하게 했다.

The second one, too, was _____, and he had the silversmith _____ a third time.

2 그는 은세공인이 만든 첫 번째 트로피를 수락하지 않았고, 그는 또 다른 시도를 위해 돌려보내졌다.

He didn't _____ the silversmith's first trophy, and he was _____ back for _____ _____.

**D** 다음 괄호 안의 주어진 단어를 활용하여 문장을 완성하시오.

1 경주에는 1등, 2등, 3등상이 있다. (have, race) `7단어`

→ _____
_____

2 한 은세공인은 그와 그 일을 하는 것에 대해 계약을 맺었다. (with, to) `9단어`

→ _____
_____

## 34

**A** 우리말은 영어로, 영어는 우리말로 쓰시오.

1 widen       _____

2 decade      _____

3 length       _____

4 정확한       _____

5 재다, 측정하다; 조치   _____

6 정상; 보통의     _____

**B** 괄호 안의 주어진 단어를 바르게 배열하시오.

1 (fit, Finding, perfect, shoe, the) may be difficult for some people.

  → _____

2 Most adults think they know their exact foot size, so they don't (buying, when, feet, measure, their) new shoes.

  → _____

**C** 다음 빈칸에 들어갈 알맞은 단어를 적으시오.

1 20세가 되면 발은 더 길어지지 않지만, 대부분의 발은 나이가 들면서 점점 넓어진다.

While feet _____ _____ in _____ by age twenty, most feet gradually _____ with age.

2 당신의 발은 더 커졌다가 다음 날 아침에 '정상'으로 돌아오므로 실제로 하루 중 시간에 따라 크기가 다를 수 있다.

Your feet can actually be different sizes at different times of the day, _____ _____ and _____ to "_____" by the next morning.

**D** 다음 괄호 안의 주어진 단어를 활용하여 문장을 완성하시오.

1 때때로 여성의 발은 출산 후에 변할 수 있다. (birth) 12단어

  → _____

  _____

2 많은 사람은 수년 혹은 심지어 수십 년 동안 똑같은 크기의 신발을 신는다. (many, even) 12단어

  → _____

  _____

## 35

**A** 우리말은 영어로, 영어는 우리말로 쓰시오.

1 edge        _____

2 mentally     _____

3 physically    _____

4 물질         _____

5 목적, 목표      _____

6 최적 조건; 최적의   _____

**B** 괄호 안의 주어진 단어를 바르게 배열하시오.

1 This is (when, it, why, bends) passing between different materials.

  → _____

2 If his aim is to reach the swimmer (possible, as, as, quickly), the optimum is somewhere in between these two extremes.

  → _____

**C** 다음 빈칸에 들어갈 알맞은 단어를 적으시오.

1 해양구조원은 물에 빠진 사람을 구하기 위해 물가까지 직선으로 달린다.

The lifeguard runs _____ to the water's _____ to save a _____ swimmer.

2 해안가를 달리는 것보다 더 느리기 때문에 그는 수영하는데 긴 시간을 보낸다.

He spends a long time _____ because it is _____ _____ _____ on the beach.

**D** 다음 괄호 안의 주어진 단어를 활용하여 문장을 완성하시오.

1 빛은 한 지점에서 다른 지점으로 최소 시간의 그러한 길을 간다. (take, path) 12단어

  → _____

  _____

2 이것은 원래 그것이 필요로 하는 거리보다 전체 거리를 더 길게 만든다. (total, be) 11단어

  → _____

  _____

# 36

**A 우리말은 영어로, 영어는 우리말로 쓰시오.**

1 argument _____

2 excitement _____

3 interestingly _____

4 즐겁게 하다 _____

5 신사 _____

6 관심 _____

**B 괄호 안의 주어진 단어를 바르게 배열하시오.**

1 I asked (for, reason, still, the, he) talked about them all the time.

→ _____

2 Because he is a gentleman. He (you, were, in, interested, saw) boats.

→ _____

**C 다음 빈칸에 들어갈 알맞은 단어를 적으시오.**

1 그는 이모와 점잖게 논쟁을 벌인 뒤 나에게 관심을 보였다.
After a polite argument with my aunt, he _____ _____ _____ _____.

2 나의 흥분을 가라앉히기 위해 이모는 그가 New York 변호사이며 보트에 관심이 없다고 내게 알려 주었다.
_____ _____ _____ _____, my aunt told me that he, a New York lawyer, was not _____ _____ boats.

**D 다음 괄호 안의 주어진 단어를 활용하여 문장을 완성하시오.**

1 그는 너를 기쁘게 해주길 원했던 거야. (please) 5단어

→ _____
_____

2 그가 떠나고 나서 나는 그에게 반했다. 참 멋진 분이야! (into, What) 10단어

→ _____
_____

# 37

**A 우리말은 영어로, 영어는 우리말로 쓰시오.**

1 folk _____

2 acceptable _____

3 academic _____

4 지역의 _____

5 화랑, 미술관 _____

6 확실한, 특정한 _____

**B 괄호 안의 주어진 단어를 바르게 배열하시오.**

1 Most folk paintings were done by (who, formal, people, didn't, have) artistic training.

→ _____

2 The lives of academic painters are well covered in art books, but (the, painters, most, of, folk, lives) are not described.

→ _____

**C 다음 빈칸에 들어갈 알맞은 단어를 적으시오.**

1 최근 역사를 통해서, 몇몇 예술가들은 특정한 방식으로 그림을 그리도록 특별히 훈련되었다.
_____ recent history, some artists were specially trained to paint _____ _____ _____.

2 격식을 중시하는 화가들은 훈련된 예술가들과 공부했으며, 지역 예술 공동체의 일원이었다.
Academic painters studied with _____ artists and _____ _____ _____ the _____ art community.

**D 다음 괄호 안의 주어진 단어를 활용하여 문장을 완성하시오.**

1 이 전통은 격식을 중시하는 회화라고 불리어진다. (academic) 6단어

→ _____
_____

2 그들의 작업은 그 예술 세계에 의해서 받아들여졌다. (by) 8단어

→ _____
_____

## 38

**A** 우리말은 영어로, 영어는 우리말로 쓰시오.

1  ability   _____

2  lifelong   _____

3  peer oriented   _____

4  추구하다   _____

5  익숙하지 않은, 낯선   _____

6  형식적인, 공식적인   _____

**B** 괄호 안의 주어진 단어를 바르게 배열하시오.

1  They are more likely to benefit from the (a, formal, assistance, of, teaching) environment.

→ _____

2  They may not (learning, throughout, pursue, life) without the influence of a friend or family.

→ _____

**C** 다음 빈칸에 들어갈 알맞은 단어를 적으시오.

1  그들은 익숙하지 않은 상황에서 자주 다른 사람의 지도를 따른다.

They often _____ the lead of another _____

_____ _____ .

2  많은 사람은 독립적인 학습자인 경향이 있어서 자신을 가르칠 선생님이 있는 전형적인 수업을 필요로 하지 않는다.

Many _____ _____ _____ _____ learners and do not require _____ classes with teachers to guide them.

**D** 다음 괄호 안의 주어진 단어를 활용하여 문장을 완성하시오.

1  어떤 사람들은 매우 자기 주도적이다. (are) **5단어**

→ _____

_____

2  그들은 평생 학습자들이 될 가능성이 더 크다. (likely) **8단어**

→ _____

## 39

**A** 우리말은 영어로, 영어는 우리말로 쓰시오.

1  capacity   _____

2  constructively   _____

3  adapt   _____

4  대응, 응답   _____

5  분노 조절   _____

6  선택사항   _____

**B** 괄호 안의 주어진 단어를 바르게 배열하시오.

1  That person can get the (strength, to, needed, cope, with) situations that cause frustration.

→ _____

2  (a, anger-management, of, strategies, variety, By, learning), you develop control in how you respond to angry feelings.

→ _____

**C** 다음 빈칸에 들어갈 알맞은 단어를 적으시오.

1  분노를 다루는 다양한 방식을 배운 사람은 더 유능하고 자신감이 있다.

A person who has learned a variety of ways to _____ anger is more _____ and _____ .

2  그러한 사람들은 좌절감을 느끼기 쉽고 다른 사람들과 그들 자신들과의 갈등을 겪을 가능성이 더 크다.

Such people are more likely to feel _____ and _____ _____ _____ with others and themselves.

**D** 다음 괄호 안의 주어진 단어를 활용하여 문장을 완성하시오.

1  이러한 기술들의 개발은 우리의 낙천주의를 강화한다. (enhance, sense) **10단어**

→ _____

2  분노 조절의 목적은 건강한 방법으로 분노를 표출하는 선택사항을 늘리는 것이다. (in, to, way) **17단어**

→ _____

# 40

**A 우리말은 영어로, 영어는 우리말로 쓰시오.**

1 generally   _____

2 location   _____

3 survival   _____

4 요소   _____

5 특성   _____

6 정의   _____

**B 괄호 안의 주어진 단어를 바르게 배열하시오.**

1 Lower air pressure may (it, make, to, easier) produce the burst of air that is a key characteristic.

→ _____

2 One phoneme (in, occurs, only, about, that) twenty percent of the world's languages is the ejective consonant.

→ _____

**C 다음 빈칸에 들어갈 알맞은 단어를 적으시오.**

1 방출 자음을 포함하는 언어가 포함하지 않는 언어보다 더 높은 고도에서 일반적으로 말해졌다.

Language including ejective consonants were generally spoken at a _____ _____ than _____ _____ did not.

2 그는 전 세계에서 사용되는 567개 언어의 샘플을 추출하고 방출 자음을 포함하거나 무시하는 언어의 장소와 고도를 비교했다.

He took a sample of 567 languages around the world and compared the locations and altitudes of _____ _____ _____ _____ or ignored ejective consonants.

**D 다음 괄호 안의 주어진 단어를 활용하여 문장을 완성하시오.**

1 그 소리들은 높은 고도에서 더 일반적이다. (popular, at, altitudes) 8단어

→ _____

2 한 인류학자는 이러한 소리가 어디에서 발생하는지 지도를 만들기로 결정했다. (map, occur) 9단어

→ _____

# 41~42

**A 우리말은 영어로, 영어는 우리말로 쓰시오.**

1 biorhythm   _____

2 theory   _____

3 requirement   _____

4 보존하다   _____

5 이익, 증가; 얻다   _____

6 목적, 의도   _____

**B 괄호 안의 주어진 단어를 바르게 배열하시오.**

1 The day after Daylight Saving Time begins, (from, of, drivers, suffer, thousands) jet lag.

→ _____

2 The SAT scores of students in Indiana counties was sixteen points (than, fellow, of, their, lower, those) students in standard time all year long.

→ _____

**C 다음 빈칸에 들어갈 알맞은 단어를 적으시오.**

1 일광 절약 시간제를 폐지하는 것이 상대적으로 비용이 많이 들지 않는 한 가지 해결책을 제시하는 것일 수도 있다.

Eliminating Daylight Saving Time might offer one _____ _____ _____.

2 일광 절약 지역의 학생들은 그들의 자연스러운 신체 리듬에 맞지 않는 상태로 그 해의 일곱 달을 보낸다.

Students in daylight saving regions spend seven months of the year _____ _____ _____ _____ their natural biorhythms.

**D 다음 괄호 안의 주어진 단어를 활용하여 문장을 완성하시오.**

1 일광 절약 시간제는 저녁에 일광(햇빛)을 더 잘 사용하는 방법이다. (way, better) 16단어

→ _____

2 사람의 신체 시계를 일 년에 두 번씩 바꾸는 것에는 상당한 대가가 따른다. (person's, has) 11단어

→ _____

## 43~45

**A** 우리말은 영어로, 영어는 우리말로 쓰시오.

1  sew        _____

2  complete   _____

3  seek       _____

4  탈출; 탈출하다  _____

5  천          _____

6  혹독한       _____

**B** 괄호 안의 주어진 단어를 바르게 배열하시오.

1  (by, could, Months, go, while) she waited for a scrap of cloth in the right color.

→ _____

2  Her Aunt Rachel taught Clara (to, sew, how, avoid, to) the harsh conditions out in the fields.

→ _____

**C** 다음 빈칸에 들어갈 알맞은 단어를 적으시오.

1  그녀의 퀼트 지도는 자유를 찾아가는 다른 노예들에게 안내서가 되었다.

Her quilt served _____ a _____ to other slaves, _____ freedom.

2  Clara가 더 많은 정보를 얻을수록 퀼트 지도는 더 커졌다.

_____ _____ information Clara received, _____ _____ her quilt became.

**D** 다음 괄호 안의 주어진 단어를 활용하여 문장을 완성하시오.

1  Clara는 자유를 찾는 길을 완성했다. (complete) 6단어

→ _____

_____

2  그녀는 너무 약해서 거기에서 일을 할 수 없었다. (too, to) 7단어

→ _____

_____

Never understimate the importance of
having a person in your life who
can always make you smile.

# 18

**A** 우리말은 영어로, 영어는 우리말로 쓰시오.

1 task _____

2 accomplishment _____

3 dedication _____

4 산업 _____

5 수행하다 _____

6 감사, 인정 _____

**B** 괄호 안의 주어진 단어를 바르게 배열하시오.

1 Davis Construction Company successfully completed the reconstruction of our building (destroyed, was, by, which, fire) last year.

→ _____

2 Your company has become a leader in the construction industry (performing, to, by, be, appeared, what) an almost impossible task.

→ _____

**C** 다음 빈칸에 들어갈 알맞은 단어를 적으시오.

1 어려운 조건 하에서 공사를 했음에도, 귀사는 예정대로 공사를 완료했습니다.

_____ _____ difficult conditions, your company completed the building ____ _____.

2 이 성과는 전문적이고 숙련된 기능인들의 헌신의 결과라 하겠습니다.

This _____ is a result of the _____ ____ _____ and skilled engineers.

**D** 다음 괄호 안의 주어진 단어를 활용하여 다음을 완성하시오.

1 ABC 회사를 대표하여, (behalf, Corporation) 6단어

→ _____

_____

2 저는 저의 진심 어린 감사와 축하를 표현하길 원합니다. (sincere, congratulations) 9단어

→ _____

_____

# 19

**A** 우리말은 영어로, 영어는 우리말로 쓰시오.

1 stain _____

2 gloomy _____

3 handkerchief _____

4 사랑하는 _____

5 짜증이 난 _____

6 무관심한 _____

**B** 괄호 안의 주어진 단어를 바르게 배열하시오.

1 Now, the handkerchief was (before, more, than, beautiful).

→ _____

2 Suddenly, an inkpot (her, handkerchief, beloved, fell, onto) and caused a huge ugly spot.

→ _____

**C** 다음 빈칸에 들어갈 알맞은 단어를 적으시오.

1 나는 얼룩을 아름다운 장미로 바꿨다.

I have _____ the stain _____ a beautiful rose.

2 그는 얼룩 묻은 손수건을 가져가서 잉크 얼룩을 수정하였다.

He _____ the _____ handkerchief and _____ the _____ spot.

**D** 다음 괄호 안의 주어진 단어를 활용하여 문장을 완성하시오.

1 Anna는 선물로 귀여운 손수건을 받았다. (receive, as, gift) 8단어

→ _____

_____

2 그것은 아름다운 꽃 디자인으로 바뀌었다. (into, of) 9단어

→ _____

_____

## 20

**A** 우리말은 영어로, 영어는 우리말로 쓰시오.

1 presentation _____

2 control _____

3 occur _____

4 자신감 _____

5 불안 _____

6 대신에 _____

**B** 괄호 안의 주어진 단어를 바르게 배열하시오.

1 This will (lower, level, help, of, you, the) your anxiety and stress.

→ _____

2 Problems occur when we try (hard, control, too, or, to) avoid these feelings.

→ _____

**C** 다음 빈칸에 들어갈 알맞은 단어를 적으시오.

1 당신이 업무 프레젠테이션을 두려워한다면, 당신의 걱정을 피하는 것이 당신의 두려움을 증가시킬 것이다.

If you are afraid of a work presentation, _____ _____ _____ will increase your fear.

2 부정적인 감정들을 통제하는 데 도움이 되는 방법은 그 감정들을 당신을 안전하게 지켜주는 메시지로 받아들이는 것이다.

A helpful way of _____ negative feelings is to _____ them _____ messages that keep you safe.

**D** 다음 괄호 안의 주어진 단어를 활용하여 문장을 완성하시오.

1 강한 부정적인 감정들은 인간의 본성이다.
(nature, humans) 7단어

→ _____
_____

2 당신은 그 발표를 훨씬 더 쉽게 할 수 있을 것이다.
(able, make, much) 10단어

→ _____
_____

## 21

**A** 우리말은 영어로, 영어는 우리말로 쓰시오.

1 advice _____

2 calculate _____

3 entry _____

4 청구하다 _____

5 추측하다 _____

6 가치 있는 _____

**B** 괄호 안의 주어진 단어를 바르게 배열하시오.

1 A free upgrade is (are, you, going, to, something, get) anyway.

→ _____

2 People calculate the value of a (of, with, service, price, the, the) service.

→ _____

**C** 다음 빈칸에 들어갈 알맞은 단어를 적으시오.

1 예를 들어, 대부분의 사람들은 변호사가 시간당 400달러를 청구할 수 있다는 것을 인정한다.

For example, most people _____ that lawyers can _____ them $400 an hour.

2 만약 엄청나게 비싸다면, 그것은 그만한 가치가 있음에 틀림없다고 그들은 자연스럽게 생각한다.

They naturally guess that if it _____ a lot, then it _____ _____ _____.

**D** 다음 괄호 안의 주어진 단어를 활용하여 문장을 완성하시오.

1 무료 상담은 거의 원해지지 않는다. (seldom, want) 5단어

→ _____
_____

2 오늘밤 연주할 밴드는 실력이 좋지 않을 것이 틀림없다.
(playing, must) 8단어

→ _____
_____

# 22

**A** 우리말은 영어로, 영어는 우리말로 쓰시오.

1 strategic _____

2 disguise _____

3 survival _____

4 가짜의 _____

5 경향 _____

6 포식자 _____

**B** 괄호 안의 주어진 단어를 바르게 배열하시오.

1 A predator is facing a prey that flies in the (expected, to, opposite, that, direction).
→ _____

2 The butterfly moves false antennae up and down (not, antennae, moving, while, true, the).
→ _____

**C** 다음 빈칸에 들어갈 알맞은 단어를 적으시오.

1 그것의 가짜 머리가 이전의 비행 방향을 가리킨다.
Its false head points in the _____ _____
_____ _____.

2 어떤 먹이 종들은 그들의 뒤쪽 끝부분에 가짜 머리를 만듦으로써 이러한 성향을 이용해 왔다.
Some prey species have used this _____
_____ _____ false heads at their last part.

**D** 다음 괄호 안의 주어진 단어를 활용하여 문장을 완성하시오.

1 많은 포식자들은 먼저 그들의 먹이의 머리를 공격한다.
(many, attack) 9단어
→ _____
_____

2 그것의 두 번째 속임수는 그것이 착지할 때 일어난다.
(occur, land) 7단어
→ _____

# 23

**A** 우리말은 영어로, 영어는 우리말로 쓰시오.

1 motivation _____

2 distract _____

3 hesitate _____

4 허락 _____

5 ~을 잡다 _____

6 떠밀다, 밀고 나가다 _____

**B** 괄호 안의 주어진 단어를 바르게 배열하시오.

1 Some people wait (others, them, to, for, to, allow) do what they want to do.
→ _____

2 There are always golden nuggets of opportunities waiting (pick, up, them, to, for, someone).
→ _____

**C** 다음 빈칸에 들어갈 알맞은 단어를 적으시오.

1 다른 사람들은 외부의 힘에 의해 앞으로 떠밀려지기를 기다린다.
Others wait to be _____ _____ by
_____ forces.

2 내 경험상, 기회를 잡는 것이 누군가가 당신에게 기회를 건네주기를 기다리는 것보다 낫다.
In my experience, _____ _____ is
better than waiting for someone to hand them to you.

**D** 다음 괄호 안의 주어진 단어를 활용하여 문장을 완성하시오.

1 그것은 당신의 책상 너머를 살펴보는 것을 의미한다.
(look, own) 7단어
→ _____
_____

2 어떤 사람들은 동기 부여를 위해 자신의 내부를 살펴본다.
(inside, motivation) 6단어
→ _____
_____

## 24

**A** 우리말은 영어로, 영어는 우리말로 쓰시오.

1 typically _____
2 according to _____
3 percentage _____
4 이상적으로 _____
5 가장 낮은 _____
6 위에 _____

**B** 괄호 안의 주어진 단어를 바르게 배열하시오.

1 Americans get 90 percent (their, of, total, at, calories) lunch and dinner.
   → _____

2 The graph above shows the percentage of (Americans, calories, get, typically, at) each meal.
   → _____

**C** 다음 빈칸에 들어갈 알맞은 단어를 적으시오.

1 도표는 또한 미국인들이 아침에 가장 낮은 비율의 열량을 섭취하고 있음을 보여준다.
   The graph also shows that Americans get _____ _____ _____ of calories at breakfast.

2 도표에 따르면 미국인들은 아침과 점심에 같은 비율의 열량을 섭취해야 한다.
   _____ _____ the graph, Americans should get the same percentage of calories at breakfast and lunch.

**D** 다음 괄호 안의 주어진 단어를 활용하여 문장을 완성하시오.

1 미국인들은 저녁에 그들의 열량의 반을 섭취한다. (get) 8단어
   → _____
   _____

2 그들은 그 정도를 이상적으로는 필요로 하지 않는다. (that, much) 6단어
   → _____

## 25

**A** 우리말은 영어로, 영어는 우리말로 쓰시오.

1 oxygen _____
2 extremely _____
3 devil _____
4 지하수 _____
5 압력 _____
6 수백만 배 _____

**B** 괄호 안의 주어진 단어를 바르게 배열하시오.

1 It is (bigger, than, of, times, millions) the bacteria it feeds on.
   → _____

2 In addition, it lives in groundwater (low, with, extremely, levels) of oxygen.
   → _____

**C** 다음 빈칸에 들어갈 알맞은 단어를 적으시오.

1 그것은 지상으로부터의 엄청난 압력으로부터 살아남는다.
   It _____ huge _____ from the ground _____.

2 최근 그것은 심지어 남아프리카 금광 지하 1.3km에서도 발견되었다.
   It was _____ _____ even 1.3 kilometers _____ the ground in a South African gold _____.

**D** 다음 괄호 안의 주어진 단어를 활용하여 문장을 완성하시오.

1 그런 이유로 그것은 악마의 벌레라고도 불린다. (why, call) 8단어
   → _____

2 그것의 이름은 '빛을 싫어하는 자'를 뜻한다. (one, who, dislike) 8단어
   → _____

# 26

**A** 우리말은 영어로, 영어는 우리말로 쓰시오.

1  activity     _____

2  fee     _____

3  homemade     _____

4  수거하다, 모으다     _____

5  포함하다     _____

6  예약하다     _____

**B** 괄호 안의 주어진 단어를 바르게 배열하시오.

1  (some, activities, are, here) you can enjoy.

→ _____

2  The activities of the day may (the, weather, according, to, change).

→ _____

**C** 다음 빈칸에 들어갈 알맞은 단어를 적으시오.

1  평일에만 문을 엽니다.

We're only _____ on _____.

2  예약이 필요합니다.

You need to _____ \_\_\_\_ _____.

**D** 다음 괄호 안의 주어진 단어를 활용하여 문장을 완성하시오.

1  소, 양 그리고 돼지들에게 먹이를 주세요. (feed) 6단어

→ _____

_____

2  오셔서 저희의 농장 체험의 날을 즐기세요.
(experience days, our) 7단어

→ _____

# 27

**A** 우리말은 영어로, 영어는 우리말로 쓰시오.

1  be kicked out     _____

2  closing time     _____

3  botanical garden     _____

4  유의사항, 유념     _____

5  노인, 어르신     _____

6  ~에 앞서     _____

**B** 괄호 안의 주어진 단어를 바르게 배열하시오.

1  The zoo starts (night, animals, in, putting, for, the) at 4 p.m.

→ _____

2  The zoo's animals need healthy food, and the (sick, them, make, wrong, can, food).

→ _____

**C** 다음 빈칸에 들어갈 알맞은 단어를 적으시오.

1  입장권 판매는 폐장 1시간 이전에 종료합니다.

Ticket sales end one hour _____ \_\_\_\_ closing time.

2  동물에게 먹이를 주면 동물원 퇴장 조치를 당할 수 있습니다.

If you feed the animals, you will \_\_\_\_ _____ \_\_\_\_\_ \_\_\_\_ the zoo.

**D** 다음 괄호 안의 주어진 단어를 활용하여 문장을 완성하시오.

1  주차는 무료입니다. (is) 3단어

→ _____

_____

2  동물들에게 먹이를 주지 마세요. (please, the) 6단어

→ _____

_____

## 28

**A** 우리말은 영어로, 영어는 우리말로 쓰시오.

1 grant _____

2 visible _____

3 center on _____

4 재단, 설립 _____

5 최근의 _____

6 인정하다, 알아보다 _____

**B** 괄호 안의 주어진 단어를 바르게 배열하시오.

1 He was an economic historian (work, on, whose, centered) the study of business history.

→ _____

2 His studies of big business have carried out with grants (a, of, from, foundations, number).

→ _____

**C** 다음 빈칸에 들어갈 알맞은 단어를 적으시오.

1 그의 저서인 〈보이는 손〉은 퓰리처상을 수상하게 되었다.
His book The _____ Hand _____ _____ the Pulitzer Prize.

2 Alfred Chandler는 하버드 대학의 경영사 교수였다.
Alfred Chandler was a _____ of _____ _____ at Harvard University.

**D** 다음 괄호 안의 주어진 단어를 활용하여 문장을 완성하시오.

1 그의 연구는 국제적으로 인정받았다. (work) 5단어

→ _____
_____

2 이 분야는 최근 역사 연구에서 대단히 무시되고 있다.
(ignore, recent, too much) 12단어

→ _____
_____

## 29

**A** 우리말은 영어로, 영어는 우리말로 쓰시오.

1 steep _____

2 terrifying _____

3 reach _____

4 로프, (밧)줄 _____

5 막다, 방해하다 _____

6 묶다 _____

**B** 괄호 안의 주어진 단어를 바르게 배열하시오.

1 You will do a lot more in life if you (from, borrow, others, power).

→ _____

2 At that point, we (ourselves, tied, together, with) ropes to save our lives if one of us fell.

→ _____

**C** 다음 빈칸에 들어갈 알맞은 단어를 적으시오.

1 더 많은 밧줄을 가질수록, 성공의 가능성은 더 커질 것이다.
_____ _____ ropes you have, _____ _____ your chances are for success.

2 서로를 돕고 밧줄에 의지함으로써 우리는 마침내 정상에 안전하게 도착했다.
By helping one another and _____ in the ropes, we finally reached the top _____.

**D** 다음 괄호 안의 주어진 단어를 활용하여 문장을 완성하시오.

1 그것은 끔찍했다! (terrify) 3단어

→ _____

2 우리가 올라갈수록 그 산은 더 가파르게 되었다.
(as, steep) 7단어

→ _____
_____

# 30

**A** 우리말은 영어로, 영어는 우리말로 쓰시오.

1 retirement      _____

2 skilled      _____

3 replace      _____

4 터득하다, 숙달하다      _____

5 거절하다, 감소하다      _____

6 지적하다, 가리키다      _____

**B** 괄호 안의 주어진 단어를 바르게 배열하시오.

1 This 68 year old man was (he, had, been, the, same, person) six months earlier.

→ _____

2 A friend (as, encouraged, to, serve, him) a crossing guard for an elementary school.

→ _____

**C** 다음 빈칸에 들어갈 알맞은 단어를 적으시오.

1 일에 능숙해지면서, 그는 더 자신감 있게 되었다.

_____ in the job, he became _____ _____.

2 사무실에서 그를 대신한 젊은 후임이 점심을 함께하자는 그의 제안을 정중히 거절했다.

The younger man _____ _____ him at the office had _____ _____ his offer of a lunch date.

**D** 다음 괄호 안의 주어진 단어를 활용하여 문장을 완성하시오.

1 은퇴 후에는 누구도 그를 찾지 않았다. (one, seek ~ out) 8단어

→ _____

2 그는 아침에 잠자리에서 나올 이유를 찾았다. (a reason, get, bed) 12단어

→ _____

# 31

**A** 우리말은 영어로, 영어는 우리말로 쓰시오.

1 beast      _____

2 state      _____

3 symbolic      _____

4 혼란스럽게 하다      _____

5 규정하다, 정의하다      _____

6 세우다, 이루다      _____

**B** 괄호 안의 주어진 단어를 바르게 배열하시오.

1 More recently, Léi-Strauss, (in, *The Raw and the Cooked*, writing) in 1964, stated.

→ _____

2 The French gastronome Jean Anthelme Brillat-Savarin claimed that cooking made (we, us, who, by, teaching, are) men to use fire.

→ _____

**C** 다음 빈칸에 들어갈 알맞은 단어를 적으시오.

1 그것은 동물과 인간 간의 차이를 이룬다.

It _____ the _____ between animals and people.

2 세계의 문화들이 요리는 상징적인 활동이라고 생각한다.

The world's cultures thought cooking is a _____ _____.

**D** 다음 괄호 안의 주어진 단어를 활용하여 문장을 완성하시오.

1 어느 동물도 요리사가 아니다. (beast) 5단어

→ _____

2 요리는 인간을 규정하는 활동이다. (an activity, that) 7단어

→ _____

## 32

**A 우리말은 영어로, 영어는 우리말로 쓰시오.**

1 systematic _____

2 constantly _____

3 deal _____

4 즉시 _____

5 대답[응답]하다 _____

6 전자의 _____

**B 괄호 안의 주어진 단어를 바르게 배열하시오.**

1 You may have received an email that things will be (unopened, if, wrong, left).

→ _____

2 When you break the deal, you are not a team player, you are not competent, and (you, is, wrong, with, something).

→ _____

**C 다음 빈칸에 들어갈 알맞은 단어를 적으시오.**

1 그것은 우리의 관심을 요구하고, 우리의 일을 지시하며 우리의 삶을 통제한다.

It _____ our attention, _____ our work, and _____ our lives.

2 그것은 "나를 읽어라, 나에게 정보를 입력하라, 내가 말하는 것을 하라."고 말한다.

It says, "Read me, _____ me, and do _____ ____ _____."

**D 다음 괄호 안의 주어진 단어를 활용하여 문장을 완성하시오.**

1 사람들은 그들의 이메일에 충성한다. (loyal, to) 6단어

→ _____

_____

2 이메일은 전자 폭군이 되었다. (has, an, tyrant) 6단어

→ _____

_____

## 33

**A 우리말은 영어로, 영어는 우리말로 쓰시오.**

1 amusement park _____

2 right _____

3 jump the line _____

4 통행권; 통과하다 _____

5 접근 _____

6 민주적인 _____

**B 괄호 안의 주어진 단어를 바르게 배열하시오.**

1 (the, access, quick, to, ride) may not be wrong.

→ _____

2 Universal Studios Hollywood and other theme-parks offer (avoid, to, the, wait, a, way).

→ _____

**C 다음 빈칸에 들어갈 알맞은 단어를 적으시오.**

1 테마 공원의 (차례를 기다리는) 줄이 훌륭한 평등 장치였던 날들은 지나갔다.

_____ _____ the days when the theme-park line was the great _____.

2 전통적으로 방문객들은 가장 인기 있는 놀이 기구를 타기 위해 몇 시간 동안 줄을 서서 기다릴 수도 있다.

_____, visitors may spend hours _____ _____ _____ for the most popular rides.

**D 다음 괄호 안의 주어진 단어를 활용하여 문장을 완성하시오.**

1 놀이 공원들은 새치기할 권리를 팔기 시작했다.
(have, the, to) 11단어

→ _____

2 그 시절에는 모든 사람들이 민주적인 방식으로 그들의 순서를 기다렸다. (those days, fashion) 9단어

→ _____

_____

# 34

**A 우리말은 영어로, 영어는 우리말로 쓰시오.**

1 meaningful _____

2 arrange _____

3 material _____

4 규칙, 형식 _____

5 숫자, 자릿수 _____

6 ~을 찾다 _____

**B 괄호 안의 주어진 단어를 바르게 배열하시오.**

1 (in, for, looking, phone, patterns) numbers, addresses, and other numbers will help you remember them.

→ _____

2 If you arrange the number 382315389279 (four, into, of, three, groups), it is easier to remember 382-315-389-279.

→ _____

**C 다음 빈칸에 들어갈 알맞은 단어를 적으시오.**

1 그러한 형식을 알아내는 것은 그 숫자를 좀 더 의미 있게 만드는데 도움을 준다.

Finding _____ patterns _____ _____ the number more meaningful.

2 만약 당신이 그 네 개의 그룹에서 어떤 형식이나 관계를 발견할 수 있다면 그 일은 훨씬 더 쉽다.

The _____ is even _____ if you can see some patterns or relationships _____ the four groups.

**D 다음 괄호 안의 주어진 단어를 활용하여 문장을 완성하시오.**

1 처음 세 그룹은 모두 3으로 시작한다. (all, with) 8단어

→ _____

2 당신은 그것을 더 쉽게 배울 수 있을 것이다. (able, more) 9단어

→ _____

# 35

**A 우리말은 영어로, 영어는 우리말로 쓰시오.**

1 media agency _____

2 attract _____

3 likewise _____

4 알아차리다 _____

5 규정하다, 정의하다 _____

6 전략적인 _____

**B 괄호 안의 주어진 단어를 바르게 배열하시오.**

1 The sentence, "(fish, are, the, Fish, where)" must be kept in the marketing field.

→ _____

2 If companies advertise their product in media (advertisements, nobody, notices, where, the), they won't get anything.

→ _____

**C 다음 빈칸에 들어갈 알맞은 단어를 적으시오.**

1 낚시꾼들은 물고기가 있는 곳으로 가야 한다, 그렇지 않으면 그들은 한 마리도 잡지 못할 것이다.

_____ have to go where the fish are, _____ they _____ catch anything.

2 언론기관의 역할을 규정하는 가장 간단한 방법은 낚시에 비유하는 것이다.

The _____ way to _____ the role of the media agency is to take an analogy from _____ .

**D 다음 괄호 안의 주어진 단어를 활용하여 문장을 완성하시오.**

1 그 비유에서 물고기들은 표적 시장이다. (analogy, target market) 9단어

→ _____

2 언론기관은 기업들이 그들의 제품을 광고할 수 있도록 도와야 한다. (should, products) 9단어

→ _____

# 36

**A** 우리말은 영어로, 영어는 우리말로 쓰시오.

1 rotation _____

2 exposure _____

3 mental _____

4 간격 _____

5 인공의 _____

6 주기적인, 율동적인 _____

**B** 괄호 안의 주어진 단어를 바르게 배열하시오.

1 Some older people (are, brain, whose, functions) fine at home can become confused.

→ _____

2 (to, the, patients, moving, beds) that are near windows and darkening their rooms at night can improve their mental states.

→ _____

**C** 다음 빈칸에 들어갈 알맞은 단어를 적으시오.

1 우리가 어둠과 빛의 규칙적인 간격을 빼앗기면, 정신은 방향을 잃을 수 있다.

When we are _____ _____ regular _____ of dark and light, the mind can lose its _____.

2 자연은 지구 자전에 의해 생성된 빛과 어둠이 번갈아 일어나는 규칙적인 반복에 맞춰져 있다.

Nature is _____ to the _____ rhythm of light and dark produced by the Earth's _____.

**D** 다음 괄호 안의 주어진 단어를 활용하여 문장을 완성하시오.

1 햇빛은 정신 활동에 대한 속도를 정한다. (set, the mind) 10단어

→ _____

2 주기적인 빛과 어둠에 노출의 감소는 그들의 상태를 악화시킬 것이다. (the loss, worsen) 12단어

→ _____

# 37

**A** 우리말은 영어로, 영어는 우리말로 쓰시오.

1 nonstandard _____

2 complicated _____

3 ignore _____

4 요구 _____

5 완전하게 _____

6 충분하다 _____

**B** 괄호 안의 주어진 단어를 바르게 배열하시오.

1 Many authors feel that scientific papers should use (sound, complex, to, more, scientific, language).

→ _____

2 Many authors ignore this request (that, without, abbreviations, realizing) make reading difficult.

→ _____

**C** 다음 빈칸에 들어갈 알맞은 단어를 적으시오.

1 단어 철자를 완전하게 풀어 써도 아무런 문제가 없다.

There is nothing wrong with _____ _____ words _____.

2 당신의 논문이 최고의 저널에 실릴 가능성에 부정적으로 영향을 끼칠 수 있는 또 다른 장벽이 있다.

There are other _____ that _____ affect your paper's chance of _____ in a top journal.

**D** 다음 괄호 안의 주어진 단어를 활용하여 문장을 완성하시오.

1 간결한 단어로 충분할 때 복잡한 단어를 사용하지 말라. (when, a, do) 11단어

→ _____

2 대부분의 저널들은 작가들에게 비표준적인 약어를 사용하지 말 것을 요구한다. (writers, most, abbreviations) 9단어

→ _____

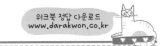

# 38

**A** 우리말은 영어로, 영어는 우리말로 쓰시오.

1 productively _____

2 indeed _____

3 mathematical _____

4 개념 _____

5 해결책, 용액 _____

6 효과적으로 _____

**B** 괄호 안의 주어진 단어를 바르게 배열하시오.

1 It is important to help students (on, build, to, recall, it, knowledge) productively.

→ _____

2 Students can not spontaneously (to, relate, learning, knowledge, new, their) situations.

→ _____

**C** 다음 빈칸에 들어갈 알맞은 단어를 적으시오.

1 대학생들에게 특정한 수학적 개념을 적용하도록 요구하는 두 가지 문제가 제시되었다.

College students were _____ with two problems that asked them _____ _____ a certain _____ concept.

2 다시 말해서, 작은 조언으로, 교사들은 학생들이 관련 지식을 더 효과적으로 활성화하도록 도울 수 있다.

In other _____, with _____ tips, teachers can help students to _____ relevant knowledge more effectively.

**D** 다음 괄호 안의 주어진 단어를 활용하여 문장을 완성하시오.

1 그들은 첫 번째 문제와 연관 지어 두 번째 문제에 대해 생각한다. (relation, think about) 11단어

→ _____
_____

2 적은 교육적 개입들은 학생들에게 긍정적인 효과들을 줄 수 있다. (small, interventions, have) 9단어

→ _____
_____

# 39

**A** 우리말은 영어로, 영어는 우리말로 쓰시오.

1 universe _____

2 attach _____

3 astronomer _____

4 인공위성 _____

5 드러내다 _____

6 육안, 맨눈 _____

**B** 괄호 안의 주어진 단어를 바르게 배열하시오.

1 They discovered that outer space was much (more, than, had, they, complicated) thought.

→ _____

2 Photography has always played an important part in our understanding (universe, how, of, the, works).

→ _____

**C** 다음 빈칸에 들어갈 알맞은 단어를 적으시오.

1 카메라가 로켓과 위성에 실렸을(부착되었을) 때, 그들은 처음으로 우주를 뚜렷하게 보았다.

When cameras were _____ _____ _____ rockets and satellites, they saw the universe _____ for the first time.

2 비록 망원경이 우리가 육안의 한계를 넘어 멀리 볼 수 있도록 도울지라도, 그것들은 여전히 한계가 있다.

Though telescopes help us see _____ _____ the limits of the _____ eye, they are still _____.

**D** 다음 괄호 안의 주어진 단어를 활용하여 문장을 완성하시오.

1 그렇지 않으면 볼 수 없을 세부 사항들이 드러난다. (are, that, would) 8단어

→ _____
_____

2 카메라를 그것들에 부착해보아라, 그러면 우리는 훨씬 더 많은 것을 볼 수 있다. (so much) 12단어

→ _____
_____

# 40

**A 우리말은 영어로, 영어는 우리말로 쓰시오.**

1  undergraduate  _____

2  describe  _____

3  objective  _____

4  이해, 통찰  _____

5  언어의, 말의  _____

6  정확성  _____

**B 괄호 안의 주어진 단어를 바르게 배열하시오.**

1  They were asked to describe it (fully, as, to, possible, as) other students.

→ _____

2  Negative body language causes the speaker (back, relative, to, the, pull, into) "safety" of facts.

→ _____

**C 다음 빈칸에 들어갈 알맞은 단어를 적으시오.**

1  대조적으로, 부정적인 청자들에게 말하는 참여자들은 오직 객관적인 사실에만 초점을 맞췄다.

_____ _____, participants speaking to negative listeners focused only _____ _____ facts.

2  다른 나머지 참여자들에게는 부정적인 청취 스타일 (찡그리기와 미소 짓지 않기)을 취하는 척 했다.

For _____ _____ participants, they assumed a negative listening style (_____ and unsmiling).

**D 다음 괄호 안의 주어진 단어를 활용하여 문장을 완성하시오.**

1  그 이론은 청자의 끄덕임들이 동의를 나타낸다는 것이다. (theory, that, signal) 11단어

→ _____
_____

2  그것들은 화자로 하여금 더 많은 개인적인 이해들을 공유하도록 권장한다. (encourage) 9단어

→ _____

# 41~42

**A 우리말은 영어로, 영어는 우리말로 쓰시오.**

1  spread  _____

2  global  _____

3  disastrous  _____

4  파괴  _____

5  재화, 상품  _____

6  상호 의존적인  _____

**B 괄호 안의 주어진 단어를 바르게 배열하시오.**

1  Throughout human history people have been moving (to, one, from, another, place) and spreading goods and ideas.

→ _____

2  It is becoming increasingly (consider, to, members, difficult, ourselves) of a single society unaffected by other societies.

→ _____

**C 다음 빈칸에 들어갈 알맞은 단어를 적으시오.**

1  사회는 어느 때보다 더욱 상호 의존적이고, 그것은 개인들에게 중요하다.

Societies are more _____ than ever, and that _____ for _____.

2  인터넷은 전 세계 사람들에게 그들이 어디에 있더라도 다른 사회의 문화적 유물과 이상에 즉각적인 접근을 허가하고 있다.

The Internet has given people around the world _____ _____ to the cultural artifacts and ideals of other societies _____ _____ _____ they're located.

**D 다음 괄호 안의 주어진 단어를 활용하여 문장을 완성하시오.**

1  문화는 좀처럼 외부의 영향으로부터 완전히 고립되어 오지 않았다. (rarely, been, isolated) 9단어

→ _____
_____

2  세계화는 우리에게 다른 사회들에 관해 배울 수 있는 기회를 준다. (a chance, learn about) 10단어

→ _____
_____

# 43~45

**A** 우리말은 영어로, 영어는 우리말로 쓰시오.

1 sign-up sheet _____

2 obstacle _____

3 encourage _____

4 몸부림; 애쓰다 _____

5 후보자 _____

6 인식 _____


**B** 괄호 안의 주어진 단어를 바르게 배열하시오.

1 She thanked Rebecca (that, for, helped, being, the, spark) her change her life.

→ _____

2 Linda thanked Rebecca (glasses, for, taking, her, off, warped) and insisting she try on a new pair of glasses.

→ _____


**C** 다음 빈칸에 들어갈 알맞은 단어를 적으시오.

1 훨씬 더 큰 장애물이었던 그녀의 낮은 자존감을 극복했다.
She had _____ an even bigger _____:
her low _____ of herself.

2 그녀가 그날 겪었던 내면의 몸부림을 설명하는 한 통의 편지를 그녀(Rebecca)는 Linda로부터 받았다.
She received a letter from Linda _____ the
inner _____ she had _____ _____ that
day.


**D** 다음 괄호 안의 주어진 단어를 활용하여 문장을 완성하시오.

1 그 책임자도 Linda가 대회에 참가할 것을 주장했다.
(director, insist) 6단어

→ _____
_____

2 그녀는 그녀의 이름을 그 명단에서 삭제해달라고 요청했다.
(demand, be, remove) 9단어

→ _____
_____

Stop wishing, start doing.

# 18

**A 우리말은 영어로, 영어는 우리말로 쓰시오.**

1 contractual _____

2 position _____

3 on behalf of _____

4 조건 _____

5 신청자 _____

6 취소 _____

**B 괄호 안의 주어진 단어를 바르게 배열하시오.**

1 (that, this, what, means, is) it is not possible to cancel your order now.

→ _____

2 According to the contractual (your, order, conditions, of, advertisement), the applicant can cancel the order within seven days.

→ _____

**C 다음 빈칸에 들어갈 알맞은 단어를 적으시오.**

1 귀하가 요청하신대로, 저희는 귀하의 주문을 확인하였습니다.

As you _____, we have checked your _____.

2 귀하의 취소 요구는 허가된 취소기간 이후에 저희에게 보내졌습니다.

Your _____ _____ was sent to us after the _____ cancelation period.

**D 다음 괄호 안의 주어진 단어를 활용하여 문장을 완성하시오.**

1 주문서가 9월 21일에 서명되었다. (The order form, sign) 8단어

→ _____

_____

2 우리는 귀하께서 저희의 입장을 이해해 주시기를 바랍니다. (hope) 6단어

→ _____

# 19

**A 우리말은 영어로, 영어는 우리말로 쓰시오.**

1 try on _____

2 plain _____

3 embarrassed _____

4 짜증나는 _____

5 평범한 _____

6 안도하는 _____

**B 괄호 안의 주어진 단어를 바르게 배열하시오.**

1 She also couldn't (wait, on, it, to, try).

→ _____

2 In this coat she could walk (any, she, into, wanted, place).

→ _____

**C 다음 빈칸에 들어갈 알맞은 단어를 적으시오.**

1 그 모든 것이 너무나 멋져서 말로 표현할 수 없었다.

The whole thing was just _____ wonderful _____ _____.

2 그녀는 지금 숨을 빠르게 쉬었고, 어쩔 수 없었으며, 그녀의 눈은 휘둥그레졌다.

She was _____ fast now — she _____ _____ it and opened her eyes wide.

**D 다음 괄호 안의 주어진 단어를 활용하여 문장을 완성하시오.**

1 그녀는 그저 그것에서 눈을 뗄 수가 없었다. (just, take ~ off) 8단어

→ _____

_____

2 그 코트가 그녀에게 전해주는 강렬함이란! (sense, that, the coat) 9단어

→ _____

_____

# 20

**A** 우리말은 영어로, 영어는 우리말로 쓰시오.

1 productivity _____

2 expose _____

3 reframe _____

4 참고 견디다 _____

5 타고난 _____

6 혁신 _____

**B** 괄호 안의 주어진 단어를 바르게 배열하시오.

1 (all, efforts, despite, your, hide) your emotions, they will come out in some form.

→ _____

2 Individuals (with, are, dealing, good, who, at) the tough stuff are those who have learned how to control their emotions.

→ _____

**C** 다음 빈칸에 들어갈 알맞은 단어를 적으시오.

1 지도자들은 사실들을 다루기 위해서 감정을 드러내지 않고 참고 견뎌야 한다.

Leaders should not show _____ and keep a stiff upper lip to _____ _____ the facts.

2 우리는 감정을 생산성과 혁신의 엔진을 움직이는 연료로 볼 필요가 있다.

We need to think of emotions as the fuel that _____ the engine of _____ and _____.

**D** 다음 괄호 안의 주어진 단어를 활용하여 문장을 완성하시오.

1 사람들은 그것들을 알아챌 수 있는 타고난 능력을 가지고 있다. (an, pick up on) 10단어

→ _____
_____

2 그것들을 잘 다루는 방법을 배우는 것이 훨씬 더 좋을 것이다. (it, much, well) 11단어

→ _____
_____

# 21

**A** 우리말은 영어로, 영어는 우리말로 쓰시오.

1 ridiculous _____

2 progress _____

3 generation _____

4 일회용의 _____

5 재활용 _____

6 1인용 _____

**B** 괄호 안의 주어진 단어를 바르게 배열하시오.

1 (on, of, the, wrong, focusing, object) the issue can lead our efforts in the wrong direction.

→ _____

2 The neighbor who buys single-serving bottled water gets (one, more, than, the, who, points) drinks water in reusable containers!

→ _____

**C** 다음 빈칸에 들어갈 알맞은 단어를 적으시오.

1 사람들은 쓰레기의 감소보다는 재활용의 증가로 발전 여부를 측정한다.

People are measuring _____ by an _____ in _____ rather than by a decrease in waste.

2 이와 같은 프로그램들은 재활용에 오명을 씌우고 일회용품의 발생을 부추긴다.

Programs like this give recycling a bad name and support the _____ of _____ products.

**D** 다음 괄호 안의 주어진 단어를 활용하여 문장을 완성하시오.

1 재활용의 환경적인 이점들은 분명하다.
(clear, benefits) 7단어

→ _____
_____

2 유사한 우스꽝스러운 상황들이 모든 곳에서 일어나고 있다.
(any place) 7단어

→ _____
_____

## 22

**A 우리말은 영어로, 영어는 우리말로 쓰시오.**

1 chew _____

2 insufficient _____

3 remedy _____

4 치아의 _____

5 턱 근육 _____

6 사용 _____

**B 괄호 안의 주어진 단어를 바르게 배열하시오.**

1 Stone Age ten-year-olds (wouldn't, been, have, on, living) tender foods like modern potato chips, hamburgers, and pasta.

→ _____

2 (the, muscles, use, jaw, of, insufficient) in the early years of modern life may result in their underdevelopment.

→ _____

**C 다음 빈칸에 들어갈 알맞은 단어를 적으시오.**

1 인간 치아는 발육 기간 동안 사용이 부적절하면 생성되지 않을지도 모른다.

Human teeth might not be produced if _____ during _____ is _____.

2 그들의 식사는 현대의 아이에게 요구되는 것보다 훨씬 더 많은 씹기가 필요했을 것이다.

Their meals would have required much more _____ _____ is ever _____ of a modern child.

**D 다음 괄호 안의 주어진 단어를 활용하여 문장을 완성하시오.**

1 몰려서 나고 잘못된 자리에서 난 치아들은 문명의 질병들일지도 모른다. (misplaced, may, civilization) 9단어

→ _____

_____

2 아이들에게 더 많이 씹기가 권장된다면, 많은 치아 문제들이 예방될 것이다. (were, many, prevented) 13단어

→ _____

## 23

**A 우리말은 영어로, 영어는 우리말로 쓰시오.**

1 fortuneteller _____

2 supernatural _____

3 observation _____

4 비언어적인 _____

5 의지력, 정신력 _____

6 정확성 _____

**B 괄호 안의 주어진 단어를 바르게 배열하시오.**

1 It can produce an accuracy of around 80 percent when (a, person, "reading", met, never, you've).

→ _____

2 If you've ever visited a fortuneteller, you were probably (they, amazed, at, the, knew, things) about you.

→ _____

**C 다음 빈칸에 들어갈 알맞은 단어를 적으시오.**

1 그것은 단지 몸짓 언어 신호에 대한 주의 깊은 관찰, 확률 통계에 대한 지식에 기초를 둔 과정에 불과하다.

It is simply a process _____ _____ the careful _____ of body-language signals, a knowledge of probability _____.

2 그것은 고객에 관한 정보를 모으기 위해 타로 카드 점술가, 점성가 그리고 수상가에 의해 행해지는 기술이다.

It's a technique _____ by tarot-card readers, _____, and palm readers to gather information about a _____.

**D 다음 괄호 안의 주어진 단어를 활용하여 다음을 완성하시오.**

1 누구도 도저히 알 수 없었을 것들 (one, else, possibly) 8단어

→ _____

_____

2 점술가들은 '사전 지식 없이 빠르게 알아차리는 것'으로 알려진 기술을 사용한다. ("cold reading") 8단어

→ _____

_____

# 24

**A** 우리말은 영어로, 영어는 우리말로 쓰시오.

1 preference _____

2 media _____

3 account for _____

4 차지하다[쓰다] _____

5 감소하다 _____

6 기간 _____

**B** 괄호 안의 주어진 단어를 바르게 배열하시오.

1 The percentage of (who, other, than, those, chose) the Internet, radio, television, and newspaper was the same in both years.

→ _____

2 The graph above shows the preferences of Americans (what, media, for, they, used) to find out about new music in 2010 and 2019.

→ _____

**C** 다음 빈칸에 들어갈 알맞은 단어를 적으시오.

1 2010년과 2019년간의 라디오 선호도 격차는 같은 기간의 텔레비전 선호도 격차보다 더 작았다.

The _____ in the radio preference between 2010 and 2019 was _____ _____ the television preference gap in the same _____.

2 신문은 2010년과 2019년 두 해 모두 인터넷, 라디오, 텔레비전과 신문 중에 가장 덜 선호되는 매체였다.

The newspaper was the _____ preferred medium _____ the Internet, radio, television and newspaper in _____ 2010 and 2019.

**D** 다음 괄호 안의 주어진 단어를 활용하여 문장을 완성하시오.

1 2010년에 비해 2019년에 선호도 감소가 있었다. (there, compare) 10단어

→ _____
_____

2 2019년에 가장 선호된 매체는 44%를 차지한 인터넷이었다. (medium, take up) 13단어

→ _____
_____

# 25

**A** 우리말은 영어로, 영어는 우리말로 쓰시오.

1 habitat _____

2 species _____

3 young _____

4 마주치다 _____

5 다 자란, 성숙한 _____

6 서식하다, 분포하다 _____

**B** 괄호 안의 주어진 단어를 바르게 배열하시오.

1 Once they are weaned, they dig (their, a, own, of, shelter) and begin life alone.

→ _____

2 Gophers eat roots and other parts of plants (while, they, encounter, digging) underground.

→ _____

**C** 다음 빈칸에 들어갈 알맞은 단어를 적으시오.

1 그것들의 몸은 짧고 굵은 꼬리를 제외하고 털로 덮여있다.

Their bodies are fur covered _____ _____ a short, _____ _____.

2 땅파기쥐과는 미국의 서쪽 절반에 걸쳐 서식하고 있는 여러 종을 포함한다.

Pocket gophers include several _____ that _____ _____ the _____ half of the United States.

**D** 다음 괄호 안의 주어진 단어를 활용하여 문장을 완성하시오.

1 그들은 대부분 그들의 시간을 지하에서 보낸다. (most) 7단어

→ _____
_____

2 그것들은 땅이 부드럽고 파기 쉬운 서식지를 선호한다. (where, dig in) 13단어

→ _____
_____

## 26

**A 우리말은 영어로, 영어는 우리말로 쓰시오.**

1 session _____

2 rent _____

3 available _____

4 등록 _____

5 장비 _____

6 요금, 비용 _____

**B 괄호 안의 주어진 단어를 바르게 배열하시오.**

1 Our camps are (anyone, available, for, ages) 14–18.

→ _____

2 (snow, the, on, training) starts at 9:00 a.m. and ends at 5:00 p.m. every day.

→ _____

**C 다음 빈칸에 들어갈 알맞은 단어를 적으시오.**

1 장비 대여 및 리프트 이용권 불포함

Not including _____ _____ and lift _____

2 스키/스노보드 및 헬멧을 대여하려면 오전 8시 30분까지 도착해야 합니다.

To _____ your skis/snowboard and _____, you must arrive _____ 8:30 a.m.

**D 다음 괄호 안의 주어진 단어를 활용하여 문장을 완성하시오.**

1 등록비는 주당 230달러입니다. (per) 7단어

→ _____

_____

2 등록은 온라인 또는 전화 717-123-0001로 해야 합니다. (should, make, online) 9단어

→ _____

_____

## 27

**A 우리말은 영어로, 영어는 우리말로 쓰시오.**

1 annual _____

2 featured speech _____

3 pre-registration _____

4 환경운동가 _____

5 기회 _____

6 지역의 _____

**B 괄호 안의 주어진 단어를 바르게 배열하시오.**

1 The forum (to, only, is, open) high school students in Bradford City.

→ _____

2 The 15th Annual Green Youth Forum will provide (the, issues, to, opportunity, environmental, discuss) with local leaders.

→ _____

**C 다음 빈칸에 들어갈 알맞은 단어를 적으시오.**

1 특별 연설:

시장 Jim Ross / 환경운동가 Todd Keith

_____ Speeches by:

_____ Jim Ross / _____ Todd Keith

2 더 많은 정보를 원한다면, www.greenyouthforum. org를 방문하세요.

_____ _____ _____, visit www. greenyouthforum.org.

**D 다음 괄호 안의 주어진 단어를 활용하여 다음을 완성하시오.**

1 장소: 시청 회관 (center) 4단어

→ _____

_____

2 사전 등록은 필수입니다. (require) 3단어

→ _____

_____

## 28

**A** 우리말은 영어로, 영어는 우리말로 쓰시오.

1  debate _____

2  advocate _____

3  routinely _____

4  해결하다 _____

5  종교적인 _____

6  논란 _____

**B** 괄호 안의 주어진 단어를 바르게 배열하시오.

1  Taoist and Confucian scholars participated (practice, as, a, known, in) "pure talk".

→ _____

2  In ancient Rome, debate in the Senate was important (civil, to, conduct, of, the, society).

→ _____

**C** 다음 빈칸에 들어갈 알맞은 단어를 적으시오.

1  그들은 관객들 앞에서 철학적인 문제를 토론했다.
They debated _____ issues before _____.

2  그리스에서는 정책변화에 대한 옹호자들이 아테네 시민 배심원단 앞에서 일상적으로 자신들의 주장을 설명하곤 했다.
In Greece, _____ for _____ changes would _____ make their cases before Athenian citizen _____.

**D** 다음 괄호 안의 주어진 단어를 활용하여 문장을 완성하시오.

1  토론은 언어 그 자체만큼이나 오래되었다.
(Debating, as) 7단어

→ _____
_____

2  인도에서 토론은 종교적인 논란들을 해결하는 데 사용되었다.
(debate, settle, controversies) 9단어

→ _____
_____

## 29

**A** 우리말은 영어로, 영어는 우리말로 쓰시오.

1  tension _____

2  weakness _____

3  relieve _____

4  잔잔한, 고요한 _____

5  의미하다, 암시하다 _____

6  입 밖에 내지 않은 _____

**B** 괄호 안의 주어진 단어를 바르게 배열하시오.

1  The sea is (so, ever, clamer, much) after a storm.

→ _____

2  Lastly, (of, tensions, the, most, between) children are natural.

→ _____

**C** 다음 빈칸에 들어갈 알맞은 단어를 적으시오.

1  화가 날 때, 입 밖에 내지 않은 진실이 일반적으로 나오게 된다.
When we get angry, _____ truths usually _____ _____.

2  가족 간의 갈등을 다루는 데 가장 좋은 방법 중 하나를 당신은 아는가?
Do you know one of the best _____ to _____ with family _____?

**D** 다음 괄호 안의 주어진 단어를 활용하여 문장을 완성하시오.

1  사실, 그것은 정확히 반대이다.
(exactly, the opposite) 7단어

→ _____
_____

2  그것은 약함이나 패배를 암시한다. (or) 5단어

→ _____
_____

# 30

**A 우리말은 영어로, 영어는 우리말로 쓰시오.**

1 from time to time _____

2 approach _____

3 self-image _____

4 주목, 주의 _____

5 놓아주다, 풀다 _____

6 (사랑을 담아 부르는 호칭) 얘야, 꼬마야 _____

**B 괄호 안의 주어진 단어를 바르게 배열하시오.**

1 It doesn't matter (is, the, color, balloon, what).
   → _____

2 It's what's on the inside (it, that, go, makes) up.
   → _____

**C 다음 빈칸에 들어갈 알맞은 단어를 적으시오.**

1 화창한 그날 오후에, 어린 흑인 소년이 그에게 다가왔다.
   In the sunny afternoon, a little _____
   boy _____ him.

2 그는 밝은 색상의 풍선을 풀어 놓고 그것을 하늘로 올라가도록 두곤 했다.
   He would _____ a brightly _____ balloon
   and let it _____ into the sky.

**D 다음 괄호 안의 주어진 단어를 활용하여 문장을 완성하시오.**

1 그는 자신의 풍선들을 팔려고 애쓰느라 바빴다.
   (try) 8단어

   → _____

2 그 소년은 숫기가 없었고 낮은 자아상을 가지고 있었다.
   (poor) 9단어

   → _____

# 31

**A 우리말은 영어로, 영어는 우리말로 쓰시오.**

1 perceive _____

2 dense _____

3 ingredient _____

4 식사[요리] 도구 _____

5 숙성된, 오래된 _____

6 기대 _____

**B 괄호 안의 주어진 단어를 바르게 배열하시오.**

1 Yogurt tasted sweeter when they ate it with a white spoon (with, one, black, a, than).
   → _____

2 People considered cheese saltier when they (a, taste, a, knife, insead, with, it, had) of a fork, spoon.
   → _____

**C 다음 빈칸에 들어갈 알맞은 단어를 적으시오.**

1 사람들은 가벼운 숟가락으로 먹을 때 요거트가 더 진하고 비싸다고 인식했다.
   People perceived yogurt _____ _____ and
   more expensive when _____ with _____
   spoons.

2 이것은 아마도 치즈 가게에서 치즈를 시식하기 위해 칼을 사용했던 것을 사람들에게 상기시켰기 때문일 수도 있다.
   This may have been because it _____
   people _____ _____ a knife to try _____
   in a cheese shop.

**D 다음 괄호 안의 주어진 단어를 활용하여 문장을 완성하시오.**

1 식사 도구들은 음식에 대한 우리의 경험에 영향을 미친다.
   (with) 6단어

   → _____

2 그 이유는 그러한 숟가락들이 그들의 기대에 맞춰졌기 때문이다. (that, match) 9단어

   → _____

# 32

**A** 우리말은 영어로, 영어는 우리말로 쓰시오.

1 threat _____

2 mess _____

3 urge _____

4 정책 담당자 _____

5 안전, 확보 _____

6 공급 _____

**B** 괄호 안의 주어진 단어를 바르게 배열하시오.

1 Global agriculture must produce (growing, more, food, to, feed, a) population.

→ _____

2 An international group urged policymakers to ensure that agriculture is a (action, of, part, against, vital, global) climate change.

→ _____

**C** 다음 빈칸에 들어갈 알맞은 단어를 적으시오.

1 그것이 바로 기후 변화가 농업을 망칠 수 있다는 위협이 정말 두려운 이유이다.

That's why the _____ that climate change could _____ with agriculture is so _____.

2 그러나 과학적 평가는 기후 변화를 농업 생산량과 식량 확보에 미치는 큰 위협으로 지적하고 있다.

Yet scientific _____ point to climate change as a growing threat to _____ yields and food _____.

**D** 다음 괄호 안의 주어진 단어를 활용하여 문장을 완성하시오.

1 기후 변화는 가장 중요한 장소에 영향을 줄지도 모른다. (climate change, may) 8단어

→ _____
_____

2 늘어나는 인류를 먹이는 것이 인류에게 가장 큰 난제이다. (grow, population, challeng, humanity) 10단어

→ _____
_____

# 33

**A** 우리말은 영어로, 영어는 우리말로 쓰시오.

1 monthly _____

2 debt _____

3 load _____

4 비율 _____

5 초과하다 _____

6 조정하다 _____

**B** 괄호 안의 주어진 단어를 바르게 배열하시오.

1 You don't bring in (with, income, compared, enough) your expenses.

→ _____

2 Your total debt-to-income (ratio, not, should, exceed) 36 percent.

→ _____

**C** 다음 빈칸에 들어갈 알맞은 단어를 적으시오.

1 이 통합된 주택비는 총수입의 28%를 넘어서는 안 된다.

These _____ housing _____ should not _____ more than 28 percent of your _____ income.

2 만약 다른 부분에 많은 빚 부담을 가지고 있다면, 당신은 주택 융자금을 낮게 조정해야 한다.

If you have a heavy _____ _____ in other areas, you have to _____ your _____ down.

**D** 다음 괄호 안의 주어진 단어를 활용하여 문장을 완성하시오.

1 시간과 조수는 사람을 기다려주지 않는다. (tide, man) 7단어

→ _____
_____

2 당신이 씹을 수 있는 것보다 더 많이 물지 마라. (분에 넘치는 욕심은 부리지 마라.) (bite off, chew) 8단어

→ _____
_____

## 34

**A 우리말은 영어로, 영어는 우리말로 쓰시오.**

1 consumer _____

2 switch _____

3 steamed _____

4 섬유질, 섬유 _____

5 가공된 _____

6 경고하다 _____

**B 괄호 안의 주어진 단어를 바르게 배열하시오.**

1 The media have (of, warned, us, dangers, the, about) our traditional diet.

→ _____

2 The restaurant industry (this, to, responded, to, switch) healthier foods, drawing customers with salad bars, broiled fish, and steamed vegetables.

→ _____

**C 다음 빈칸에 들어갈 알맞은 단어를 적으시오.**

1 대중 매체는 또한 화학 첨가물로 가득한 가공식품의 위험에 대해 사람들을 교육하기 시작했다.

The media also began to educate us about the dangers of _____ foods full of _____

_____.

2 소비자들은 더 건강에 좋은 음식을 요구했고, 제조업자들은 그들의 제품 중 일부를 바꾸기 시작했다.

_____ demanded _____ foods, and _____ started to change some of their products.

**D 다음 괄호 안의 주어진 단어를 활용하여 문장을 완성하시오.**

1 식품 산업은 천연 제품을 생산하기 시작했다. (industry, to, all-natural) 8단어

→ _____

_____

2 많은 식품들이 저지방, 저염분의 형태들로 이용할 수 있게 만들어졌다. (available, sodium, versions) 9단어

→ _____

_____

## 35

**A 우리말은 영어로, 영어는 우리말로 쓰시오.**

1 call into _____

2 nothingness _____

3 perceive _____

4 상징적인 _____

5 중력 _____

6 철학자 _____

**B 괄호 안의 주어진 단어를 바르게 배열하시오.**

1 Words give you (a, to, how, tool, create) you perceive the world.

→ _____

2 We now talk about the pull of the Earth's forces (us, flying, that, from, keeps) into space.

→ _____

**C 다음 빈칸에 들어갈 알맞은 단어를 적으시오.**

1 이름을 짓는 것은 존재를 생겨나게 하는 것, 즉 무(無)에서 불러내는 것이다.

To _____ is to call into _____ —to call out of _____.

2 그가 그것을 발견했다기보다는 범주화했다고 말하는 것이 더 정확할 것이다.

It would be more _____ to say that he _____ _____ than discovered it.

**D 다음 괄호 안의 주어진 단어를 활용하여 문장을 완성하시오.**

1 몇몇 과학적 발견들은 인류 역사에서 끔찍한 재난들을 초래해왔다. (discoveries, led) 11단어

→ _____

_____

2 말은 다른 사람들에게 우리의 창조물과 발견들을 전달하는 상징적인 수단들을 우리에게 제공한다. (words, ways, communicate, others) 13단어

→ _____

_____

# 36

**A** 우리말은 영어로, 영어는 우리말로 쓰시오.

1 scold _____

2 apply _____

3 inefficient _____

4 우스꽝스러운 _____

5 충실하게 _____

6 상황, 환경 _____

**B** 괄호 안의 주어진 단어를 바르게 배열하시오.

1 (her, mother, not, make, to, angry), the boy dutifully pours the milk into his pocket.

→ _____

2 You remember the story about the lazy son who (gets, losing, scolded, by, for, his, mother) the money he received from a farmer.

→ _____

**C** 다음 빈칸에 들어갈 알맞은 단어를 적으시오.

1 단 하나의 계획을 모든 것에 적용하는 것은 비효율적이고 우스꽝스러울 수 있다.

_____ a single plan to everything can be _____ and _____.

2 강의 필기에 대한 동일한 계획을 사용한다면, 여러분은 너무나 느려서 선생님의 말씀을 자주 놓칠 것이다.

If you used the same plan for _____ lecture notes, you'd write so _____ that you'd often _____ the teacher's words.

**D** 다음 괄호 안의 주어진 단어를 활용하여 문장을 완성하시오.

1 똑같은 개념이 여러분의 학습 계획들에도 적용된다. (idea, to) 8단어

→ _____
_____

2 비결은 여러분의 목표에 맞는 올바른 계획을 찾는 것이다. (fit, that, goal) 12단어

→ _____
_____

# 37

**A** 우리말은 영어로, 영어는 우리말로 쓰시오.

1 industrial _____

2 essential _____

3 courage _____

4 혁신적인 _____

5 제거하다 _____

6 불필요한, 쓸모없는 _____

**B** 괄호 안의 주어진 단어를 바르게 배열하시오.

1 It was (the, time, such, first, design, a) had been used.

→ _____

2 His job is (that, through, to, noise, filter) until he gets to the essence.

→ _____

**C** 다음 빈칸에 들어갈 알맞은 단어를 적으시오.

1 항상 그러하듯이, 불필요한 것을 제거하는 것은 용기가 필요했다.

As it always _____, it took _____ to _____ the non-essential.

2 그것이 매우 혁신적이어서 사람들은 그것이 회사를 파산시킬지도 모른다고 걱정했다.

It was so _____ that people _____ it might _____ the company.

**D** 다음 괄호 안의 주어진 단어를 활용하여 문장을 완성하시오.

1 거의 모든 것이 소음(불필요한 것)이다. (is, everything) 4단어

→ _____
_____

2 시간이 지나면서, 대부분의 레코드플레이어(전축)들이 그 디자인을 따랐다. (as, by) 10단어

→ _____
_____

## 38

**A** 우리말은 영어로, 영어는 우리말로 쓰시오.

1 significantly _____

2 feed on _____

3 vivid _____

4 공격; 공격하다 _____

5 사망률 _____

6 본래 _____

**B** 괄호 안의 주어진 단어를 바르게 배열하시오.

1 You take a greater risk (a, car, and, while, from, to, driving) the beach.

→ _____

2 Fear of sharks has allowed many pool (try, not, swimmers, to) the ocean water.

→ _____

**C** 다음 빈칸에 들어갈 알맞은 단어를 적으시오.

1 상어에 의해 공격을 받을 실질적인 가능성은 아주 낮다.
The actual chance _____ _____ attacked by a shark _____ very small.

2 그것은 벌에 쏘이는 것과 뱀에 물리는 것에 의한 2007년도의 사망률보다 상당히 더 낮았다.
It is _____ _____ than the 2007 death rate _____ bee stings and snakebites.

**D** 다음 괄호 안의 주어진 단어를 활용하여 문장을 완성하시오.

1 이 커다란 물고기들은 본래 사람을 먹이로 하지 않는다. (on, by nature) 10단어

→ _____

2 대부분 상어의 공격은 단순히 잘못된 정체파악 때문이다. (due, to, mistaken) 9단어

→ _____

## 39

**A** 우리말은 영어로, 영어는 우리말로 쓰시오.

1 traditional _____

2 international _____

3 ethnic _____

4 학문적인 _____

5 지루한, 단조로운 _____

6 포함하다 _____

**B** 괄호 안의 주어진 단어를 바르게 배열하시오.

1 They decided to make one common name (both, that, identified, types).

→ _____

2 They agreed to label all their international recordings with stickers (recordings, as, that, the, identified) 'World Music'.

→ _____

**C** 다음 빈칸에 들어갈 알맞은 단어를 적으시오.

1 그들은 Ethnic Music은 너무 학문적이고 지루하게 들린다고 거부했다.
They _____ ethnic music because it sounded too _____ and _____.

2 International Pop이라는 용어는 전통적인 음악들을 더 배제한 반면, Roots Music이라는 용어는 비전통적인 음악을 배제한다고 여겨졌다.
The _____ roots music was thought to exclude _____ music while the _____ international pop excluded more _____ music.

**D** 다음 괄호 안의 주어진 단어를 활용하여 문장을 완성하시오.

1 그것은 가장 많은 것을 포함하고 가장 적은 것을 배제하는 것 같았다. (seem, exclude, the least) 10단어

→ _____

2 그들은 어떻게 전통 음악과 국제 음악에 대한 흥미를 증가시킬지를 논의했다. (how to, interest) 11단어

→ _____

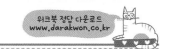

# 40

**A 우리말은 영어로, 영어는 우리말로 쓰시오.**

1 infant  _____

2 carry out  _____

3 thereby  _____

4 상호작용하다  _____

5 변화, 변동  _____

6 강도, 세기  _____

**B 괄호 안의 주어진 단어를 바르게 배열하시오.**

1 They tended to adapt the play activities
(immediate, needs, the, of, to) children.

  →  _____

2 The sensorimotor play span of babies playing
alone was shorter than that of babies (an, with,
who, interact, to, had, adult).

  →  _____

**C 다음 빈칸에 들어갈 알맞은 단어를 적으시오.**

1 그 결과 엄마들은 다양한 놀이 활동에 대한 아이들의 흥미를
유지할 수 있었다.

  As a _____, the mothers were able to
_____ their children's _____ in the various
play activities.

2 엄마들은 아이들이 흥미를 잃는 것처럼 보일 때는 변화를
주거나 놀이의 강도를 높이기도 했다.

  Mothers would introduce _____ or
increase the _____ of play when the
children seemed to be _____ interest.

**D 다음 괄호 안의 주어진 단어를 활용하여 문장을 완성하시오.**

1 그 어머니들은 노련한 사회적 감독자처럼 보였다.
(skill, directors) 8단어

  →  _____
  _____

2 그들은 그들의 주의 집중 시간을 늘릴 수 있었다.
(could, the length) 9단어

  →  _____
  _____

# 41~42

**A 우리말은 영어로, 영어는 우리말로 쓰시오.**

1 anthropologist  _____

2 exposure  _____

3 pat  _____

4 기다  _____

5 설사  _____

6 (세)균  _____

**B 괄호 안의 주어진 단어를 바르게 배열하시오.**

1 New research may change (way, the, look, this,
at, idea, we).

  →  _____

2 The Au are not alone (keeping, from, in, children,
their) crawling.

  →  _____

**C 다음 빈칸에 들어갈 알맞은 단어를 적으시오.**

1 Tracer는 아이를 안는 것이 바닥 병균에 노출되는 것을 줄여
준다는 의견을 제시했다.

  Tracer _____ that carrying infants decrease
their _____ to _____ _____.

2 기는 단계는 인간이 흙보다 훨씬 더 위생적인, 바닥 있는 집에
살기 시작하면서 나타난 최근 발명이다.

  The crawling stage is a recent _____—one
that _____ after humans began living in
houses with _____, which would have been
much more _____ than dirt.

**D 다음 괄호 안의 주어진 단어를 활용하여 문장을 완성하시오.**

1 기어 다니는 것은 설사를 유발할 위험을 증가시킨다.
(have) 7단어

  →  _____
  _____

2 부모는 아기들이 걷기 전에 기어야 한다는 데 동의한다.
(must) 9단어

  →  _____
  _____

## 43~45

**A** 우리말은 영어로, 영어는 우리말로 쓰시오.

1 yell _____

2 glow _____

3 put on _____

4 인지하다, 알아보다 _____

5 투수 _____

6 괴롭히다 _____

**B** 괄호 안의 주어진 단어를 바르게 배열하시오.

1 Why (you, let, play, won't, me, with) the other kids?

→ _____

2 (it, to, for, make, easier) Bill, the pitcher moved in closer.

→ _____

**C** 다음 빈칸에 들어갈 알맞은 단어를 적으시오.

1 그가 기뻐하는 아들을 포옹했을 때 John의 볼에는 눈물이 흘러 내렸다.

Tears _____ down John's _____ as he _____ his joyful son.

2 John은 Bill이 다른 아이들한테 놀림당할 것을 우려하긴 했지만, 그는 위험을 감수하기로 결심했다.

Although John was _____ that Bill might be _____ by _____ _____ kids, he decided to take the _____.

**D** 다음 괄호 안의 주어진 단어를 활용하여 문장을 완성하시오.

1 그는 신체장애로 고통을 받았다. (from, disabilities) 5단어

→ _____
_____

2 John은 왜 Bill이 아니라고 말했는지 궁금했다. (wonder, why) 6단어

→ _____
_____

# 18

**A** 우리말은 영어로, 영어는 우리말로 쓰시오.

1 sincerely _____

2 organization _____

3 no longer _____

4 고려, 고심 _____

5 결론을 내리다 _____

6 유감스럽게도 _____

**B** 괄호 안의 주어진 단어를 바르게 배열하시오.

1 I also wish you to know that I still sincerely (hope, of, for, success, the, continued) this organization.
→ _____

2 I am writing to tell you that after much thought, I am regretfully (one, member, of, the, as, resigning) of the Townsville Citizens Association.
→ _____

**C** 다음 빈칸에 들어갈 알맞은 단어를 적으시오.

1 제가 조직의 목표와 임무를 고려하면 더 이상 유용한 회원이 될 수 없다는 느낌이 듭니다.
I no longer feel that I can be a _____ member _____ the goals and _____ of the organization.

2 고심 끝에, 작년 한 해 동안 우리의 견해가 분명히 달라졌다는 결론을 내렸습니다.
After _____, I have _____ that the _____ of us have become totally different over the past year.

**D** 다음 괄호 안의 주어진 단어를 활용하여 문장을 완성하시오.

1 저는 더 이상 회원이 아닐지 모릅니다. (may) 7단어
→ _____

2 저는 많은 생각 후에, 당신에게 그것을 말하기 위해 글을 쓰고 있습니다. (much) 10단어
→ _____

# 19

**A** 우리말은 영어로, 영어는 우리말로 쓰시오.

1 savior _____

2 useless _____

3 envious _____

4 되갚다 _____

5 고마워하는 _____

6 상황, 입장 _____

**B** 괄호 안의 주어진 단어를 바르게 배열하시오.

1 I borrowed (passing, pump, a, cyclist, from, a).
→ _____

2 Within 20 minutes my savior was back — but (he'd, tube, fit, didn't, the, bought).
→ _____

**C** 다음 빈칸에 들어갈 알맞은 단어를 적으시오.

1 최근 내가 직장으로 자전거를 타고 가는 동안, 타이어에 바람이 빠졌었다.
_____, I had a _____ tire while _____ to work.

2 그날 이후, 나는 내가 진 빚을 갚기 위해서 어려움에 처한 다른 자전거를 탄 사람들을 살펴보고 있다.
_____ that day, I've been watching other cyclists ____ _____ so that I can repay my _____.

**D** 다음 괄호 안의 주어진 단어를 활용하여 문장을 완성하시오.

1 누군가 나에게 소리치는 것을 들었다. (hear, shout) 6단어
→ _____

2 그는 기꺼이 또 다른 이동을 위해 돌아섰다. (willingly, around, trip) 7단어
→ _____

## 20

**A 우리말은 영어로, 영어는 우리말로 쓰시오.**

1 element _____

2 salary _____

3 matter _____

4 갈망하다; 욕구 _____

5 반대; 반대의 _____

6 근본적인 _____

**B 괄호 안의 주어진 단어를 바르게 배열하시오.**

1 What's on the list are the (of, fundamental, a, elements, satisfied) life.

→ _____

2 Make a list for yourself (you, all, things, that, of, the) have accomplished.

→ _____

**C 다음 빈칸에 들어갈 알맞은 단어를 적으시오.**

1 우리 중 많은 사람들은 그 반대가 진실인 것처럼 하루하루를 살아간다.

Many of us live day to day _____ _____ the opposite _____ true.

2 진정으로 중요한 것을 인식하는 대신, 우리는 성공이 실제로 의미하는 것이 무엇인지 의문을 제기하지 않고 성공을 갈망한다.

Instead of _____ _____ _____ truly important, we desire success without _____ just what success really means.

**D 다음 괄호 안의 주어진 단어를 활용하여 문장을 완성하시오.**

1 당신의 삶에서 중요한 것이 무엇인지를 기억하라. (what, matter) 6단어

→ _____
_____

2 오늘이 지상에서 당신의 마지막 날이라고 상상해 보라. (that, was, on Earth) 9단어

→ _____
_____

## 21

**A 우리말은 영어로, 영어는 우리말로 쓰시오.**

1 narrative _____

2 performance _____

3 effective _____

4 평가 _____

5 손해보다, 놓치다 _____

6 주장, 논쟁 _____

**B 괄호 안의 주어진 단어를 바르게 배열하시오.**

1 Your body paragraphs don't point out the (by, raised, question) the argument.

→ _____

2 Narrative feedback on students' performance is (making, at, more, grades, effective, than) boosting their achievement.

→ _____

**C 다음 빈칸에 들어갈 알맞은 단어를 적으시오.**

1 이 과제물에 대한 너의 생각을 계획하고 너의 중심 주장을 표현하는 것을 잘했어.

You did a great job _____ _____ your ideas for this paper and _____ your main idea.

2 그 학생은 그들의 수행을 향상시키는 방법에 대한 유용한 조언을 주는 정보를 얻는다.

The students have information that gives useful _____ _____ _____ _____ improve their performances.

**D 다음 괄호 안의 주어진 단어를 활용하여 문장을 완성하시오.**

1 주된 평가 방식이 등급들로 바뀐다. (method, is, grade) 9단어

→ _____
_____

2 정보적인(정보를 주는) 피드백은 학생들의 성과를 향상시킨다. (feedback, improve) 5단어

→ _____
_____

# 22

**A** 우리말은 영어로, 영어는 우리말로 쓰시오.

1 wetland _____

2 facility _____

3 flourish _____

4 넘쳐 흘러나오는 _____

5 정화된 _____

6 인공의 _____

**B** 괄호 안의 주어진 단어를 바르게 배열하시오.

1 (these, wetlands, created, all) can be useful to both humans and wildlife.

→ _____

2 Artificial wetlands provide (and, to, low-cost, a, way, filter) treat outflowing sewage.

→ _____

**C** 다음 빈칸에 들어갈 알맞은 단어를 적으시오.

1 결국 정화된 물은 인공적인 습지로부터 Humboldt 만으로 흘러가고, 그곳에서 수중생물들이 번창하게 된다.
_____, the purified water from the artificial wetlands _____ into Humboldt Bay, _____ marine life flourishes.

2 그 도시는 65헥타르의 쓰레기더미를 단순하고 비용이 적게 드는 쓰레기 처리 시설로서의 역할을 하는 연못과 늪으로 바꾸었다.
The city _____ a 65 hectare garbage dump _____ a series of ponds and marshes that _____ as a simple, low-cost, waste _____ facility.

**D** 다음 괄호 안의 주어진 단어를 활용하여 문장을 완성하시오.

1 늪은 야생 동물의 서식지가 되었다.
(has, home, wildlife) 8단어

→ _____

_____

2 California는 값비싼 오수 공장을 업그레이드할 필요가 있었다. (need, an, sewer) 7단어

→ _____

_____

# 23

**A** 우리말은 영어로, 영어는 우리말로 쓰시오.

1 sprint _____

2 essential _____

3 characteristic _____

4 한계, 제한 _____

5 상대적으로 _____

6 진화하다 _____

**B** 괄호 안의 주어진 단어를 바르게 배열하시오.

1 Researchers point to our long legs and short arms (running, as, to, suited, being).

→ _____

2 The human species has evolved in (a, way, be, to, built, as, such) for marathon running.

→ _____

**C** 다음 빈칸에 들어갈 알맞은 단어를 적으시오.

1 우리와 같은 두 발 동물들이 많은 네 발 동물들을 단거리 경주에서 따라잡을 방법은 없다.
There is no way that we two-legged creatures can _____ _____ _____ many four-legged animals in a _____.

2 인간의 몸은 전체적으로 다른 동물들에 비해 상대적으로 장거리 달리기에 적합하다.
The human body as a whole is comparatively well _____ to _____ running _____ to other animals.

**D** 다음 괄호 안의 주어진 단어를 활용하여 문장을 완성하시오.

1 그것들은 걷기에는 거의 사용되지 않지만 달리기에는 필수적이다. (little, essential for) 11단어

→ _____

_____

2 좀 더 구체적으로, 과학자들은 다리 근육들의 중요성에 대해 말한다. (specifically, talk, muscles) 11단어

→ _____

_____

## 24

**A** 우리말은 영어로, 영어는 우리말로 쓰시오.

1 social status _____

2 general _____

3 figure _____

4 한편 _____

5 속하다 _____

6 중산층 _____

**B** 괄호 안의 주어진 단어를 바르게 배열하시오.

1 The number of (they, belonged, who, those, thought) to the lower class climbed to 45.3 percent in 2019.

→ _____

2 The percent of (considering, people, members, of, themselves) the middle class decreased from 53.0 in 2015 to 52.8 in 2019.

→ _____

**C** 다음 빈칸에 들어갈 알맞은 단어를 적으시오.

1 2015년에서 2019년의 상류층의 감소율은 중산층의 감소율의 3배이다.

The decrease rate of the upper class was _____ _____ as _____ as _____ of the middle class from 2015 to 2019.

2 전반적으로, 매년 자신들이 중산층에 속해 있다고 믿는 사람들이 다른 두 계층에 속해 있다고 생각한 사람들 보다 더 많았다.

In _____, more people thought they _____ _____ the middle class than the other two classes in each year.

**D** 다음 괄호 안의 주어진 단어를 활용하여 문장을 완성하시오.

1 상류층에 대한 숫자는 2019년에 1.9%로 하락했다.
(the upper class, drop) 10단어

→ _____

_____

2 위 그래프는 어떻게 한국 사람들이 그들 자신의 사회적 지위를 인식하는가를 보여준다. (own) 11단어

→ _____

## 25

**A** 우리말은 영어로, 영어는 우리말로 쓰시오.

1 collapse _____

2 release _____

3 encounter _____

4 공사 _____

5 진전, 진보 _____

6 공급하다 _____

**B** 괄호 안의 주어진 단어를 바르게 배열하시오.

1 Soft ground caused (sudden, killed, a, that, collapse) six workers.

→ _____

2 The Gunnison Tunnel (to, designed, water, supply, was) to parts of western Colorado.

→ _____

**C** 다음 빈칸에 들어갈 알맞은 단어를 적으시오.

1 완공 당시에, 그것은 세계에서 가장 긴 관개 터널이었다.

At the time of _____ _____, it was the _____ irrigation tunnel in the world.

2 이러한 어려움에도 불구하고, 터널 작업자들은 한 달 만에 449피트의 화강암 사이로 길을 냄으로써 상당한 진전을 이루었다.

_____ these difficulties, the tunnelers _____ good _____ by cutting through 449 feet of granite in one month.

**D** 다음 괄호 안의 주어진 단어를 활용하여 문장을 완성하시오.

1 완공된 터널은 현재도 가동 중이다. (in operation) 7단어

→ _____

_____

2 공사 기간 중에 작업자들은 많은 어려움에 직면했다.
(number, construction) 10단어

→ _____

## 26

**A** 우리말은 영어로, 영어는 우리말로 쓰시오.

1 volunteer _____

2 requirement _____

3 application _____

4 진행자, 조정자 _____

5 서명하다 _____

6 값진, 가치 있는 _____

**B** 괄호 안의 주어진 단어를 바르게 배열하시오.

1 (15, years, age, applicants, under, of) must have a parent sign the volunteer application.

→ _____

2 The chosen volunteers must participate in a 2-day (the, session, by, volunteer, training, coordinator, run) before work.

→ _____

**C** 다음 빈칸에 들어갈 알맞은 단어를 적으시오.

1 Youth 도서관의 자원봉사 활동은 보람 있고 값진 경험입니다.
_____ at the Youth Library is a _____ and valuable experience.

2 지원서는 도서관 웹사이트 www.youthlibrary.org에서 내려받을 수 있습니다.
_____ can _____ _____ from the library's website at www.youthlibrary.org.

**D** 다음 괄호 안의 주어진 단어를 활용하여 문장을 완성하시오.

1 2개월의 의무가 요구됩니다. (a, commitment) 5단어

→ _____

_____

2 자원봉사자들은 4월부터 6월까지 활동해야 합니다. (must) 7단어

→ _____

_____

## 27

**A** 우리말은 영어로, 영어는 우리말로 쓰시오.

1 academy _____

2 fee _____

3 discount _____

4 축하 _____

5 환경 _____

6 운영되다, 계속되다 _____

**B** 괄호 안의 주어진 단어를 바르게 배열하시오.

1 $120 Tuition Includes: (a, Songs, variety, in, taught) of styles

→ _____

2 A $5 discount will be given if the (is, fee, paid, at, in, full) the time of registration.

→ _____

**C** 다음 빈칸에 들어갈 알맞은 단어를 적으시오.

1 더 많은 정보를 원한다면 www.beethovenmusic. com을 방문하세요.
_____ _____ _____, visit www. beethovenmusic.com

2 캠프는 둘 다 월요일부터 목요일, 8시부터 정오까지 운영되며 캠프 축하 공연이 금요일에 있습니다.
Both camps _____ from Monday to Thursday from 8:00 to _____ with a camp _____ performance _____ Friday.

**D** 다음 괄호 안의 주어진 단어를 활용하여 문장을 완성하시오.

1 저희 피아노 캠프는 긍정적인 환경에서 피아노를 소개합니다. (the, a, positive) 10단어

→ _____

_____

2 프로그램은 (피아노) 경험이 거의 없거나 전혀 없는 아이들을 위한 것입니다. (those, with, little) 9단어

→ _____

_____

## 28

**A** 우리말은 영어로, 영어는 우리말로 쓰시오.

1 indeed _____

2 chemicals _____

3 identify _____

4 특징, 특색 _____

5 게다가 _____

6 복잡성 _____

**B** 괄호 안의 주어진 단어를 바르게 배열하시오.

1 Some animals have (to, sign, been, taught, use) language to communicate with humans.

→ _____

2 It provides the single most common (variable, by, different, which, cultural) groups are identified.

→ _____

**C** 다음 빈칸에 들어갈 알맞은 단어를 적으시오.

1 언어는 인간을 다른 동물과 구분하는 주요한 특징 중 하나이다.

Language is one of the key _____ that _____ humans _____ other animals.

2 인간 언어의 복잡성, 특별한 감정들과 생각들을 전달하는 능력은 인간과 다른 동물들 사이의 차이를 만든다.

The _____ of human language and its ability to _____ specific _____ and ideas make a difference between humans and other animals.

**D** 다음 괄호 안의 주어진 단어를 활용하여 문장을 완성하시오.

1 언어는 문화의 본질[정수]이다. (the, essence) **6단어**

→ _____

2 언어는 우리가 환경에 대하여 생각하는 방식을 형성하도록 돕는다. (to, shape, the) **11단어**

→ _____

## 29

**A** 우리말은 영어로, 영어는 우리말로 쓰시오.

1 self-worth _____

2 comparison _____

3 inflate _____

4 무시하다 _____

5 낮추다, 기를 꺾다 _____

6 속성, 자질 _____

**B** 괄호 안의 주어진 단어를 바르게 배열하시오.

1 Focus on the unique attributes (you, make, who, are, you, that).

→ _____

2 For the rest of our lives, we are compared with others, and (our, than, celebrating, rather, uniqueness).

→ _____

**C** 다음 빈칸에 들어갈 알맞은 단어를 적으시오.

1 당신 자신의 가치를 당신과 남을 비교하는 것에 의해 판단하는 것을 피하라.

_____ _____ your own value by _____ yourself with others.

2 건강하고 긍정적인 자아 개념은 다른 사람들의 판단에 의해서가 아니라, 당신 자신 안에서 인식하는 진정한 가치에 의해 발달된다.

A healthy, positive self-concept is developed _____ _____ the judgments of others _____ _____ a true sense of worth that you recognize in yourself.

**D** 다음 괄호 안의 주어진 단어를 활용하여 문장을 완성하시오.

1 우리는 다른 사람들과 비교되었다. (with, others) **5단어**

→ _____

2 비교는 보통 누가 더 강한지, 더 똑똑한지, 혹은 더 아름다운지에 집중한다. (focus, bright) **11단어**

→ _____

# 30

**A 우리말은 영어로, 영어는 우리말로 쓰시오.**

1 rare _____

2 trouser _____

3 available _____

4 꿰매다 _____

5 하인 _____

6 비가 억수처럼 내리다 _____

**B 괄호 안의 주어진 단어를 바르게 배열하시오.**

1 When he wore it, he (servant, his, paint, had, with, it) a brush.

→ _____

2 He is a (wears, rare, scientist, who) big trousers and a dirty gown.

→ _____

**C 다음 빈칸에 들어갈 알맞은 단어를 적으시오.**

1 집안에 이용할 수 있는 우산도 우비도 없었다.

_____ an umbrella _____ a raincoat _____ available in the house.

2 비가 억수처럼 내리고 있던 어느 날, 그는 친구들 중 한 명을 방문하고 싶어 했다.

One day when it was raining _____ _____ _____, he wanted to visit one of his _____.

**D 다음 괄호 안의 주어진 단어를 활용하여 문장을 완성하시오.**

1 그는 우비의 형태로 그것들을 꿰맸다. (in, a) 9단어

→ _____
_____

2 당신은 거리에서 그가 어떤 모습이었겠는지 상상할 수 있을 것이다! (what, like) 10단어

→ _____
_____

# 31

**A 우리말은 영어로, 영어는 우리말로 쓰시오.**

1 schedule _____

2 content _____

3 type _____

4 상기시키다, 떠올리다 _____

5 외워서 _____

6 장치, 기구 _____

**B 괄호 안의 주어진 단어를 바르게 배열하시오.**

1 I open up a notebook (contents, that, the, holds, of) my interviews.

→ _____

2 When I wake up, (first, I, do, is, thing, the) to check my day planner.

→ _____

**C 다음 빈칸에 들어갈 알맞은 단어를 적으시오.**

1 나는 내가 네 개 이상의 전화번호를 외우고 있는지 잘 모르겠다.

I'm not sure _____ I know more than four phone numbers _____ _____.

2 인터넷 덕분에, 검색을 위해 나는 완전한 문장을 치는 것이 아니라 몇몇 단어만 쓰면 된다.

_____ _____ the Internet, I can type _____ a full sentence _____ some words to search.

**D 다음 괄호 안의 주어진 단어를 활용하여 문장을 완성하시오.**

1 우리는 흔히 기억하는 것이 거의 없는 것처럼 보인다. (often, seem, too) 7단어

→ _____
_____

2 우리의 장치들이 그러한 것들을 기억할 필요를 없앤다. (eliminate, such) 9단어

→ _____
_____

## 32

**A** 우리말은 영어로, 영어는 우리말로 쓰시오.

1 consumer   _____
2 refuse   _____
3 practice   _____
4 (조직적인) 방법   _____
5 부족   _____
6 본능   _____

**B** 괄호 안의 주어진 단어를 바르게 배열하시오.

1 This power (shown, is, sometimes, through) campaigns and boycotts.
  → _____

2 Tuna that (caught, was, without, was, harming, dolphins) named "dolphin friendly".
  → _____

**C** 다음 빈칸에 들어갈 알맞은 단어를 적으시오.

1 수천 마리의 돌고래가 참치 잡이 그물에 걸려 죽곤 했다.
Thousands of dolphins _____ _____ _____ _____ in tuna fishing nets.

2 그들이 무엇을 사는지에 따라, 제품이 어떻게 만들어지며 팔리는지에 대해 소비자들은 큰 영향력을 가진다.
People have great power over how goods are made and sold, _____ _____ _____ _____ _____.

**D** 다음 괄호 안의 주어진 단어를 활용하여 문장을 완성하시오.

1 소비자들을 교육하는 것은 중요하다. (educate, is) 4단어
  → _____
  _____

2 이것은 많은 회사로 하여금 그들의 포획 방법을 바꾸도록 강요하였다. (force, many, fishing methods) 9단어
  → _____
  _____

## 33

**A** 우리말은 영어로, 영어는 우리말로 쓰시오.

1 phobia   _____
2 harmless   _____
3 overcome   _____
4 쓸다, 청소하다   _____
5 거절   _____
6 집중적으로   _____

**B** 괄호 안의 주어진 단어를 바르게 배열하시오.

1 (to, good, idea, it, a, is) look at pictures of roaches.
  → _____

2 You gradually make yourself (sensitive, to, less, you, what, scares).
  → _____

**C** 다음 빈칸에 들어갈 알맞은 단어를 적으시오.

1 그것들이 실제로 당신이 즐기고 성공하게 되는 것을 막는다.
They _____ prevent you _____ _____ fun and _____ successful.

2 이 과정은 실패나 거절에 대한 두려움보다는 사물과 동물에 대한 두려움에 더 효과적이다.
This _____ is more _____ for object and animal fears _____ _____ the fear of _____ or rejection.

**D** 다음 괄호 안의 주어진 단어를 활용하여 문장을 완성하시오.

1 당신은 스스로를 더 용감하게 만들 수 있다. (can) 5단어
  → _____
  _____

2 당신은 당신의 공포증들을 효과적으로 극복할 수 있다. (your, phobias) 6단어
  → _____
  _____

# 34

**A** 우리말은 영어로, 영어는 우리말로 쓰시오.

1 proverb _____

2 vivid _____

3 silence _____

4 (오리가) 꽥꽥거리는 _____

5 천둥 _____

6 강조하다 _____

**B** 괄호 안의 주어진 단어를 바르게 배열하시오.

1 Proverbs offer an important set of (to, values, follow, for, members).

→ _____

2 One who does not thank (the, penny, worthy, is, for, not) of the dollar.

→ _____

**C** 다음 빈칸에 들어갈 알맞은 단어를 적으시오.

1 꽥꽥거리는 오리가 가장 먼저 총을 맞는다.

The _____ duck is the first to get _____.

2 문화에 상관없이 모든 사람은 공통되는 경험을 공유한다.

All people, _____ _____ their culture, share _____ experiences.

**D** 다음 괄호 안의 주어진 단어를 활용하여 문장을 완성하시오.

1 1페니를 절약하면 1페니를 번 것이다. (a, save, is) 7단어

→ _____
_____

2 천둥이 요란하면 비가 거의 내리지 않는다. (bring) 5단어

→ _____
_____

# 35

**A** 우리말은 영어로, 영어는 우리말로 쓰시오.

1 persuade _____

2 put aside _____

3 valuable _____

4 호감이 가는 _____

5 불편한 _____

6 진심 어린 _____

**B** 괄호 안의 주어진 단어를 바르게 배열하시오.

1 The key is to put (own, self-centered, aside, thought, your).

→ _____

2 (too, can, a, gift, expensive) cause a person to feel uncomfortable.

→ _____

**C** 다음 빈칸에 들어갈 알맞은 단어를 적으시오.

1 호감을 주거나 다른 사람들을 설득하는 가장 쉬운 방법 중 하나는 칭찬을 많이 해 주는 것이다.

One of the _____ ways to impress and _____ others _____ to praise a lot.

2 사람들이 이런 식으로 느낄 때, 그들의 자긍심은 상승하고, 그들은 자기 자신을 더 좋아하고, 이 때문에 그들은 당신이 호감이 가는 사람이라는 것을 알게 된다.

When people feel this way, their _____ goes up, they like themselves more, and because of this, they find you _____.

**D** 다음 괄호 안의 주어진 단어를 활용하여 문장을 완성하시오.

1 당신은 그들을 가치 있고, 중요하다고 느끼게 만든다. (feel, worthy) 7단어

→ _____

2 당신은 사람들에게 그들의 일과 성공에 대해 진심 어린 칭찬을 한다. (give, for, success) 10단어

→ _____
_____

## 36

**A** 우리말은 영어로, 영어는 우리말로 쓰시오.

1 dispute _____

2 doubt _____

3 thread _____

4 행동 _____

5 반복 _____

6 강화하다 _____

**B** 괄호 안의 주어진 단어를 바르게 배열하시오.

1 At first, they form (invisible, kind, a, of) thread.
→ _____

2 We're (more, of, even, the, result) habit than most people realize.
→ _____

**C** 다음 빈칸에 들어갈 알맞은 단어를 적으시오.

1 반복을 통해서 그 실은 끈으로 꼬여지고 밧줄로 변한다.
Through _____, that thread becomes _____ and _____ into a rope.

2 나는 우리의 습관이 우리에게 영향을 미친다는 사실을 누군가 동의하지 않으리라는 것에 의문을 품는다.
I _____ that anyone would _____ that our habits _____ us.

**D** 다음 괄호 안의 주어진 단어를 활용하여 문장을 완성하시오.

1 우리가 어떤 행동을 반복할 때마다 우리는 그것을 강화한다.
(each, an, strengthen) 9단어
→ _____
_____

2 나는 어떤 사람도 그것에 이의를 제기하는 것을 들어본 적이 없다. (anyone, dispute) 6단어
→ _____
_____

## 37

**A** 우리말은 영어로, 영어는 우리말로 쓰시오.

1 rarely _____

2 latter _____

3 apparent _____

4 사회의 _____

5 평균의; 평균 _____

6 동네의, 지역의 _____

**B** 괄호 안의 주어진 단어를 바르게 배열하시오.

1 Ask their friends (friends, how, have, many, they).
→ _____

2 You will find that (number, latter's, the, average, of, friends) is higher.
→ _____

**C** 다음 빈칸에 들어갈 알맞은 단어를 적으시오.

1 여러분은 (체육관에) 거의 나오지 않는, 비교적 몸매가 안 좋은 사람들을 만나지 않는다.
You do not meet the _____ out-of-shape ones who rarely _____ _____.

2 그것은 또한 왜 동네 체육관에 있는 사람들이 여러분보다 몸매가 더 나은 경향이 있는가에 대한 이유이다.
That is also _____ people at your local gym _____ to be _____ than you.

**D** 다음 괄호 안의 주어진 단어를 활용하여 문장을 완성하시오.

1 여기 한 가지 매력적인 사회 실험이 있다.
(a, fascinating) 5단어
→ _____
_____

2 묻고 있는 질문에 편견이 있다. (there, a bias, in, being) 9단어
→ _____
_____

# 38

**A** 우리말은 영어로, 영어는 우리말로 쓰시오.

1 dye _____

2 blond _____

3 popularity _____

4 더 나아가 _____

5 다양한 _____

6 (털을) 깎다, 면도하다 _____

**B** 괄호 안의 주어진 단어를 바르게 배열하시오.

1 It was believed that blond (them, younger, hair, look, made).

→ _____

2 Men all over the world are spending billions of dollars (from, on, everything, to, cosmetics) plastic surgery.

→ _____

**C** 다음 빈칸에 들어갈 알맞은 단어를 적으시오.

1 남성용 미용 제품의 인기가 크게 상승해왔다.

There has been a huge _____ in _____ of _____ beauty products.

2 금발로 염색을 하는 것은 고대 로마 남성들 사이에서는 흔한 전통이었다.

_____ hair blond was a common _____ _____ ancient Roman men.

**D** 다음 괄호 안의 주어진 단어를 활용하여 문장을 완성하시오.

1 남성들이 그들의 외모를 사회적 성공의 중요한 요소로 간주한다. (consider, an, factor, for) 10단어

→ _____

_____

2 고대 이집트 남성은 정기적으로 그들의 피부에 다양한 화장품들을 발랐다. (regularly, various) 10단어

→ _____

_____

# 39

**A** 우리말은 영어로, 영어는 우리말로 쓰시오.

1 restrict _____

2 lack _____

3 desire _____

4 생산적인 _____

5 무한한 _____

6 대안 _____

**B** 괄호 안의 주어진 단어를 바르게 배열하시오.

1 We cannot have (as, everything, much, of, as) we would like.

→ _____

2 (one, us, thing, doing, makes) give up other opportunities.

→ _____

**C** 다음 빈칸에 들어갈 알맞은 단어를 적으시오.

1 우리는 시간의 제약을 포함한 자원의 부족으로 제한을 받고 있다.

We are _____ by a _____ of resources, including _____ time.

2 우리 행성에서 삶의 현실이란 생산적인 자원은 제한된 반면에 상품과 서비스에 대한 인간의 욕망은 무한하다.

The _____ of life on our planet is that _____ resources are limited while the human _____ for goods and services is _____.

**D** 다음 괄호 안의 주어진 단어를 활용하여 문장을 완성하시오.

1 공짜 점심은 없다. (there, no) 5단어

→ _____

_____

2 우리는 대안들 중에서 선택해야만 한다. (should, from) 6단어

→ _____

_____

## 40

**A** 우리말은 영어로, 영어는 우리말로 쓰시오.

1 immediately _____

2 trail _____

3 experientially _____

4 책임, 책무 _____

5 협력 _____

6 논쟁 _____

**B** 괄호 안의 주어진 단어를 바르게 배열하시오.

1 The boy asked his father (let, carry, him, to) a heavy backpack the way the "big people" do.

→ _____

2 One way to let your children know their limitations (experience, without, is, through, conflict).

→ _____

**C** 다음 빈칸에 들어갈 알맞은 단어를 적으시오.

1 그는 또한 아들과 있을 수 있는 논쟁을 피했다.

He had also _____ a _____ argument with his son.

2 그는 곧 그것이 자기가 메기에는 너무 무겁다는 것을 알게 되었다.

He _____ found that it was _____ heavy _____ him _____ carry.

**D** 다음 괄호 안의 주어진 단어를 활용하여 문장을 완성하시오.

1 아이들은 그들이 할 수 있는 것보다 더 하고 싶어 한다. (more, can) 9단어

→ _____

_____

2 그 아버지는 그의 아들이 너무나 작다는 것을 (아들이) 경험적으로 발견하도록 만들었다. (discover, that, too) 12단어

→ _____

## 41~42

**A** 우리말은 영어로, 영어는 우리말로 쓰시오.

1 efficiently _____

2 inhale _____

3 exhale _____

4 협상하다 _____

5 운동 _____

6 애정 _____

**B** 괄호 안의 주어진 단어를 바르게 배열하시오.

1 (a, to, state, more, relaxed, enter), practice square breathing.

→ _____

2 (is, good, breathing, square, only, not) for confidence building, but it is also good for relaxation.

→ _____

**C** 다음 빈칸에 들어갈 알맞은 단어를 적으시오.

1 실재하거나 인식된 위험은 신체를 글자 그대로 혹사 상태로 몰고 간다.

Real or _____ danger throws the body into _____, _____.

2 이 아드레날린이 분출하는 동안, 당신의 심장 박동수는 증가하고, 당신의 혈관은 혈액 공급을 통제하고, 당신은 땀이 나기 시작한다.

During this adrenaline _____, your heart rate increases, your blood vessels _____ the blood supply, and you begin to _____.

**D** 다음 괄호 안의 주어진 단어를 활용하여 문장을 완성하시오.

1 연습과 함께, 당신은 그 간격들을 증가시킬 수 있다. (with, can, intervals) 7단어

→ _____

_____

2 한 가지 방법은 생존을 위해 우리의 반사 작용이 더 빨라야 했다는 것을 이해하는 것이다. (that, quick, had to) 14단어

→ _____

_____

# 43~45

**A** 우리말은 영어로, 영어는 우리말로 쓰시오.

1 career _____

2 surgery _____

3 fate _____

4 회상하다 _____

5 초청하다, ~을 찾아 돌아다니다 _____

6 찾다, 추구하다 _____

**B** 괄호 안의 주어진 단어를 바르게 배열하시오.

1 Their seemingly limited resources were affecting Mark's (his, mental, in, makeup, childhood).

→ _____

2 They recollected their time growing up and (to, used, with, how, they, compete) each other.

→ _____

**C** 다음 빈칸에 들어갈 알맞은 단어를 적으시오.

1 David는 독특하고 복잡한 심장 수술을 위한 전문가의 도움을 구해야만 했다.

David had to _____ some expert help for a _____ and complex heart _____ case.

2 그는 비록 가끔은 자신의 힘겨운 운명에 대해 의구심을 갖곤 했지만 결코 그의 가난을 걱정하지 않았다.

Mark would never worry about his _____ though he sometimes _____ his ill _____.

**D** 다음 괄호 안의 주어진 단어를 활용하여 문장을 완성하시오.

1 그것은 향수를 불러일으킨 순간이었다.
(very, nostaligic) 6단어

→ _____

_____

2 그들은 사회의 서로 다른 경제적 계층들에 속해 있었다.
(belong to, class) 8단어

→ _____

_____

MEMO

Trust is like a paper once it's crumpled,
it can't be perfect again.

## 18

**A** 우리말은 영어로, 영어는 우리말로 쓰시오.

1 most _____

2 control _____

3 frozen _____

4 차례, 순서; 돌리다 _____

5 ~을 염려하다 _____

4 목소리를 내다, 큰 소리로 말하다 _____

**B** 괄호 안의 주어진 단어를 바르게 배열하시오.

1 How much control can you have over (where, comes, food, from, your)?

→ _____

2 (from, Most, to, seems, cafeteria food, come) a large freezer truck.

→ _____

**C** 다음 빈칸에 들어갈 알맞은 단어를 적으시오.

1 그 냉동 튀김과 햄버거의 박스 너머에 있는 어떤 농장이라도 멀리 떨어져 있다.

_____ _____ behind those boxes of frozen fries and hamburgers ____ ____ _____.

2 학생들은 지역 식품을 먹는 사람이 되자고 목소리를 높이고 있다.

Students are speaking up about _____ _____ food _____.

**D** 다음 괄호 안의 주어진 단어를 활용하여 문장을 완성하시오.

1 많은 학교들은 그들의 음식 서비스들이 지역 식품들을 제공하도록 요청하기 시작했다.
(start, dining services, provide, foods) 11단어

→ _____
_____

2 그들은 지역 농업 경제와 환경 비용에 대해 염려한다. (cost, the local, the environmental, concerned) 12단어

→ _____

## 19

**A** 우리말은 영어로, 영어는 우리말로 쓰시오.

1 organize _____

2 investigate _____

3 recognize _____

4 예상치 못한, 뜻밖의 _____

5 안심되는, 안도하는 _____

6 부끄러운 _____

**B** 괄호 안의 주어진 단어를 바르게 배열하시오.

1 I wanted to clean (going, before, to, my, school, room).

→ _____

2 It was too early in the morning (to, for, be, there, someone).

→ _____

**C** 다음 빈칸에 들어갈 알맞은 단어를 적으시오.

1 나는 그게 누굴까 궁금했다.

I _____ _____ _____ who it could be.

2 나는 문을 확 열면서 소리를 질렀다.

I screamed _____ ____ _____ _____ the door.

**D** 다음 괄호 안의 주어진 단어를 활용하여 문장을 완성하시오.

1 나는 그녀를 많은 포옹과 키스로 환영했다.
(plenty of, hugs, kisses) 9단어

→ _____
_____

2 그녀가 그곳에 서 있는 것을 보는 것은 정말 예상치 못한 기쁨이었다. (such, unexpected, delight) 11단어

→ _____

# 20

**A 우리말은 영어로, 영어는 우리말로 쓰시오.**

1 certain _____

2 be expected to _____

3 be done with _____

4 졸업생; 졸업하다 _____

5 ~하는 경향이 있다 _____

6 향상시키다, 개선하다 _____

**B 괄호 안의 주어진 단어를 바르게 배열하시오.**

1 (from, many, people, suffer, Too) destination disease.

→ _____

2 Studies show 50 percent of high school graduates (book, entire, never, another, read).

→ _____

**C 다음 빈칸에 들어갈 알맞은 단어를 적으시오.**

1 우리는 학교에 있을 때 우리가 모두 배웠다고 생각한다.

We think we _____ learned _____ _____ _____ in school.

2 그것은 그저 당신이 삶의 방식 대신에 일정 기간 동안 당신이 하는 무언가라는 것이다.

It is just something you do for a period of time _____ _____ _____ _____ _____.

**D 다음 괄호 안의 주어진 단어를 활용하여 문장을 완성하시오.**

1 우리는 우리가 학교를 다니던 시기에 배울 것으로 기대되었다. (expect, when, school age) 10단어

→ _____

2 여러분의 나이가 몇 살인지 관계없이, 여러분은 계속 배워야 한다. (matter, should, continuously, learning) 11단어

→ _____

# 21

**A 우리말은 영어로, 영어는 우리말로 쓰시오.**

1 nearly _____

2 subject _____

3 premature _____

4 ~을 대체하다 _____

5 ~을 포함해서 _____

6 일어나다, 발생하다 _____

**B 괄호 안의 주어진 단어를 바르게 배열하시오.**

1 (in front of, nothing, Doing, TV, a) is your favorite daily hobby.

→ _____

2 That's (what, tracking, found, after, Australian researchers) nearly 9,000 people.

→ _____

**C 다음 빈칸에 들어갈 알맞은 단어를 적으시오.**

1 대신에, 그 위험은 앉아 있는 것에서 온다[비롯된다].

Instead, _____ _____ _____ _____ that sitting.

2 매일 4시간 이상 TV를 본 실험대상자들이 조기 사망 확률이 46% 더 높았다.

Subjects _____ _____ _____ for more than four hours daily had a 46-percent higher _____ of premature death.

**D 다음 괄호 안의 주어진 단어를 활용하여 문장을 완성하시오.**

1 너무 많이 앉아 있는 것은 당신에게 나쁘다. (much, sitting, bad) 7단어

→ _____

2 그런 앉아 있는 것은 많은 활동들을 대체한다. (sitting, the place, lots of) 9단어

→ _____

## 22

**A** 우리말은 영어로, 영어는 우리말로 쓰시오.

1 sensitively     _____

2 architectural     _____

3 practical     _____

4 ~에 대응해서     _____

5 복원하다[시키다]     _____

6 독창성     _____

**B** 괄호 안의 주어진 단어를 바르게 배열하시오.

1 Houses (the number, based, taxed, on, were) of stories at the front.

  → _____

2 A visit to New Orleans (sensitively, tells, people, to, react, can, how, us) price signals.

  → _____

**C** 다음 빈칸에 들어갈 알맞은 단어를 적으시오.

1 낙타 등 디자인은 앞쪽에는 1개 층을, 뒤쪽에는 더 많은 층들을 가지고 있었다.

  The Camelback design had _____ _____ _____ _____ _____ and more in the back.

2 그것들은 매력적으로 보이지만, 주택으로서는 실용적인 디자인이 아니다.

  _____ _____ charming, but it is not _____ _____ _____ for a house.

**D** 다음 괄호 안의 주어진 단어를 활용하여 문장을 완성하시오.

1 영국은 그 정책에 대응하여 어두컴컴한 집들로 가득 차 있었다. (Britain, full, dingy, response, the) 11단어

  → _____

2 그 정부는 사람들에게 창문의 수에 따라 세금을 물렸다. (tax, according to, windows) 10단어

  → _____

## 23

**A** 우리말은 영어로, 영어는 우리말로 쓰시오.

1 competition     _____

2 democracy     _____

3 constructive     _____

4 협력, 협동     _____

5 지배하다, 통치하다     _____

6 개인; 개인의     _____

**B** 괄호 안의 주어진 단어를 바르게 배열하시오.

1 (is, evolution, of, engine, Competition, the) and the foundation of democracy.

  → _____

2 There are (who, have argued, that, those, competition, is) a source of evil.

  → _____

**C** 다음 빈칸에 들어갈 알맞은 단어를 적으시오.

1 그들은 경쟁이 친사회적인 행동들을 더 몰살시킨다(없앤다)고 주장한다.

  They claim _____ _____ _____ _____ more prosocial behaviors.

2 경쟁이 협력의 정반대라는 생각은 중요한 무언가를 놓치고 있다.

  The idea that competition is the _____ of cooperation is _____ _____ _____.

**D** 다음 괄호 안의 주어진 단어를 활용하여 문장을 완성하시오.

1 건강한 경쟁은 협력 없이는 일어날 수 없다. (can't, happen) 6단어

  → _____

2 그 경쟁을 지배하는 협력에 대한 상호 간의 합의가 있다. (there, a, mutual, govern) 11단어

  → _____

# 24

**A** 우리말은 영어로, 영어는 우리말로 쓰시오.

1 compare _____

2 readership _____

3 among _____

4 ~을 차지하다, 설명하다 _____

5 더 적은; 더 적음 _____

6 ~하는 반면에 _____

**B** 괄호 안의 주어진 단어를 바르게 배열하시오.

1 The graph compares the percentage of the U.S. population (newspaper, the, with, of, percentage, readership).

→ _____

2 The 18-24 group (percentage, for, of, lowest, the, accounts) both population and newspaper readership.

→ _____

**C** 다음 빈칸에 들어갈 알맞은 단어를 적으시오.

1 25-44 연령 집단은 인구 비율에서 1% 더 많지만, 신문 독자 비율에서는 16% 더 적다.

The 25-44 _____ _____ is 1% _____ of the population but 16% _____ of the newspaper readership.

2 가장 연령이 낮은 집단과 가장 연령이 높은 집단 사이의 신문 독자 비율의 차이는 32%이다.

The percentage _____ in newspaper _____ _____ the youngest group _____ the oldest one _____ 32%.

**D** 다음 괄호 안의 주어진 단어를 활용하여 문장을 완성하시오.

1 그 두 개의 가장 낮은 연령 집단은 신문 구독 비율보다 더 큰 인구 비율을 갖는다. (have, greater, populations, newspaper readership) 12단어

→ _____

_____

2 그 두 개의 가장 연령이 높은 집단들은 인구 비율보다 더 큰 신문 구독 비율을 갖는다. (greater, percentage) 11단어

→ _____

_____

# 25

**A** 우리말은 영어로, 영어는 우리말로 쓰시오.

1 be native to _____

2 species _____

3 require _____

4 매년의, 일 년마다의 _____

5 매력적인 _____

6 밀도가 높은 _____

**B** 괄호 안의 주어진 단어를 바르게 배열하시오.

1 Teak is (the tropical, of, the most prized, one, hardwoods, of).

→ _____

2 It is a leaf-losing species (dry season, requires, annual, an, that).

→ _____

**C** 다음 빈칸에 들어갈 알맞은 단어를 적으시오.

1 티크의 목재는 특히 매력적인데, 금색이나 붉은색이 도는 갈색(적갈색)을 가지고 있다.

The wood of teak is _____ attractive, _____ a golden or reddish brown color.

2 티크는 선박 제조와 고급 가구를 위한 귀중한 목재가 될 정도로 충분히 단단하다.

Teak is _____ _____ to become a valued wood for shipbuilding and high-quality _____.

**D** 다음 괄호 안의 주어진 단어를 활용하여 문장을 완성하시오.

1 그 목재는 강에 띄워 보내져 숲 밖으로 운반될 수 없다. (wood, cannot, out of, float, rivers) 12단어

→ _____

_____

2 티크를 벌목하는 데 한 가지 문제는 그 목재의 밀도가 매우 높다는 것이다. (one, harvest, that, very, dense) 12단어

→ _____

_____

## 26

**A** 우리말은 영어로, 영어는 우리말로 쓰시오.

1  serve _____

2  include _____

3  admission _____

4  음료 _____

5  이용할 수 있는 _____

6  참석자 _____

**B** 괄호 안의 주어진 단어를 바르게 배열하시오.

1  (7:45, served, Dinner, at, p.m., will, be).

→ _____

2  (include, admission, Prices), dinner, beverages, (dancing, entertainment, and).

→ _____

**C** 다음 빈칸에 들어갈 알맞은 단어를 적으시오.

1  무도회 참석자들은 오후 7시까지 도착해야 합니다.

Prom _____ must arrive _____ 7 p.m.

2  오프라인 구매는 학생 회관에서 가능합니다.

Off-line purchases _____ _____ at the student center.

**D** 다음 괄호 안의 주어진 단어를 활용하여 문장을 완성하시오.

1  각 학생은 최대 3장의 표를 구매할 수 있습니다.
(be allowed, purchase, maximum) 11단어

→ _____
_____

2  그 무도회에서 나가는 사람은 다시 입장할 수 없습니다.
(no one, leave, prom, re-enter) 7단어

→ _____
_____

## 27

**A** 우리말은 영어로, 영어는 우리말로 쓰시오.

1  poisonous _____

2  guardian _____

3  entry _____

4  인식하다, 알아보다 _____

5  노출 _____

6  증상 _____

**B** 괄호 안의 주어진 단어를 바르게 배열하시오.

1  Students in middle school (create, posters, to, invited, are).

→ _____

2  The application form (filled, by, must, a, parent, be, out) or a guardian.

→ _____

**C** 다음 빈칸에 들어갈 알맞은 단어를 적으시오.

1  SCEC는 직접 제출을 허용하지 않습니다.

The SCEC will not _____ any submissions _____.

2  모든 제출물은 2019년 11월 25일까지 우편으로 보내져야 합니다.

All entries _____ _____ _____ _____ November 25, 2019.

**D** 다음 괄호 안의 주어진 단어를 활용하여 문장을 완성하시오.

1  당선 포스터들은 웹사이트에 게시될 것입니다.
(put on, the website) 8단어

→ _____
_____

2  선택할 하나의 주제: 일산화탄소 노출과 증상들을 인식하는 방법 (choose from, how, CO, symptom) 12단어

→ _____
_____

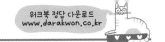

# 28

**A** 우리말은 영어로, 영어는 우리말로 쓰시오.

1  nearly　　_____

2  rely on　　_____

3  located in　　_____

4  멸종된　　_____

5  소화하다　　_____

6  결론을 내리다　　_____

**B** 괄호 안의 주어진 단어를 바르게 배열하시오.

1  In some cases, (are, on, dependent, each, species, two, other, very).

　　→ _____

2  This nearly happened with trees (relied, that, the, Dodo birds, on, now-extinct).

　　→ _____

**C** 다음 빈칸에 들어갈 알맞은 단어를 적으시오.

1  도도새는 19세기 후반에 멸종되었다.

　　Dodo birds _____ _____ during the late 19th _____.

2  그것들은 한때 인도양에 위치한 열대 섬 Mauritius에 살았다.

　　They _____ lived _____ Mauritius, a tropical island _____ _____ the Indian Ocean.

**D** 다음 괄호 안의 주어진 단어를 활용하여 문장을 완성하시오.

1  Calvaria 나무의 씨앗들은 도도새에 의해 소화될 필요가 있었다. (the Cavaria Tree, digest, the Dodo bird) 14단어

　　→ _____
_____

2  그 이유는 그것들이 인간과 다른 동물들에 의해 과도하게 사냥되었기 때문이다. (reason, that, over-hunt, humans) 12단어

　　→ _____
_____

# 29

**A** 우리말은 영어로, 영어는 우리말로 쓰시오.

1  argument　　_____

2  sympathetic　　_____

3  used to 동사원형　　_____

4  할 말이 없는, 말을 못 하는　　_____

5  차라리 ~하겠다[하고 싶다]　　_____

6  ~에 집중하다　　_____

**B** 괄호 안의 주어진 단어를 바르게 배열하시오.

1  (General Motors, selling, was, Pat Duffy, cars, for).

　　→ _____

2  A misunderstanding (ended, is, a, desire, sympathetic, by) to see the other person's view.

　　→ _____

**C** 다음 빈칸에 들어갈 알맞은 단어를 적으시오.

1  그는 고객의 말을 되받아치고 많은 말싸움에서 이기곤 했다.

　　He _____ _____ talk back to the customer and _____ lots of arguments.

2  그는 고객들을 다루는 법을 배웠는데, 이것이 그 방법이다.

　　He learned to _____ _____ _____, and this is _____.

**D** 다음 괄호 안의 주어진 단어를 활용하여 문장을 완성하시오.

1  이는 그 고객이 말을 못 하게 만들었다. (speechless) 5단어

　　→ _____
_____

2  Pat은 그 주제에서 벗어나 GM 자동차에 집중할 수 있었다. (could, get off, that, concentrate, the GM cars) 12단어

　　→ _____
_____

# 30

**A 우리말은 영어로, 영어는 우리말로 쓰시오.**

1 performer _____

2 meanwhile _____

3 promising _____

4 수정하다, 고치다; 옳은 _____

5 전체의, 완전한 _____

6 (현악기의) 현, 줄 _____

**B 괄호 안의 주어진 단어를 바르게 배열하시오.**

1 (Even, of, seven, the, age, at), he had played at the White House.

→ _____

2 Bruce Adolphe first (the Juilliard School, met, at, Yo-Yo Ma, in, New York City).

→ _____

**C 다음 빈칸에 들어갈 알맞은 단어를 적으시오.**

1 그는 그의 작곡 초안을 Juilliard의 한 강사에게 보여주었다.

He had shown ____ _____ of his composition to a Juilliard _____.

2 Adolphe는 그의 첫 번째 첼로 곡을 막 작성한 유망한 젊은 작곡가였다.

Adolphe was a _____ young _____ who had just _____ his first cello piece.

**D 다음 괄호 안의 주어진 단어를 활용하여 문장을 완성하시오.**

1 그의 활은 거침없이 네 개의 모든 현을 가로질렀다. (straight, across, strings) 8단어

→ _____

_____

2 Ma는 그 곡을 그의 기숙사 방에서 연주해 보기로 결심했다. (composition, his, dorm) 10단어

→ _____

_____

# 31

**A 우리말은 영어로, 영어는 우리말로 쓰시오.**

1 hunter-gatherer _____

2 actually _____

3 proportion _____

4 양, 수량 _____

5 현대의 _____

6 고립된, 외딴 _____

**B 괄호 안의 주어진 단어를 바르게 배열하시오.**

1 Compared with farmers, (hunter-gatherers, leisurely, lives, more, led).

→ _____

2 Gathering food only accounts for (proportion, time, a, their, small, of).

→ _____

**C 다음 빈칸에 들어갈 알맞은 단어를 적으시오.**

1 탄자니아의 Hazda 유목민은 14시간 미만을 소비한다.

The Hazda nomads of Tanzania _____ fewer _____ fourteen hours.

2 칼라하리 사막의 !Kung Bushmen 족은 보통 1주에 12시간에서 19시간을 식량을 모으느라 소비한다.

The !Kung Bushmen of the Kalahari typically _____ twelve to nineteen hours ____ _____ collecting food.

**D 다음 괄호 안의 주어진 단어를 활용하여 문장을 완성하시오.**

1 그것은 여가 활동들과 사교 활동을 위해 많은 자유로운 시간을 남게 해준다. (that, leave, a lot of, free, socializing) 12단어

→ _____

_____

2 사실상, 수렵 채집인들은 일주일에 이틀을 일한다. (actually, hunter-gatherers) 7단어

→ _____

_____

# 32

**A 우리말은 영어로, 영어는 우리말로 쓰시오.**

1 notice _____

2 devise _____

3 consist of _____

4 특허를 내다; 특허 _____

5 재정적인, 금융의 _____

6 신체적인, 물리적인 _____

**B 괄호 안의 주어진 단어를 바르게 배열하시오.**

1 He was looking for (to, his, business, boost, way, a).

→ _____

2 People took a lot less food (with, who, those, caming, bags, that).

→ _____

**C 다음 빈칸에 들어갈 알맞은 단어를 적으시오.**

1 그가 적합한 해결책을 개발하는 데 4년이 걸렸다.

It _____ _____ _____ _____ to develop the right solution.

2 그는 사람들이 한 번에 더 많은 구매를 할 수 있도록 도와줄 방법을 고안하기 시작했다.

He started _____ ____ _____ to help them buy _____ at one time.

**D 다음 괄호 안의 주어진 단어를 활용하여 문장을 완성하시오.**

1 그 쇼핑백은 내부에 끈이 달린 종이 가방으로 구성되어 있었다. (package, consist, with, cord, inside) 10단어

→ _____
_____

2 그는 일 년에 백만 개 이상의 쇼핑백을 팔았다. (over, shopping bags) 9단어

→ _____
_____

# 33

**A 우리말은 영어로, 영어는 우리말로 쓰시오.**

1 exotic _____

2 availability _____

3 evidence _____

4 위협하다 _____

5 분해하다 _____

6 비옥한, 풍부한, 다산의 _____

**B 괄호 안의 주어진 단어를 바르게 배열하시오.**

1 Ask anyone on the street (good, earthworms, for, are, if, ecosystems).

→ _____

2 (asked, When, why), (something, may, they, say) like, "Earthworms mix and enrich the soil."

→ _____

**C 다음 빈칸에 들어갈 알맞은 단어를 적으시오.**

1 그것은 유년 시절에 배운 기본적인 생태학 개념이다.

It is a basic _____ _____ learned from early _____.

2 연구원들은 토착 경목 숲 생태계의 극적인 변화들을 보고하였다.

Researchers have reported _____ changes in _____ hardwood _____ ecosystems.

**D 다음 괄호 안의 주어진 단어를 활용하여 문장을 완성하시오.**

1 외래종 지렁이들에 의한 그 변화는 일련의 다른 변화로 이어질지 모른다. (lead to, a series of) 13단어

→ _____
_____

2 외래종 지렁이들이 생태계의 안정성을 위협할지도 모른다. (exotic, threaten, the stability) 8단어

→ _____
_____

## 34

**A** 우리말은 영어로, 영어는 우리말로 쓰시오.

1 obvious _____

2 make up _____

3 in terms of _____

4 ~에 익숙하다 _____

5 증가하다; 증가 _____

6 수요; 요구하다 _____

**B** 괄호 안의 주어진 단어를 바르게 배열하시오.

1 Fishing is (activity, the, economic, obvious, ocean-based, most).

→ _____

2 (coastal, in, areas, People, many) make their living by fishing.

→ _____

**C** 다음 빈칸에 들어갈 알맞은 단어를 적으시오.

1 물고기와 조개류들이 그들 주식의 주요한 부분을 차지한다.

Fish and shellfish _____ _____ a major part of their _____.

2 전 세계적으로 약 십억의 사람들이 그들의 동물성 단백질의 주요 공급원으로 물고기에 의존한다.

_____ one billion people worldwide _____ _____ fish as their main source of animal _____.

**D** 다음 괄호 안의 주어진 단어를 활용하여 문장을 완성하시오.

1 세계 어업의 가장 큰 부분은 상업적인 어업이다.
(large, fisheries, commercial) 9단어

→ _____
_____

2 수산물에 대한 수요가 물고기 개체에 강한 압박을 준다.
(the demand, products, put, populations) 11단어

→ _____
_____

## 35

**A** 우리말은 영어로, 영어는 우리말로 쓰시오.

1 stick to _____

2 artificial _____

3 limb _____

4 얻다, 습득하다 _____

5 감정, 정서 _____

6 감상하다, 진가를 알아보다 _____

**B** 괄호 안의 주어진 단어를 바르게 배열하시오.

1 The truth that has been merely learned (us, artificial, sticks, to, limb, like, an).

→ _____

2 (acquired, our own, through, truth, The, thinking) is like the natural limb.

→ _____

**C** 다음 빈칸에 들어갈 알맞은 단어를 적으시오.

1 그것만이 정말로 우리의 것이다.

It _____ really _____ _____ us.

2 사고하는 사람과 단지 학식이 있는 사람간의 차이는 이것에 기초한다.

The _____ between the thinker and the _____ scholar is _____ _____ this.

**D** 다음 괄호 안의 주어진 단어를 활용하여 문장을 완성하시오.

1 지적인 얻음은 아름다운 그림과 같다.
(intellectual, gain, like) 8단어

→ _____
_____

2 단순한 학자의 지적인 습득은 조화가 없는 큰 팔레트와 같다.
(the, acquisition, mere, scholar, palette) 14단어

→ _____
_____

# 36

**A** 우리말은 영어로, 영어는 우리말로 쓰시오.

1  attain   _____

2  define   _____

3  pursue   _____

4  그에 반해서   _____

5  상태   _____

6  존재   _____

**B** 괄호 안의 주어진 단어를 바르게 배열하시오.

1  For some people, (to, there, irony, is, success, an).
→ _____

2  Some who achieve a goal talk about (that, often, goes, it, the, with, loneliness).
→ _____

**C** 다음 빈칸에 들어갈 알맞은 단어를 적으시오.

1  성공과 성취가 같은 것은 아니다.
Success and achievement are not _____ _____ _____.

2  하지만 우리는 너무 자주 한 쪽을 다른 쪽으로 혼동[오인]한다.
But we _____ one _____ the other too _____.

**D** 다음 괄호 안의 주어진 단어를 활용하여 문장을 완성하시오.

1  성공은 어떤 느낌이나 어떤 존재의 상태이다.
(a feeling, a state, be) 9단어
→ _____
_____

2  그것은 여러분이 원하는 것을 추구하고 얻을 때 자연스럽게 온다. (naturally, pursue, obtain, what) 11단어
→ _____
_____

# 37

**A** 우리말은 영어로, 영어는 우리말로 쓰시오.

1  in fact   _____

2  voluntary   _____

3  consumer lines   _____

4  처리하다, 다루다   _____

5  토하다   _____

6  선언하다, 발표하다   _____

**B** 괄호 안의 주어진 단어를 바르게 배열하시오.

1  (scary-sounding, toothpaste, All, tubes, had, warnings).
→ _____

2  Toothpaste manufacturers (guidelines, voluntary, weren't, safety, following).
→ _____

**C** 다음 빈칸에 들어갈 알맞은 단어를 적으시오.

1  즉시 의학적인 도움을 얻거나 독극물 관리 센터로 연락하시오.
Get _____ help or _____ a poison control center _____ away.

2  치약회사 고객센터는 걱정하는 부모로부터 온 수백 개의 질문을 처리했다.
Toothpaste _____ lines _____ _____ hundreds of questions from _____ parents.

**D** 다음 괄호 안의 주어진 단어를 활용하여 문장을 완성하시오.

1  설사보다 더 심각한 것은 일어날 리가 없다.
(nothing, diarrhea, can) 7단어
→ _____
_____

2  구토가 너무 심각해져서 탈수증이 문제가 된다.
(the vomiting, get, so, dehydration, become) 10단어
→ _____
_____

## 38

**A** 우리말은 영어로, 영어는 우리말로 쓰시오.

1 ancestor     _____

2 limiting     _____

3 either A or B     _____

4 A 뿐만 아니라 B 역시     _____

5 거꾸로 하다, 뒤바꾸다     _____

6 속성, 성질, 재산     _____

**B** 괄호 안의 주어진 단어를 바르게 배열하시오.

1 Our ancestor's tools (flint, wood, and, were, of, bone, made).

→ _____

2 (that, are, very, Anyone, limiting, they, knows).

→ _____

**C** 다음 빈칸에 들어갈 알맞은 단어를 적으시오.

1 하지만 금속은 이러한 다른 재료들과 기본적으로 다르다.

Metals, _____, are _____ _____ _____ these other materials.

2 당신이 나무 조각 하나를 치면, 그것은 금이 가거나 부러져 버린다.

If you hit a _____ of wood, it _____ cracks _____ snaps.

**D** 다음 괄호 안의 주어진 단어를 활용하여 문장을 완성하시오.

1 그것들은 또한 당신이 그것들을 때릴 때 더 강해진다.
(also, get, hit) 8단어

→ _____
_____

2 이러한 특성을 발견한 최초의 사람들은 오래전에 그 재료를 발견했다. (the first, properties, long ago) 12단어

→ _____
_____

## 39

**A** 우리말은 영어로, 영어는 우리말로 쓰시오.

1 territory     _____

2 psychologist     _____

3 react     _____

4 완전히, 전적으로     _____

5 생리적인     _____

6 현저히, 매우     _____

**B** 괄호 안의 주어진 단어를 바르게 배열하시오.

1 A car sometimes seems to (of, have, personal, the size, on, space, a person's, a huge effect).

→ _____

2 (driving, react, in, a car, People, a way) that is often completely unlike their normal social behavior.

→ _____

**C** 다음 빈칸에 들어갈 알맞은 단어를 적으시오.

1 그들의 영역이 정상 크기의 최대 열 배까지 확장된다.

Their _____ gets bigger _____ _____ _____ ten times the normal size.

2 그 운전자는 생리적인 변화를 겪게 되어 화가 나고 자제력을 잃게 될 지도 모른다.

The driver may _____ _____ a physiological change and become _____ and out of _____.

**D** 다음 괄호 안의 주어진 단어를 활용하여 문장을 완성하시오.

1 그는 다른 사람이 먼저 갈 수 있도록 허락한다.
(the other man, go first) 8단어

→ _____
_____

2 또 다른 운전자가 확 트인 도로에서 그의 앞에 끼어든다.
(cut, in front of, open) 11단어

→ _____
_____

# 40

**A** 우리말은 영어로, 영어는 우리말로 쓰시오.

1  negative          _____

2  encounter       _____

3  misfortune     _____

4  해석              _____

5  좌절하는, 실망한    _____

6  고통을 가하다      _____

**B** 괄호 안의 주어진 단어를 바르게 배열하시오.

1  Other people's views and troubles (like, can, virus, a, spread).

→ _____

2  You encounter a sorrowful friend or (has, trouble, sudden, suffered, a colleague, who).

→ _____

**C** 다음 빈칸에 들어갈 알맞은 단어를 적으시오.

1  그 불운에 압도당하지 않도록 주의하라.

Be careful _____ _____ _____ _____ by the misfortune.

2  사건 그 자체와 그것들에 대한 당신의 해석을 구별해야 할 것을 기억해라.

_____ to _____ between events _____ and your interpretations of them.

**D** 다음 괄호 안의 주어진 단어를 활용하여 문장을 완성하시오.

1  그 사람에게 친절을 베풀고, 공감적인 듣기를 제공해라.
(show, that, provide, sympathetic, ear) 9단어

→ _____

_____

2  이 사람을 아프게 하는 것은 그 또는 그녀가 단지 받아들인 반응이다. (what, the response, just, adopted) 13단어

→ _____

_____

# 41~42

**A** 우리말은 영어로, 영어는 우리말로 쓰시오.

1  purchase        _____

2  desire           _____

3  status           _____

4  마찬가지로, 유사하게   _____

5  활성화시키다      _____

6  인정하다          _____

**B** 괄호 안의 주어진 단어를 바르게 배열하시오.

1  We tell friends (clothing, our, new, about, purchases).

→ _____

2  People tweet about (their, hate, government, they, why).

→ _____

**C** 다음 빈칸에 들어갈 알맞은 단어를 적으시오.

1  왜 사람들은 자기 자신의 태도와 경험에 대해 그렇게 많이 이야기할까?

Why _____ people _____ so much about their _____ attitudes and experiences?

2  사람들이 말하는 것 중 40% 이상이 그들의 개인적인 경험이나 인간관계이다.

_____ _____ 40 percent of _____ people talk about is their personal experiences or personal _____.

**D** 다음 괄호 안의 주어진 단어를 활용하여 문장을 완성하시오.

1  우리는 그것이 재미있다고 깨닫도록 설계되어있다.
(design, find, pleasurable) 7단어

→ _____

_____

2  Mitchell과 Tamir는 그들에게 그들 자신의 의견과 태도를 공유하도록 요청했다.
(share, own, opinions and attitudes) 12단어

→ _____

_____

## 43~45

**A 우리말은 영어로, 영어는 우리말로 쓰시오.**

1 specialist _____

2 rare _____

3 determined to _____

4 감사히 여기다 _____

5 신념, 믿음 _____

6 인간(성), 인류 _____

**B 괄호 안의 주어진 단어를 바르게 배열하시오.**

1 Howard Kelly, a poor boy, found (only one dime, he, hungry, and was, left, had).

→ _____

2 He not only felt stronger physically, (stronger, humanity, his, faith, was, in, but).

→ _____

**C 다음 빈칸에 들어갈 알맞은 단어를 적으시오.**

1 몇 년이 흐른 후, Grace는 너무 아파서 그녀의 의사는 몹시 당황했다.

Years _____, Grace became _____ ill _____ her doctor was panicked.

2 그가 그 고을의 이름을 들었을 때, 범상치 않은 빛이 그의 눈을 채웠다.

_____ he heard the name of the town, _____ strange _____ _____ his eyes.

**D 다음 괄호 안의 주어진 단어를 활용하여 문장을 완성하시오.**

1 그는 그녀의 생명을 구할 것을 결심하며 진찰실로 다시 돌아왔다. (back, the consultation room, determine, save) 12단어

→ _____

_____

2 그 청구서를 지불하려면 그녀의 인생 나머지가 걸릴 것이었다. (it, would, the rest, the bill) 13단어

→ _____

_____

MEMO

Stars can't shine without darkness.

# 18

**A 우리말은 영어로, 영어는 우리말로 쓰시오.**

1 authority _____

2 entertainment _____

3 independently _____

4 수송, 운송, 교통 _____

5 거주자, 주민 _____

6 ~로 떠나다 _____

**B 괄호 안의 주어진 단어를 바르게 배열하시오.**

1 The Transit Authority (serve, added, to, residents, a, the, bus, stop).

→ _____

2 (accepted, request, our, you, Since), we can travel to town for shopping and entertainment.

→ _____

**C 다음 빈칸에 들어갈 알맞은 단어를 적으시오.**

1 우리 그룹을 대표하여, 저는 Smalltown 교통 당국에 감사드리고 싶습니다.

_____ _____ _____ our group, I want to thank the Smalltown Transit Authority.

2 버스회사는 매일 오전 10시와 오후 3시 사이에 시내로 나가는 서비스를 시작할 것입니다.

The bus company will start the service _____ 10 A.M. _____ 3 P.M. _____ for town.

**D 다음 괄호 안의 주어진 단어를 활용하여 문장을 완성하시오.**

1 우리는 시내로 자유롭게 이동할 기회에 대해 감사합니다. (independently, chance) 9단어

→ _____

_____

2 우리는 버스 서비스를 최대한 이용하도록 하겠습니다. (to, best, as, plan) 11단어

→ _____

_____

# 19

**A 우리말은 영어로, 영어는 우리말로 쓰시오.**

1 measure _____

2 determine _____

3 trap _____

4 폭발하다 _____

5 노력 _____

6 포기하다 _____

**B 괄호 안의 주어진 단어를 바르게 배열하시오.**

1 Six holes (drilled, different, mine, of, the, areas, into, were).

→ _____

2 Three rescue workers were also killed when (exploded, wall, the, crushing, them, a, in, mine).

→ _____

**C 다음 빈칸에 들어갈 알맞은 단어를 적으시오.**

1 모든 구조 활동들이 결국에는 포기되었다.

All rescue _____ were _____

_____.

2 그들은 산소 감지기를 PVC관을 통해 각 구멍으로 내려보내서 모든 가능성 있는 지역에서 그 사람들을 찾고 있었다.

They sent oxygen sensors down _____ PVC pipe _____ each hole _____ _____ every _____ area for the men.

**D 다음 괄호 안의 주어진 단어를 활용하여 문장을 완성하시오.**

1 여섯 명 모두 실종되었고 죽은 것으로 생각되었다. (six men, missing, dead) 11단어

→ _____

_____

2 산소 수치가 잘못 측정되었고, 결국 위험할 정도로 낮다고 결정되었다. (measured, determined, Oxygen) 12단어

→ _____

_____

# 20

**A** 우리말은 영어로, 영어는 우리말로 쓰시오.

1 constantly _____

2 presentation _____

3 improve _____

4 관심 _____

5 대중 연설가 _____

6 요구하다 _____

**B** 괄호 안의 주어진 단어를 바르게 배열하시오.

1 They (them, want, audience, to, look, the, at).

→ _____

2 These facts don't mean (well, stage, perform, to, be, a comedian, on, need, you, to).

→ _____

**C** 다음 빈칸에 들어갈 알맞은 단어를 적으시오.

1 당신은 심지어 농담을 할 필요도 없다.

You aren't even _____ _____ _____ jokes.

2 코미디언들은 청중들의 주의를 한 시간 이상 끌어야 한다.

Comedians have to _____ an audience's _____ for an hour or more.

**D** 다음 괄호 안의 주어진 단어를 활용하여 문장을 완성하시오.

1 그들은 또한 관중들을 끊임없이 웃게 할 것으로 기대된다.
(expected, laugh, constantly) 10단어

→ _____

2 코미디언이 사용하는 테크닉을 관찰하고, 당신의 연설에 그것들을 이용하라. (techniques, and, own, speeches, in) 12단어

→ _____

# 21

**A** 우리말은 영어로, 영어는 우리말로 쓰시오.

1 mess _____

2 trial and error _____

3 definitely _____

4 재료, 자료 _____

5 가루, 밀가루 _____

6 끓다 _____

**B** 괄호 안의 주어진 단어를 바르게 배열하시오.

1 She didn't mind (messes, made, that, the, of, we, all).

→ _____

2 We can't tell you (floor, eggs, how, on, we, times, the, many, dropped).

→ _____

**C** 다음 빈칸에 들어갈 알맞은 단어를 적으시오.

1 우리는 그다지 도움이 되지 않아서 엄마를 여러 번 곤경에 빠뜨렸다.

We were not _____ helpful _____ we _____ our mom many times.

2 우리는 각자가 세 살이 될 즈음에 부엌일을 돕기 시작했다.

We began helping in the kitchen _____ _____ _____ we each _____ three years old.

**D** 다음 괄호 안의 주어진 단어를 활용하여 문장을 완성하시오.

1 만약 할 만한 실수가 있다면 우리는 실수를 해 왔다.
(made, mistake, that) 12단어

→ _____

2 우리는 효과가 있는 것과 효과가 분명히 없는 것을 배웠다.
(learned, what, doesn't) 8단어

→ _____

# 22

**A** 우리말은 영어로, 영어는 우리말로 쓰시오.

1 ideal _____

2 weaken _____

3 self-esteem _____

4 이치에 맞는, 합당한 _____

5 (구멍 등을) 파다 _____

6 점점 더 _____

**B** 괄호 안의 주어진 단어를 바르게 배열하시오.

1 The rule needs to be clear (you, that, if, is, what, want).

→ _____

2 That is (to, the, reasonable, do, it, is, best, more, why).

→ _____

**C** 다음 빈칸에 들어갈 알맞은 단어를 적으시오.

1 그러한 이상은 당신에게 지침을 제공한다.

_____ an ideal _____ you _____ a guide.

2 이상을 규칙으로 만드는 것은 자기 스스로에게 함정을 파는 것이다.

Making the _____ _____ a rule is _____ a trap _____ oneself.

**D** 다음 괄호 안의 주어진 단어를 활용하여 문장을 완성하시오.

1 이상을 가지는 것과 지킬 규칙을 만드는 것 사이에는 차이가 있다. (between, ideal, keep) 14단어

→ _____

_____

2 당신은 스스로에게 너무 실망하여 계속하기가 점점 더 어려워진다. (bad, that, becomes, increasingly) 13단어

→ _____

_____

# 23

**A** 우리말은 영어로, 영어는 우리말로 쓰시오.

1 strategy _____

2 additional _____

3 comprehension _____

4 산만하게 하다 _____

5 특징, 특색 _____

6 ~와 대조적으로 _____

**B** 괄호 안의 주어진 단어를 바르게 배열하시오.

1 A hypertext connection is (that, not, you, made, by, one, is).

→ _____

2 Her study showed that (a computer, various, on, involves, reading, screen, strategies).

→ _____

**C** 다음 빈칸에 들어갈 알맞은 단어를 적으시오.

1 그녀는 컴퓨터 스크린으로 읽는 독자들의 수행 능력을 종이로 읽는 독자들과 비교해서 연구했다.

She studied the _____ of readers of a computer screen _____ _____ readers of paper.

2 그러한 전략들은 똑같은 텍스트를 종이로 읽는 것과는 대조적으로 더 좋지 않은 독해력을 야기한다.

Those strategies _____ _____ poorer reading comprehension ____ _____ _____ reading the same texts on paper.

**D** 다음 괄호 안의 주어진 단어를 활용하여 문장을 완성하시오.

1 그것이 당신의 고유한 개념적 틀 속에 반드시 자리 잡고 있지 않을 수도 있다. (unique, necessarily, frame) 10단어

→ _____

_____

2 그것은 자신에게 맞는 속도로 여러분이 읽고 있는 것을 여러분이 이해하는 데 도움이 되지 않을 수도 있다. (pace, help, what) 14단어

→ _____

_____

## 24

**A 우리말은 영어로, 영어는 우리말로 쓰시오.**

1 device _____

2 least _____

3 double _____

4 3배로 하다 _____

5 점진적인 _____

6 다양한 _____

**B 괄호 안의 주어진 단어를 바르게 배열하시오.**

1 The use of (than, video, more, doubled, online).

→ _____

2 This bar chart shows (various, digital, using, of, Americans, devices, the, percentage).

→ _____

**C 다음 빈칸에 들어갈 알맞은 단어를 적으시오.**

1 점진적인 감소를 보여준 유일한 기기는 라디오다.

The only device _____ showed a _____ decline _____ the radio.

2 광역 인터넷망 사용자는 2001년에 20%에서 시작하여 2011년에 74%로 3배 이상이 되었다.

Users of broadband Internet _____ than tripled, _____ from 20% in 2001 _____ 74% in 2011.

**D 다음 괄호 안의 주어진 단어를 활용하여 문장을 완성하시오.**

1 두 해 사이에 가장 적은 변화는 TV에서의 단 2% 증가였다. (least, a 2-percent, in) 14단어

→ _____
_____

2 이 기기는 빠르게 성장하여 미국인들 중 3분의 2 이상이 그것을 사용하게 되었다. (so, two-thirds, that) 13단어

→ _____
_____

## 25

**A 우리말은 영어로, 영어는 우리말로 쓰시오.**

1 hang _____

2 vary _____

3 chilly _____

4 관광 명소 _____

5 근처의 _____

6 탐험하다 _____

**B 괄호 안의 주어진 단어를 바르게 배열하시오.**

1 Tourists here can (visiting, caves, exploring, monasteries, enjoy, and).

→ _____

2 Meteora is an area (of, the, world, attracts, all, over, tourists, that, from, thousands) every year.

→ _____

**C 다음 빈칸에 들어갈 알맞은 단어를 적으시오.**

1 이곳의 기후는 더운 여름부터 쌀쌀한 겨울에 이르기까지 다양하다.

The climate here _____ _____ hot summers _____ chilly winters.

2 이 지역에 이르는 가장 좋은 방법은 아테네에서 버스를 타는 것이다.

The best way to _____ _____ the place _____ to _____ a bus from Athens.

**D 다음 괄호 안의 주어진 단어를 활용하여 문장을 완성하시오.**

1 이름 그 자체는 '공중에 매달려 있다'는 의미이다. (hanging, itself, in) 8단어

→ _____
_____

2 Meteora는 높은 바위 위에 지어진 수도원으로 유명하다. (famous, monasteries) 10단어

→ _____
_____

# 26

**A** 우리말은 영어로, 영어는 우리말로 쓰시오.

1 practical _____

2 certificate _____

3 attendance _____

4 발표 _____

5 담다, 포함하다 _____

6 발달, 개발 _____

**B** 괄호 안의 주어진 단어를 바르게 배열하시오.

1 Barbara Moynihan is (the, and development, learning, best, coach)

→ _____

2 You must (workshop, before, the, full, date, pay, the, cost).

→ _____

**C** 다음 빈칸에 들어갈 알맞은 단어를 적으시오.

1 여러분은 발표 준비 및 전달에 실질적인 도움을 받을 것입니다.

You will _____ _____ help in the preparation and _____ of presentations.

2 참가자는 요청 시 참가증을 받을 수 있습니다.

Participants will, _____ _____, receive a _____ of attendance.

**D** 다음 괄호 안의 주어진 단어를 활용하여 문장을 완성하시오.

1 여러분은 카메라로 녹화될 것이고, 일대일 피드백을 받게 됩니다. (one-on-one, and, recorded) 10단어

→ _____

_____

2 여러분은 여러분의 발표 녹화 영상이 담겨있는 메모리 스틱을 받을 것입니다. (a memory stick, a recording) 13단어

→ _____

_____

# 27

**A** 우리말은 영어로, 영어는 우리말로 쓰시오.

1 convenient _____

2 shortened _____

3 astronomy _____

4 바다의 _____

5 참석하다 _____

6 예약 _____

**B** 괄호 안의 주어진 단어를 바르게 배열하시오.

1 At the University of Chicago, we (camps, special, offer, science).

→ _____

2 Students attend a (at, version, the, shortened, program, the, of, offered, camps).

→ _____

**C** 다음 빈칸에 들어갈 알맞은 단어를 적으시오.

1 참가자들은 5월 31일까지는 예약해야 합니다.

Participants should _____ a _____ _____ May 31.

2 여학생들은 각자 오전 수업에 집중적으로 수강할 과학 전공을 선택해야 합니다.

Each girl will choose a _____ _____ _____ will be the _____ of her morning classes.

**D** 다음 괄호 안의 주어진 단어를 활용하여 문장을 완성하시오.

1 이러한 프로그램들은 편리한 5일간의 일정으로 구성됩니다. (5-day, of, schedule) 8단어

→ _____

_____

2 주간 캠프는 숙박형 캠프의 단축 버전임을 주목해주세요. (shortened, overnight, version) 13단어

→ _____

_____

## 28

**A 우리말은 영어로, 영어는 우리말로 쓰시오.**

1 symbolic   _____

2 cite   _____

3 look up   _____

4 옛날의, 구식의   _____

5 의식, 예식   _____

6 어려운 일, 난제   _____

**B 괄호 안의 주어진 단어를 바르게 배열하시오.**

1 The Blue Books were training manuals (tasks, managers, get, told, were, done, that, to, how).

→ _____

2 Welch (the, by, removing, custom, old, cleared) the Blue Books from the organization's culture.

→ _____

**C 다음 빈칸에 들어갈 알맞은 단어를 적으시오.**

1 그는 옛날 GE(General Electric) 사의 Blue Books를 불태우는 의식을 지시했다

He _____ a ceremony _____ _____ the old-fashioned GE Blue Books _____ _____.

2 관리자들은 먼지투성이의 낡은 책에서 해결책을 찾기보다는 그들 자신의 해결책을 스스로 찾을 수 있도록 배우고 있다.

The managers are learning to find their own solutions _____ _____ _____ them \_\_\_\_\_ in a dusty old book.

**D 다음 괄호 안의 주어진 단어를 활용하여 문장을 완성하시오.**

1 Jack Welch는 최고의 비즈니스 리더 중 한 사람으로 생각된다. (considered, business, be) 12단어

→ _____

_____

2 그 책이 쓸모없다는 사실에도 불구하고, 그것은 여전히 관리자의 행동에 큰 영향을 끼쳤다.
(despite, useless, influence, over, still) 18단어

→ _____

_____

## 29

**A 우리말은 영어로, 영어는 우리말로 쓰시오.**

1 horizontally   _____

2 exhaustion   _____

3 exit   _____

4 부주의한   _____

5 미루다   _____

6 논리   _____

**B 괄호 안의 주어진 단어를 바르게 배열하시오.**

1 The exit from every prison (the, brightest, be, must, where, shines, light).

→ _____

2 Place six bees in a bottle and (the, it, horizontally, its, to, base, with, window, down, lay).

→ _____

**C 다음 빈칸에 들어갈 알맞은 단어를 적으시오.**

1 그들은 탈진하여 죽을 때까지 유리를 통해 출구를 찾았다.

They looked for an exit _____ the glass till they die \_\_\_\_\_ _____.

2 그들은 빛의 부름을 무시한 채, 마침내 그들에게 자유를 회복시켜 주는 출구를 발견하게 된다.

They, _____ the call of the light, _____ \_\_\_\_\_ discovering the opening that _____ their liberty to them.

**D 다음 괄호 안의 주어진 단어를 활용하여 문장을 완성하시오.**

1 파리들은 반대쪽에 있는 병목을 통해 이내 병을 탈출할 것이다. (escape, through, soon) 14단어

→ _____

_____

2 그들의 빛에 대한 사랑이 바로 이 실험에서 그들의 실패를 초래하는 것이다. (It is ~ that, failure) 13단어

→ _____

_____

# 30

**A** 우리말은 영어로, 영어는 우리말로 쓰시오.

1 nervous _____

2 relaxed _____

3 come close to _____

4 연습; 연습하다 _____

5 심지어 _____

6 소리치다 _____

**B** 괄호 안의 주어진 단어를 바르게 배열하시오.

1 I asked (went, him, driving, how, the, test).

→ _____

2 He said (giving, was, the man, nice, the test, him, very).

→ _____

**C** 다음 빈칸에 들어갈 알맞은 단어를 적으시오.

1 그러면, 저는 제 아버지가 차에 있는 것처럼 느낄 거예요.
_____, I'll _____ _____ my father _____ in the car.

2 그 남자는 내 아들이 시험을 치르는 동안 더 편하게 해주려고 그가 해 줄 것이 있는지 묻기까지 했다.
The man even asked _____ he could do _____ to _____ my son more _____ _____ the test.

**D** 다음 괄호 안의 주어진 단어를 활용하여 문장을 완성하시오.

1 나는 언제나 초조해져서 그에게 소리를 질러댔다.
(nervous, always) 8단어

→ _____
_____

2 제가 신호등에 가까이 갔을 때, 우리가 마치 죽기라도 할 것처럼 막 소리를 지르세요. (as if, a traffic light) 18단어

→ _____
_____

# 31

**A** 우리말은 영어로, 영어는 우리말로 쓰시오.

1 give up _____

2 pretend _____

3 fit in _____

4 제안하다 _____

5 칭찬 _____

6 동료 _____

**B** 괄호 안의 주어진 단어를 바르게 배열하시오.

1 When you do this, you (out, on, the, you, real, lose).

→ _____

2 No one else can experience (the, about, heart, your, way, feels, things).

→ _____

**C** 다음 빈칸에 들어갈 알맞은 단어를 적으시오.

1 당신은 당신이 실제로 믿지 않는 것을 믿는 척할지도 모른다.
You _____ even _____ to believe things _____ you don't really believe.

2 누구도 당신이 사용하는 렌즈를 통하여 당신이 하는 것과 똑같이 인생을 볼 수는 없다.
_____ _____ can see _____ the lens you use to see life equally _____ you _____.

**D** 다음 괄호 안의 주어진 단어를 활용하여 문장을 완성하시오.

1 당신은 친절한 사람인척 할지도 모른다. (pretend, be) 8단어

→ _____
_____

2 당신의 실제 모습과 다른 방식으로 행동하지 마라.
(Don't, different, who) 12단어

→ _____
_____

# 32

**A** 우리말은 영어로, 영어는 우리말로 쓰시오.

1 diagnosis   _____

2 fault   _____

3 guilt   _____

4 경향   _____

5 건망증   _____

6 비난하다   _____

**B** 괄호 안의 주어진 단어를 바르게 배열하시오.

1 Oh, no. I'm sorry, but (forgot, I, it, all, about).

  → _____

2 The son (bus, the, Jane, gotten, pass, she, asked, had, if).

  → _____

**C** 다음 빈칸에 들어갈 알맞은 단어를 적으시오.

1 Jane은 그녀 자신에게 화가 난 채로 대화를 끝냈다.

  Jane ended the conversation _____ _____ at _____.

2 Jane은 최근에 아들의 전화를 받았는데, 아들은 그녀에게 버스 승차권을 구입해 놓으라고 요청했다.

  Jane recently _____ a call from her son, _____ _____ her _____ _____ a bus pass.

**D** 다음 괄호 안의 주어진 단어를 활용하여 문장을 완성하시오.

1 그녀는 그녀의 아들이 요청했던 것을 잊지 말았어야 했다. (shouldn't have p.p., what) 9단어

  → _____

  _____

2 기억 상실 진단 후에 발생하는 한 가지 반응은 일이 잘되어가지 않을 때 스스로를 비난하는 경향이다. (a diagnosis, memory loss, that, tendency) 16단어

  → _____

  _____

# 33

**A** 우리말은 영어로, 영어는 우리말로 쓰시오.

1 phenomenon   _____

2 charming   _____

3 mindlessly   _____

4 성격, 개성   _____

5 험담하다   _____

6 실험; 실험하다   _____

**B** 괄호 안의 주어진 단어를 바르게 배열하시오.

1 (If, charming, want, to, appear, more, you), you could add that word to your vocabulary.

  → _____

2 Describing positive properties about your friend (well, that, you, have, those, as, may, say, properties).

  → _____

**C** 다음 빈칸에 들어갈 알맞은 단어를 적으시오.

1 사람들이 성격적인 특성들을 논리적 이유 없이 무의식적으로 전달자들과 연관시킨다.

  People will _____ personality _____ to communicators mindlessly _____ logical _____.

2 다른 사람들에게 누군가가 게으르다고 말하는 것은 그들로 하여금 당신이 게으르다고 생각하게 만드는 결과를 초래한다.

  Telling others _____ someone is lazy will _____ them _____ _____ that you are lazy.

**D** 다음 괄호 안의 주어진 단어를 활용하여 문장을 완성하시오.

1 사람들은 그들이 남들에게 있다고 설명한 어떤 특성을 가지고 있다고 간주된다. (be regarded as, a trait) 12단어

  → _____

  _____

2 누군가를 험담할 때 조심하라, 그렇지 않으면 당신이 묘사한 대로 보일 수 있다. (or, what, might have p.p.) 15단어

  → _____

  _____

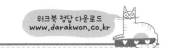
# 34

**A 우리말은 영어로, 영어는 우리말로 쓰시오.**

1 criticize _____

2 irresponsible _____

3 behave _____

4 긴급 상황, 비상사태 _____

5 분리하다 _____

6 부주의하게 _____

**B 괄호 안의 주어진 단어를 바르게 배열하시오.**

1 Suppose that (see, person, you, driving, a, carelessly) on a busy road.

→ _____

2 The person is (he, to, responding, badly, behaving, because, situation, the, is).

→ _____

**C 다음 빈칸에 들어갈 알맞은 단어를 적으시오.**

1 심리학자들은 서양과 중국의 사고방식을 구별하는 강력한 차이점을 주목해왔다.

Psychologists _____ _____ a strong difference _____ _____ Western _____ Chinese thought.

2 중국인을 포함한 동아시아인들은 그가 누군가를 병원으로 이송하고 있다고 믿을 가능성이 더 높다.

East Asians, _____ Chinese, are _____ _____ to believe _____ he's carrying someone to the hospital.

**D 다음 괄호 안의 주어진 단어를 활용하여 문장을 완성하시오.**

1 그 운전자는 긴급한 상황 중에 있기 때문에 빨리 운전할 수밖에 없었다. (has been forced, in the middle of) 17단어

→ _____

_____

2 서양인들은 그가 안전에 대해 신경을 거의 안 쓴다고 생각하며 그를 비난할 가능성이 더 많다. (be more likely to, thinking, little) 16단어

→ _____

_____

# 35

**A 우리말은 영어로, 영어는 우리말로 쓰시오.**

1 mammal _____

2 object _____

3 except for _____

4 마주치다, ~과 만나다 _____

5 ~에 필적[대등]하다 _____

6 ~로 유명하다 _____

**B 괄호 안의 주어진 단어를 바르게 배열하시오.**

1 There is little (to, evidence, they, intend, that, be).

→ _____

2 Some mammals are different (they, live, what, in, and, where, they, eat).

→ _____

**C 다음 빈칸에 들어갈 알맞은 단어를 적으시오.**

1 그것들은 소리로 소통을 하지만, 조류가 그것에 훨씬 더 능숙하다.

They communicate _____ sound, but birds are _____ _____ _____ it.

2 인간을 제외하고는 포유류는 대체로 노래하지 못한다.

_____ for human beings, mammals _____ _____ are not _____.

**D 다음 괄호 안의 주어진 단어를 활용하여 문장을 완성하시오.**

1 가장 아름다운 명금 중 일부는 우리가 가장 흔하게 마주치는 것들이다. (songsters, the most, the ones) 14단어

→ _____

_____

2 조류가 낼 수 있는 유의미한 소리의 범위에 필적할 수 있는 포유류는 거의 없다. (Few, meaningful, the range) 12단어

→ _____

_____

## 36

**A** 우리말은 영어로, 영어는 우리말로 쓰시오.

1 equator   _____
2 trait   _____
3 flash   _____
4 자손을 낳다   _____
5 희미한   _____
6 색맹   _____

**B** 괄호 안의 주어진 단어를 바르게 배열하시오.

1 The people of Pingelap began to (maksun, call, meaning, it, "not-see").

  → _____

2 The rate of people with the gene on the island (became, higher, in, world, the, than, much, outside).

  → _____

**C** 다음 빈칸에 들어갈 알맞은 단어를 적으시오.

1 완전한 색맹 유전자가 이 섬의 통치자의 DNA 안에 숨겨져 있었다.

  The _____ for total color blindness _____ _____ in the DNA of the island's _____.

2 이러한 상황에서는 그 어떠한 희귀한 유전적 특성도 확산될 수 있다.

  In such situations, any _____ genetic traits _____ _____.

**D** 다음 괄호 안의 주어진 단어를 활용하여 문장을 완성하시오.

1 그들이 성장하면서 색깔을 볼 수 없게 되었다는 점이 명백해졌다. (as, obvious) 12단어

  → _____

2 maksun을 지니고 있는 사람들은 밤낚시에 재주가 있는 것으로 판명되었다. (have proved, with, skilled) 11단어

  → _____

## 37

**A** 우리말은 영어로, 영어는 우리말로 쓰시오.

1 distinguish   _____
2 pursue   _____
3 outline   _____
4 조사[검토]하다   _____
5 틀   _____
6 싸우다, 투쟁하다   _____

**B** 괄호 안의 주어진 단어를 바르게 배열하시오.

1 He had (him, struggled, pursued, thief, with, the, and).

  → _____

2 I was then (to, beginning, guess, had, what, occurred).

  → _____

**C** 다음 빈칸에 들어갈 알맞은 단어를 적으시오.

1 집에 들어서자마자, 나는 거실의 창문틀을 렌즈로 유심히 살펴보았다.

  _____ _____ the house, I _____ the window frame of the hall _____ my lens.

2 그는 왕관을 가지고 집으로 돌아왔지만 그것의 일부 조각은 도둑의 손에 남게 되었다.

  He had _____ with the crown, but had _____ a _____ in the hand of the thief.

**D** 다음 괄호 안의 주어진 단어를 활용하여 문장을 완성하시오.

1 그들의 합쳐진 힘이 한 사람의 힘만으로는 낼 수 없는 손상을 입혔다. (had caused, which, could not have made) 13단어

  → _____

2 나는 누군가가 집안으로 들어서면서 생긴 젖은 발자국의 윤곽을 구별할 수 있었다. (where, while -ing, had been p.p., the outline) 18단어

  → _____

## 38

**A 우리말은 영어로, 영어는 우리말로 쓰시오.**

1 absolute _____

2 specific _____

3 apply _____

4 일, 업무 _____

5 글자, 철자 _____

6 능력 _____

**B 괄호 안의 주어진 단어를 바르게 배열하시오.**

1 There is no absolute (between, domain-specific, general, line, and, knowledge).

→ _____

2 Some is domain-specific knowledge (to, relates, subject, a, that, particular, task, or).

→ _____

**C 다음 빈칸에 들어갈 알맞은 단어를 적으시오.**

1 어떤 지식은 반면에 많은 다른 상황에 적용된다.

Some knowledge, on _____ _____ _____, _____ _____ many different situations.

2 읽거나 컴퓨터를 사용하는 방법에 대한 일반적 지식은 학교의 안팎 둘 다에서 유용하다.

General knowledge about _____ to read or use a computer _____ useful _____ in _____ out of school.

**D 다음 괄호 안의 주어진 단어를 활용하여 문장을 완성하시오.**

1 당신은 글자의 소리에 관한 특정한 사실을 공부했을지도 모른다. (may, letters, have) 11단어

→ _____

2 글자의 소리에 관한 지식은 읽기 영역에 한정되었다. (specific, domain, letter sounds, of) 11단어

→ _____

## 39

**A 우리말은 영어로, 영어는 우리말로 쓰시오.**

1 thoughtless _____

2 precious _____

3 declining _____

4 비효율적인 _____

5 파괴적인 _____

6 적절하게 _____

**B 괄호 안의 주어진 단어를 바르게 배열하시오.**

1 Your choice as a consumer could possibly (to, change, fisheries, practices, more, their, encourage).

→ _____

2 We can do it (choosing, seafood, fisheries, from, only, that, comes, by) causing little damage.

→ _____

**C 다음 빈칸에 들어갈 알맞은 단어를 적으시오.**

1 사람들은 바다를 무한정한 식량 공급원으로 여겼다.

People _____ the oceans _____ an _____ source of food supply.

2 수십억 마리의 불필요한 어류가 이런 비효율적이고 불법적이고 파괴적인 수산업의 관행 때문에 죽어간다.

Billions of _____ fish and other animals die _____ these _____, _____, and destructive fishing practices.

**D 다음 괄호 안의 주어진 단어를 활용하여 문장을 완성하시오.**

1 전 세계 어장의 76%가 최근에 무분별한 개발과 남획으로 시달리고 있다. (have suffered, over-fishing, fisheries) 14단어

→ _____

2 수많은 안내서들이 우리가 먹을 수 있는 해양 식품의 종류를 알려 주고 있다. (let, what, guides) 12단어

→ _____

## 40

**A** 우리말은 영어로, 영어는 우리말로 쓰시오.

1 longitude     _____

2 geography     _____

3 associate     _____

4 평가하다     _____

5 응시하다     _____

6 효과가 있다     _____

**B** 괄호 안의 주어진 단어를 바르게 배열하시오.

1 It will be easy to (from, go, lines, south, that, remember, north, longitude, to).

→ _____

2 Associating what you are learning with what you know (material, learning, helps, memorize, the, you).

→ _____

**C** 다음 빈칸에 들어갈 알맞은 단어를 적으시오.

1 나는 경도와 위도를 혼동했다.

I _____ _____ _____ longitude and latitude.

2 당신이 경도에서 'n'을 볼 때, 그것은 당신에게 'north'라는 단어를 상기시켜 줄 것이다.

_____ you see the n in longitude, it will _____ you _____ the word north.

**D** 다음 괄호 안의 주어진 단어를 활용하여 문장을 완성하시오.

1 나는 너무나 창피해서 그들을 구별할 수 없었다.
(so ~ that, couldn't, embarrassed) 9단어

→ _____

_____

2 나는 무엇을 해야 할지를 갑자기 알게 될 때까지 그 단어들을 바라보았다. (stare, until, suddenly, figure out) 13단어

→ _____

_____

## 41~42

**A** 우리말은 영어로, 영어는 우리말로 쓰시오.

1 secondary     _____

2 unwelcome     _____

3 accurate     _____

4 짜증나게 하다     _____

5 강조하다     _____

6 할 것과 하지 말 것, 관례     _____

**B** 괄호 안의 주어진 단어를 바르게 배열하시오.

1 This is because the size of (letter, every, its, emphasizes, itself, importance, in).

→ _____

2 The true problem (with, capital, to, trying, read, all, letters) is that it's difficult.

→ _____

**C** 다음 빈칸에 들어갈 알맞은 단어를 적으시오.

1 더 큰 것이 반드시 더 좋은 것은 아니고, 똑같은 것이 글쓰기에도 적용된다.

Bigger is not _____ better, and the _____ _____ to writing.

2 우리는 이런 관행을 지속하고, 우리가 읽는 주요 신문, 잡지도 또한 마찬가지이다.

We continue this _____, and _____ _____ the major newspapers and magazines we read.

**D** 다음 괄호 안의 주어진 단어를 활용하여 문장을 완성하시오.

1 반갑지 않은 소음의 주요 원인 중의 하나는 실제로 소리를 내지 않는다. (one of, make, unwelcome) 13단어

→ _____

_____

2 단어를 모두 대문자로 타이핑하는 것은 주요한 정보를 본문의 나머지 부분과 구별하기 어렵게 만든다. (hard to tell, capital letters, makes) 18단어

→ _____

_____

## 43~45

**A 우리말은 영어로, 영어는 우리말로 쓰시오.**

1 the following year    _____

2 pity    _____

3 transfer    _____

4 엄격한    _____

5 진실한    _____

6 편견    _____

**B 괄호 안의 주어진 단어를 바르게 배열하시오.**

1 He believed that (a, for, would, me, education, be, military-style, good).

→ _____

2 Before long, Jimmy (father's, about, right, my, that, were, friends, proved, him).

→ _____

**C 다음 빈칸에 들어갈 알맞은 단어를 적으시오.**

1 아버지는 나를 교육할 때 그에게 관심을 항상 보이면서 나에게 많은 것을 가르쳐주셨다.

My father _____ me many things, always _____ his _____ in my education.

2 내가 거친 학생들과 힘든 시간을 보내는 것을 보고 그는 곧 나를 불쌍하게 여겼다.

_____ me having a _____ time with the tough students, he _____ felt some _____ _____ me.

**D 다음 괄호 안의 주어진 단어를 활용하여 문장을 완성하시오.**

1 나는 엄격한 군대식 학교 환경에서 벗어난 것이 매우 좋았다. (military academy, out of, It, for, to, great) 14단어

→ _____

_____

2 나는 그가 내 인생에서 가장 중요한 사람 중의 한 사람이 될 거라는 것을 전혀 알지 못했다. (little, did, know, would be, the most) 17단어

→ _____

_____

MEMO

MEMO

MEMO

MEMO

MEMO